Davide Neri, Francesca Massetani, Ve[illegible]

LA POTATURA

Piante da frutto, vite e olivo nel frutteto e in giardino

A cura di CRPV

edagricole

1ª edizione: novembre 2009
1ª ristampa della 1ª edizione: aprile 2012
2ª ristampa della 1ª edizione: aprile 2015
3ª ristampa della 1ª edizione: maggio 2016
4ª ristampa della 1ª edizione: gennaio 2017
5ª ristampa della 1ª edizione: febbraio 2018
6ª ristampa della 1ª edizione: novembre 2018
7ª ristampa della 1ª edizione: gennaio 2020
8ª ristampa della 1ª edizione: settembre 2020
9ª ristampa della 1ª edizione: marzo 2021
10ª ristampa della 1ª edizione: gennaio 2022
11ª ristampa della 1ª edizione: aprile 2023

new Business Media
gruppo tecniche nuove

Graphic design: Davide Conti
Disegni: Francesca Massetani (dove non diversamente specificato)

via Eritrea 21 - 20157 Milano
Redazione: Piazza G. Galilei, 6 - 40123 Bologna
Vendite: tel. 051/6575833
e-mail: libri.edagricole@newbusinessmedia.it
http://www.edagricole.it

5283

Realizzazione grafica: NCS Media s.r.l.
Impianti e stampa: Casma Tipolito, via B. Provaglia, 3 B/D - 40138 Bologna
Finito di stampare nell'aprile 2023

ISBN-978-88-506-5283-9

Ringraziamenti

Gli autori ringraziano il Dott. Eugenio Cozzolino, per il prezioso aiuto nell'organizzazione del lavoro e per il suo ruolo di coordinatore tra gli autori, il CRPV e la casa editrice.
Si ringraziano inoltre la Prof.ssa Oriana Silvestroni (Università Politecnica delle Marche) il dott. Gianluca Savini (Cooperativa Santorsola) e il dott. Giorgio Murri (Università Politecnica delle Marche) per il contributo nella revisione dei testi relativi rispettivamente alla vite, ai piccoli frutti e alle drupacee.
Si ringraziano infine i tecnici dell'Emilia Romagna che hanno collaborato a "Ipertesto Potatura" mettendo a disposizione la loro esperienza e la loro umanità.

Gli autori:
Prof. Davide Neri, Dott.ssa Francesca Massetani e Dott.ssa Veronica Giorgi
Dipartimento di Scienze Ambientali e delle Produzioni Vegetali - Università Politecnica delle Marche (Ancona)

A cura di:
Eugenio Cozzolino - *Centro Ricerche Produzioni Vegetali* (**CRPV**)

Indice generale

Parte generale

CONCETTI BASE PER AMATORI 2

Parte speciale

Una migliore conoscenza dell'albero è il punto di partenza necessario per poterlo guidare verso crescite equilibrate e utili nella gestione del giardino o del piccolo frutteto familiare amatoriale, come pure degli agriturismi e dei parchi.

PARTE Generale

Concetti base per amatori

L'arboricoltura da frutto di tipo amatoriale e da giardino è un settore tradizionalmente trascurato dalla ricerca e dalla sperimentazione.

È una realtà capillarmente diffusa in molti contesti socio-economici italiani caratterizzati da piccole superfici agricole familiari, giardini ornamentali, parchi e agriturismi.

Gli impianti amatoriali sono realizzati molto spesso in modo improprio e con risultati infausti a causa della scarsa preparazione tecnica degli operatori e perché il materiale vegetale è spesso inadeguato alle specifiche esigenze colturali.
La necessità di una maggiore fruibilità del frutteto familiare, negli agriturismi e nei parchi (per relax, gioco, o semplice raccolta diretta dei frutti) ne decreta una specificità d'impianto, di gestione e di obiettivi funzionali, tale da renderlo completamente diverso dal frutteto industriale, dal quale esso mutua solo alcuni aspetti produttivi. Differenze sostanziali derivano dalla necessità di raggiungere produzioni significative con impiego ridotto o nullo di pesticidi, con un alto grado di salubrità e con una tecnica di gestione facile. Altro aspetto, spesso presente nella frutticoltura amatoriale, è la scelta di varietà legate alla cultura e alla tradizione locale.
Non trascurabile è anche la necessità di accompagnare la diffusione di frutteti familiari, razionalmente condotti, con un'adeguata assistenza tecnica o almeno con un continuo aggiornamento.

Potatura

La potatura non è una pratica esclusivamente basata sul taglio, ma è l'arte di guidare le piante. Nell'essere artigiano o artista l'amatore deve poter scegliere fra tecniche differenti, con intensità, tipologie e momenti di taglio molto diversi.

L'amatore che s'impadronisce della tecnica di potatura può raggiungere la massima efficacia con il minimo intervento (tempo di esecuzione ridotto e fatica limitata) per ottenere il risultato voluto. Si possono allora raggiungere soluzioni esteticamente valide e al tempo stesso produttive. In ogni modo l'amatore cresce nella sua capacità di interpretare la natura che lo circonda e di cui anche il suo orto fa parte.
In effetti, mettendo insieme la variabilità ambientale e la difficoltà di interpretare lo stato fisiologico della pianta, si può cadere in un grande rischio di imprevedibilità. Le conoscenze sulle piante presentate in questo libro e la loro integrazione con gli interventi sull'ambiente (concimazione, irrigazione) sono volte a favorire la costruzione di un sapere personale in grado di evolversi negli anni; con la possibilità di raggiungere obiettivi ambiziosi e gratificanti anche nei piccoli frutteti familiari e amatoriali.

La potatura comprende operazioni tra loro molto diverse che vengono scelte ed eseguite correttamente se si conoscono le piante e il loro funzionamento.

Il contesto del frutteto amatoriale

Consideriamo amatoriali tutte le situazioni in cui non ci sia possibilità di accedere alle consulenze di un tecnico specialista.

Le conoscenze di base indispensabili per l'amatore sono sostanzialmente riconducibili a tre settori: il comportamento delle radici e della chioma, il materiale vegetale disponibile inteso come specie e varietà ed infine l'integrazione con il resto del mondo naturale.
L'amatore è sostanzialmente lasciato solo nelle scelte da fare in quanto le consulenze esterne sono troppo costose. I partner dell'amatore sono principalmente i vivaisti e i rivenditori di presidi tecnici per l'agricoltura e il giardinaggio, spesso con interessi sostanzialmente contrapposti. La capacità dell'amatore di porsi le domande giuste può portare ad una migliore e reale cooperazione e a una maggiore professionalità in questo settore così vivo e pieno di stimoli e così povero di informazioni appropriate.

Nella realtà amatoriale le piante da frutto si integrano e a volte si compenetrano con le strutture abitative e con elementi ornamentali.

Per raggiungere risultati soddisfacenti è comunque sempre necessario considerare il contesto ambientale in cui si opera. Occorre avere conoscenze di massima delle caratteristiche di terreno e clima (pedo-climatiche), in modo particolare di quelle che possono risultare limitanti. La gestione della fertilità è il primo aspetto da curare a monte di ogni attività diretta sulla pianta.
L'ambiente dell'orto ha un'altra caratteristica fondamentale, che dobbiamo comprendere per riceverne il giusto vantaggio: è promiscuo, con presenza di molte specie vegetali e con uso diversificato. Chi può prevedere quando avverrà la prossima invasione da parte dei nostri figli o nipoti! Inoltre le dimensioni delle singole coltivazioni sono sovente molto piccole e proprietà diverse sono molto vicine tra loro e alle abitazioni. Questa specificità rende impossibile una gestione ordinaria simile a quella di frutteti commerciali, dove è possibile impiegare prodotti chimici specifici nei momenti appropriati limitando effetti indesiderati entro un rischio ambientale accettabile.
L'augurio è che questo libro, per ciò che riguarda la potatura, contribuisca a far acquisire le competenze necessarie ad una conduzione razionale e sostenibile.

Ciclo vitale delle piante arboree

La prima domanda che ci dobbiamo porre è relativa alla necessità o meno di potare. In fondo in natura le piante crescono senza l'aiuto del giardiniere: perché dobbiamo potare il nostro frutteto?

Il pero, in fase giovanile, presenta numerose spine (sinistra) che non sono più presenti a maturità, quando la pianta raggiunge la piena attività riproduttiva, testimoniata dalla presenza di strutture produttive ricche di gemme miste (destra).

Per poter rispondere a questa semplice domanda occorre per prima cosa conoscere il ciclo vitale delle piante arboree. Esse presentano uno sviluppo, dalla germinazione del seme alla morte, suddiviso in stadi irreversibili, che non consentono di tornare indietro. Questi stadi, più o meno manifesti e lunghi nelle diverse specie, sono giovanilità, maturità e senescenza.
La giovanilità è caratterizzata dall'assenza di fiori (una vera e propria sterilità dovuta alla età giovanile), crescita disordinata, forte espansione delle radici, elevata capacità rigenerativa in caso di rotture o danni,

e in alcune specie dimorfismo (foglie di forma e colore diverse), presenza di spine, e comportamento vegetativo anomalo. Questo stadio ha durata variabile: comincia con la germinazione del seme e termina con una fase di transizione in cui cominciano a comparire i fiori nelle parti di più recente formazione (generalmente nei rami più esterni e più in alto).

In maturità l'albero fiorisce abbastanza regolarmente, ha cioè acquisito la propria capacità riproduttiva. All'interno di questo stadio del ciclo, possiamo distinguere per praticità tre ulteriori momenti: una fase vegetativa, una fase matura propriamente detta, e infine una fase di insenilimento (o di invecchiamento). Le fasi dello stadio maturo sono più flessibili e reversibili rispetto agli stadi, per cui la pianta può cambiare comportamento (fase) in base alle condizioni ambientali e alla tecnica colturale; può invecchiare in presenza di stress oppure ringiovanire se la fertilità aumenta.

Raggiunta la maturità, la capacità riproduttiva e i caratteri ad essa associati diventano stabili e si mantengono anche quando una porzione di pianta matura (gemma, ramo o branca) viene innestata su un portinnesto o viene fatta radicare mediante talea o propaggine. È vero anche il contrario: se una porzione giovanile viene moltiplicata, ad es. un pollone, questa origina una pianta giovanile.

La capacità riproduttiva è presente durante tutto lo stadio maturo, ma si esprime con intensità via via maggiore. Il crescente affaticamento riproduttivo comporta una riduzione delle prestazioni vitali fino alla senescenza, stadio irreversibile finale che porta alla morte.

In una stessa pianta possono coesistere più fasi contemporaneamente, che variano dall'interno più giovanile all'esterno più maturo.

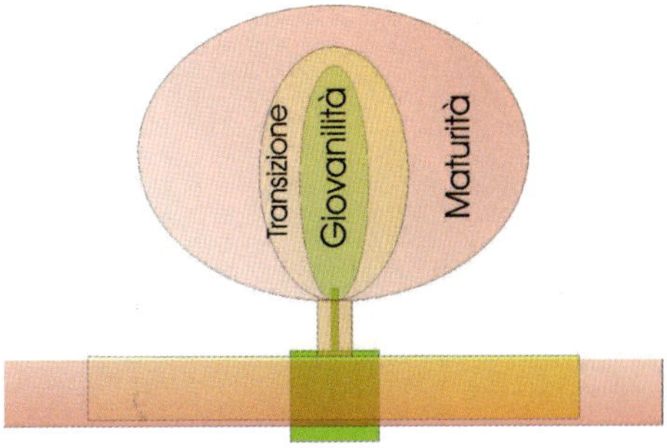

Su una stessa pianta è possibile riscontrare caratteri giovanili nella zona interna e maturi in quella esterna della chioma. La radice si espande in senso radiale.

Durata del periodo giovanile in alcune specie arboree da frutto

Vite (*Vitis* spp.)	1 anno
Drupacee (*Prunus* spp.)	2-8 anni
Melo (*Malus* spp.)	4-8 anni
Agrumi (*Citrus* spp.)	5-8 anni
Pero (*Pyrus* spp.)	6-10 anni
Olivo (*Olea europaea*)	15-20 anni

Con piante in buon equilibrio, le strutture produttive possono rimanere attive ed efficienti per molti anni.

Nel corso del proprio ciclo vitale gli alberi possono cambiare notevolmente di aspetto. Il pesco, ad esempio, in fase giovane si presenta assurgente (destra) mentre in fase matura assume una forma aperta (sinistra).

Lo sviluppo dell'albero si completa con una metamorfosi della pianta in fase matura. Una pianta giovane è vigorosa, tende ad essere assurgente, presenta germogli lunghi, in alcuni casi germogli anticipati (ramificazioni contemporanee alla formazione dell'asse del germoglio principale) e nel complesso assume una forma ad ogiva. La pianta matura, fortemente riproduttiva, presenta invece una forma più espansa, crescita dei germogli molto ridotta con prevalenza di rami corti, e infine perdita della funzione di cima.

È l'albero maturo che, se cresciuto a lungo isolato, presenta la forma e le caratteristiche fisiologiche che noi di solito riconosciamo come tipiche della specie.

Autopotatura e necessità di potare

La crescita dell'albero negli anni produce un elevato numero di nuovi rami e branche, ma al tempo stesso crea le premesse per eliminare quelli deboli e mal esposti (autopotatura), che diventano inutili per le finalità riproduttive perché consumano più energia di quanta ne producono. L'eccessiva fittezza delle piante accentua questo fenomeno.

Questa branca di olivo, ricevendo una scarsa quantità di luce, si è esaurita, come dimostra l'assenza quasi totale di foglie. La pianta stessa col tempo tenderà ad eliminarla.

È in questo comportamento naturale che si trovano alcuni elementi base per decidere se attuare o meno la potatura. Se l'albero è isolato con molto spazio e tempo a disposizione per svolgere il proprio ciclo vitale e la metamorfosi, senza rischi per l'eventuale caduta di branche rotte, e senza finalità produttive particolari, la potatura non è necessaria. In tutti gli altri casi, che sono quelli più diffusi nei nostri giardini, occorre avere una strategia di gestione della chioma onde evitare spiacevoli conseguenze, e soprattutto di vedere frustrate le proprie aspettative estetiche, funzionali e produttive.

La potatura nel ciclo vitale della pianta

Le risposte della pianta agli interventi di potatura sono diverse in funzione dello stato fisiologico in cui essa si trova.

Nello stadio giovanile le risposte sono imprevedibili e soprattutto possono essere contrarie agli obiettivi prefissati. Di conseguenza la potatura, se ritenuta necessaria in questo stadio, deve comunque risultare poco intensa e mantenere una consistente percentuale delle strutture presenti (potatura ricca). Lo stadio del ciclo vitale più interessante per la potatura è quello maturo, in cui la pianta risponde in modo prevedibile ai tagli. Sulle piante mature si può inizialmente intervenire con tagli di allevamento, limitati nel numero ma indispensabili per dare la forma voluta. Dopo l'allevamento la produzione diventa l'obiettivo principale e la potatura persegue come priorità il mantenimento di un livello produttivo elevato e costante negli anni con ottima qualità per il consumo.
La necessità di contrastare il naturale invecchiamento dell'albero e di garantire un adeguato rinnovo dei rami riproduttivi tutti gli anni, costringe a ricercare una potatura adatta in modo da mantenere elevata e costante la produzione di frutti. La conoscenza della tecnica appropriata si acquisisce con la pratica, ma forse ancor più con l'osservazione comparata di casi diversi nello stesso ambiente.
In fase matura e ancor di più nella fase insenilita, la potatura deve eliminare da un terzo alla metà dei rami presenti per difendere la vegetatività e mantenere così autonome le piante potate. Nella fase vegetativa i tagli devono essere limitati allo stretto necessario per formare l'albero, e in alcuni casi si può anche non potare per evitare di stimolare risposte vegetative in presenza di un vigore ancora molto elevato.
La radice può ridurre i propri ritmi di crescita e favorire l'invecchiamento. Tuttavia con l'uso di portinnesti vigorosi o di piante giovanili i tempi si dilatano, se lo spazio affidato a ciascuna pianta lo consente. Per queste ragioni è importante conoscere le caratteristiche fisiologiche del materiale all'impianto e non solo quelle genetiche.

Osservazioni preliminari sulle piante da potare

La potatura non usa solamente strategie basate sul taglio invernale. Oggi è sempre più necessario integrare tecniche diverse che comprendono numerosi tipi di taglio, curvature, piegature, inclinazioni, intarsi e incisioni, ma soprattutto occorre scegliere bene l'epoca e l'intensità degli interventi in funzione del vigore complessivo e degli obiettivi da raggiungere.

Il termine vigore può sembrare generico per definire lo stato della pianta, ma riassume il benessere delle radici e la loro capacità di fornire nutrienti e acqua alla parte aerea. Una pianta vigorosa si riconosce per la presenza di molti germogli ben sviluppati sia in lunghezza che in diametro. Legato alla vigoria è anche lo stato di salute della pianta, rilevabile ad esempio dalla colorazione del fogliame e dalle condizioni di distribuzione della luce.
Piante con la stessa combinazione d'innesto e la medesima età temporale potrebbero trovarsi in condizioni non ottimali e presentare un vigore limitato oppure potrebbero cre-

Su piante di pero adulte vigorose sono ben visibili numerosi germogli molto sviluppati (sinistra). Piante deboli non presentano grandi germogli, ma quasi esclusivamente strutture produttive. Hanno queste caratteristiche ad esempio le piante nanizzate cresciute in impianti ad alta densità (destra).

scere in presenza di fertilità elevata ed avere un eccesso di vigore. È evidente che la potatura nei due casi deve essere diversa; una forte intensità di taglio determinerà nel primo caso un maggiore benessere, mentre nel secondo stimolerà crescite vegetative spropositate e non equilibrate.

Per prendere quindi una buona decisione a livello di potatura si deve prima individuare lo stadio di sviluppo della pianta nel ciclo vitale, poi la fase di crescita in cui si trova effettivamente e infine il vigore che manifesta in relazione a tale fase. Fatto questo, e conoscendo il genotipo (la varietà e il portinnesto), si potranno decidere l'intensità, l'epoca e la modalità di potatura. Occorre cioè conoscere il comportamento della pianta in base alle sue caratteristiche genetiche (collocandola in una categoria di sviluppo e comportamento riproduttivo tipico ad esempio dei diversi gruppi varietali) e fisiologiche e alle condizioni ambientali.

Serve ora uno studio delle strutture della pianta per essere in grado di individuare, dal differente rapporto fra i tipi di ramo, alcune indicazioni utili per raggiungere il nostro obiettivo.

Conoscere le strutture della pianta

Tutte le piante, dalla piccola margherita (*Bellis perennis*) alla grande quercia (*Quercus robur*), hanno alcune strutture simili. Sono infatti tutte costituite da due parti fondamentali, la parte aerea e la radice.

La parte aerea, nel suo complesso chiamata chioma, è quella meglio conosciuta, essa porta le foglie, i fiori e i frutti. Le componenti erbacee della chioma hanno una vita breve, da pochi mesi ad alcuni anni. Nelle piante caducifoglie, le nuove foglie si formano in aprile-maggio e cadono (abscindono) a ottobre-novembre con un ben determinato programma. Nelle piante sempreverdi le foglie hanno un ciclo di due o più anni.

Le componenti legnose scheletriche hanno una vita più lunga in entrambe le tipologie di piante e possono persistere per un tempo molto simile alla durata della pianta intera; in particolare più longeve sono le branche primarie inserite direttamente sul tronco. Le branche secondarie e terziarie possono avere vita breve, limitata a pochi anni, mentre i rami possono persistere solo per una stagione, oppure evolvere a branche e acquisire dimensioni elevate.
La parte aerea e la radice sono collegate da un sistema di trasporto molto efficace, ma poco longevo (1-3 anni) che deve essere riformato di nuovo ad ogni primavera grazie all'attività del cambio che produce legno (xilema) verso l'interno e corteccia (floema) verso l'esterno.

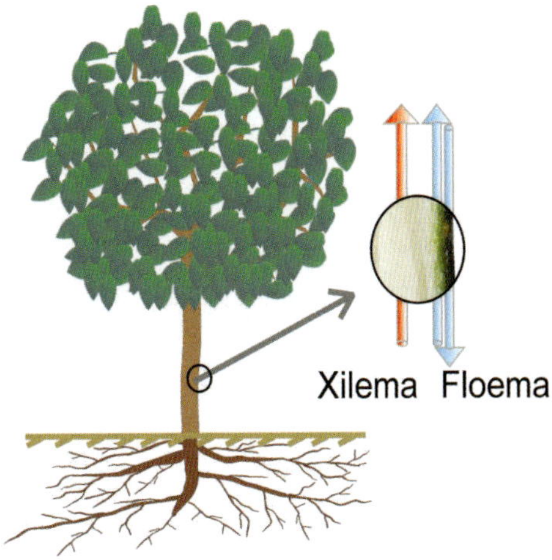

Il corpo della pianta è costituito da chioma e apparato radicale, tra loro collegati attraverso il sistema di trasporto linfatico.

Le gemme e la dormienza

Le gemme sono situate all'ascella delle foglie tra picciolo fogliare e asse del germoglio, in corrispondenza del nodo. Esse sono molto importanti per la sopravvivenza, la crescita e la forma delle piante stesse. Ogni anno dalle gemme riparte il ciclo stagionale della pianta, grazie a minuscoli assi vegetativi o riproduttivi parzialmente o totalmente formati ma non ancora cresciuti, o meglio distesi, racchiusi e protetti da apposite foglioline modificate (perule).

Le gemme si trovano inserite all'ascella delle foglie, in corrispondenza del nodo, o all'apice dei rami. Esse sono protette da apposite foglioline, le perule.

La formazione dei nuovi assi è dovuta al meristema, una struttura organizzata di dimensioni microscopiche, contenuto nella gemma stessa. Esso è costituito di piccole cellule in grado di moltiplicarsi velocemente per dare origine ai tessuti dei diversi organi.
Le gemme obbediscono ad un meccanismo fisiologico, la dormienza, in grado di difenderle dal freddo invernale e di sincronizzare i cicli di crescita nella pianta e in piante simili. La dormienza si instaura nelle gemme subito dopo la loro formazione in estate e ne impedisce l'allungamento.
La gemma dormiente, per riacquistare la capacità di germogliare (risveglio), richiede un periodo di freddo fisiologico, specifico per ogni specie e varietà, con temperature fra 0 e 14 °C (ottimo circa 7 °C). Il germogliamento avviene solo dopo aver accumulato un

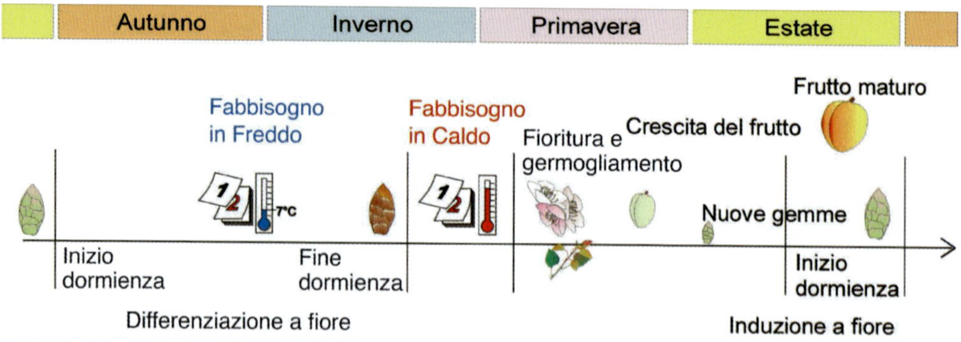

certo numero di ore di freddo (fabbisogno in freddo), seguite da un periodo di caldo tale da consentire la divisione cellulare e la levata.
L'ammontare di ore di freddo si esprime in unità di freddo, equivalenti a un'ora a 7 °C, mentre temperature vicino a 14 °C e a 0 °C sono meno attive. Per un buon germogliamento sono necessarie circa 1000 unità di freddo per il melo e il ciliegio e circa 700 per il pesco. Questi quantitativi di freddo sono sempre presenti durante gli inverni della pianura padana, o sulle montagne alpine e appenniniche, ma possono mancare in Sicilia, Calabria e Basilicata. In questi ambienti le varietà prescelte dovranno avere un basso fabbisogno in freddo. Le annate con inverni particolarmente miti potranno poi essere difficili da gestire in ogni caso, e si potranno avere cascole di gemme anomale al momento del germogliamento in particolare in alcune varietà di albicocco e pesco.
La crescita degli organi contenuti nella gemma è quindi interrotta e impedita dalla gemma stessa sin dalla loro formazione, che avviene in una stagione molto favorevole quale è quella estiva, evitando così che si trovino poi a crescere anche in inverno e ad esporre tessuti giovani e sensibili a basse temperature e gelate.
In estate generalmente avviene anche il processo della induzione a fiore che all'interno della gemma cambia il destino del meristema. Da vegetativo, esso diventa riproduttivo e poi, condizioni ambientali permettendo, inizia una serie di divisioni cellulari, che portano alla formazione di tessuti specializzati che differenziano le strutture fiorali.

Gemme avventizie sviluppate dal tronco o da grosse branche di olivo in risposta a forti tagli. Esse possono avere caratteri giovanili.

Per loro natura le gemme si trovano inserite sui rami in formazione o prodotti nell'anno precedente, ma in casi particolari possono essere presenti su ramificazioni più vecchie, si tratta di meristemi avventizi che si differenziano *ex novo* in varie posizioni, soprattutto in risposta a grossi traumi, come ferite o tagli, e che sviluppano senza attraversare una fase di vera e propria gemma. Oppure sono gemme latenti che si sviluppano da meristemi rimasti inattivi per diversi anni. È possibile infatti che alcune gemme cadano in una

sorta di limbo e rimangano posizionate (con crescite impercettibili) vicine al confine della nuova corteccia annualmente prodotta.
Lo stato di latenza può durare anche per molti anni, facendo diventare queste gemme una scorta di punti di crescita da utilizzare solo in casi eccezionali (traumi, rotture, attacchi parassitari). Le gemme che diventano latenti sono comunque in numero ridotto e sono presenti in alcune specie (melo, pero) e meno in altre (pesco).
Dalla diversa capacità di una specie di originare meristemi avventizi o di germogliare da gemme latenti deriva la possibilità o meno di effettuare raccorciamenti su legno vecchio per ottenere da lì nuovi germogli.

Il germogliamento e il trasporto della linfa

Il germogliamento avviene quando la pianta ha superato l'inverno e la dormienza, e può venire sospeso quando le temperature sono sfavorevoli per cui la pianta entra in una vera e propria stasi chiamata 'quiescenza'. In presenza di temperature ottimali per la crescita le gemme "sveglie" dopo un tempo utile, diverso da specie a specie (fabbisogno in caldo), schiudono e crescono. A questo punto si rendono visibili i fiori e i germogli e comincia il ciclo primaverile. I germogli sono costituiti da tessuti vegetali teneri su cui sono inserite le foglie e nuovi abbozzi di gemme.
Una parte delle gemme non schiude anche in annate normali. Il germogliamento primaverile è fortemente gerarchizzato con gradienti programmati in cui il trasporto linfatico gioca un ruolo decisivo. La gemma terminale lungo l'asse gestisce il germogliamento delle gemme sottostanti e queste a loro volta quello delle gemme basali.
Il germogliamento avviene perciò con una certa scalarità fra gemme dello stesso ramo e fra gemme di rami diversi. Sottoposte a tutti questi fattori di controllo, alcune gemme subiscono un tale ritardo da non essere in grado di germogliare. Un altro motivo di successo della potatura risiede nella capacità di modificare le gerarchie. Con un raccorciamento possiamo rendere terminale

Un intervento di grande impatto sul trasporto linfatico può condizionare il vigore dell'intera pianta. È il caso ad esempio di incisioni eseguite mediante una motosega sul tronco di piante con vigore eccessivo.

Germogli di pero emessi in seguito al "taglio del caporale" che, intaccando la corteccia, ha interrotto il trasporto e isolato le gemme sottostanti dal controllo apicale, permettendone la sua schiusura.

una gemma che altrimenti si sarebbe trovata in posizione basale, impedita al germogliamento dalle gemme soprastanti più avanti nel processo di crescita primaverile.
Le gemme che non schiudono subiscono un destino crudele, avviandosi in breve tempo alla cascola (colatura), non riuscendo a collegarsi con il nuovo sistema di trasporto in corso di formazione, oppure diventando latenti.
Il ruolo del trasporto nelle gerarchie primaverili è molto importante ed infatti riscontrabile in molte tecniche che lo modificano. Ad esempio se una gemma basale viene isolata dal controllo apicale con alcuni tagli trasversali (taglio del caporale) che incidono la corteccia, aumenta di molto la sua probabilità di germogliare. Anche l'anulatura, o la piegatura e la curvatura aumentano il germogliamento delle parti sottostanti la zona parzialmente isolata dalla cima.

Le foglie e la fotosintesi

Le foglie, inserite in corrispondenza dei nodi sui germogli e sui getti più o meno lignificati, sono organi fondamentali per la loro capacità di convertire l'energia luminosa in energia utile alla pianta, tramite il processo di fotosintesi.
Mediante una serie di reazioni metaboliche e l'impiego di complessi pigmenti come la clorofilla, presenti negli organi verdi della pianta, l'energia solare (luce) viene trasformata in una forma di energia chimica utilizzabile per produrre molecole organiche complesse, soprattutto zuccheri, a partire da molecole semplici quali sono il diossido di carbonio e l'acqua, rilasciando ossigeno come prodotto di scarto. La luce è disponibile in abbondanza e facilmente raggiunge la superficie delle foglie, il diossido di carbonio (comunemente noto come anidride carbonica) è presente nell'atmosfera in

Una pianta di albicocco allevata a vasetto (sinistra) dopo la potatura verde (destra) riceve una maggiore quantità di luce nella parte interna della chioma.

grande quantità e viene prelevato attraverso gli stomi (aperture presenti sulla superficie delle foglie), l'acqua viene fornita dall'apparato radicale che la assorbe dal terreno per poi distribuirla al resto della pianta attraverso il flusso traspiratorio nei vasi linfatici del legno.
La traspirazione consiste nella fuoriuscita di vapore acqueo dagli stomi, quando questi vengono tenuti aperti per poter assorbire il diossido di carbonio dall'atmosfera. Questa perdita di vapore, maggiore in condizioni di temperatura elevata e bassa umidità relativa dell'aria, comporta un continuo richiamo di acqua verso gli organi della chioma. Si esercita così una forza aspirante che determina il continuo flusso di acqua dal terreno, e di conseguenza dei sali minerali in essa disciolti, nutritivi per la pianta. La maggior parte dell'acqua trasportata viene dispersa in atmosfera, svolgendo una fondamentale funzione termoregolatrice. È chiaro quindi quanto sia importante evitare situazioni di prolungata carenza idrica.
Le sostanze sintetizzate nelle foglie vengono poi indirizzate verso altri organi della pianta che li accumulano o, attraverso i processi di respirazione, li utilizzano per il proprio sviluppo. La componente di zuccheri, siano essi semplici o elaborati, nei frutti è fondamentale e influisce sul livello qualitativo. Nelle radici essi vengono anche immagazzinati come riserve in vista del riposo invernale per supportare poi la ripresa della crescita al germogliamento. È quindi evidente l'importanza della presenza di un'adeguata quantità di foglie in buone condizioni di efficienza foto sintetica per offrire un ottimale sostegno alla produzione e allo sviluppo equilibrato della pianta.
La potatura interviene in maniera più o meno diretta anche sulle foglie, influenzandone il numero, con tagli che possono favorirne la formazione stimolando la risposta vegetativa, o riducendone la presenza. Nel caso di eccessiva vegetazione è utile ridurre le potature invernali e gli apporti idrico-nutrizionali e ricorrere alle potature estive soprattutto tardive; nel caso di vegetazione ridotta si privilegiano le potature invernali per ottenere un rinnovo maggiore.
Inoltre la potatura può modulare in modo determinante la penetrazione e la distribuzione della luce nella chioma, influendo così sull'efficienza delle foglie. L'ombreggiamento può ridurre fortemente la loro funzionalità, sia quando è provocato da strutture vicine della stessa pianta (organi troppo vicini), sia da piante adiacenti (densità di impianto non adeguate alle dimensioni delle piante).
Quando, per eccessivo ombreggiamento, non c'è più equilibrio tra prodotti fotosintetici sintetizzati e consumati, la branca si esaurisce, perde la cima e muore (autopotatura) lasciando maggiore luce alle branche rimaste. Per uscire dalle zone d'ombra e rincorrere la luce, le branche tendono ad allungarsi verso l'esterno della chioma.
Le foglie, per funzionare in efficienza, devono essere sane ed è per questo che è necessario mantenere uno stato nutrizionale e sanitario ottimale. La potatura a sua volta, favorendo l'arieggiamento della chioma, può contrastare la comparsa di microclimi favorevoli allo sviluppo di molti patogeni.
Se si pota in estate asportando l'eccesso di succhioni e rami nella parte interna della chioma si riduce la necessità di acqua (minore superficie traspirante) e si migliora la lignificazione dei rami rimasti. Per queste ragioni la potatura estiva è diffusa negli impianti professionali.

Il gradiente conico delle branche

Per ottenere un'ottimale distribuzione della luce si tende a impostare e mantenere la conformazione delle branche simile ad un cono, che gradualmente aumenta di ampiezza dall'alto verso il basso (gradiente conico). In questo modo la luce può raggiungere anche le porzioni basali della branca. È una disposizione che ben si integra con l'organizzazione assiale esercitata dalla funzione di cima. Ed è proprio dalla cima delle branche (o dell'asse centrale della pianta, quando presente) che è bene iniziare le osservazioni e le operazioni di potatura. Una volta individuata la cima da lasciare sulla branca, da essa si scende verso il basso asportando e/o raccorciando i rami o le branchette rispettando i gradienti gerarchici della forma. È importante ricordare che questo approccio va ripetuto prima di effettuare ogni taglio a tutti i livelli (dall'alto al basso e dall'esterno all'interno).

Le gemme e la riproduzione

Le gemme possono racchiudere al loro interno strutture vegetative (gemme vegetative), che dopo la schiusura danno origine a germogli, e/o organi riproduttivi (fiori da soli nelle gemme a fiore o insieme ai germogli nelle gemme miste). La discriminazione tra i due destini avviene generalmente in estate, con il processo di induzione a fiore e successivamente con la differenziazione dei vari organi fiorali, che continuavano a formarsi fino in prossimità della schiusura primaverile della gemma stessa.

La gemma vegetativa (in secondo piano) in molte specie da frutto si presenta appuntita e più piccola rispetto a una gemma mista (in primo piano) o a fiore.

La differenziazione a fiore è il risultato della permanenza della gemma per tempi prolungati in condizioni stimolanti e con relativa abbondanza di prodotti fotosintetici. Può essere pertanto favorita da interventi che modificano il trasporto della linfa all'interno dei rami, riducendone il deflusso (piegature, intaccature sottogemma). Le gemme sono poli di attrazione piuttosto forti nei confronti dei prodotti fotosintetici, ma la presenza di un numero eccessivo di frutti

che esercitano una forte competizione per il loro utilizzo può determinare l'insufficienza di tali risorse per la differenziazione. Anche l'ombreggiamento, gli squilibri nutrizionali e la carenza idrica estiva incidono negativamente sulla differenziazione a fiore.
Le strutture fiorali sono deputate alla riproduzione della pianta e quindi la loro presenza rivela lo sforzo riproduttivo che la pianta sta mettendo in atto, non è però un indice sufficiente per predire quale sarà la reale resa produttiva.

I fiori e i frutti

I fiori, in seguito all'impollinazione (che può avvenire principalmente con l'intervento di insetti o del vento) e alla fecondazione, allegano cioè iniziano le trasformazioni che portano alla formazione dei frutti. La fecondazione può avvenire solo se il polline che raggiunge gli organi femminili del fiore risulta compatibile. Questa caratteristica si può riscontrare o meno all'interno della stessa varietà (rispettivamente autofertile o autosterile) o tra varietà diverse (interfertilità e intersterilità), ed è necessario esserne informati al momento di scegliere quelle da impiantare nel frutteto. In alcuni casi anche in assenza di fecondazione è possibile la formazione dei frutti (partenocarpia) che risulteranno privi di semi. L'allegagione è influenzata soprattutto dalle condizioni climatiche, ma avviene con attitudine diversa a seconda della varietà. In varietà in cui questa attitudine è tipicamente scarsa, è utile eseguire la potatura in un periodo che permette di controllare meglio qualità e quantità delle gemme produttive, ovvero dei fiori. I fiori non allegati cadono spontaneamente a terra (colatura).
Lo sviluppo del frutto attraversa più fasi di crescita fino a raggiungere la maturazione. Questo percorso si scandisce nelle fasi fenologiche di scamiciatura, cascola di giugno, indurimento (lignificazione) del nocciolo, distensione delle cellule e invaiatura.

Le api, visitando i fiori, raccolgono una consistente quantità di polline sulle zampe. Parte di esso rimarrà attaccato ad altri fiori, impollinandoli.

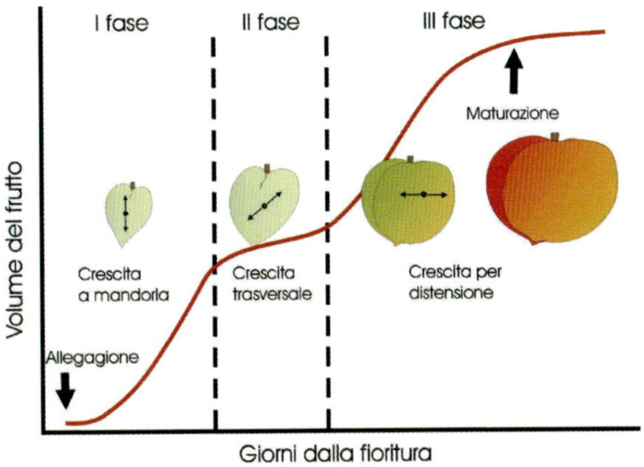

Fasi di crescita del frutto: I fase di divisione cellulare, II fase di indurimento del nocciolo, III fase di distensione che termina con la maturazione del frutto (indicato anche come IV fase).

Nella sua crescita il frutto ha necessità di importanti apporti nutritivi e idrici. La presenza di più frutti vicini oltre alla competizione per le riserve comporta anche inibizioni correlative, per cui nel diradamento dei frutti è importante non solo ridurne il numero ma anche mantenere una adeguata distanza tra essi.

Frutto di pesco nella fase di indurimento del nocciolo. Al suo interno è visibile il seme.

I frutti proteggono al loro interno i semi, il vero obiettivo della fecondazione

Specie	All'interno della varietà		Tra varietà diverse
	Autofertilità	Autosterilità	Intersterilità
Actinidia	–	× **(dioico)**	–
Agrumi	× (o partenocarpico)	–	–
Albicocco	×	× (raramente)	–
Ciliegio	× (alcune nuove varietà)	×	×
Cotogno	× (alcune nuove varietà)	×	×
Kaki	partenocarpico	× (dioico, biologia fiorale complessa)	–
Lampone	×	× (alcune, è preferibile usare impollinatori)	–
Mandorlo	×	×	–
Melo	–	×	×
Mirtillo	× (è preferibile usare impollinatori)	–	–
Olivo	×	×	×
Pero	– (può essere partenocarpico)	×	×
Pesco	×	–	–
Ribes nero	–	×	–
Ribes rosso e bianco	× (è preferibile usare impollinatori	–	–
Rovo	×	× (alcune, è preferibile usare impollinatori)	–
Susino cino-giapponese	×	× (usare impollinatori)	×
Susino europeo	×	× (usare impollinatori)	×
Vite	×	–	–

destinato alla generazione di nuove piante. I semi producono ormoni che, se presenti in grandi quantità (annate molto produttive), provocano squilibri e determinano scarsa differenziazione a fiore delle gemme in formazione per l'anno successivo, contribuendo ai fenomeni di alternanza produttiva.
Il carico di frutti ha inoltre un effetto sullo sviluppo vegetativo, infatti rami con molti frutti possono non presentare sufficiente rinnovo (oltre che scarsa differenziazione di gemme a fiore per l'anno successivo) mentre dove la produzione non è presente è possibile un maggiore rinnovo vegetativo.

I germogli e la dominanza apicale

I germogli si originano dalle gemme in primavera e si allungano in modo assiale. Le proprietà della crescita assiale sono importanti. Essa si basa sulla capacità dell'apice in crescita di mantenere il controllo dei meristemi ascellari da lui stesso appena formati, imponendo loro una stasi nell'allungamento che li avvia verso la dormienza. Questo fenomeno nel suo complesso viene chiamato dominanza apicale.
La dominanza apicale è ben circoscritta nel tempo (è attiva solo nel periodo di crescita dell'apice) e nello spazio (perché si limita ai meristemi ascellari sottostanti l'apice del germoglio). Le successive vicende fisiologiche delle singole gemme vanno attribuite ad altri sistemi di controllo: alla dormienza e a meccanismi legati al trasporto e alle gerarchie di germogliamento.
Una volta che la crescita dell'apice rallenta al disotto di una specifica soglia critica, la capacità di levare da parte dei meristemi laterali si perde e la dominanza apicale si esprime nelle sua prerogativa di imporre la stasi ai meristemi ascellari che così evolvono in gemme. Situazioni di crescita altalenanti con accelerazioni e rallentamenti possono creare più ondate di ramificazione anticipata in rami molto lunghi. Tipico è il caso dell'albicocco che in estate di fronte a riprese di crescita per favorevoli condizioni ambientali può ramificare nella parte terminale di germogli di grandi dimensioni. Ogni specie o varietà presenta la propria soglia critica: molto bassa nel

La crescita dei germogli

Nella sua fase iniziale subito dopo il germogliamento la crescita è molto rapida e nei rami corti si arriva in pochi giorni alla dimensione definitiva. In alcuni casi (pianta giovane e vigorosa) la crescita nella fase iniziale, o anche in piena estate, può essere così elevata che in alcune specie l'apice non riesce a mantenere il controllo dei meristemi ascellari. Questi, una volta liberi dalla dominanza, possono levare e dare origine ad altri germogli. La crescita di questi germogli anticipa la schiusura delle gemme normalmente programmata per la primavera successiva e per questo vengono chiamati germogli **anticipati**. Le specie che normalmente hanno questa capacità sono pioppo, pesco, melo, albicocco e susino e in minore misura pero e ciliegio.
È attribuibile alla dominanza una soglia critica, per cui, al disotto di una certa velocità di crescita, il germoglio non ramifica, al disopra sì.

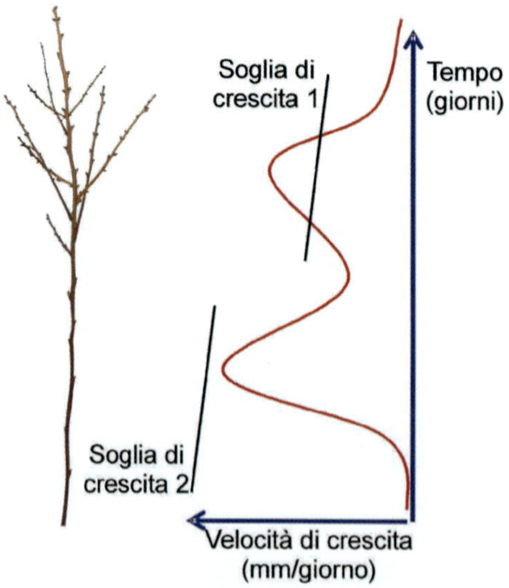

I rami anticipati si sviluppano dai rami in accrescimento se e quando la loro velocità di crescita è maggiore di uno specifico valore soglia, diverso lungo la stagione.

In seguito all'asportazione della parte apicale di un germoglio in crescita si sviluppano germogli da gemme che altrimenti sarebbero rimaste chiuse fino all'anno successivo. I germogli superiori presentano angoli di inserzione stretti e sono più vigorosi.

pesco che ramifica con molta facilità, in genere, e molto alta nel caso del ciliegio che non ramifica quasi per nulla. In ogni caso la presenza di germogli anticipati è sintomo di vigore e di un forte squilibrio a favore della radice (in confronto con il numero dei centri di crescita aerei).

Questo squilibrio è molto più probabile con piante giovanili o giovani e in caso di potature molto forti oppure di danni accidentali come rotture di grosse branche o del tronco. La risposta compensativa da parte della pianta è volta a costituire al più presto un'adeguata parte aerea. Questo può essere fatto nel corso di una stagione attraverso le crescite anticipate, senza aspettare la primavera successiva.

Alcuni interventi come l'applicazione di fitoregolatori esogeni sull'apice stesso per ridurne la dominanza, e l'asportazione delle foglie in distensione, o abbondante disponibilità di acqua e nutrienti possono ridurre l'influenza dell'apice.

Diversa dalla dominanza apicale è la capacità di controllo reciproca da parte dei germogli in crescita. Il fenomeno è, nel suo complesso, definito epinastia, ovvero un controllo del comportamento dall'alto al basso. Il germoglio ancora erbaceo è sottoposto a una rotazione dovuta al suo peso ma anche alla spinta a crescere lateralmente dovuta alla presenza di altri germogli sopra di lui, con il risultato di un aumento dell'angolo di crescita. Il germoglio centrale tende a mantenere una crescita dritta mentre i laterali vengono spinti ancora più verso l'esterno.

L'asportazione dell'apice del germoglio in forte crescita rende liberi i meristemi sottostanti dalla dominanza e di conseguenza si ha una crescita non preventivata di questi ultimi. Essi diventano pre-emergenti, per distinguerli dagli anticipati veri. Proprio l'assenza dell'apice e del controllo che gli organi superiori eserciterebbero su quelli inferiori (fenomeno epinastico) costringe i germogli a crescere più assurgenti degli anticipati naturali; per questa caratteristica essi non sono molto utili alla formazione di branche aperte fortemente riproduttive e richiedono un extra lavoro di inclinazione.

Si possono ripetere i tagli di raccorciamento più volte e ottenere un effetto di moltiplicazione dei centri di crescita che obbliga la pianta ad assumere un portamento cespuglioso. Questo è il caso del vasetto catalano per il ciliegio. Tuttavia se i tagli sono tardivi quando la velocità di crescita è in calo la risposta è completamente diversa e porta a favorire la differenziazione a fiore delle gemme rimaste. Anche le siepi possono godere di questi tagli ripetuti precocemente durante la stagione vegetativa per aumentare il numero di centri di crescita e favorire il loro arresto con assi raccorciati. Il principio è così importante che può consentire, integrandosi con altre tecniche di nanizzazione, di creare anche alberi in miniatura (bonsai).

Raccorciare i rami e le branche a fine estate condiziona il germogliamento della primavera successiva ma anche se l'andamento climatico lo consentirebbe non libera la crescita delle gemme perché già dormienti.

Solo cambiamenti drammatici della funzionalità aerea o radicale potrebbero in questa stagione obbligare le gemme al risveglio anticipato, ad esempio dopo una defogliazione dovuta alla grandine oppure a seguito di una forte siccità seguita da abbondanti piogge e temperature elevate.

I rami

I rami, in base alla natura delle gemme che si formano lungo il loro asse, vengono classificati in rami vegetativi quando presentano esclusivamente gemme vegetative, rami produttivi quando le gemme a fiore sono prevalenti e rami misti quando sono presenti entrambe le tipologie di gemme. All'interno di queste categorie i rami sono ulteriormente classificati in base allo sviluppo che li caratterizza facendo riferimento ad una terminologia propria della tecnica frutticola: così ad esempio rami molto corti assumono il nome di lamburda nelle pomacee e di dardo nelle drupacee, e in entrambi i gruppi i rami corti ed esili sono chiamati brindilli. I rami corti presentano una breve stagione di allungamento. Nel caso dei brindilli è ridotto anche l'accrescimento diametrale, più consistente nelle lamburde. Le lamburde e i dardi sono forti poli di attrazione nei confronti dei prodotti fotosintetici e presentano di solito una maggiore differenziazione a fiore.

Conoscere e riconoscere le strutture distinguendo i diversi tipi di gemme e di rami che possono essere presenti sulle piante permette di interpretare e prevedere le reazioni delle piante alle manipolazioni che vengono loro applicate.

È quindi utile distinguere una gemma a fiore, in genere rotondeggiante, da una vegetativa, più lunga e appuntita, o sapere se una specie produce gemme miste che contengono organi sia fiorali che vegetativi. Inoltre è importante riconoscere un ramo a legno da uno a frutto e da un ramo misto, un brindillo da un succhione o un ramo anticipato.

L'ETÀ DEI RAMI E DELLE BRANCHE

La vita del ramo inizia al germogliamento della gemma, da cui fuoriesce il germoglio erbaceo che in estate rallenta la crescita e, lignificando, diventa getto e poi ramo alla sua completa lignificazione. Il germoglio in fase di allungamento presenta un apice in crescita vegetativa (con la formazione di nuove foglioline); quando la sua crescita si arresta, all'apice si forma una gemma terminale che in alcune specie può differenziare a fiore. La fase in cui l'allungamento del germoglio rallenta e inizia l'accumulo delle sostanze di riserva con cambiamento di consistenza e di colore è detta agostamento.

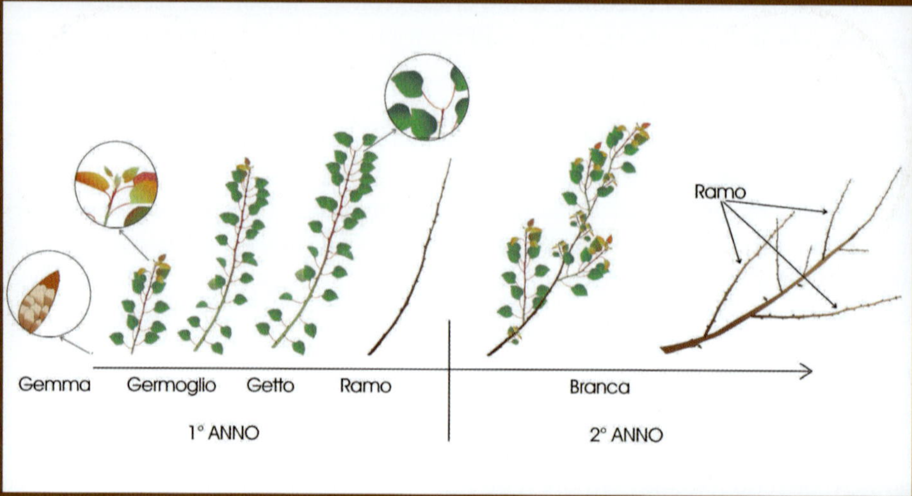

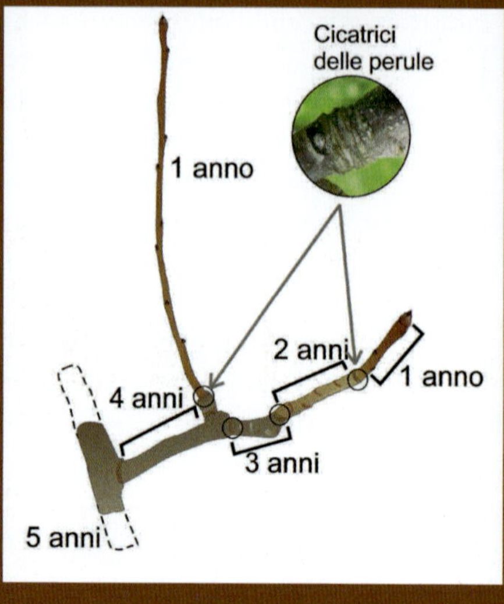

Con la successiva stagione di crescita vegetativa il ramo non è più un ramo poiché evolve definitivamente in branca, assumendo funzione strutturale e/o produttiva fino al suo esaurimento.

Su una branca sono presenti porzioni cresciute in successive stagioni vegetative e quindi di età diverse. Queste, anche se ormai completamente lignificate e integrate in una struttura unitaria, sono tra loro distinte e riconoscibili. Infatti, la crescita di ogni anno ha origine da una gemma, terminale o laterale, e si può risalire al punto di inizio nella posizione in cui originariamente si trovava quella gemma. Tale posizione è identificata da anelli di cicatrici lasciate dalle perule cadute all'inizio della stagione di crescita. Inoltre l'asse del ramo cambia direzione in modo più o meno marcato rispetto a quello da cui si è originato. Quindi, ripercorrendo a ritroso lo scheletro delle branche a partire dai rami più distali, formatisi nell'ultimo ciclo di crescita e caratterizzati da una corteccia di aspetto diverso e dalla presenza delle nuove gemme, si seguono le deviazioni e i punti di inserzione contando il numero di anni. I rami anticipati hanno la stessa età dei rami da cui si sono originati.

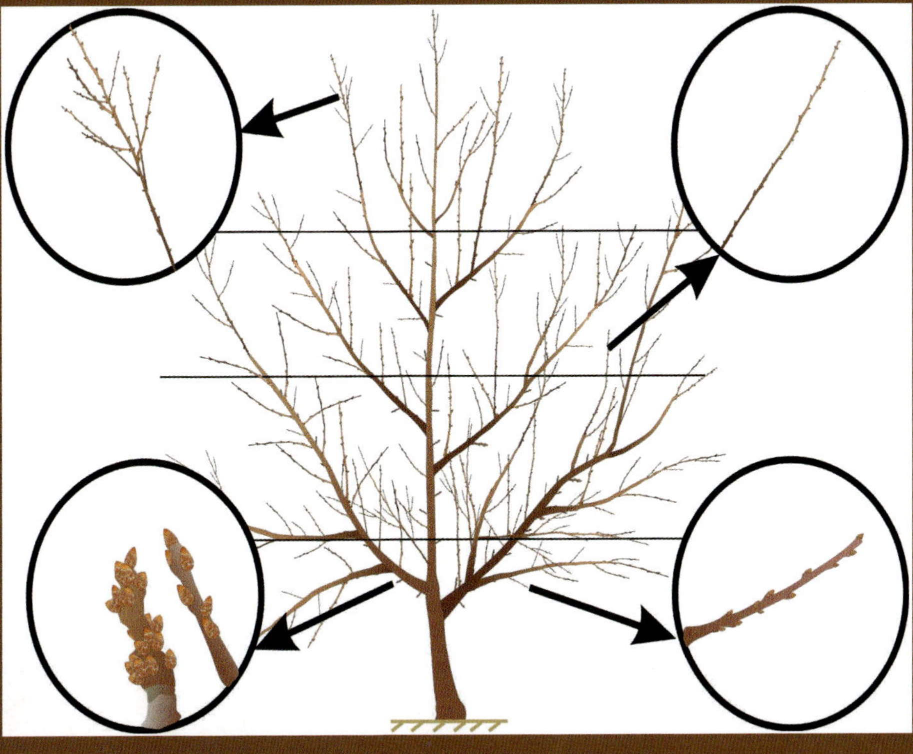

Su una stessa pianta possono essere presenti tutti i tipi di ramo produttivo, che a seconda della specie vanno dal succhione con rami anticipati (produttivo solo nell'albicocco), al ramo misto, al brindillo e al ramo corto (spur, lamburda o dardo). Il potatore deve acquistare l'abilità di mantenere il giusto equilibrio tra tutte queste tipologie di ramo, con opportuni diradamenti e raccorciando le strutture su cui sono inseriti.
I rami sono illustrati nel dettaglio più avanti, nella descrizione delle singole specie.

Le branche

Le branche assumono una importante funzione di sostegno nello scheletro della pianta; per offrire una buona resistenza ai carichi meccanici esse devono essere caratterizzate da un saldo punto di inserzione sulla struttura che le sostiene (tronco o altra branca). Questa situazione si verifica quando l'angolo di inserzione è ampio; questo consente la formazione di buon legno di reazione e rende possibile la naturale inclinazione. Angoli stretti favoriscono invece l'inglobamento della corteccia nell'ascella tra le due strutture esponendo al rischio di scosciature (spaccature) e schianti. Per la formazione delle branche risultano quindi ideali i rami anticipati, caratterizzati da angoli di inserzione aperti.

Scosciatura di una grossa branca inserita sul tronco con un angolo troppo stretto.

È importante inoltre che le branche siano inserite a una certa distanza tra loro (almeno 10 cm) per evitare strozzature oltre che interferenze e competizioni, garantendo così migliore equilibrio ed evitando reciproci ombreggiamenti. Le branche vengono classificate in primarie, inserite direttamente sul tronco, secondarie (o anche sottobranche) inserite sulle primarie e terziarie (branchette o rivestimenti) quelle inserite sulle secondarie.

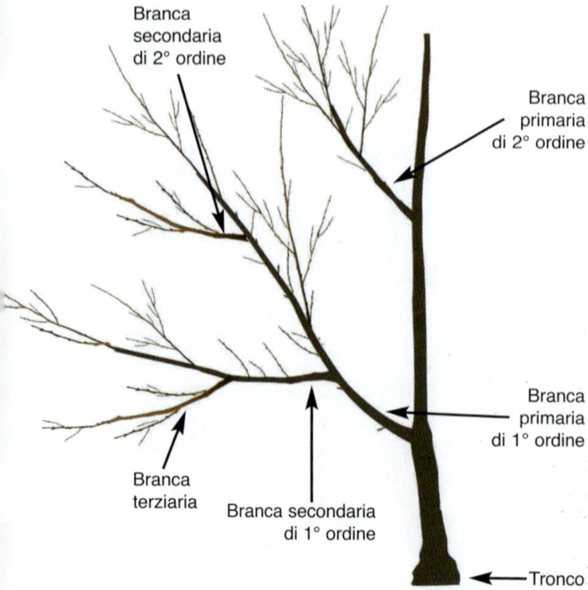

Composizione e classificazione dello scheletro di un albero.

All'interno dei rami e delle branche sono presenti i vasi in cui avviene sia il trasporto unidirezionale verso l'alto (nei vasi legnosi, legno o xilema) della linfa grezza dall'apparato radicale agli organi epigei, sia il trasporto bidirezionale della linfa elaborata (verso l'alto e verso il basso) dagli organi fotosintetici agli altri organi (nei vasi cribrosi, libro o floema, corteccia); eventuali restringimenti di sezione comportano la riduzione del flusso.

I vasi vengono riformati ogni anno grazie a un sistema meristematico secondario diffuso fra corteccia e legno detto cambio. Quando questo è attivo, la pianta è "in succhio" e la corteccia si stacca dal legno ("si sbuccia"). Ogni operazione che modifica il trasporto ha un grande impatto sulla pianta e va eseguita con particolare cura.

Sulle branche si può osservare uno sviluppo dei germogli localizzato in modo preferenziale in una zona (distale, mediana, prossimale). Tale zona può essere una caratteristica tipica della specie o varietà, o di un periodo del suo sviluppo. Quando sono più sviluppati i germogli inseriti nella parte terminale (distale) della branca si parla di acrotonia; è un comportamento comune sugli assi verticali di molte specie.
Quando sono più sviluppati i germogli basali la crescita è basitona. In questo caso il rinnovo è localizzato nella parte basale conferendo così un comportamento cespuglioso.

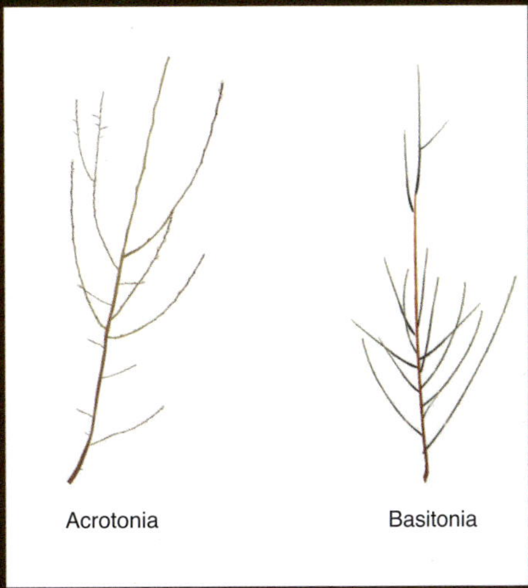

Organizzazione della chioma

L'albero è in grado di reiterare, cioè ripetere, alcune funzioni a diversi livelli. Una di queste funzioni è la cima. Ogni ramo, branca o albero nella sua interezza presenta una cima e questa svolge un compito di organizzazione assiale delle strutture sottostanti.
In fase vegetativa l'eventuale asportazione della cima viene vissuta da parte della pianta come una grave mutilazione e quindi con la necessità di ricostituire l'organo mancante. L'elevata capacità rigenerativa e il vigore dell'albero porteranno ad una risposta violenta, con emissione di molti germogli vigorosi in sostituzione della cima mancante. L'eliminazione della cima in una pianta matura in fase più avanzata di crescita, o con meno vigore, segue l'andamento fisiologico della pianta senza contrastarlo. In fase matura la pianta rallenta e

L'albero e, al suo interno, ogni branca e ogni ramo presentano una cima che controlla la crescita dei rami laterali imponendo loro un angolo di inclinazione crescente nel tempo. È importante che le cime si trovino nella parte ben illuminata della chioma.

poi termina la propria espansione sia aerea che radicale e si dedica di più alla riproduzione. Da un punto di vista pratico la pianta può essere definita "ferma" e può essere raccorciata senza rischio di riscoppi vegetativi incontrollabili.
All'interno della chioma sono presenti parti diverse con funzioni diverse; l'equilibrio tra esse è basato su diverse correlazioni come la competizione per l'utilizzo dei substrati o il controllo reciproco. Un organo maggiormente attivo determina la riduzione degli altri organi con i quali entra in competizione per l'uso di particolari sostanze, esercitando un maggiore richiamo di linfa. Su questo meccanismo la potatura può intervenire riducendo il numero e distanziando gli organi (diradamento) e/o influenzando il loro grado di attività (con tagli e inclinazioni).

Rigenerazione della chioma

Fra le capacità che alcuni alberi hanno va sottolineata quella di reiterare l'albero stesso nella sua integrità a partire da rami vigorosi (in questo caso chiamati polloni) che si formano nella zona di transizione tra tronco e radici (colletto) oppure a livello radicale. Questa capacità è molto forte in specie arbustive come il rovo e il lampone oppure in alberi come l'olivo e il nocciolo, che senza interventi specifici non formerebbero un tronco permanente. Questa ultima caratteristica è importante per la potatura. Se la pianta, allevata con un tronco unico, continuamente rigetta al colletto nuovi polloni, occorre preventivarne l'eliminazione annuale, in quanto la crescita di questi germogli può essere molto vigorosa e in una sola stagione raggiungere o superare la crescita del resto della pianta.
La presenza di capacità pollonifera può comunque risultare vantaggiosa in caso di danneggiamento della parte aerea (quando la chioma viene completamente distrutta dal gelo) e per propagare le piante in casa.

Il melograno è una specie che tende ad avere una crescita arbustiva, con la costante formazione di nuovi polloni dalla ceppaia.

Questa è una pratica che richiede molta manodopera e introduce una lunga fase improduttiva, poiché il pollone di solito si trova in stadio giovanile.

Il portamento

Le chiome degli alberi hanno forme e aspetti complessivi caratteristici, che nel loro modo naturale di vegetare costituiscono il portamento o habitus, tipico per ciascuna specie o varietà. Esso include le caratteristiche vegetative (ritmi di crescita dei rami e intensità di ricambio della chioma) e strutturali (tipo, angolo d'inserzione, distanza tra i nodi e distribuzione dei rami produttivi) che li caratterizzano.

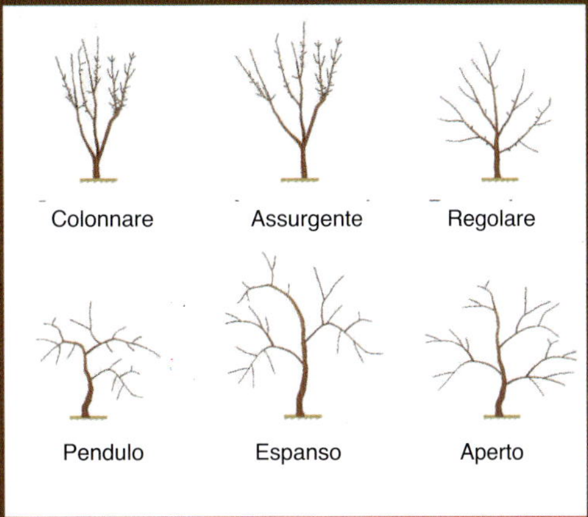

Negli alberi da frutto si distinguono portamenti di tipo: aperto (con ampi angoli di inserzione), assurgente (con angoli di inserzione stretti), colonnare (con angoli di inserzione molto stretti), compatto (ricco di rami con internodi corti), espanso (tra aperto e pendulo), pendulo (con angoli di inserzione molto ampi), regolare (portamento prevalente nella specie), spur (ricco di dardi o lamburde).

La radice

Oltre alla parte visibile fuori terra esiste l'altra "metà nascosta": la radice. Seppure invisibile ai nostri occhi, l'apparato radicale rappresenta una parte fondamentale della pianta sia in termini di massa, sia e soprattutto per le funzioni che riveste. Tramite le radici la pianta può esplorare il terreno e assorbire acqua e nutrienti (linfa grezza) necessari per la crescita e la produzione di frutti e mantenersi ancorata al terreno.

L'apparato radicale è formato da tante radici diverse, ciascuna con una specifica funzione. Ci sono infatti le grosse radici lignificate che servono per ancorare la pianta e per trasportare la linfa grezza; radici di dimensioni minori, con crescita molto rapida e senza ramificazioni, chiamate anche esploratrici perché esplorano il terreno alla ricerca di zone ricche di acqua e nutrienti per poter ramificare e formare le radici fini. Queste a loro volta hanno la funzione di assorbire i nutrienti.

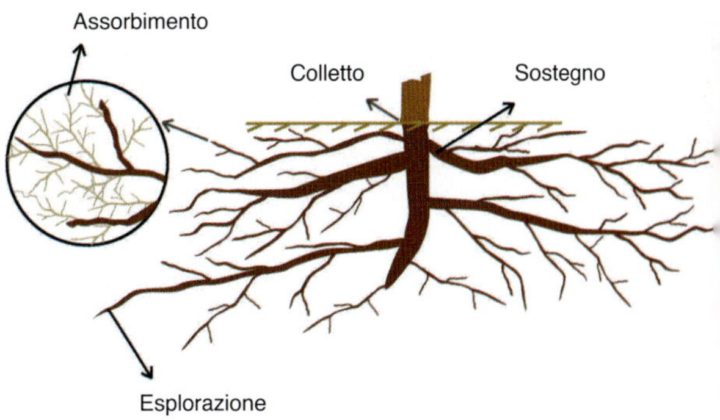

Struttura e funzioni dell'apparato radicale.

L'apparato radicale è caratterizzato da una grande plasticità, cioè dalla capacità di adattare la forma, la funzionalità e la dimensione a seconda delle caratteristiche dell'ambiente in cui si sviluppa. Ad esempio in assenza di irrigazione, la radice deve cercare acqua e nutrienti dove sono naturalmente presenti nel terreno e per questo l'apparato radicale è più espanso e più profondo con grosse radici esploratrici, mentre in presenza di acqua disponibile esso rimane più piccolo e localizzato.

Fisiologia del sistema aereo radicale

Nello stadio giovanile e in fase vegetativa la pianta arborea tende ad investire le proprie risorse privilegiando la crescita radicale rispetto a quella aerea.

Una volta colonizzato un ampio territorio, l'albero incrementa la propria chioma (parte aerea) con crescite vigorose e assurgenti. La radice può mantenere la capacità assorbente per periodi limitati, poiché l'apparato radicale elimina le porzioni invecchiate (per le radici fini questo può avvenire in pochi giorni di intenso assorbimento) e sposta la formazione di radici assorbenti in altre zone rispetto a quelle già esplorate.
Questo ciclo aereo radicale determina un continuo aumento degli spazi utilizzati, ma se l'espansione della chioma si riduce o addirittura subisce una contrazione, allora anche l'assorbimento e gli spazi occupati da parte delle radici si riducono. È vero anche l'inverso: se la radice non trova nuovi spazi dove poter espandere la propria crescita si può avere una ripercussione negativa sulla crescita aerea. È un meccanismo di autoregolazione che tende a mantenere costanti condizioni di equilibrio (omeostasi).

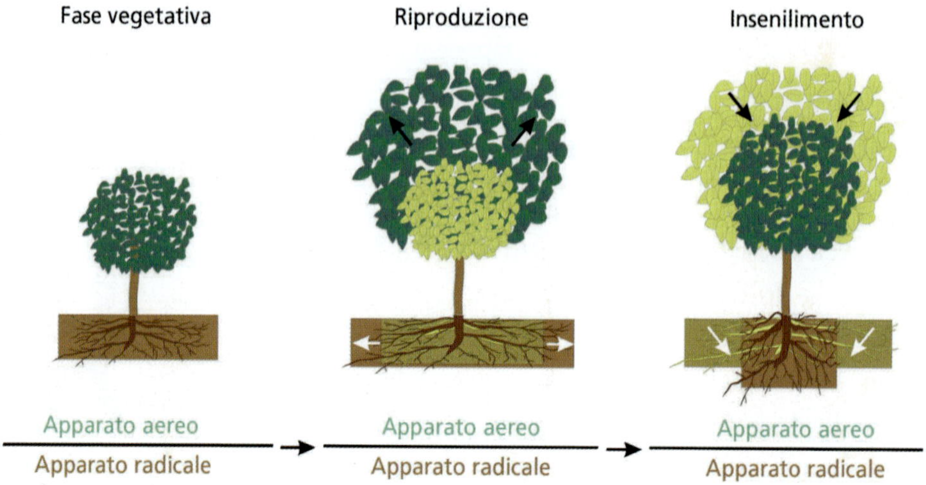

L'espansione dell'apparato radicale in fase vegetativa consente un aumento della chioma, fino ad un equilibrio tra le due parti in fase riproduttiva. Quando le radici non trovano più spazi da occupare si riduce la loro attività, con conseguente contrazione anche della parte aerea (ridisegnato da Zucconi, 2003).

Per gli stessi motivi, la pianta risponde ai tagli effettuati con la potatura adattandosi alle nuove condizioni di rapporto tra parte aerea e radicale, attraverso la crescita compensativa di una delle due, permettendo di ottenere e prevedere dimensioni e forme diverse in risposta agli interventi di potatura.
Nel normale funzionamento della pianta arborea, l'attività radicale (assorbimento di acqua e nutrienti) deve sostenere le necessità della parte aerea. La radice a sua volta richiede per il proprio funzionamento un continuo rifornimento di carboidrati prodotti con la fotosintesi. Quindi tra i due sistemi avviene uno scambio di substrati utili alla crescita complessiva della pianta.
A maturità, in seguito all'aumento di volume della chioma e alla fruttificazione (che richiama molti zuccheri) e a causa delle difficoltà per la radice a trovare spazi liberi, non precedentemente occupati, si ha una fase di arresto con riduzione del ricambio radicale e dell'assorbimento. Di conseguenza, la crescita esponenziale del numero di rami presenti sulla chioma non viene compensata da un pari aumento della crescita radicale. La pianta tende a rallentare fino a regredire in senescenza. In prima istanza la potatura deve contrastare l'invecchiamento, riducendo il numero di centri di crescita aerei e aumentandone la capacità rigenerativa, e in seconda battuta deve evitare fenomeni di alternanza produttiva.

Alternanza di produzione

Dopo la fase iniziale di espansione vegetativa, la pianta comincia a produrre frutti e per mantenere il proprio equilibrio alterna anni di carica di frutti con anni di scarica. I frutti competono con le radici per l'utilizzo degli zuccheri prodotti dalla fotosintesi e sono avvantaggiati per la vicinanza con le foglie e per la forza di richiamo che esercitano. Se presenti in gran numero possono quindi creare un deficit di crescita radicale che si ripercuote sulla crescita vegetativa e sulla possibilità di differenziare a fiore.

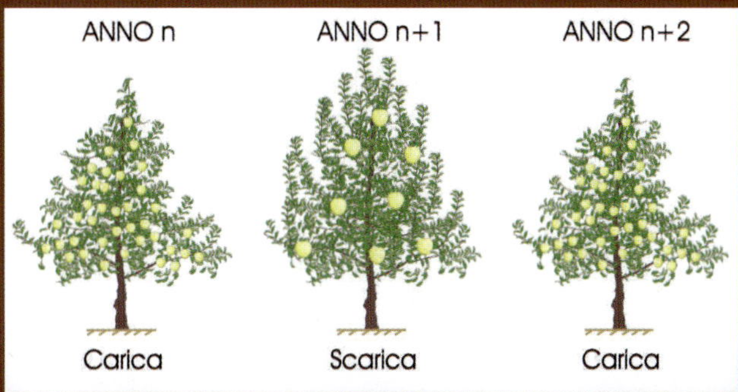

L'anno di scarica che segue, invece, con la pianta priva di frutti, è caratterizzato da una forte crescita vegetativa e da elevata differenziazione a fiore. Anche in questo caso la potatura presenta un positivo impatto sulla regolarità di crescita e di produzione, limitando il numero di rami nell'inverno precedente l'anno di carica e lasciando la pianta quasi intatta nell'inverno che precede l'anno di scarica. Negli anni di carica è utile eseguire la raccolta in anticipo, poiché la formazione delle riserve avviene per una parte importante dopo la raccolta. L'alternanza si può inoltre efficacemente contrastare con il diradamento dei frutti, riducendo così la loro pressione competitiva, e con una adeguata concimazione azotata.

Propagazione e potatura

La propagazione consente di produrre le piante necessarie ai nostri fabbisogni. In natura le piante arboree utilizzano due tipologie di propagazione: gamica (riproduzione) e vegetativa.

La riproduzione rende possibile l'estrinsecazione di tutto il ciclo vitale a partire dal seme, con piante che perciò impiegano più tempo prima di fornire produzioni abbondanti e stabili, e comporta la variabilità derivante dall'unione di gameti (cellule riproduttive maschili e femminili) diversi, rendendo imprevedibili le caratteristiche delle nuove piante e dei frutti da queste prodotti. Ogni pianta che deriva da seme presenta infatti caratteri peculiari e diversi da ogni altra.
La propagazione vegetativa sfrutta la capacità di alcuni organi di rigenerare le porzioni mancanti per formare un individuo completo (totipotenza del mondo vegetale). In natura questo avviene nelle piante che originano polloni a partire dalle radici. Ciascun pollone una volta cresciuto è dotato di un proprio apparato radicale e quindi di fatto è un individuo autonomo che manifesta in modo completo e del tutto simile le caratteristiche della pianta madre, in pratica costituisce un clone. Anche le branche o i rami possono in caso di bisogno originare radici e creare una pianta indipendente, clonale, cioè con lo stesso patrimonio genetico della pianta madre. A partire da questa potenzialità si è potuto mettere a punto un certo numero di tecniche di moltiplicazione vivaistica, quali margotta e propaggine in cui si formano radici su porzioni attaccate alla pianta madre, ed infine, la talea (la radicazione avviene su una porzione di pianta staccata dalla pianta madre).
Tuttavia, le piante da frutto più comuni non sono in grado di fare radici con facilità nelle porzioni aeree. Di conseguenza se si vuole mantenere il genotipo che ci interessa occorre innestare una porzione di pianta con gemme (anche una sola gemma) su piante portinnesto.

Il pollone generato dalla zona basale dell'olivo in breve tempo diventa un nuovo albero.

Esempi di innesti, eseguiti utilizzando una marza (sinistra, prima dell'applicazione del mastice) o uno scudetto con gemma (destra).

L'innesto è oggi la tecnica più diffusa per la moltiplicazione vegetativa dei fruttiferi. Essa deriva da una fortunata intuizione che risale ormai a più di tremila anni fa e consiste nell'unione di porzioni di almeno due individui diversi (chiamati bionti) a formare un'unica pianta efficiente. In pratica un individuo fornisce la parte radicale e una porzione del fusto e l'altro la parte aerea.
In origine le piante portinnesto erano piante da seme, quindi con molta variabilità e con caratteristiche giovanili (molto vigore e ritardo di entrata in produzione). Oggi sono molto diffusi portinnesti clonali (moltiplicati per talea, margotta di ceppaia o per micropropagazione) con caratteristiche di vigore e adattamento ambientale molto diverse e programmate.
La ricaduta sulla potatura è elevata. Infatti, alcune combinazioni d'innesto sono deboli e altre vigorose, a parità di varietà innestata. Il potatore deve allora utilizzare tagli diversi (intensità, epoca, tipologia) per ottenere un risultato prevedibile.
Un'altra caratteristica delle piante innestate è che non attraversano lo stadio giovanile, difficile da guidare e improduttivo, in quanto la porzione innestata viene prelevata da piante mature e conserva questo stato fisiologico irreversibile.
Va infine sottolineato che se la pianta è innestata i polloni che crescono dalla ceppaia e dalle radici sono "selvatici" cioè presentano le caratteristiche della pianta utilizzata come portinnesto.

Scelta di specie e varietà

La scelta di piantare alberi da frutta è dovuta di solito alla promessa di raccogliere frutti di qualità, ma è spesso legata anche al valore estetico che gli alberi da frutta aggiungono al nostro giardino. Basti pensare ad un pesco in fiore o ad un melo carico di frutti.

È importante però scegliere correttamente specie e varietà. È fondamentale considerare le esigenze e l'adattabilità al clima delle varietà di una stessa specie. Le varietà locali, essendosi evolute nel territorio sono più adatte a crescere e produrre in quelle particolari condizioni climatiche, dove esprimono al massimo le proprie potenzialità.
Sono state studiate e selezionate varietà specifiche per fungere da portinnesti, dotate di radici più resistenti a malattie o alla siccità o al freddo, o anche perché presentano uno sviluppo limitato, determinando una minore crescita del nesto. In questo ultimo caso si parla di portinnesti nanizzanti che permettono di ottenere alberi di dimensioni ridotte, ma con produzioni elevate e precoci, con notevole beneficio nella frutticoltura intensiva. Tuttavia presentano minore resistenza alle avversità e alle situazioni di carenza idrico-nutritiva.
Poiché il portinnesto può avere effetti notevoli sul vigore e sullo sviluppo complessivo della pianta è necessario conoscere le sue caratteristiche e sulla base di esse decidere le strategie agronomiche e di potatura.
Per ciascuna specie si trovano in commercio varietà con diversa epoca di produzione, (precoci, intermedie e tardive) è quindi possibile, scegliendo piante di 2 o 3 varietà (con epoche di produzione diverse), prolungare l'epoca di raccolta.

Scelta della zona di impianto

La scelta delle specie e delle varietà tiene conto anche della zona di impianto in base alle esigenze e alle dimensioni di ciascuna pianta. Innanzi tutto bisogna considerare l'esposizione, privilegiando le zone esposte a sud, che garantiscono la maggior insolazione, e quindi la migliore disponibilità energetica. In rapporto a tale disponibilità la chioma bilancia le proprie dimensioni (e quindi la superficie fotosintetizzante), tendendo ad aumentarle per compensare situazioni in cui la luce è carente e a ridurle in ambienti molto assolati. Inoltre, in caso di aree caratterizzate da venti forti e frequenti, è bene posizionare le piante in zone riparate o prevedere delle fasce frangivento (alberi in filare che proteggono un settore pari a circa dieci volte l'altezza). In ambienti freddi la presenza di muri, con buona esposizione, può garantire protezione da venti e brinate, consentendo la coltivazione di alcune specie oltre i loro limiti climatici purché non provochi un prolungato ombreggiamento delle piante stesse. La vicinanza delle piante al muro può richiedere una maggiore cura e attenzione nella potatura (forme di allevamento a spalliera).

È bene evitare di reimpiantare alberi dove ne sono stati estirpati altri della stessa specie da meno di 3-4 anni in quanto i loro residui radicali ancora presenti nel terreno, per alcuni anni, lo rendono inospitale verso piante della stessa specie (stanchezza del terreno). Se questa precauzione non è stata rispettata e si manifestano i sintomi di stanchezza, occorre una opportuna gestione della sostanza organica nel terreno recuperando il processo di umificazione. È utile limitare l'attività assorbente della radice riducendo il flusso traspiratorio attraverso la potatura della parte aerea. È preferibile intervenire con potatura primaverile per ridurre il metabolismo della parte aerea ritardando la sua crescita.

Infine è bene considerare la facilità con cui si può accedere al futuro frutteto, in modo che sia possibile fornire tutte le cure necessarie alle piante. Nel caso in cui lo spazio a disposizione non lasci ampi margini per la scelta della posizione, dovrà essere posta maggiore attenzione nella scelta delle piante e delle tecniche colturali, regolando anche le operazioni di potatura in funzione delle condizioni specifiche dell'ambiente e del terreno di coltivazione.

In ambienti dove sono frequenti gelate tardive, è opportuno ritardare la potatura in modo da posticipare il richiamo di linfa per la formazione di nuovi germogli, i cui tessuti idratati sono più sensibili al freddo.

Infine è necessario considerare se le specie (e le varietà) scelte sono *autosterili* o *autofertili*. Autosterili sono quelle i cui fiori non possono essere fecondati dal polline proveniente da piante della stessa varietà. La soluzione migliore nel caso dei giardini è quella di utilizzare più piante della stessa specie ma di varietà diverse, che possano svolgere il ruolo di impollinatori fornendo il polline per fecondare le varietà autosterili.
Per compiere correttamente la scelta è utile farsi consigliare da un vivaista locale le varietà più rustiche e meglio adattabili. In ogni caso è possibile fare riferimento alle "Liste di orientamento varietale" (reperibili in riviste specializzate o in internet) che annualmente rendono pubblici i risultati della valutazione relativa all'adattabilità delle moderne varietà in diversi ambienti e alle loro caratteristiche agronomiche e produttive.

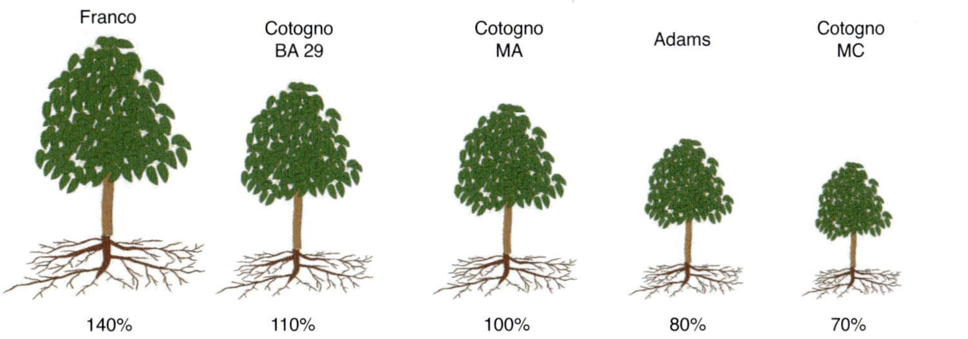

Vigoria indotta da alcuni portinnesti del pero rispetto al Cotogno MA.

Scelta del tipo di materiale

Il materiale vegetale deve essere acquistato in un vivaio, dove è possibile scegliere le piante e verificarne la qualità.

È importante che le piante siano provviste di un cartellino che indichi la specie e la varietà (del nesto e del portinnesto), ma anche che la pianta sia certificata secondo le norme comunitarie, cioè che sia effettivamente della varietà indicata e priva di patogeni e malattie da quarantena.
Le piante da frutto prodotte dai vivaisti hanno origine vegetativa, sono state cioè riprodotte tramite taleaggio e/o innesto. Con queste tecniche è garantita la varietà che avrà inoltre il vantaggio di raggiungere velocemente l'età produttiva, cosa che non accade producendo da soli le piante a partire dai semi. I vivai producono diverse tipologie di piante:

- *Piante a radice nuda.* Hanno un apparato radicale ampio, tagliato al momento dell'espianto. Sono trasportate con le radici nude, senza terreno, possono essere trapiantate solo in autunno o in primavera, poco dopo l'espianto e devono subire una forte potatura della radice e della parte aerea prima dell'impianto.

Esempi di materiale vivaistico: astone a radice nuda (sinistra), pianta con pane di terra (centro) e pianta in vaso (destra).

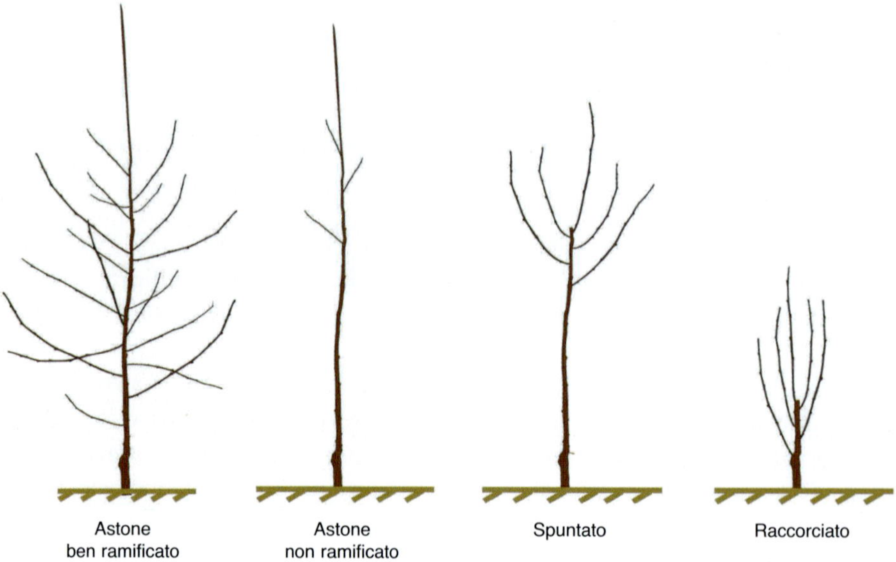

Confronto tra le ramificazioni di un astone ben rivestito (sinistra) e quelle che si originano da un astone non rivestito in seguito alla sua spuntatura o al suo raccorciamento.

- *Piante con pane di terra.* Cresciute in campo, all'espianto vengono asportate con un pane di terra intorno alle radici, che viene poi avvolto con iuta o plastica forata, in modo da mantenere la terra e l'umidità. La presenza del pane di terra permette un periodo di conservazione e di impianto più lungo.
- *Piante in vaso.* Cresciute con ripetuti trapianti in vasi di dimensioni via via maggiori, secondo lo sviluppo della pianta. Possono essere piantate durante tutto l'anno, e solitamente non hanno bisogno di una forte potatura. Le radici visibili devono essere di colore chiaro, non devono essere troppo appressate una sull'altra e non devono ruotare sul fondo del vaso.

Altre caratteristiche da controllare nelle piante in vivaio sono l'età e la conformazione della parte aerea. L'età non deve essere maggiore di 2-3 anni, per ottenere un migliore attecchimento soprattutto per le piante a radice nuda. La presenza di rami laterali può essere un vantaggio, purché siano nelle posizioni giuste, cioè ad un'altezza tra i 50 e i 70 cm, ben distanziati tra loro e orientati uniformemente intorno all'asse. Se le piante hanno solo l'asse centrale, è necessario verificare che le gemme siano in buono stato, non secche o rotte.
La qualità dell'astone utilizzato per l'impianto influisce sulla successiva crescita in campo. Un astone intero ben ramificato consente una rapida ed equilibrata costruzione dello scheletro, con la ramificazione a partire da rami anticipati già formati e caratterizzati da angoli di inserzione aperti. Astoni non ramificati dovranno essere tagliati per stimolare la formazione di rami laterali. Se spuntati, si formeranno germogli soprattutto nella porzione terminale, con angoli mediamente aperti. Se raccorciati, si formeranno numerosi germogli caratterizzati da crescita piuttosto assurgente, non ottimale per ottenere branche vigorose e stabili (che necessitano invece di un angolo d'inserzione molto ampio).
Inoltre è bene valutare alcuni aspetti che sono indice della buona formazione della pianta: crescita eretta, punto di innesto integro, assenza di sintomi di disidratazione (raggrinzimento), assenza di ferite da grandine o da danni meccanici, buona lignificazione delle ramificazioni. Infine deve essere verificata l'assenza di malattie e parassiti.

Distanze di impianto

Nei frutteti amatoriali le piante possono essere collocate secondo una disposizione sparsa ma anche organizzate in piccoli filari.

In ogni caso è necessario valutare lo spazio che ciascuna pianta deve avere a disposizione, sulla base delle sue caratteristiche genetiche, della forma di allevamento adottata e delle condizioni di fertilità, ma anche dell'impegno che si è disposti a investire nella sua cura. L'intensità d'impianto ha effetti sullo sviluppo vegetativo delle piante; infatti in si-

Piante tra loro molto vicine hanno a disposizione un ridotto volume di terreno da esplorare e poco spazio aereo in cui espandere la chioma.

tuazioni di elevata densità di piantagione, ovvero con piante fitte, si ha una riduzione dell'autonomia della pianta che esplora limitati volumi di terreno.
La radice, una volta espansa e raggiunti i bordi della crescita radicale delle piante vicine, si arresta mettendo in crisi la parte aerea, con il rischio di favorire uno scheletro piccolo che mal sopporta gli stress ambientali e subisce un invecchiamento precoce. Anche la qualità dei frutti è a rischio per le poche foglie disponibili e per l'ombreggiamento provocato dalle piante vicine.
L'ombreggiamento reciproco, limitando ulteriormente la possibilità di sviluppo per le branche interne e basse, accentua l'autopotatura. L'eccessiva vicinanza delle piante può aumentare il rischio di malattie e modificare la forma della pianta che non avendo spazio per sviluppare liberamente, tende a spostare la crescita verso l'alto, con conseguente difficoltà nella raccolta dei frutti. La potatura deve favorire un'elevata efficienza delle foglie e un'equilibrata allocazione di carboidrati e nutrienti, più facile sui rami corti, meno su quelli lunghi (ancorché misti).
Impianti a densità molto alta (2500-4000 piante per ettaro) sono possibili solo con tecniche sussidiarie di nanizzazione, controllo della fruttificazione, appropriata meccanizzazione e gestione dello stato nutritivo, attribuendo alla potatura un ruolo complementare e talora subordinato.
Al contrario, in impianti a bassa densità (200-400 alberi per ettaro) le piante raggiungono grandi dimensioni con elevata autonomia, ma richiedono anni (da 6 a 10) per completare la struttura scheletrica; sono difficili da gestire e poco meccanizzabili.

Operazioni pre-impianto

Sulla base delle caratteristiche del terreno, prima o al momento dell'impianto, è necessario prevedere una concimazione di fondo, che mira a fornire al suolo quei minerali di cui è carente (applicando concimi chimici, oppure ammendanti organici).

Molto consigliata è l'aggiunta di sostanza organica (ammendamento), non fresca, miscelandola in superficie e poi interrandola entro i primi 30 cm del profilo. La sostanza organica (residui di potatura di piante, sfalcio di un prato, foglie secche, letami animali…) è tossica per le piante se somministrata tal quale vicino alle radici, ma risulta molto utile se utilizzata in forma stabilizzata, cioè di compost che migliora anche le caratteristiche fisiche del suolo.

Terreno compattato dal passaggio di mezzi meccanici.

Durante la primavera-estate precedente all'impianto (autunnale o primaverile), è necessario preparare il terreno per renderlo più accessibile e adatto ad accogliere le piante, *livellandolo o terrazzando* in caso di forti pendenze o in presenza di buche o dossi *e attuando la sistemazione idraulica.* Se la presenza di acqua nel terreno è troppo

elevata tale da riempire tutti i pori (gli spazi fra le particelle di terreno) provoca asfissia alle radici, con conseguenze anche gravi sullo sviluppo complessivo della pianta.
In caso di scarso drenaggio è indispensabile creare una rete di scoline (fossi superficiali) che raccolgano l'acqua e la portino a fossi più profondi.
Se il terreno è stato molto compattato, ad esempio in seguito a precedenti colture *o per il passaggio ripetuto di macchinari, è necessario operare una lavorazione di fondo* scarificando in profondità (60-100 cm) e arando in superficie (20-30 cm); ed eventualmente affinandolo con una erpicatura superficiale.

Piantagione

Per la messa a dimora delle piante bisogna predisporre buche di circa 50 cm di lato e 30-40 cm di profondità in cui inserire l'apparato radicale.

Queste possono essere eseguite a mano con una vanga o mediante una trivella evitando terreni umidi e plastici (soprattutto se argillosi) in cui le buche potrebbero formare pareti dure e impenetrabili per le radici (effetto vaso) e condizionare così anche il successivo sviluppo vegetativo. All'interno della buca è vantaggioso fornire una concimazione localizzata, costituita da compost maturo oppure da piccole quantità di azoto minerale (20-30 g per buca) per aiutare la pianta dopo la ripresa vegetativa. Prima dell'inserimento in buca le radici devono essere ripulite dalle parti ammuffite, rotte, necrotiche e la formazione di nuove radici va stimolata con il raccorciamento di quelle sane. A que-

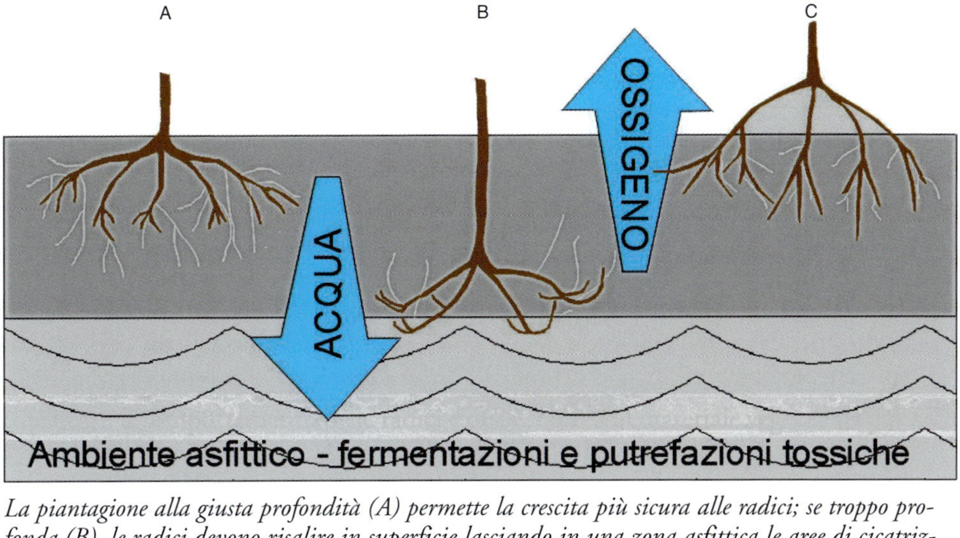

La piantagione alla giusta profondità (A) permette la crescita più sicura alle radici; se troppo profonda (B), le radici devono risalire in superficie lasciando in una zona asfittica le aree di cicatrizzazione dei tagli, con rischio di malattie; se troppo superficiale (C) nei primi momenti la crescita avviene molto in superficie e le zone scoperte possono perdere molta acqua e disidratare la piantina appena posta a dimora.

sto punto è possibile inserire la pianta nella buca avendo cura di porla ad una opportuna profondità di impianto e aggiungere terreno fine. Se la pianta è innestata è importante lasciare il punto d'innesto fuori dal suolo. Il colletto deve stare a livello della superficie e poi si può rincalzare con la terra fine.
Dopo avere messo a dimora la pianta occorre fornire una certa pressione sul terreno fine e fornire un tutore, cioè un palo o canna a cui legarla (con legature né troppo ampie che causano danni perché non garantiscono una posizione ferma e provocano delle ferite da strofinamento, né troppo strette che feriscono la pianta e provocano strozzature nel tronco) in modo da mantenere la pianta in posizione ed evitare che il vento la muova troppo causando danni alle nuove radici in formazione.
Subito dopo l'impianto è necessario fornire abbondante acqua che, percolando in profondità riempie di terra le fessure migliorando il contatto delle radici con il suolo. Tradizionalmente si attuava anche l'inzaffardatura, ovvero l'immersione rapida delle radici in una miscela molto diluita di letame e acqua, con lo scopo di preparare la radice al contatto con il nuovo terreno in un ambiente molto favorevole.
In questa fase, in presenza di piante sproporzionate, si possono rendere necessari interventi di potatura dei rami per ridurre le dimensioni della parte aerea.

Epoca d'impianto

Al momento dell'impianto la pianta è sottoposta a un forte stress. Infatti essa subisce un cambiamento delle condizioni ambientali e soprattutto la radice viene spesso tagliata e si trova a contatto con un terreno diverso dal precedente. La parte aerea, per poter produrre nuovi germogli e foglie in grado di operare la fotosintesi, deve fare ricorso alle riserve e lo stesso le radici tagliate per esplorare il nuovo terreno necessitano di riserve. La competizione fra i due tipi di organi deve essere evitata per ridurre il rischio di esaurire le riserve prima che vengano prodotte nuove radici in grado di esplorare il suolo e di fornire linfa grezza (acqua e nutrienti) e nuove foglie in grado di fare fotosintesi, ma che necessitano di molta acqua per sopravvivere. Per questi motivi è opportuno scegliere un'epoca d'impianto ottimale che riduca lo stress per la pianta e sia in grado di ritardare la crescita aerea rispetto a quella radicale.
L'epoca migliore per trasferire a dimora gli alberi provenienti dal vivaio è quella autunnale, quando le gemme sono ancora in dormienza, ma le radici no. Si dà così modo alle radici di accrescersi nel nuovo substrato, se la temperatura del suolo lo consente (almeno 3-4 °C, meglio da 7° in su) prima dell'inizio dell'attività vegetativa della parte aerea degli alberi. Nei climi temperati una piantagione prima dell'inverno consente una buona crescita radicale invernale, in quanto il suolo mantiene temperature elevate, una maggiore vigoria e piante più grandi perché alla ripresa vegetativa l'apparato radicale è già ben sviluppato.
Si può anche praticare la piantagione tardiva entro fine inverno-inizio primavera, comunque prima della schiusura delle gemme. Si ha però meno tempo a disposizione per la crescita radicale e per ristabilire un buon rapporto tra apparato aereo e radicale; pertanto le piante avranno un minore vigore e una maggiore attitudine riproduttiva. Con questa strategia si ottengono piante piccole e produttive, ma meno autonome e che necessitano di più cure colturali (concimazioni e irrigazioni localizzate e con turno ravvicinato).

Conoscere il suolo

L'albero resta nello stesso luogo per lunghi anni distribuendo le proprie radici in un volume di terra generalmente ragguardevole, non in profondità ma soprattutto in espansione laterale. Il suolo è il mezzo nel quale è ancorata la pianta e l'ambiente nel quale si accresce e si sviluppa l'apparato radicale e dal quale assorbe acqua e nutrienti minerali.
Il benessere della pianta in natura è strettamente legato alla sua integrazione con il mondo vivente circostante. Il terreno è vivo, infatti oltre ad una matrice solida, liquida e gassosa inerte presenta un contenuto di micro e mesoflora e fauna con cui le radici convivono e collaborano nel creare la fertilità. È questo il valore aggiunto che la vita dà alla nostra terra, rendendola ospitale e in grado di gestire il ciclo dei nutrienti.
Il suolo è formato da vari tipi di particelle, classificate in base alle dimensioni. Quelle di dimensioni maggiori (> 2 mm) formano lo *scheletro*, mentre le più piccole sono la terra fine, che in base alle dimensioni (decrescenti) è classificata in *sabbia*, *limo* e *argilla*. In base alla presenza percentuale di queste tre tipologie di particelle i suoli sono definiti di **tessitura** argillosa, argillo-sabbiosa, limosa, ecc. La prevalenza di particelle di piccole dimensioni comporta scarsa capacità drenante e asfissia con ritardi nella crescita radicale e insorgenza di stati nutritivi alterati (distrofie) o di maggiore suscettibilità a patogeni. Terreni con una predominante presenza di sabbia ritengono poca acqua, esponendo la pianta alla siccità estiva e favorendo la perdita di elementi nutritivi nelle acque di lisciviazione dopo forti piogge. Altra caratteristica da considerare è la **profondità**. Se lo strato di suolo al di sopra della roccia o di una falda acquifera è profondo meno di 45 cm non è idoneo per la coltura di piante arboree da frutto.
Il **pH del suolo** è un parametro spesso limitante per la crescita delle colture: la maggior parte predilige suoli leggermente acidi (pH 5,5 – 6,5) pur sviluppandosi bene anche a pH più elevati.

(segue)

(continua)

Un altro aspetto è il contenuto in carbonati facilmente solubili (**calcare attivo**). Se questo supera una certa soglia, che varia a seconda di specie e varietà, il ferro è bloccato dal carbonato di calcio e quindi non si trova in forma assorbibile dalle radici. Il pesco, ad esempio, su argille calcaree mostra foglie di colore giallo (clorosi ferrica) per la sua incapacità di utilizzare il ferro presente nel terreno, indispensabile per l'attività enzimatica che porta alla formazione della clorofilla e determina il colore verde delle foglie.

Oltre ai componenti inorganici sono sempre presenti nel suolo sostanze organiche di varia origine, come i residui di piante e animali che con il tempo subiscono la decomposizione, operata da microrganismi. La presenza della sostanza organica è fondamentale per la fertilità del suolo. Il destino della sostanza organica fresca nel suolo è duplice: una parte viene **mineralizzata** (trasformata in composti inorganici, direttamente assorbibili dalle radici), un'altra viene **umificata**, cioè trasformata in humus. Un suolo con elevate percentuali di humus è molto fertile e particolarmente adatto allo sviluppo delle piante. Infatti l'humus migliora la capacità del suolo di assorbire ed immagazzinare l'acqua (migliorandone la struttura), ed inoltre è una fonte di composti inorganici che vengono rilasciati in maniera lenta e continua.

Sintomi di clorosi ferrica su foglie di pesco.

Anche nel frutteto amatoriale occorre quindi massimo rispetto per l'humus se si vogliono raggiungere risultati stabili e sostenibili nel tempo.

In ambienti molto poveri l'apparato radicale si espande in cerca di nutrimento ma la crescita vegetativa rimane contenuta; è opportuna quindi una potatura piuttosto severa per ridurre lo sforzo produttivo delle piante.

Irrigazione

L'acqua è sempre presente nel terreno, ma in quantità variabile a seconda dell'ambiente e della stagione.

Durante il periodo estivo, in cui i fenomeni di evaporazione aumentano con le temperature alte, è evidente che tutte le piante da frutto possono trarre benefici dall'irrigazione, in virtù del ruolo dell'acqua nel sostenere i processi di nutrizione minerale, traspirazione e fotosintesi.

In tale periodo, oltre alla maturazione dei frutti di alcune specie, avvengono solitamente altri importanti processi come la formazione delle nuove gemme che schiuderanno nella successiva primavera. Per la loro corretta formazione e quindi per una buona differenziazione a fiore è necessario che gli organi vegetativi siano in buono stato di efficienza e non ci sia perciò stress idrico.

A tal fine l'irrigazione può essere integrata con un'appropriata tecnica di potatura. Infatti una potatura estiva (in verde), eseguita tardivamente, riduce la massa fogliare traspirante riducendo così la dispersione di acqua dalla pianta e quindi il fabbisogno idrico e gli apporti irrigui.

In caso di frutteti molto irrigati le piante mantengono un costante livello di vigore che implica la necessità di ripetuti interventi di potatura verde precoce per evitare risposte vegetative eccessive.

Ad oggi il sistema di irrigazione con maggior efficienza nell'uso dell'acqua è quello a goccia, che permette di somministrare piccole quantità d'acqua in tempi più o meno lunghi, esclusivamente nelle zone in cui si sviluppano le radici. In questo modo l'acqua può penetrare lentamente ed essere assorbita con pochi sprechi. Il sistema è formato da tubi posizionati ad un'altezza variabile da terra, in cui si inseriscono appositi gocciolatori di solito con una portata di 4-8 litri per ora. In piante giovani se ne mette uno per pianta a circa 40-50 cm dal tronco in piante adulte si raddoppia il numero di gocciolatori.

Nell'applicazione delle irrigazioni è opportuno adeguare l'entità dei singoli apporti alle caratteristiche del suolo e quindi alla sua capacità di trattenere l'acqua, come suggerito nella tabella a fianco. In genere con microirrigazione i volumi sono ridotti di 10 volte. I turni sono in funzione del periodo (mese) e del tipo di suolo, nonché del por-

I gocciolatori consentono di operare una microirrigazione localizzata, con notevole risparmio di acqua.

Volumi massimi di adacquamento al giorno.

Tipo di suolo	millimetri/metri cubi per ettaro (*)
terreni sciolti	35/350
terreni di medio impasto	45/450
terreni argillosi	55/550

(*) 1 mm/ha = 1 l./m² di sup.= 10 m³/ha (con un sesto di impianto a 5x5 sono circa 25 l. di acqua per pianta al giorno).

Fonte: CRPV

tinnesto (tipo di pianta). Fabbisogni e turni dipenderanno inoltre dal ciclo vitale della pianta, dalla presenza o meno di frutti, ecc.

Concimazione

In natura la pianta assorbe dal terreno gli elementi nutritivi con i quali "costruisce" i rami, le foglie e i frutti, che, una volta esaurito il loro ciclo, cadono al suolo e dopo la decomposizione vanno a reintegrarne la fertilità. Per le piante coltivate questo in parte non avviene, poiché i frutti sono raccolti e destinati all'alimentazione. Perciò, senza una regolare concimazione che restituisca gli elementi asportati, le piante tendono ad impoverire il suolo fino a renderlo sterile.

Si possono utilizzare concimi chimici, costituiti da elementi disponibili per la pianta, prontamente oppure lentamente, a seconda della formulazione. Si possono anche effettuare ammendamenti con sostanza organica. Questa subisce il processo di mineralizzazione e libera i nutrienti minerali più o meno lentamente.

Tra gli elementi di cui la pianta ha bisogno, l'azoto influenza in modo molto marcato l'attività vegetativa e produttiva, poiché favorisce lo sviluppo dei germogli entrando nella composizione delle strutture responsabili della fotosintesi e dei materiali per la costituzione dei nuovi tessuti. Esso consente perciò la disponibilità delle sostanze necessarie allo sviluppo dei fiori e dei frutti. Una disponibilità eccessiva di azoto determina però uno sviluppo vegetativo sproporzionato e rapido, caratterizzato da scarsa lignificazione degli assi, esponendo le piante ad una maggiore suscettibilità nei confronti delle gelate e di vari agenti patogeni; inoltre ritarda la fioritura e riduce la differenziazione a fiore.

Il fosforo ha un ruolo fondamentale per la formazione delle strutture cellulari e per il metabolismo energetico della pianta, ma generalmente viene assorbito (e quindi asportato) in quantità ridotte.

Il potassio è importante per il metabolismo nutritivo della pianta, in quanto regola l'equilibrio idrico. Con basse concentrazioni di potassio si riducono la traspirazione (non si aprono gli stomi) e la fotosintesi, con conseguenze anche sulle caratteristiche dei frutti (minore colorazione). Il fabbisogno di potassio nella pianta aumenta con la crescita dei frutti.

Sono necessari anche altri elementi minerali seppure in dosi molto ridotte (microelementi). Essi hanno numerose funzioni e possono assumere maggiore o minore importanza in specie diverse, con conseguenze anche gravi in caso di carenza.

In assenza di concimazione la pianta presenta generalmente uno sviluppo vegetativo decrescente negli anni.

In queste condizioni è possibile intervenire con potature più energiche per favorire la risposta vegetativa. Invece, con alti livelli di concimazione, soprattutto azotata, e quindi con abbondante rigoglio vegetativo è utile limitare il numero e l'entità dei tagli (una potatura ricca, che mantiene un alto numero di gemme a fiore) per evitare risposte vegetative forti che potrebbero diventare ingestibili. In questo caso si privilegiano i tagli di diradamento e si escludono i tagli di raccorciamento, cercando di sfruttare i vantaggi del vigore ai fini di una maggiore produzione.

Avversità e parassiti

Nelle situazioni amatoriali non si può pensare di attuare strategie di controllo e difesa dalle avversità paragonabili a quelle di frutteti commerciali.

Nel frutteto amatoriale, costituito da molte specie e varietà con una copertura del suolo fatta di piante ortive e da fiore e prati frequentati per lunghi periodi da insetti utili come le api, un intervento di difesa diventa estremamente rischioso nei loro confronti, anche se effettuato con prodotti sostanzialmente poco dannosi in altre condizioni.
È quindi necessario cercare condizioni di equilibrio ambientale in cui patogeni e parassiti siano meno virulenti e in generale ci sia un elevato controllo naturale (soppressività). Quali caratteristiche dobbiamo introdurre nella progettazione del frutteto amatoriale per raggiungere questi obiettivi? Sicuramente un certo grado di biodiversità (coesistenza di organismi diversi) e l'integrazione di più fattori colturali, con concimazioni appropriate, salvaguardia e incremento del contenuto di humus nel terreno, disposizione di specie e varietà in modo razionale e infine con una buona potatura.
In merito alla biodiversità, questa viene incrementata ad esempio dalla presenza dell'inerbimento (ad eccezione della zona intorno al tronco, dove sono consigliati la pac-

Inerbimento dell'interfilare in un impianto di olivo.

Suolo ricoperto da pacciamatura legnosa intorno ad una giovane pianta.

In un giardino la siepe frangivento può costituire un elemento ornamentale e di protezione, importante anche come rifugio per animali utili.

ciamatura o il diserbo) che migliora anche lo sviluppo di popolazioni di microrganismi utili per l'umificazione in quanto fornisce un apporto continuo di sostanza organica (con gli sfalci), migliora l'accesso al frutteto anche in caso di pioggia, riduce sia il ruscellamento superficiale (prevenendo così i fenomeni erosivi) sia le escursioni termiche nel terreno, migliora la struttura e la porosità del suolo che risulta capace di immagazzinare più acqua modificando così il livello di umidità.

Il prato va mantenuto basso e sfalciato quando raggiunge i 10-15 cm, anche per evitare eccessiva competizione del cotico erbaceo con le piante da frutto per l'utilizzo dell'acqua e dei nutrienti nel periodo estivo.

Un notevole contributo viene fornito anche dalla presenza di siepi e/o frangivento in quanto offrono rifugio e fonte di alimento per numerose specie di insetti, uccelli, rettili, ecc., che si nutrono di insetti, compresi alcuni dannosi per le piante coltivate. Inoltre le siepi contribuiscono a migliorare la fertilità del suolo e le condizioni microclimatiche e favoriscono l'incremento della popolazione di insetti impollinatori (pronubi) che concorrono nell'ottenere migliori livelli di allegagione.

All'atto dell'impianto è opportuno pacciamare il terreno, per un raggio di 50-60 cm intorno alla pianta, ricoprendo il suolo con materiali diversi (di natura plastica come film neri, o inorganica come pietrame, o organica come residui vegetali o legnosi), per evitare lo sviluppo di erbe infestanti e ridurre le perdite idriche per evaporazione.

L'utilizzo di materiali organici per la pacciamatura è consigliabile perché favorisce lo sviluppo di una pedofauna utile (microrganismi e piccoli insetti

che vivono nel suolo e degradano la sostanza organica). Il materiale organico fresco viene con il tempo degradato e contribuisce ad arricchire il suolo di nutrienti e di humus.
Lo sviluppo di numerose malattie, soprattutto di tipo fungino, è favorito dall'instaurarsi all'interno della chioma di condizioni microclimatiche caratterizzate da scarso arieggiamento ed eccessivo rigoglio vegetativo. In tal senso la potatura può intervenire per mantenere un buon equilibrio.
Inoltre, per evitare malattie specifiche che possono essere favorite dalla presenza di ferite, occorre scegliere epoche di potatura che permettono una rapida cicatrizzazione dei tagli. In alcuni casi la potatura è utile per ridurre il grado di infestazione asportando le parti di pianta attaccate (ad esempio rimuovendo i cancri rameali).

Introduzione alla tecnica di potatura

Le operazioni di potatura consistono in tagli e altre manipolazioni che permettono di controllare lo sviluppo e la produzione delle piante da frutto.

Hanno la funzione di plasmare e guidare la pianta, in modo tale da regolarne la naturale tendenza a vegetare e fruttificare, riducendo la fase improduttiva e contrapponendosi all'invecchiamento per venire incontro alle nostre esigenze produttive.
Gli interventi di potatura hanno l'effetto di regolare il carico dei frutti, stimolare una crescita equilibrata, limitare le dimensioni e favorire l'intercettazione e la distribuzione della luce nella chioma. Inoltre hanno conseguenze sulla formazione e sulla ripartizione delle riserve all'interno della pianta.
Esistono vari tipi di potatura e ognuno persegue scopi diversi:

- la **potatura di allevamento** viene effettuata nei primi anni dall'impianto dopo la potatura di formazione avvenuta in vivaio, e ha lo scopo di conferire alla pianta la forma desiderata (cioè la sua forma di allevamento). Con essa si persegue l'anticipo della formazione dello scheletro e dell'entrata in produzione e il miglioramento dell'autonomia della pianta;
- la **potatura di produzione** comprende tutte le operazioni da eseguire durante il ciclo produttivo dell'albero, una volta raggiunta la piena produzione, e ha lo scopo di regolare l'equilibrio tra crescita vegetativa e riproduzione. In forme di allevamento che anticipano la formazione dello scheletro e precocizzano la produzione la potatura di produzione si sovrappone in parte alla potatura di allevamento di cui continua lo sforzo di mantenere la forma. Gli interventi mirano ad ottenere livelli produttivi elevati, costanti e di qualità e devono perciò anche garantire l'ottimale intercettazione e distribuzione della luce all'interno della chioma ed evitare l'eccessivo invecchiamento delle formazioni fruttifere;
- la **potatura di riforma** viene effettuata con lo scopo di modificare la forma di una pianta che per vari motivi (assenza di potatura per diversi anni, potature errate, cambiamenti nelle esigenze produttive e negli spazi) ha assunto una forma non desiderata.

Potatura di allevamento – Costruire e guidare lo scheletro

Nella costruzione della pianta si tende ad ottenere la maggiore superficie fotosintetica con il minore scheletro. La chioma deve perciò risultare ben esposta alla luce ma al tempo stesso sostenuta da strutture solide, in grado di sopportare carichi anche notevoli.
Per la costruzione dello scheletro esistono strategie diverse, da attuare a partire dalle prime fasi di allevamento. In presenza di astoni ben ramificati si privilegeranno i rami anticipati caratterizzati da angolo di inserzione aperto, ideale per la formazione di branche solide.
In presenza di astoni raccorciati, i germogli che si sviluppano dal taglio verranno selezionati per la formazione delle branche in base al vigore e alla posizione. I germogli più assurgenti verranno inclinati per ristabilire una condizione di equilibrio con gli altri. Se la forma di allevamento prevede la presenza dell'asse centrale, per la sua formazione si impiegherà un germoglio debole che si avvantaggerà della posizione verticale per compiere una buona crescita.
Per la formazione di una branca, gli interventi in fase di allevamento devono tener conto delle condizioni di vigore del ramo o della branchetta prescelta a tale scopo. Se il vigore è elevato, si eviterà di raccorciare la cima che verrà invece alleggerita. Per favorire l'allungamento della branca è infatti opportuno asportare i rami anticipati distali (presenti negli ultimi 30-40 cm).

Rivestire le branche

Il rivestimento di una branca è costituito dalla branchette produttive inserite su di essa. Per favorire la formazione di queste strutture e rendere le piante equipaggiate per la produzione, in fase di allevamento si attuano interventi volti a favorire la formazione di rami lungo l'asse, con il raccorciamento ripetuto delle branche. Questi interventi ritardano troppo l'entrata in produzione, e allora possono essere sostituiti da tecniche di piegatura e curvatura che richiedono tempo per l'esecuzione ma sono stimolanti per la ramificazione e per la produzione. Nel caso del ciliegio si usa molto la potatura verde precoce sui germogli in attiva crescita, per favorire l'emissione di pre-emergenti anche più volte nel corso dei primi due anni d'impianto. I numerosi rami che si possono ottenere in breve tempo costituiscono un naturale freno all'espansione della chioma, che risulta cespugliosa.

Operazioni di potatura comuni per tutte le piante

Su tutti gli alberi, da frutto e ornamentali, alcuni interventi di potatura risultano sempre utili se non indispensabili. Sono quelli atti a rimuovere le parti malate, danneggiate o secche della pianta [1], a sanare con tagli di diradamento situazioni che impediscono l'aerazione e la distribuzione della luce nella chioma (branche tra loro sovrapposte [2] o che si intersecano [3]), e ad asportare i monconi derivati da precedenti tagli non corretti o da rotture [4]. Importante è anche l'asportazione dei succhioni soprattutto se cresciuti sul lato superiore delle branche [5], e dei polloni alla base della pianta [6]. Inoltre, se possibile, vanno eliminate le situazioni in cui gli angoli di inserzione sono molto stretti in quanto predispongono al rischio di schianto delle branche [7]. Le branche molto pendenti che arrivano a toccare terra vanno asportate, soprattutto se ormai esaurite [8]. Inoltre non bisogna mai trascurare la gestione della cima dell'albero. Su di essa in genere si interviene con il taglio di ritorno, anche per mantenere la pianta all'altezza stabilita [9]. Va infine sempre ricordato che è indispensabile mantenere le funzioni della pianta e non solo le geometrie, per cui occorre buon senso nei tagli e una certa gradualità di esecuzione negli anni, in particolare quando si deve intervenire su branche di grosse dimensioni.

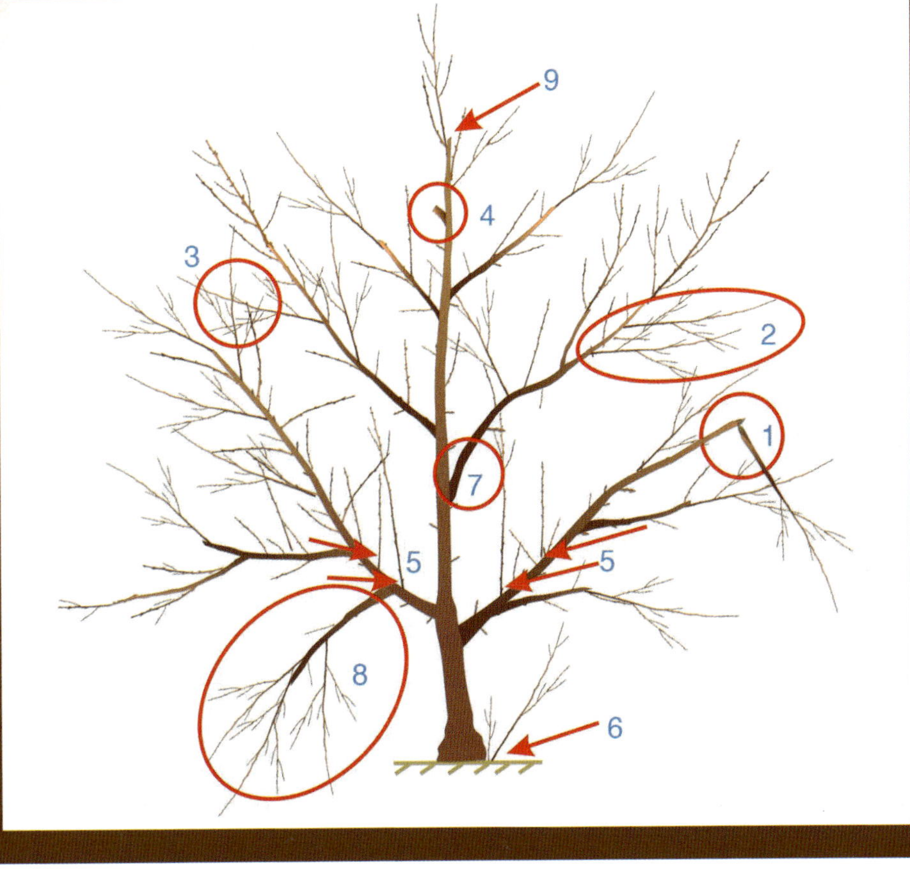

Scelta della forma di allevamento

La forma di allevamento non ha unicamente una finalità estetica, essa infatti influenza l'entrata in produzione e le modalità di gestione.

In passato si allevavano piante di grandi dimensioni e longeve. Spesso per la loro formazione e soprattutto per l'inizio della fase produttiva erano necessari molti anni. Le piante grandi sono molto autonome, in grado di superare situazioni di stress e ridotte disponibilità idriche e nutrizionali, grazie a un grande apparato radicale, ma non sono facilmente accessibili.
L'evolvere delle necessità economiche e produttive della frutticoltura ha indirizzato la coltivazione verso sistemi caratterizzati da rapida formazione e da minori dimensioni per una gestione più agevole, fino ad arrivare a impianti nanizzati ad altissima densità.
Nell'ambito ornamentale e amatoriale, dove lo scopo principale non è raggiungere produzioni industriali e dove la gestione non è affidata a manodopera specializzata e organizzata, un buon obiettivo da tenere presente è la riduzione dei tempi di potatura e la facilità con cui essa può essere operata. Alcuni elementi per raggiungerlo sono la possibilità di lavorare da terra, l'utilizzo di operazioni di taglio mirate, la riduzione del numero di interventi e in particolare delle operazioni accessorie (ad esempio delle legature), e la semplificazione delle piante.
Perciò, mentre nei frutteti è normale vedere filari di piante allevate lungo sottili pareti continue più o meno alte e percorse da squadre di operai alloggiati sugli appositi carri, in un piccolo frutteto amatoriale (soprattutto se collocato in collina o in montagna) può essere consono e agevole allevare le piante in forme più libere e basse.
Tra le forme in volume (non appiattite) il vaso è una forma molto diffusa priva di asse centrale al disopra di 3-4 branche principali inserite sul tronco. È in genere equilibrata e stabile e permette una ottimale distribuzione della luce all'interno della chioma. Ne esistono diverse varianti: il vaso classico richiede una certa esperienza nella potatura di formazione

Vasetto ritardato di pesco.

Tradizionale vaso alto di pero.

Pianta di kaki di oltre 40 anni, allevata a piramide.

Moderna evoluzione della forma a fusetto in un impianto di melo.

Pianta di pero addossata ad una casa ed allevata in forma a spalliera, a prevalente scopo ornamentale.

Filari di kaki allevato a palmetta.

e l'impiego di divaricatori e legature. Esso consente produzioni elevate e di qualità ma solo dopo diversi anni dall'impianto. Il vaso anticipato consente una riduzione della taglia e maggiore rapidità di formazione ed entrata in produzione sfruttando la presenza di rami anticipati e la potatura verde per svuotare il centro della pianta a favore dei rami esterni. Il vaso ritardato posticipa di 3-4 anni l'asportazione della parte superiore dell'asse centrale, per sfruttare la sua capacità di controllo sugli organi sottostanti e favorire una precoce entrata in produzione. Presenta riscoppi vegetativi e succhioni quando si fa il taglio del centrale. Necessita di numerosi interventi al verde soprattutto negli ambienti meridionali.
Nelle forme di allevamento libere in genere, dove la sola potatura invernale non è in grado di mantenere equilibrato l'albero, in quanto basata su tagli molto grossi, è necessario intervenire anche in estate con la potatura verde.
Un'altra forma in volume è la piramide, in cui l'asse centrale viene mantenuto integro e su di esso sono inseriti diversi palchi di 3 branche primarie. La forte cima centrale garantisce equilibrio e stabilità della forma che risulta tuttavia tardiva nell'entrata in produzione. Da questa forma se ne è evoluta una più moderna e adatta per impianti a media e alta densità, il fusetto. È una forma piuttosto precoce, caratterizzata dalla presenza di numerosi ordini di branche primarie inserite a spirale lungo l'asse centrale, a partire dal palco basale costituito da branche più robuste. Sono necessari portinnesti deboli e strutture di sostegno.
Le forme in parete, evolute dalle antiche spalliere ornamentali addossate ai muri, si identificano oggi principalmente con la palmetta e le sue varianti. Esse vengono organizzate in filari di spessore contenuto lungo la cui direzione sono orientati 3-4 palchi di branche primarie inserite sull'asse centrale. Sono forme che permettono una precoce entrata in produzione ma necessitano di strutture di sostegno e di potature piuttosto accurate, inoltre risultano di difficile gestione da terra. Sono adatte per piante mediamente vigorose.
Esistono infine altre forme, costituite da scheletri molto semplificati (asse colonnare, superspindel) adatte a impianti molto intensivi ma non a situazioni amatoriali poiché richiedono una elevata esperienza nella gestione e una particolare attenzione agli apporti idrico-nutrizionali.

Esempi di impianti super-intensivi: asse colonnare di melo (sopra) e pero allevato a superspindel (sotto).

Intensità di potatura

La potatura può essere modulata sulla base delle caratteristiche della pianta, del sistema d'impianto e delle tecniche colturali e in funzione degli obiettivi che si vogliono raggiungere, applicando intensità di intervento diverse.

La potatura **corta** viene eseguita raccorciando notevolmente i rami, e si contrappone alla potatura **lunga** che conserva la maggiore lunghezza possibile. Tra le due si pone la potatura media. Una potatura **ricca** lascia un numero elevato di gemme, permettendo alla pianta di schiudere una quantità elevata di fiori e germogli facendo prevalere la tendenza riproduttiva. Una potatura **povera** tende invece a ridurre molto la quantità di gemme, stimolando così una forte attività vegetativa con ridotte potenzialità riproduttive.

Potatura corta Potatura media Potatura lunga

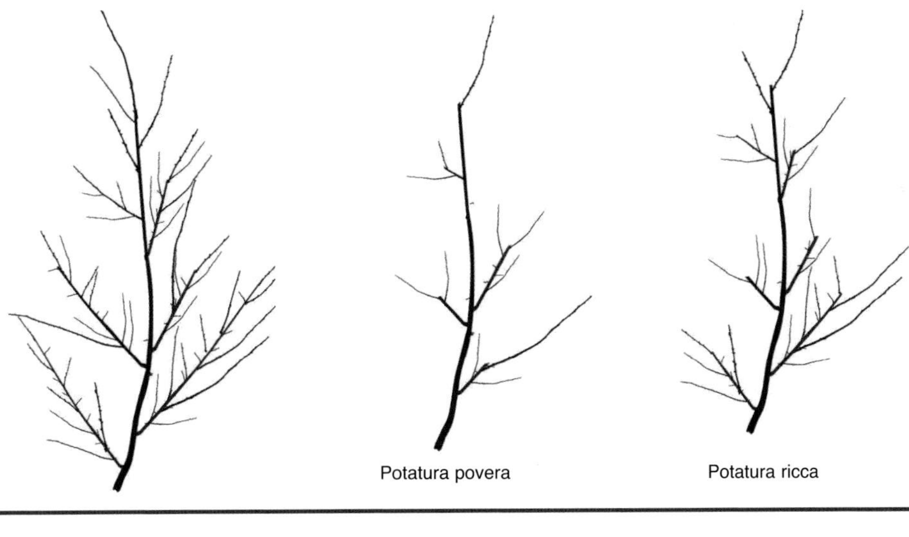

Potatura povera Potatura ricca

Epoche di potatura

Stessi o analoghi interventi di potatura possono generare nella pianta reazioni molto diverse in funzione del periodo del ciclo annuale in cui vengono eseguite, per cui è molto importante la scelta dell'epoca di potatura.

Si distinguono due momenti principali in cui eseguire gli interventi, tanto distinti da identificare due tipologie diverse di potatura: la potatura al bruno e quella in verde.
La **potatura al bruno** (in passato chiamata anche potatura secca) è pressoché invernale in quanto può avvenire dalla caduta delle foglie (fine autunno) alla fioritura (inizio primavera), quindi su piante in riposo, o quasi. Essa ha l'effetto di rinvigorire la pianta in quanto altera il rapporto tra parte aerea e radicale a favore di questa. In seguito al taglio, a primavera si ha una risposta vegetativa vigorosa, talvolta succhionante e scomposta.
Ritardare la potatura ad un periodo successivo alle gelate invernali aumenta la probabilità di individuare e preservare parti non compromesse, in caso di danno. Per specie sempreverdi come l'olivo è meglio attendere sempre la fine dell'inverno per intervenire.
In prossimità della fioritura viene favorita l'allegagione in specie dove questa è difficile (pero e susino), con tagli di ritorno che eliminano i rami di prolungamento delle branche. Questi esercitano una forte azione di richiamo e distolgono risorse dalle gemme a fiore, ovvero attuano una vera e propria competizione per le riserve, ma al tempo stesso agiscono da pompa per la branca e la rafforzano. L'intervento in fioritura consente quindi di avere la massima competitività della branca grazie alla presenza del germogliamento vegetativo terminale e al tempo stesso la massima opportunità per le gemme a fiore rimaste sulla branca stessa dopo il taglio.
Questa epoca risulta conveniente anche quando non si ha una sufficiente esperienza e/o non si può prevedere il grado di produttività della pianta. Infatti vicino alla fioritura le gemme a fiore sono gonfie e sono meglio riconoscibili e quindi è più facile regolare il carico di fiori da lasciare.
La **potatura verde** o estiva può avvenire in momenti diversi della crescita vegetativa, per tutto il periodo in cui sono presenti le foglie. Tagli di raccorciamento tardivi (da metà agosto in avanti) danno origine, nella primavera successiva, a una risposta vegetativa molto più ordinata, regolare e debole rispetto a uno stesso taglio eseguito in inverno. In estate il metabolismo più attivo rispetto all'inverno consente una migliore cicatrizzazione delle ferite di taglio, soprattutto in specie dove questa avviene con difficoltà. È preferibile attuare la potatura verde in ambienti più fertili e irrigui. In generale ha un'azione di contenimento del vigore, tanto più ci si avvicina al centro dell'estate. Infatti i germogli rimasti lignificano meglio, ma in genere la pianta perde una parte delle foglie e diminuisce la propria capacità di accumulare riserve.
In sintesi con una potatura verde tardiva non si ha risposta vegetativa per cui la disponibilità di prodotti fotosintetici si riduce e si ottiene un effetto nanizzante, che è maggiore avvicinandosi al centro dell'estate. La distribuzione delle riserve viene sbilanciata a favore della parte aerea, e si favoriscono la maturazione del legno, l'accumulo di riserve e la differenziazione a fiore delle gemme. Se eseguita in un momento intermedio (luglio), la risposta della pianta può risultare incerta, con risposta vegetativa modesta o nulla in stagioni secche. A fine estate (settembre) la potatura può diventare una pre-potatura invernale e le gemme in

primavera difficilmente origineranno succhioni, anche in presenza di grossi tagli.
La potatura verde può essere utilizzata con finalità diverse se eseguita precocemente rispetto allo sviluppo dei germogli. In seguito ad un raccorciamento in potatura verde precoce (su germogli in crescita) si ha una risposta vegetativa che compensa la perdita di foglie, con produzione di germogli pre-emergenti (chiamati anche anticipati), in numero maggiore quanto maggiore è l'intensità del taglio (potatura più corta). Questa potatura è utile per il ciliegio per ottenere forme basse a cespuglio.
Su piante adulte squilibrate con eccesso di vegetazione risultano utili gli interventi di asportazione dei succhioni o di zone affastellate di vegetazione, che permettono al resto della chioma di godere di migliore illuminazione e ripartizione dei carboidrati prima che essi abbiano provocato molto ombreggiamento o prelevato molto nutrimento.

Getti di susino su cui sono stati operati tre interventi in verde. La ripetizione di tagli estivi su germogli e getti in accrescimento produce una moltiplicazione dei centri di crescita, utile in genere nella potatura di formazione.

Operazioni di potatura

Gli interventi che la tecnica di potatura ha a disposizione variano in funzione degli organi su cui vengono attuati e dell'epoca di esecuzione. Essi assumono denominazioni proprie della terminologia tecnica.

L'asportazione di rami o branche avviene con tagli di soppressione che li recidono alla base. La soppressione dei rami troppo vigorosi e mal posizionati, oppure in soprannumero rispetto alle potenzialità della pianta, è una pratica comune di diradamento. Tale operazione può essere procrastinata in verde per evitare riscoppi vegetativi.
La soppressione delle branche è applicata per eliminare quelle esaurite o per diradare quelle troppo fitte in modo da aumentare la penetrazione della luce e la qualità dei frutti. È diffusa negli impianti ad alta densità.

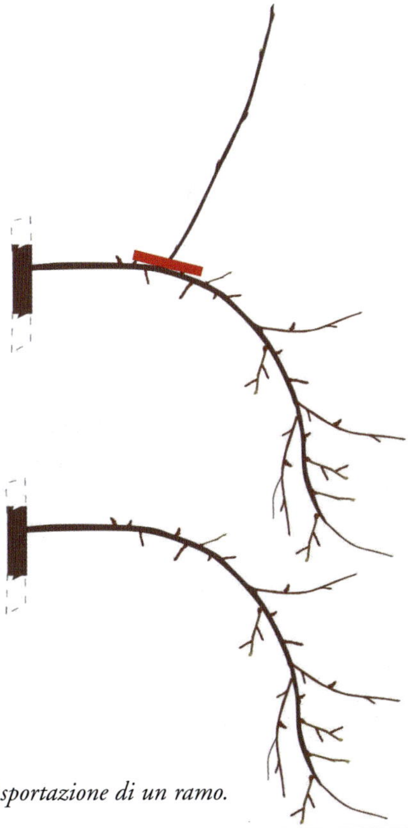

Asportazione di un ramo.

Corretta esecuzione dei tagli di asportazione

Buona formazione di callo in espansione a partire dalla zona cambiale, in seguito al taglio di una branca.

Le ferite in genere rappresentano sempre un trauma più o meno grande. Per far sì che non risultino dannose, esse devono cicatrizzare il prima possibile e nel miglior modo.
Il legno non è in grado di cicatrizzare essendo formato soprattutto da cellule morte, ma questa funzione è assolta da particolari cellule, quelle del cambio (localizzato tra la corteccia e il legno) che sono in grado di formare nuovi tessuti. Il cambio produce il callo (una proliferazione di cellule poco differenziate) che si espande, andando a chiudere la superficie di taglio (compartimentazione). Se ciò avviene velocemente, si riduce la possibilità che funghi o altri patogeni lignicoli riescano a entrare e generare delle carie che minano anche gravemente la stabilità del legno colpito. Un accorgimento in questa direzione è anche quello di disinfettare periodicamente gli attrezzi di taglio, utilizzando sali rameici. Inoltre la superficie di taglio deve essere il più possibile uniforme e pulita per non favorire l'ingresso di patogeni.

Per una corretta cicatrizzazione della ferita è fondamentale che nei tagli di asportazione venga preservato il **collare** (o cercine) della branca o del ramo. Infatti questa zona di corteccia ingrossata che si trova alla base del ramo stesso è sede dei sistemi di difesa e di cicatrizzazione e a partire da lì, in reazione al taglio, si forma il callo che chiuderà la ferita. Quindi un taglio corretto non è mai un taglio troppo raso ma non deve neanche lasciare lunghi monconi, ad eccezione di alcune specie problematiche con legno tenero (pesco) in cui il moncone rallenta l'ingresso dei patogeni responsabili della carie. In altri casi il moncone può essere utile per stimolare la vegetazione in zone che altrimenti ne sono prive, in quanto su di esso si possono sviluppare succhioni (pero, melo, olivo) in grado di originare nuove branche.

In seguito all'asportazione la vegetazione di una zona viene azzerata, ma in specie dove si possono creare meristemi avventizi (es. melo, olivo) in prossimità del taglio possono svilupparsi dei succhioni che si gestiscono con difficoltà.
Su melo e pero, l'asportazione di singole lamburde, in modo da distanziarle, privilegiando quelle ben esposte alla luce, è detta estinzione.
L'asportazione (accecamento) di singole gemme su rami di un anno è chiamata degemmazione. Consente il distanziamento programmato dei germogli che si origineranno in primavera, utile nella formazione dei palchi di branche.
Negli interventi di raccorciamento del ramo di un anno, a seconda della lunghezza della parte asportata, si distinguono: la **spuntatura**, eseguita a pochi centimetri dall'apice (potatura lunga); il **raccorciamento**, nella parte centrale del ramo e la **speronatura**, nella parte basale con poche gemme superstiti (potatura corta). Nell'ordine stimolano risposte vegetative via via maggiori e in ogni caso ostacolano la tendenza produttiva. Sono tagli utili per rilanciare la crescita e ringiovanire zone della pianta in via di esaurimento.
Il raccorciamento delle branche viene operato soprattutto se queste sono deboli, in modo da stimolare la formazione di alcuni germogli vigorosi con i quali riformare la struttura scheletrica della branca.
Il raccorciamento viene definito **taglio di ritorno** quando la rimozione di una porzione della branca (di 2 o più anni) viene eseguita con un taglio al di sopra di una ramificazione laterale che, in sostituzione della cima eliminata, svolge la sua funzione di cima, ma ad un livello più basso. Viene accompagnato da altri tagli atti a mantenere l'equilibrio della branca evitando situazioni di competizione.
La funzione di cima può essere assolta anche dai frutti prodotti da lamburde, nel caso il

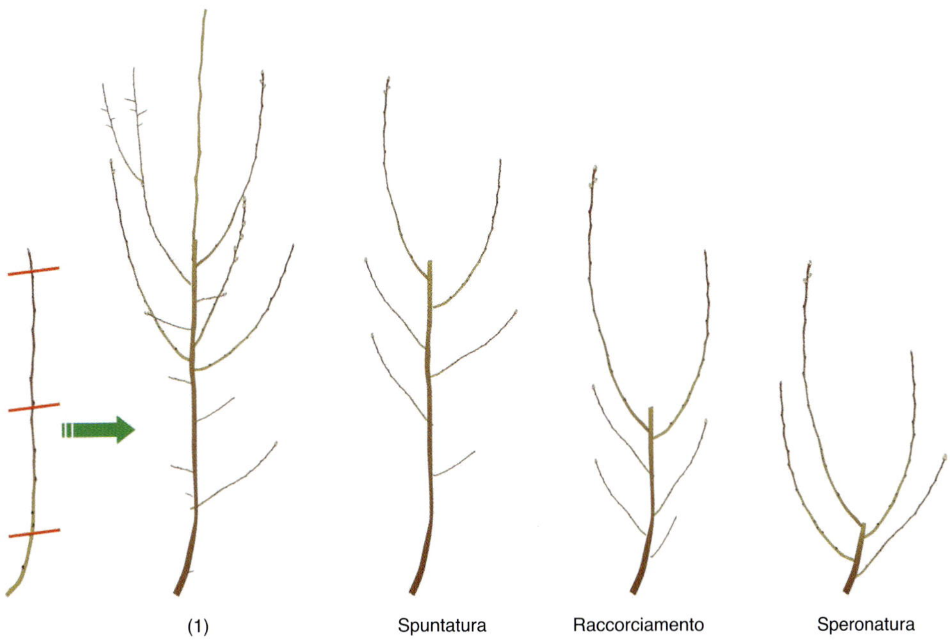

Ramificazione naturale (1) e in risposta a diversi tipi di taglio di raccorciamento.

Raccorciamento.

Taglio di ritorno.

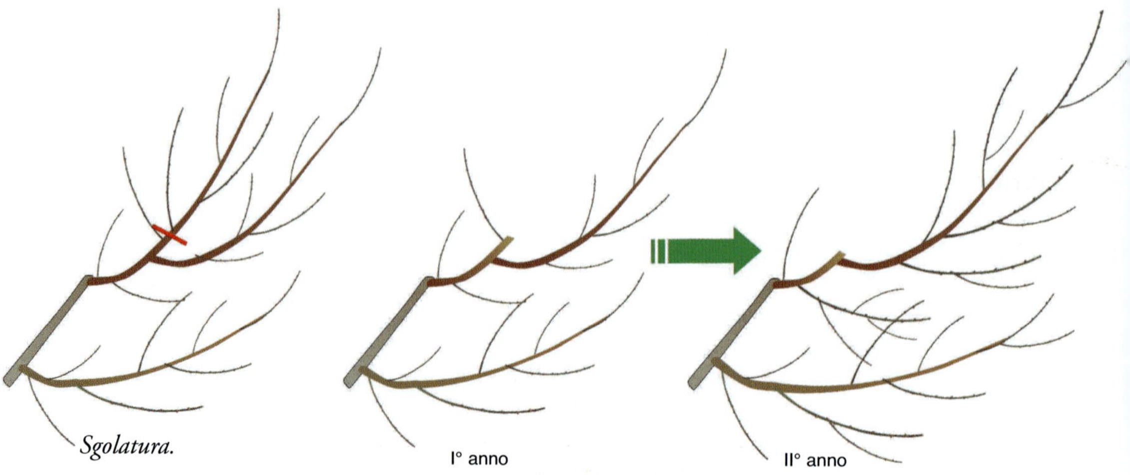

Sgolatura.

Corretta esecuzione dei tagli di raccorciamento

I tagli di raccorciamento sui rami vengono eseguiti al di sopra di una gemma (non troppo vicino per non danneggiarla). La vicinanza della gemma, che esercita una forte azione di richiamo del trasporto linfatico, rende più facile la rimarginazione della ferita di taglio. Il taglio deve essere eseguito leggermente inclinato per evitare che si formino ristagni di acqua e senza lasciare un moncherino di legno al di sopra della gemma in quanto favorirebbe la comparsa di marcescenze.
Le gemme sono inserite lungo l'asse dei rami secondo disposizioni più o meno uniformi, per cui, su di un ramo non verticale, alcune di esse si troveranno sul suo lato superiore ed altre su quello inferiore. Il taglio di raccorciamento, se eseguito al di sopra di una gemma posta sul lato superiore, porterà alla formazione di un ramo molto verticale a partire da quella gemma, con accentuata vigoria. Se eseguito al di sopra di una gemma posta sul lato inferiore del ramo, da essa si originerà un germoglio inclinato verso l'esterno, utile per la formazione di branche aperte.
Nel primo caso si può pensare ad un intervento in due tempi, facendo prima crescere il ramo verticale per poi asportarlo a favore di quello laterale.

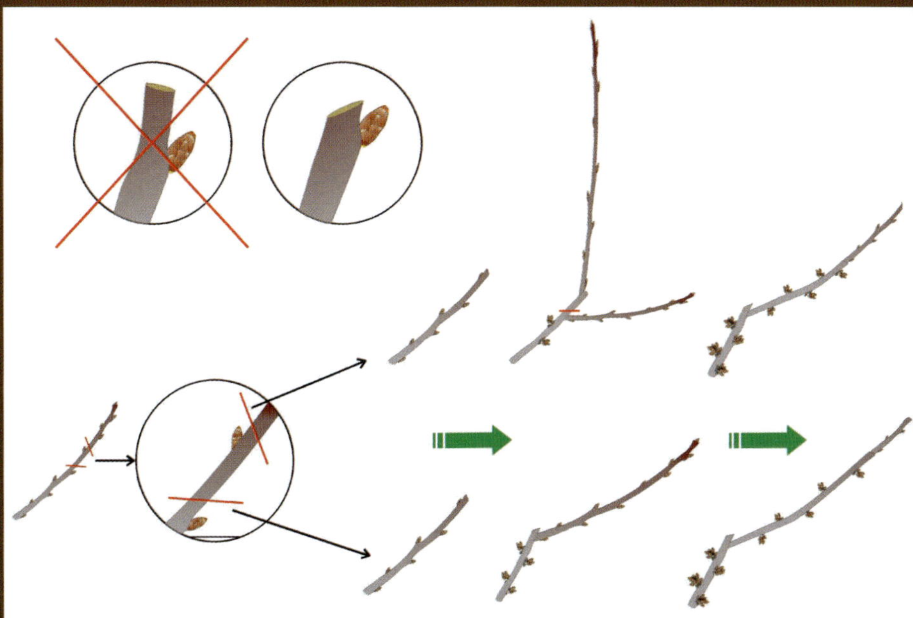

taglio venga operato al di sopra di tali ramificazioni. Riducendo la lunghezza delle branche questo taglio riavvicina la periferia della chioma al centro della stessa ("ritorno"). Se il taglio avviene su una ramificazione laterale particolarmente sviluppata in direzione esterna, senza ridurre l'altezza della branca, viene detta **sgolatura**.

Capitozzatura

La capitozzatura consiste in tagli di raccorciamento molto energici eseguiti sulle branche principali o sul tronco, asportando così gran parte dello scheletro e della chioma della pianta. È un'operazione che si può osservare frequentemente soprattutto su alberature ornamentali, ma vi si dovrebbe ricorrere solo in circostanze straordinarie di riforma. Infatti, le ferite molto grandi che vengono prodotte possono comportare seri danni al tronco lasciato così senza difese e la riduzione drastica della chioma provoca la formazione di numerosi succhioni originati da meristemi avventizi in prossimità del taglio, e caratterizzati da angoli di inserzione molto stretti, destinati a diventare branche poco stabili. Se si rende necessario, il taglio deve essere eseguito in obliquo, così da evitare ristagni di acqua e creare una gerarchia di germogliamento e di crescita tra i nuovi germogli. Per alcune specie come il gelso e il salice questo taglio è ripetuto ogni uno-due anni per favorire la crescita di nuovi germogli molto lunghi una volta utilizzati per la bachicoltura (si raccoglievano le foglie di gelso per i bruchi) e per ottenere tralci (vimini) per legature e cesti.

Proliferazione di succhioni di olivo in risposta al taglio di una grossa branca.

Interventi sulla funzione di trasporto della linfa

Sono possibili vari interventi in grado di ridurre il trasporto linfatico verso l'apice alterando la funzione di cima e riducendo il vigore e la vegetatività della branca.
Sono tali ad esempio gli interventi che agiscono sulla disposizione dei rami stessi.
Le **inclinazioni** consistono nell'inclinare un ramo o una branca fin dall'inserzione, senza provocare curvature. Sono utili a regolare lo sviluppo dei rami e delle branche e la vigoria della pianta intera, o a mantenere l'equilibrio tra organi. La difficoltà di connessione vascolare dovuta a compressione e a microfratture induce una significativa riduzione del trasporto linfatico all'interno dei vasi. Una maggiore inclinazione aumenta l'attitudine riproduttiva a scapito della vegetatività. Si può eseguire, in organi giovani in accrescimento, anche gradualmente. Si ricorre alla legatura del ramo su appositi fili di sostegno oppure su pali (o canne), o all'utilizzo di divaricatori. Una forte inclinazione in una pianta giovane può stimolare nel punto di rotazione dell'asse una reazione vegetativa con succhionamento. In genere angoli d'inserzione intermedi (45-50°) consentono l'allargamento delle branche, senza riscoppi vegetativi né emissione di succhioni.
La **piegatura** consiste nell'inclinare in orizzontale oppure verso il basso un ramo o una branca fin dalla loro inserzione. In alcune specie come il pero determina la morte della parte terminale in altre spinge la branca verso un maggiore equilibrio.

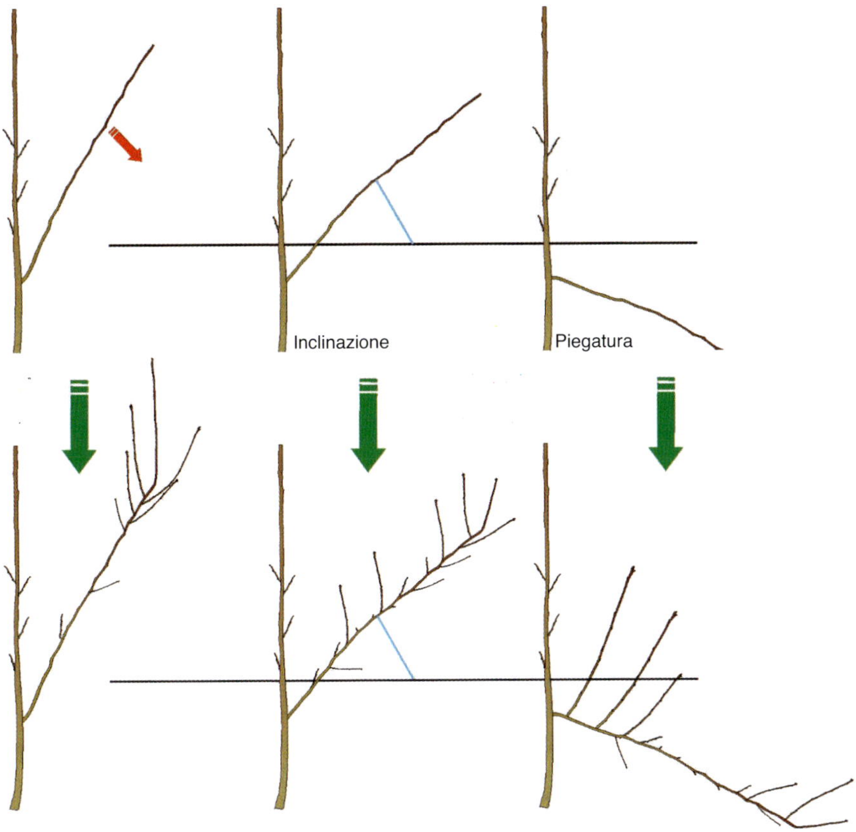

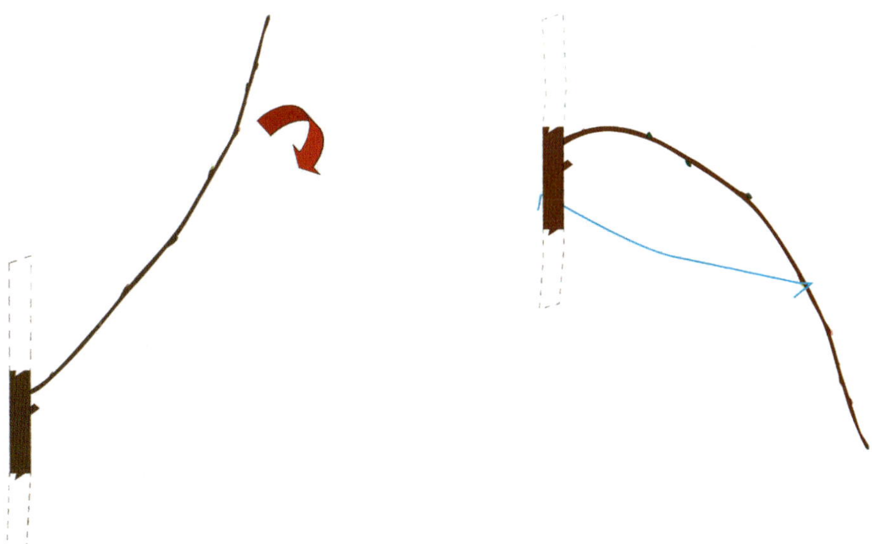

Curvatura di un ramo.

Troncarami.

Svettatoio.

il ramo in modo netto e riducono i danni alla corteccia. Nelle forbici a doppio battente o a doppio taglio due lame, incontrandosi al centro del ramo, riducono lo sforzo, consentono un taglio senza schiacciamenti della corteccia, permettendo una rapida cicatrizzazione, e risultano adatte per tagli su piante giovani, verdi e fiori. Tagliano in modo particolarmente preciso, anche vicino al punto di inserzione. Esistono modelli con lame ricurve o dritte e con lame regolabili; a punte sottili, adatti per cogliere frutta o per i fiori recisi e anche tipi dotati di ingranaggio o di martinetto, per diminuire lo sforzo necessario, i modelli "superleggeri", e modelli pneumatici e idraulici che riducono la forza che deve esercitare l'operatore, utili soprattutto se il numero di tagli da effettuare è elevato.

Il ***troncarami*** è una cesoia con manici lunghi 80-100 cm adatta per il taglio di rami grandi o di piccole branche da 3 a 5 cm di diametro, da eseguire con poca fatica e in spazi poco accessibili raggiungendo anche altezze considerevoli senza utilizzare la scala; richiede l'utilizzo a due mani.

Esistono modelli con leva a doppio snodo che riducono notevolmente la forza da applicare. Un buon troncarami deve essere robusto, maneggevole e leggero (1350-1400 g con manici di 100 cm).

Lo ***svettatoio*** è un attrezzo dotato di lunga asta fissa o telescopica costituito da una lama azionata con meccanismo a molla o a catena; grazie all'asta può raggiungere altezze superiori ai 3,5-5 metri permettendo di recidere i rami posti in alto senza ricorrere alla scala; alcuni sono in grado di tranciare anche branchette di 5 cm di diametro o maggiore. Sulla stessa asta è possibile montare un seghetto per tagliare branche di dimensioni maggiori.

I residui di potatura

Dopo la potatura rimane a terra molto materiale legnoso o vegetale che è stato asportato dalle chiome degli alberi. Questo materiale è costituito di sostanza organica che contiene molti degli elementi nutritivi che la pianta ha prelevato dal terreno. La sua asportazione comporta il definitivo allontanamento di questi componenti dal sistema frutteto in cui si trovavano originariamente. In questo modo si contribuisce all'impoverimento del terreno, già privato di nutrienti con l'asportazione dei frutti. È perciò una pratica equilibrata e virtuosa quella di restituire al terreno questi materiali residui interrandoli parzialmente in modo da reintrodurli nei cicli di formazione e decomposizione della sostanza organica del suolo. Per rendere possibile la loro decomposizione in tempi ragionevoli è necessario che vengano preventivamente sminuzzati (trinciatura) in modo da facilitare l'opera dei microrganismi responsabili di tale trasformazione. Infatti il materiale di potatura è costituito in gran parte da materiali legnosi (contenenti molta lignina) la cui decomposizione naturale è molto lenta. Il loro sminuzzamento aumenta la superficie esposta all'azione dei microrganismi decompositori, accelerando tale processo. Anche l'apporto di concimi azotati accelera la decomposizione della lignina agendo sul contenuto relativo di carbonio e azoto.
Una buona strategia è anche quella di trasformare i residui in sostanza organica stabile in un luogo diverso con la produzione di compost da distribuire nel terreno quando maturo. In tal caso si devono formare dei cumuli di materiali organici di provenienza diversificata e caratterizzati da un giusto grado di umidità e di ossigenazione.

Residui di potatura sminuzzati, in via di trasformazione in sostanza organica umificata.

Seghetto.

Il ***seghetto*** è una piccola sega che si utilizza per tagliare i rami più grossi e le branche; è bene che abbia impugnatura anatomica e una lama non eccessivamente lunga e flessibile.

Può essere caratterizzato da sistema di taglio a tirare, adatto per tagliare legno secco: i denti temprati fungono da appiglio; i modelli invece che tagliano sia in andata che ritorno sono adatti per tagliare legno fresco. I denti distanziati permettono di tagliare anche i rami più grossi. I seghetti di concezione moderna hanno una stradatura interna allo spessore della lama che consente loro un taglio preciso e veloce. I seghetti con lama tradizionale lasciano invece la superficie del taglio scabrosa con il rischio di favorire l'insediamento di funghi e batteri.

I ***coltelli*** sono attrezzi con lame molto affilate usati per rifinire il taglio del seghetto o per curare le ferite alla corteccia. Di particolare importanza sono i coltelli da innesto, di forma e dimensioni diverse, utilizzati dall'innestatore con specifiche modalità a seconda del tipo d'innesto.

La ***motosega*** è una sega a catena, per lo più con motore a scoppio a due tempi (più raramente con motore elettrico o ad aria compressa), manovrata da uno o due operatori ed impiegata per l'abbattimento, la sbrancatura e la depezzatura dei fusti e delle branche di grosse dimensioni.

Motosega.

Viene usata quando le dimensioni dei rami, delle branche, e dei tronchi sono tali da non consentire l'uso degli altri attrezzi, ma è importante che ad utilizzarla siano persone esperte e dotate di adeguata attrezzatura antinfortunistica, rappresentata da tuta, guanti, stivali e casco di sicurezza. Non tutti i modelli in commercio sono adatti a lavori di potatura; inoltre nella scelta per l'acquisto si devono considerare il peso, l'equilibratura e la potenza.

La corretta manutenzione degli attrezzi costituisce una delle maggiori regole di sicurezza per l'operatore e il fatto che gli organi di taglio siano sempre perfettamente affilati consente tagli netti e puliti meno dannosi per la pianta.

Quando ci si accinge a potare, è bene conoscere e riconoscere le strutture che caratterizzano ciascuna specie. Inoltre, conoscendo la varietà e il portinnesto che compongono le piante, sarà possibile decidere intensità, epoca e modalità di potatura, in funzione del loro comportamento caratteristico e delle condizioni ambientali e colturali in cui si trovano.

PARTE Speciale

Le drupacee sono specie che appartengono alla famiglia delle Rosacee, sottofamiglia Prunoideae, e che producono come frutto una drupa.

Pesco/Ciliegio/Albicocco/ Susino/Mandorlo

DRUPACEE

Le ramificazioni produttive di questo gruppo di specie sono i rami misti, i brindilli e i dardi, presenti con frequenza e importanza differente in specie o varietà diverse.

Nel caso del pesco e dell'albicocco può essere significativa anche la produzione su succhioni rivestiti di rami anticipati. Questi sono germogliati da meristemi laterali lungo l'asse principale del succhione, nella stessa stagione in cui si sono formati (in anticipo quindi rispetto al germogliamento primaverile). Gli anticipati sono capaci di differenziare a fiore se cresciuti presto nella stagione.

Il carattere distintivo dei **rami misti** delle drupacee rispetto alle pomacee è la capacità di differenziare a fiore delle gemme ascellari (ogni nodo fogliare può portare una, due o anche più gemme a fiore, di solito nel pesco due gemme a fiore e una gemma vegetativa per nodo). Nelle drupacee la gemma apicale del ramo, lungo o corto, è quasi sempre vegetativa. Questo carattere consente di poter raccorciare il ramo misto e ottenere ugualmente una buona produzione. Il taglio di raccorciamento o la spuntatura del ramo misto nelle pomacee non è possibile perché l'unica gemma a frutto è sempre terminale.

La drupa è un frutto a polpa carnosa o cuoiosa ed endocarpo (nòcciolo) lignificato contenente in genere un solo seme, o al massimo due.

In generale nelle drupacee i brindilli sono molto

importanti per la produzione. Sono rami corti (10-20 cm) e relativamente esili, si distinguono in misti e vegetativi a seconda che producano fiori e germogli oppure solo germogli. Di solito lungo i **brindilli** misti in ciascun nodo si trova una gemma a legno o una gemme a fiore, all'ascella della foglia, mentre all'apice è prodotta una gemma a legno. A volte nell'albicocco i brindilli sono così corti che quasi non si distinguono dai dardi.

I **dardi** sono rami molto corti, anch'essi distinti in vegetativi e misti (questi ultimi detti dardi fioriferi o mazzetti di maggio). I dardi vegetativi sono presenti soprattutto nell'habitus giovanile di alcune specie (ad esempio il susino) o nelle specie "selvatiche" (es. il prugnolo); sono esili e rigidi e terminano con un apice più o meno acuto, simile ad una spina; e producono una sola gemma a legno all'apice, oppure poche gemme vegetative laterali. I dardi fioriferi sono privi di gemme laterali ben formate, ma terminano con una corona apicale di gemme a fiore e una gemma centrale a legno. Ogni anno il dardo fiorifero produce un mazzetto di gemme a fiore, mentre la gemma apicale germoglia facendo crescere, in misura quasi impercettibile, il dardo in lunghezza, riproducendo per più anni la stessa struttura. La tendenza a produrre dardi o brindilli cambia di specie in specie: ad esempio, il pesco produce prevalentemente su rami misti e brindilli, mentre il ciliegio e diverse varietà di susino producono principalmente sui dardi (soprattutto dopo alcuni anni dalla maturità), infine molte varietà di albicocco producono su tutti i tipi di ramo con percentuali diverse a seconda dell'età, fino a dare la prevalenza ai dardi in età più matura.

La gemma apicale dei rami delle drupacee è vegetativa, le gemme a fiore sono distribuite lungo l'asse.

Dardi di albicocco.

Pesco *(Prunus persica L.)*

Il pesco è probabilmente originario della Cina (un tempo si riteneva del Medio Oriente - Persia, da cui deriverebbe il nome latino), dove lo si può ancora rinvenire allo stato selvatico.

L'introduzione del pesco in Europa viene da alcuni attribuita ad Alessandro Magno a seguito delle sue spedizioni contro i Persiani, mentre, secondo altri, i Greci lo avrebbero introdotto dall'Egitto.

Viene coltivato nelle zone con clima temperato mite (soprattutto Stati Uniti, Italia, Spagna, Grecia, Cina, Francia e Argentina). Non presenta una buona resistenza al freddo invernale e quindi non si può spingere verso climi continentali come il melo, e d'altra parte ha una certa necessità di freddo invernale che ne ha per lungo tempo impedito l'espansione verso i climi più caldi. Solo recentemente sono state introdotte varietà a basso fabbisogno in freddo che producono bene in climi subtropicali. Un altro fattore limitante può derivare dalle gelate primaverili, a causa della fioritura abbastanza precoce. È molto sensibile ai ristagni idrici nei terreni pesanti e non sopporta elevati tenori di calcare (con il portinnesto franco da seme) e lunghi periodi di siccità.

Filare di pesco nel Faentino.

Si conoscono diverse tipologie in base al frutto. Si distinguono le **pesche** con buccia vellutata e talvolta molto tomentosa (soprattutto le varietà antiche) dalle **nettarine** con buccia glabra (senza tomento e quindi con maggiore sensibilità ai tripidi e ad altre patologie gravi). Per la facilità di distacco dal nocciolo (endocarpo legnoso che racchiude il seme) si classificano le varietà in

percoche con nocciolo **duracino** (che non si stacca dalla polpa, generalmente utilizzate dall'industria per fare pesche sciroppate anche perchè hanno polpa soda) e a **polpa spicca** (con nocciolo ben distaccato dalla polpa, spicco, adatte al consumo fresco). Per il colore della polpa si possono distinguere: **polpa gialla** (le più diffuse) e **polpa bianca** (molto aromatiche ma con poca tenuta di maturazione, di solito fondente), in passato erano presenti anche frutti a polpa rossa. Esistono oggi anche altre tipologie messe a disposizione dal miglioramento genetico, quali i frutti a bassa acidità (**sub acidi**), dal gusto molto apprezzato in Oriente; frutti a maturazione ritardata molto zuccherini e consistenti ma privi di pigmenti (pesche "**ghiaccio**") e infine pesche **platicarpe**, con frutto molto schiacciato, profumato e saporito. E non è detto che la storia sia finita qui.
In effetti oggi sul mercato abbiamo tutte queste tipologie e ovviamente tutte le classi intermedie (ad esempio nettarine bianche o gialle, percoche gialle o bianche, ecc.), in un calendario di maturazione che va da giugno a settembre per quasi tutti i gruppi commerciali, ma che si può espandere a tutto maggio nel sud e ancora fino ad ottobre in Sicilia con varietà molto precoci o molto tardive e apposite coperture o insacchettamenti dei frutti. Si può andare in confusione, se non si fa un po' di attenzione!
In generale la conservazione dopo la raccolta è molto breve e anche in frigorifero non si riesce a mantenere il meglio del sapore per più di due-tre settimane (massimo quattro per alcune varietà). Le varietà di ultima generazione hanno un sovracolore rosso molto esteso fino a coprire tutta la superficie. Il sovracolore quindi non è più un buon parametro per determinare lo stato di maturazione, conviene osservare il colore di fondo nel punto di inserzione del peduncolo (cavità peduncolare). Anche la consistenza è oggi molto elevata e a volte bisogna aspettare qualche giorno in più rispetto alla raccolta commerciale per avere il frutto ben maturo per il consumo.

Descrizione fenomorfologica

Albero: Il pesco coltivato è di dimensioni medio-piccole con altezza compresa fra 3 e 5 m. Ha tendenza all'assurgente o all'aperto nella maggior parte delle varietà, ma sostanzialmente basiplastico, ovvero che negli anni tende a espandersi più che a innalzarsi. È acrotono quando ha un vigore elevato, per cui produce i germogli più vigorosi nella parte distale dei rami. Con l'età matura presenta una buona attitudine basitona e lascia crescere rami vigorosi nella parte basale ed esterna della chioma. Si possono riscontrare numerosi tipi di habitus (aperto, assurgente, colonnare, compatto, pendulo, regolare). Il pesco è molto sensibile all'ombreggiamento che ostacola la differenziazione a fiore.

Pianta di pesco in forma libera al terzo anno di età.

Gemme: Le gemme riproduttive sono gemme a fiore, di forma globosa, contenenti un solo fiore. Nella parte intermedia del ramo misto possono essere due o più per nodo con al centro una gemma vegetativa. Le gemme vegetative sono più piccole e di forma conica. Tutti i rami terminano con una gemma vegetativa. Il pesco presenta rari meristemi avventizi e gemme latenti, sempre vegetativi, da cui produce pochi germogli in caso di forti raccorciamenti delle branche adulte.

Gemma vegetativa e gemma a fiore.

Fiori: Rosacei, di colore rosa chiaro; o campanulacei, con petali rosa intenso, più piccoli, completamente estesi e aperti. Il pesco è, in genere, una specie autocompatibile (non sono quindi indispensabili più varietà come impollinatori) e produce un numero elevato di fiori. Può verificarsi una cascola di fiori laddove non si soddisfa il fabbisogno in freddo. Si trovano fiori doppi su un unico peduncolo nelle primavere precedute da forti stress termici e idrici in agosto, quando è in corso la differenziazione a fiore per l'anno successivo.

Fiore rosaceo e campanulaceo.

Foglie: Lanceolate, strette, seghettate, in genere con glandole alla base della lamina fogliare che indicano una buona resistenza a diverse malattie. Sono caduche, e virano al giallo o al rosso ai primi freddi intensi notturni di fine estate inizio autunno. Il picciolo è corto.

Foglie di pesco.

Frutti: Drupe quasi prive di peduncolo, di forma globosa, divise in due da un solco centrale (sutura). Nelle platicarpe sono di forma schiacciata. L'epidermide è provvista di peluria (tomentosità) nelle pesche, glabra nelle nettarine; di colore variabile dal giallo al rosso. La polpa, di colore variabile (bianco, giallo, aranciato, rosso), può essere aderente al nocciolo o spicca e di consistenza fondente o meno. Data l'elevata carica di gemme a fiore, e a seguito dell'abbondante allegagione, assume un ruolo molto importante per l'accrescimento e la pezzatura finale dei frutti l'intervento di diradamento, effettuato prima dell'indurimento del nocciolo lasciando 1 frutto ogni 15-20 cm di ramo. In alcune cultivar si verificano spesso consistenti cascole successive all'allegagione (es. Maygrand, Supercrimson, Springred e talora Stark Redgold).

Pesca tomentosa e pesca nettarina.

Le principali **fasi fenologiche** del pesco sono: **gemma ibernante** in inverno, **calice visibile** alla rottura della gemma a fine inverno, bottoni rosa, inizio, piena e fine **fioritura** (caduta petali), **scamiciatura**, **cascola di giugno**, **frutto noce**, **cascola preraccolta**, **maturazione** (di raccolta e di consumo), caduta delle foglie.

Nelle foto sono riportate in sequenza da sinistra: gemma ibernante (1), calici visibili (2), bottoni rosa (3), inizio (4) piena (5) e fine (6) fioritura (caduta petali), scamiciatura (7), allegagione (8), maturazione (9), caduta foglie (10).

Come potare

Su piante giovani la produzione è prevalentemente collocata su rami misti vigorosi e rami anticipati, con gli anni si sposta sui rami misti di medio vigore e poi su brindilli e rami misti. Su piante giovani e vigorose, limitando gli interventi di potatura si favorisce la formazione dei dardi e dei rami misti. Su piante deboli, non potando si corre il rischio di avere un eccesso di dardi e brindilli che in pochi anni portano la pianta al collasso (affaticamento riproduttivo). Di conseguenza la potatura ha il ruolo fondamentale di consentire ogni anno alla pianta di riformare un giusto numero di rami produttivi assieme ai frutti in quantità e calibro ottimale (giusto equilibrio vegeto-riproduttivo). L'intensità della potatura è da correlare con le altre pratiche agronomiche e con il naturale vigore della pianta.

Succhione: Ramo molto vigoroso, tendenzialmente vegetativo con ramificazione anticipata; in alcune varietà produce frutti, sugli anticipati, ma di ridotta pezzatura. Parte da grosse branche assurgenti o dal tronco.

Potatura: *Sono da asportare eliminandoli alla base, soprattutto se presenti nella parte alta della chioma, intervenendo in potatura verde o in inverno.*
Non si raccorciano, né si eseguono "tagli di ritorno" con deviazione su un ramo anticipato perché tendono a formare nuovi succhioni.
Si mantengono solo se utili a sostituire branchette mancanti o esaurite, una volta indeboliti con la piegatura esercitata anche dal peso della prima produzione o con una torsione estiva.
Nella moderna potatura sulle piante giovani vengono utilizzati per anticipare la formazione dello scheletro.

Ramo vegetativo: Ramo vigoroso, con solo gemme vegetative. La velocità con cui è cresciuto non ha superato il valore soglia e non c'è stata ramificazione, ma le condizioni ambientali e nutrizionali non hanno consentito la differenziazione a fiore.
È raro nelle piante ben condotte.

Potatura: *Se ne raccorciano alcuni solo se è necessario richiamare vegetazione nella zona prossimale, in aree spoglie o per sostituire branche esaurite. Si asportano quelli molto vigorosi, soprattutto se presenti nella parte alta della chioma, in potatura verde (preferibilmente) o in inverno.*
Non si eseguono spuntature che favoriscono lo sviluppo della vegetazione verso l'alto. Sono rami utili per rivestire le branche di brindilli da utilizzare nell'anno seguente.

Ramo misto: Ramo di medio vigore di 20-60 cm, con gemme a fiore e vegetative spesso presenti contemporaneamente nello stesso nodo. Se vigoroso può presentare anche qualche ramo anticipato. Produce frutti di pezzatura generalmente più elevata rispetto ai brindilli. Anche i rami anticipati possono essere considerati rami misti (di 2° ordine).

Potatura: *Si diradano quelli in eccesso rispetto al potenziale produttivo della pianta scegliendo quelli ben conformati, di 40-60 cm e laterali rispetto alle branche. Si eliminano quelli troppo forti o molto deboli. Si possono asportare quelli che hanno già fruttificato. In verde si asportano quelli su cui non è avvenuta l'allegagione. Se ne raccorciano o speronano alcuni per richiamare vegetazione nella zona prossimale in aree spoglie o per sostituire branche esaurite. Si spuntano solo se danneggiati da freddo o malattie. Il taglio di ritorno su branche di 2 anni si esegue di solito deviando su rami misti di buon vigore.*

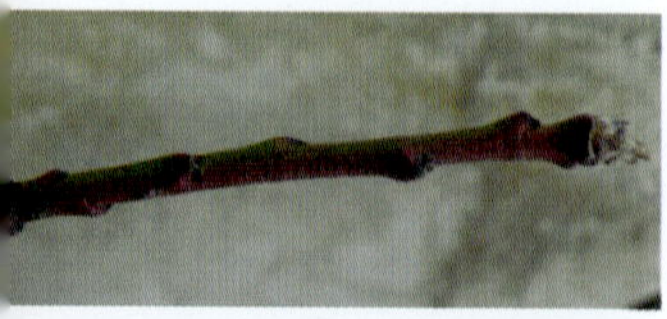

Brindillo vegetativo: Ramo corto che non ha differenziato a fiore; presenta unicamente gemme vegetative.

Potatura: *Vengono lasciati intatti per favorire la differenziazione a fiore nell'anno successivo. Se in eccesso si diradano.*

Brindillo misto: Ramo riproduttivo corto (5-25 cm) ed esile, con una gemma a fiore per nodo (a volte senza gemme vegetative) e una gemma a legno terminale. Produce in genere frutti di pezzatura inferiore rispetto ai rami misti e ai dardi. È il ramo principale per le nettarine.

Potatura: *Si asportano in inverno quelli che hanno già fruttificato e in verde quelli su cui non è avvenuta l'allegagione. Sui brindilli misti si deve effettuare un accurato diradamento dei frutti. Il taglio di raccorciamento delle branchette si può effettuare al di sopra di un brindillo misto, in modo da permettere lo sviluppo di nuove strutture produttive.*

Dardo vegetativo: Ramo molto corto che non ha differenziato gemme a fiore. È raro nel pesco in quanto si presenta solo nella fase giovanile da seme che di solito le piante innestate non hanno.

Potatura: *Si lasciano intatti per favorire il loro passaggio a rami riproduttivi negli anni successivi.*
Nel pesco non diventano vere e proprie spine come accade nel susino.
Sono utili per rivestire le branche di nuovi rami produttivi nell'anno seguente, ma solo se ben illuminati.

Dardo fiorifero (mazzetto di maggio): Ramo molto corto (1-5 cm) riproduttivo, con molte gemme a fiore e una gemma apicale vegetativa. Produce frutti di buona pezzatura, soprattutto nelle percoche, dove è considerato il principale ramo.

Potatura: *Si devono diradare o raccorciare le branchette su cui sono inseriti. Si può effettuare il taglio di raccorciamento delle branchette al di sopra di un dardo fiorifero, in modo da permettere lo sviluppo di nuove strutture produttive.*

Gruppi varietali

Il diradamento dei rami misti è un'operazione importante per tutte le varietà di pesco, ma assume un peso diverso in funzione dell'attitudine produttiva della varietà.
Si distinguono quattro tipologie di pesco con caratteristiche diverse che influiscono sulla scelta del tipo di potatura e della forma di allevamento. Risultano variabili in base al vigore e all'ambiente.

Pesche: Producono prevalentemente su rami misti di 40-60 cm (pesche gialle, bianche e alcune nettarine. Varietà assurgenti di tipo Rich tendono ad uno scarso rinnovo vegetativo basale e a sviluppare rami di scarsa qualità se in posizione interna o scarsamente illuminata.
Alcune pesche gialle producono invece prevalentemente su brindilli e anche su dardi.

Potatura: *Si deve operare una potatura non troppo ricca, privilegiando buoni rami misti ben lignificati inseriti su branchette raccorciate o su speroni di 2-3 gemme.*
Con piante molto cariche e fiori ben differenziati su legno maturo, si possono spuntare i rami misti (ad 1/4 dall'apice) e speronare almeno 1/4 dei rami, per avere adeguato rinnovo, e ottenere frutti di qualità, con buon sovracolore.
Su varietà di tipo Rich, o assurgenti, va particolarmente curata la potatura verde, per selezionare rami misti ben inseriti, lignificati, di buona qualità e per favorire i rami basali.
In condizioni climatiche poco vocate o su alcune pesche tradizionali medio-tardive o tardive (Glohaven, Cresthaven e Rosa del West) con cascola o con produttività non costante, è necessaria una potatura più ricca, lasciando anche un certo numero di brindilli e dardi.
Se le piante sono troppo vigorose è importante eseguire la potatura verde due settimane prima della raccolta per far prendere colore ai frutti eliminando i succhioni e i rami vegetativi nella parte alta della chioma.

Nettarine: Hanno minore fertilità dei rami misti rispetto alle pesche (ad eccezione di alcune, come Armking).
Producono prevalentemente su brindilli e anche su dardi, ma piante in equilibrio producono bene anche su rami misti di 15-35 cm.
Presentano tali caratteristiche anche alcune varietà di pesche gialle.
Numerose nuove nettarine sono caratterizzate da elevato calibro dei frutti anche sui brindilli.

Potatura: *Si deve effettuare una potatura tendenzialmente più ricca e più lunga rispetto a quella adatta per le pesche, in modo da stimolare la formazione di numerosi rami corti e deboli. Si raccorciano a media lunghezza le branchette di 2-3 anni portanti i brindilli ed i rami misti. Si lascia ai fini produttivi una certa quota di brindilli. Si privilegiano le branche meglio inserite e sviluppate verso l'esterno della chioma e si speronano quelle in soprannumero, per ottenere un buon rinnovo.*
Per le varietà caratterizzate da buona pezzatura anche su brindilli, soprattutto con buona fertilità del terreno, è opportuno adottare una potatura lunga basata sul solo diradamento (senza raccorciamento) delle branchette di due-tre anni ("grondacci"), portanti rami misti, brindilli e talora dardi distribuiti lungo la loro intera lunghezza. Tali branchette si presentano ripiegate verso il basso dal peso della produzione e della vegetazione dell'anno precedente.

Percoche: Differenziano e producono bene in tutti i tipi di rami e con prevalenza sui dardi e anche sui brindilli.

Potatura: *Si opera una potatura ricca e lunga, rinnovando periodicamente (con diradamento e talora raccorciamento) le branchette di due-tre anni portanti dardi, brindilli e rami misti. Si favorisce così il rinnovo dei dardi su rami vigorosi non raccorciati. La potatura è più povera e privilegia maggiormente i rami misti ed i brindilli se si vogliono ottenere pezzature elevate dei frutti e sovracolore diffuso ed intenso.*

Platicarpe: Producono bene sui rami misti e in parte sui brindilli.

Potatura: *La potatura è molto simile a quella delle pesche. Bisogna lasciare un carico abbastanza elevato di frutti sui rami e molti rami per pianta (potatura ricca e lunga) per evitare ritmi di crescita troppo elevati che favoriscono le spaccature dei frutti (molto frequenti in questo gruppo varietale). Si rinnovano e raccorciano le branchette di 2-3 anni per garantire un buon ricambio vegetativo.*

A scopo ornamentale possono essere utilizzati peschi orientali, caratterizzati da un numero elevato di petali di colorazione anche bianca o rossa.

Sgolatura

Oltre al taglio di ritorno, con cui si raccorcia una branca spostando la funzione di cima su di un ramo sottostante, nel pesco viene applicata anche la sgolatura, in cui, senza ridurre l'altezza della branca, la deviazione (in verde o in inverno) avviene su una ramificazione laterale forte particolarmente sviluppata in direzione esterna, con ampio angolo di crescita e ben esposta alla luce. È quindi un taglio finalizzato ad allargare lateralmente le branche.

Nel vaso ritardato la sgolatura viene applicata per l'asportazione della freccia delle branche, ma viene preceduta e preparata da tagli di indebolimento della cima e dalla formazione di un laterale forte. Per indebolire la cima si attua per 2 anni la potatura a tutta cima senza raccorciamenti, poi si lascia la branca carica di frutti mentre uno o due rami esterni vengono completamente scaricati. La cima viene poi asportata in agosto, dopo la produzione, lasciando a volte un moncone con rami a frutto per evitare riscoppi vegetativi e indirizzando la crescita sul migliore ramo esterno (sgolatura).

Nel vasetto anticipato il taglio di sgolatura è impiegato sistematicamente in verde sui germogli in crescita che vengono deviati su un anticipato, quando la base è ben lignificata.

Quanto e quando potare

La potatura sul pesco è in genere piuttosto energica e può essere modulata in modo da mantenere un buon equilibrio tra i rami misti che non siano sopraffatti dalla fruttificazione, ma possano originare nuovi germogli e abbiano una quantità sufficiente di foglie (10-20) per ciascun frutto. In una pianta adulta in buone condizioni si asporta il 50-70 % dei rami (meno in piante giovani), lasciando indicativamente 100-300 rami misti o brindilli per pianta. In un pesco a vaso è possibile lasciare 100 rami misti di medio vigore con un potenziale di 3 frutti ciascuno (di circa 170-200 g l'uno) e ottenere una produzione di 50-60 kg per pianta. Con 500 piante ad ettaro si ha una produzione di 30 t/ha. Ovviamente è possibile anche ottenere produzioni superiori con le opportune pratiche colturali, ma già questo è un buon risultato per un frutteto amatoriale e una varietà medio-tardiva (che di solito è molto produttiva). Se si lasciano più rami con la potatura oppure si lasciano più frutti con il diradamento, la pezzatura dei singoli frutti può calare di molto e anche il processo di maturazione può risultare anomalo, se non si fanno concimazioni e irrigazioni appropriate. La scelta dei rami da lasciare è una

decisione importante della potatura, perché i rami presenti in una pianta allevata a vaso possono anche essere diverse centinaia, e quindi la potatura deve essere molto energica e al tempo stesso deve scegliere il ramo produttivo giusto per avere la massima produzione. In ogni caso il diradamento è indispensabile perché in ogni ramo rimasto possono esserci anche più di venti frutti, impossibili da portare a giusta pezzatura. Pensate venti frutti di 100 g di peso (sono circa 2 kg di massa) su un esile ramo misto: anche solo da un punto di vista meccanico è una impresa ardua!!
Ed occorre fare attenzione al livello di cascola.
In ambienti a inverno mite la potatura può avvenire in autunno con piante quasi in riposo e rami ben lignificati (prima e durante la caduta delle foglie; in seguito è invece possibile l'emissione di gomma dai tagli). In zone a inverno rigido, o con piante eccessivamente vigorose o con insufficiente freddo invernale è preferibile aspettare la schiusura delle gemme per regolare la potatura in rapporto ad eventuali danni, senza però arrivare alla fioritura, per evitare che la ripresa vegetativa venga frenata.
Il pesco si presta bene alla potatura verde (in maggio, in genere insieme al diradamento dei frutti, luglio e settembre dopo la raccolta), utile per controllare squilibri vegetativi e asportare i rami molto vigorosi, garantendo una buona distribuzione della luce, ma è preferibile non eseguire i tagli durante lo sviluppo dei frutti o in prossimità della raccolta. Su piante molto rigogliose è possibile sfrondare la chioma in prossimità della raccolta per favorire la colorazione dei frutti. Risulta a volte conveniente eseguire in verde anche tagli più grossi (raccorciamento di branche) ottenendo così germogliamenti primaverili più equilibrati. Nel caso di tagli grossi (branche di due o più anni) è utile lasciare un moncone della lunghezza pari al diametro del taglio per ridurre la tendenza ad emettere gomma e la penetrazione di patogeni.

Propagazione e impianto

Il pesco viene propagato principalmente per via vegetativa mediante innesto su portinnesti clonali di diversa vigoria oppure su franco da seme. Questo è ancora diffuso, in particolare alcune selezioni come GF305 e semi di popolazioni selvatiche; si adatta bene a terreni vergini fertili di medio impasto, ma ha problemi con il ristoppio e dove il calcare attivo è molto alto e l'irrigazione non è ottimale. Il portinnesto più diffuso è il GF677 ottenuto per micropropagazione (è un ibrido sterile tra pesco e mandorlo), ha un vigore elevato e può essere utilizzato dopo il franco senza grossi problemi, ha buona resistenza al calcare e alla siccità. In alcune zone comincia a soffrire di stanchezza del terreno al secondo-terzo ristoppio. Sono disponibili anche molti altri portinnesti, in grado di risolvere problemi specifici e di migliorare la coltura in diverse aree produttive.
Un buon astone di pesco si presenta con un calibro di 10-12 mm, un'altezza superiore a 60-80 cm (fino a 1,5-2 m), fornito di rami anticipati ben formati e lignificati e un buon apparato radicale (radici ben distribuite e non troppo corte, sane e ramificate). L'impianto con astone rivestito a radice nuda va eseguito preferibilmente in autunno. Il terreno dove viene coltivato il pesco è molto soggetto a fenomeni di stanchezza del terreno, per cui è consigliabile non piantare nuovi peschi dove sono state da poco estirpate vecchie piante della stessa specie.

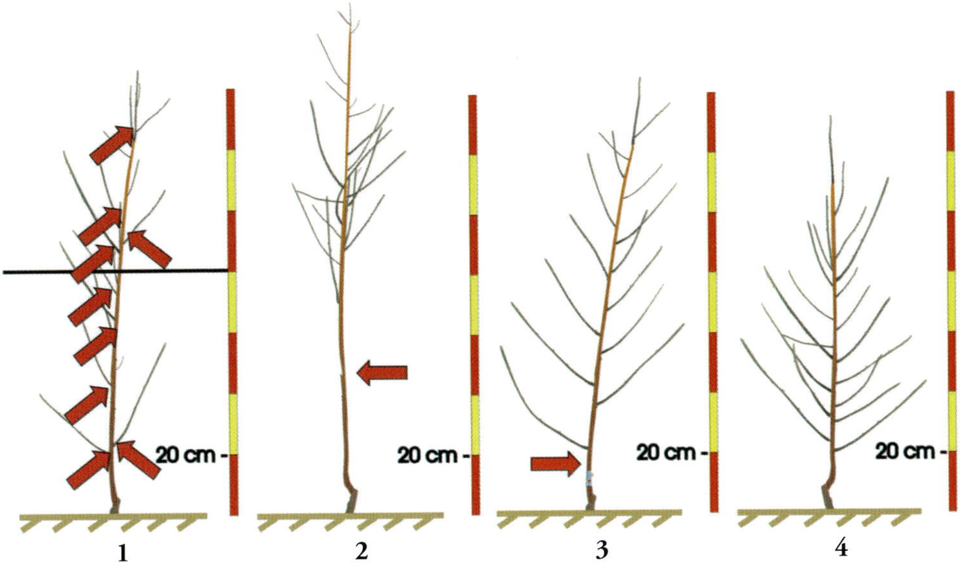

Materiali non ottimali per l'impianto sono astoni con scarsa lignificazione degli anticipati (1), in cui i rami molto bassi vanno asportati e tutti gli altri speronati (coda di topo); astoni mal strutturati o poco lignificati (2) che vanno raccorciati a 40-50 cm da terra per far partire nuovi germogli tra i quali in verde allevarne 1 solo. Se invece si impianta un portinnesto e successivamente lo si innesta a gemma dormiente (3), è necessario speronare il portinnesto alla ripresa vegetativa. Su un astone ben formato (4) i rami anticipati vanno potati a seconda della forma di allevamento.

Forme di allevamento

Le forme di allevamento consigliate per il pesco sono la palmetta libera, il vasetto ritardato e il fusetto.

Palmetta: La palmetta deriva da controspalliere e spalliere addossate a muri perimetrali del 1700-1800, per lo più con finalità estetico-decorative.
Possiede uno scheletro con asse centrale e 2-3 palchi di branche primarie, non necessariamente disposte a coppie, su cui si inseriscono corte branchette secondarie e rami produttivi. È importante mantenere in equilibrio l'asse centrale con le branche, scegliendo branche con diametro non superiore a quello dell'asse centrale su cui sono inserite, con angolo

Palmetta di pesco prima della potatura invernale al settimo anno.

d'inserzione abbastanza aperto, non assurgente.
L'attuale palmetta adotta la potatura "a tutta cima" dell'astone e delle branche primarie a partire, possibilmente, da piante preformate in vivaio in modo da anticipare la formazione (anticipata). Il raccorciamento ripetuto delle branche per ottenere i rivestimenti ne ritarda l'entrata in produzione oltre a favorire l'emissione di germogli con angolo stretto che necessariamente hanno bisogno di curvature e legature per essere messi in posizione adeguata, mentre la crescita libera dell'astone dopo l'impianto permette di precocizzare la produzione. È adatta per impianti intensivi a media densità (ad es. 4 - 4,5 x 3 - 3,8 m), con distanze tra le file rapportate all'altezza della pianta, per evitare ombreggiamenti laterali (in genere l'altezza della parete non deve essere superiore alla distanza tra le file). Le branche primarie sono robuste e con inclinazione che aumenta dalla base verso l'apice in modo da esercitare un controllo sulla cima e favorire la crescita dei palchi più bassi. Necessita di pali e fili di sostegno su cui si fissano inizialmente il fusto (se allevato a tutta cima) e i rami atti a formare le branche con angolo appropriato. I germogli vigorosi e fuori posto sono asportati o infranti al verde, contemporaneamente alle legature. Le piante, una volta in equilibrio, sono longeve e gestibili con carri a piattaforme. A volte si riscontra una diversificazione della qualità dei frutti con anticipo di maturazione nella parte alta e ritardo in basso; ma in genere le palmette ben gestite danno frutti di ottima qualità lungo tutta la parete produttiva. Raggiunta la piena produzione, per mantenere un buon rivestimento di branchette produttive e un adeguato rinnovo della vegetazione lungo tutto l'asse di ogni branca, in potatura invernale si raccorciano le branchette laterali alternando branchette lunghe (50-70 cm) e branchette corte (20-30 cm). Nell'inverno successivo, con la potatura si raccorceranno le branchette lunghe per favorire il rinnovo della vegetazione e si prolungheranno quelle corte grazie alla vegetazione ottenuta l'anno precedente. Inoltre il diradamenteo dei rami misti in eccesso può essere eseguito speronandoli a 2 gemme, senza eliminarli completamente, favorendo così l'emissione di nuovi germogli dagli speroni per l'anno successivo. Questi accorgimenti permettono di evitare frequenti vuoti di vegetazione lungo le branche principali, specialmente basali. La potatura di allevamento della palmetta è descritta in dettaglio per l'albicocco.

Vasetto ritardato dopo l'asportazione dell'asse centrale nell'estate del terzo anno.

Vasetto ritardato: Nel vasetto ritardato il pesco inizialmente cresce a cespuglio, vigoroso e con numerosi rami anticipati, e solo dopo due anni di produzione viene convertito definitivamente in un vaso, irregolare, molto aperto, senza l'ausilio di tutori. Nei primi 2 anni si effettuano pochi tagli di correzione aspor-

tando eventuali rami troppo assurgenti e fuori posto (troppo bassi sul fusto), lasciando 3-5 branche inserite a 40-60 cm da terra lungo l'asse centrale.
Al secondo e terzo anno si opera una potatura "a tutta cima", in preparazione della sgolatura delle branche che devia la crescita vegetativa verso l'esterno. Il fusto centrale, seppur indebolito dalla produzione e dalla potatura, esercita un controllo sulle strutture sottostanti, fino alla sua asportazione (che avviene in genere a fine estate del terzo anno) e quindi al raggiungimento della forma definitiva. A questo punto, raggiunto un buon equilibrio vegeto-produttivo (verso il 4°-5° anno) si effettua il taglio di ritorno delle branche primarie, precedentemente "deviate" verso l'esterno almeno un paio di volte. L'albero risulta quasi interamente gestibile da terra in tutte le sue fasi. Per permettere alla chioma di espandersi in orizzontale, la densità di impianto non può essere elevata, con distanze di 4,5-5,5 m x 3-4 m nei terreni fertili di pianura. Si applicano anche sesti più larghi, in quadro (es. 5 x 5 m), ottenendo in tal caso dei veri e propri vasi ritardati, non vasetti. La potatura di allevamento del vasetto è descritta in dettaglio per il susino.

Fusetto: Forma in volume, con un unico palco di 3-5 branche di lunghezza poco superiore al metro inserite a 60-90 cm da terra e un asse centrale permanente rivestito di corte branchette produttive orientate in tutte le direzioni con angoli di inserzione sufficientemente aperti. Le branchette presentano un gradiente di vigore decrescente dal basso verso l'alto in modo da configurare, insieme al palco basale, un "fuso".
L'altezza dell'albero può raggiungere i 3,5-5 m in funzione delle combinazioni di innesto e delle tecniche colturali; i sesti di impianto sono normalmente compresi tra 4-5 m x 1,5-2 m, con 6-8 m^2 di spazio a disposizione di ogni pianta.
Densità superiori possono portare vantaggi produttivi (ma ovviamente costi più elevati) nei primi anni del ciclo del frutteto, ma successivamente gli spazi troppo ristretti comportano l'ombreggiamento soprattutto delle parti basali. Questo problema può costringere a un eccessivo impegno di potatura in verde per garantire la necessaria presenza di luce.

Fusetto prima della potatura al quarto anno. Per mantenere la forma occorre alleggerire la cima.

Potatura di allevamento

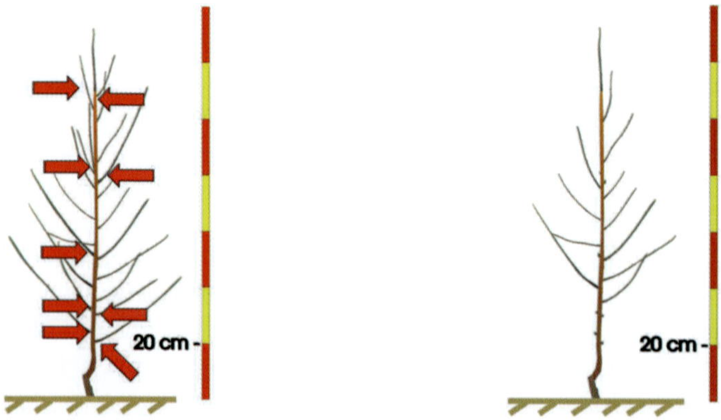

Impianto

Dopo l'impianto dell'astone si procede ad alleggerire la cima eliminando i rami assurgenti e vigorosi, ad asportare i rami bassi (al di sotto della posizione del futuro primo palco di branche) e quelli troppo vigorosi o mal posizionati (in modo da mantenere una distribuzione uniforme di rami di lunghezza decrescente dal basso verso l'alto).

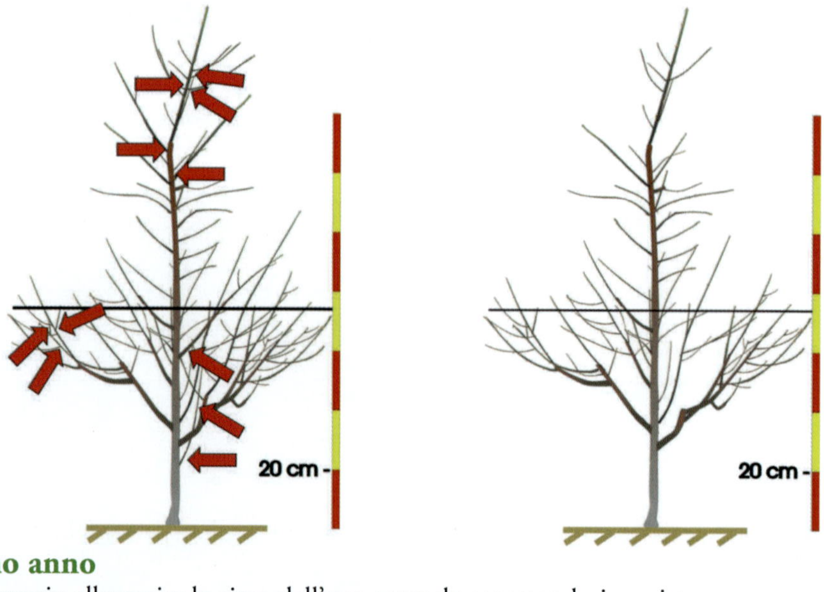

Primo anno

È necessario alleggerire la cima dell'asse centrale asportando i rami troppo assurgenti e vigorosi. I rami vigorosi che, per la loro posizione, competono con le branchette basali (troppo vicini o ombreggianti) devono essere eliminati. Se le branche basali non hanno simile vigoria (diametro, numero di rami, lunghezza) si devono indebolire quelle più vigorose (alleggerimento della cima, sgolatura). Infine bisogna eliminare gli eventuali rami inseriti al di sotto delle branchette basali.

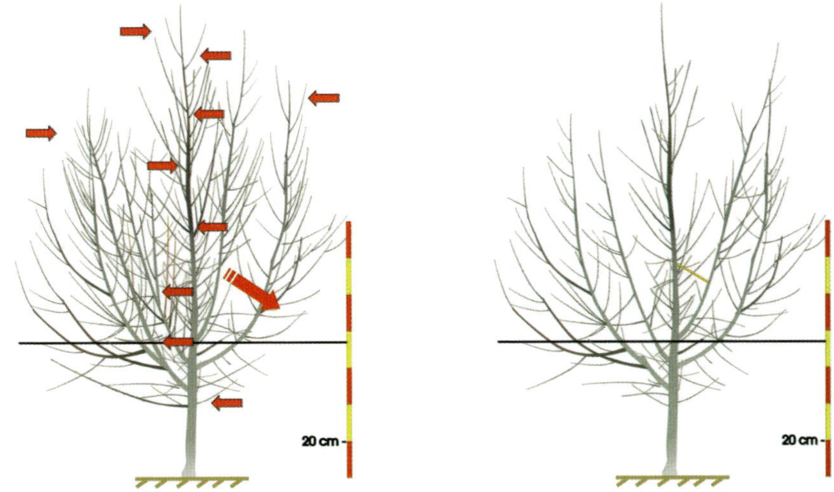

Secondo anno

Per prima cosa si va a selezionare la cima asportando i rami apicali concorrenti. È il momento di scegliere le 3-4 branche che formano il palco basale e di inclinare quelle troppo assurgenti. I rami vegetativi troppo vigorosi devono essere eliminati. Su ciascuna branca basale si procede all'alleggerimento delle cime. Si interviene inoltre ad asportare i rami inseriti al di sotto delle branche basali e diradare infine i rami misti e i brindilli in eccesso.

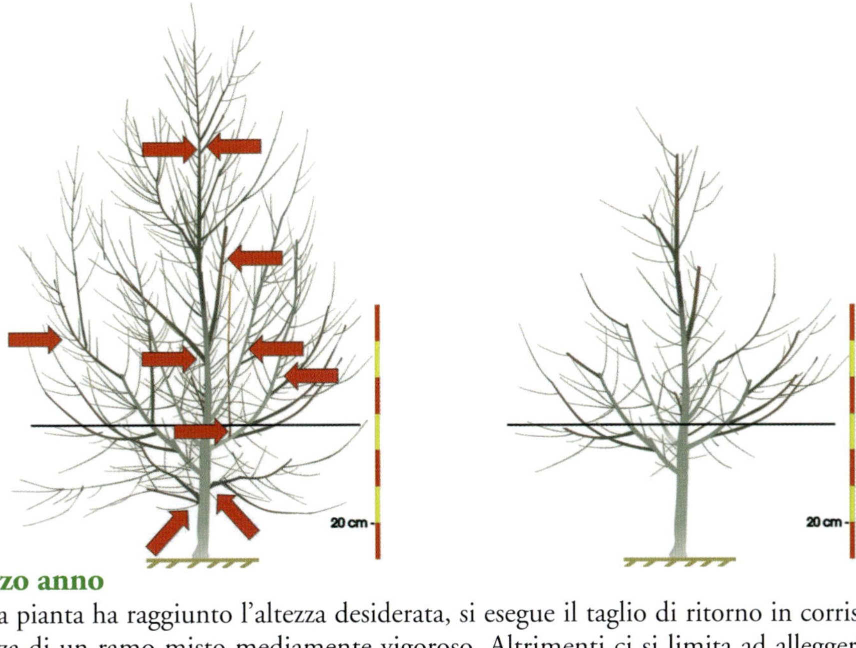

Terzo anno

Se la pianta ha raggiunto l'altezza desiderata, si esegue il taglio di ritorno in corrispondenza di un ramo misto mediamente vigoroso. Altrimenti ci si limita ad alleggerire la cima rinviando il taglio all'anno successivo. Bisogna eliminare i succhioni e i rami vigorosi raccorciare alcune branchette ed eliminare quelle che interferiscono con le branche basali. Si esegue il taglio di ritorno sulle branche basali che hanno raggiunto la lunghezza definitiva e si interviene con la sgolatura su quelle più corte e assurgenti. È necessario asportare i rami al di sotto del palco basale e si procede inoltre a raccorciare le branchette inserite sulle branche basali ed infine a diradare i brindilli e i rami misti.

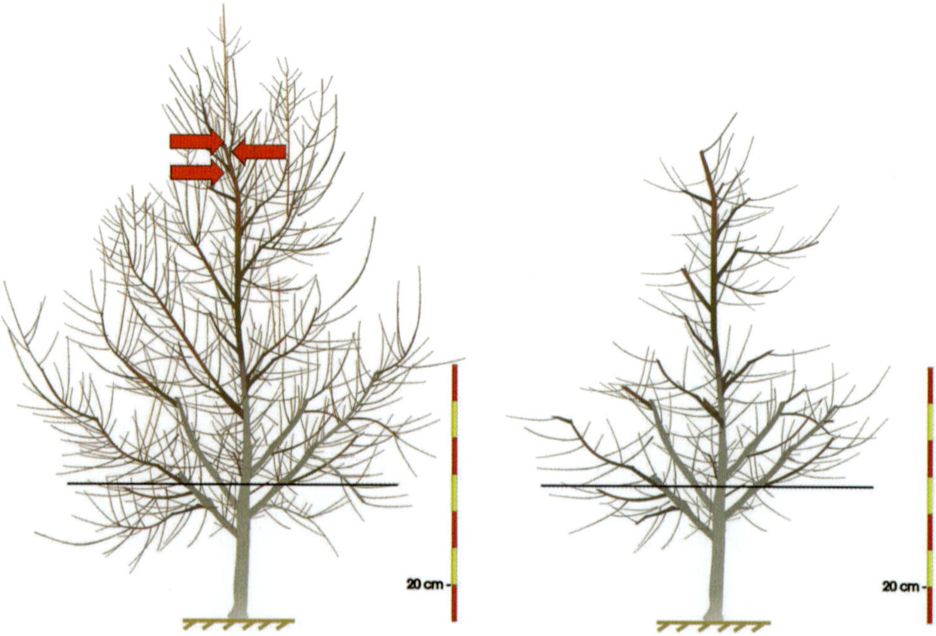

Pianta in produzione

La potatura di produzione prevede le stesse operazioni della potatura del terzo anno: taglio di ritorno della cima (riportato ad esempio nel disegno) e delle branche basali, raccorciamento delle branchette secondarie, asportazione dei succhioni, diradamento di brindilli e rami misti. Inoltre, è opportuno effettuare la speronatura di alcune branchette in via di esaurimento o spoglie nella parte basale per consentirne il rinnovo.

Notizie tecniche

Il pesco trova le migliori condizioni di coltivazione nei terreni freschi, profondi, di medio impasto. Risente molto della presenza di ristagni idrici ed è soggetto a clorosi ferrica, per cui è bene evitare terreni pesanti (con oltre il 30 % di argilla) e ricchi di calcare attivo. In queste condizioni estreme, è opportuno scegliere portinnesti e tecniche colturali appropriate. Il pesco ha esigenze climatiche piuttosto elevate e teme soprattutto le gelate tardive, che potrebbero danneggiare la fioritura, piuttosto precoce. In zone soggette a tali eventi è opportuno applicare potature leggere (ricche). Per ridurre il rischio di danni da freddo bisogna evitare di piantare il pesco in zone di fondo valle o di bassa giacitura dove le gelate sono più intense. In fase di riposo vegetativo la pianta è in grado di resistere a temperature di -15 °C, ma in queste condizioni sono consigliabili varietà rustiche come la Red Haven. Resiste bene alla siccità e beneficia di esposizioni a sud, con buona disponibilità di luce. Le estati calde favoriscono una buona maturazione dei frutti. I migliori ambienti di coltivazione per ottenere frutti di qualità si trovano pertanto al centro-sud. Tuttavia, con inverni troppo miti può non essere soddisfatto il fabbisogno in freddo, con conseguente ritardo nel germogliamento e irregolarità di fioritura. Per superare questo inconveniente sono disponibili alcune varietà con fabbisogno in freddo molto basso.

Esigenze nutrizionali

Si fa riferimento a una tecnica di concimazione frazionata con restituzione degli elementi asportati con i frutti. Se viene asportato anche il legno di potatura, le restituzioni devono essere aumentate del 50%.

Elemento: Azoto.
Periodo critico: 1) Fioritura e allegagione dei frutti. 2) Crescita per distensione dei frutti. 3) Accumulo delle riserve a fine estate.
Note: Frazionare gli apporti di azoto prima dei 3 periodi critici (50% nel primo, 40% nel secondo e 10% alla fine) per evitare perdite per lisciviazione e controllare meglio la crescita.
Eccesso: Scarsa colorazione e ritardo di maturazione dei frutti, maggiore sensibilità alla monilia. Cattiva lignificazione, danni da freddo invernali, fioritura anticipata.
Carenza: Scarso rinnovo vegetativo, minore produzione e pezzatura inferiore dei frutti, ingiallimento delle foglie a partire da quelle più vecchie (acropeto).
Quantità asportata: 3-4 g/kg di frutti.

Elemento: Fosforo.
Periodo critico: Il pesco generalmente necessita di fosforo in modo regolare e in particolare durante la crescita dei frutti e la lignificazione dei rami.
Note: È un elemento poco mobile che ha un impatto elevato sulla crescita radicale ed è importante per ottenere crescite equilibrate della chioma.
Eccesso: Insolubilizzazione del ferro nel terreno, con conseguente clorosi ferrica.
Carenza: Difficilmente il pesco presenta carenza di fosforo, in terreni normalmente dotati.
Quantità asportata: 0,8-1 g/kg di frutti.

Elemento: Potassio.
Periodo critico: Da 4-6 settimane dopo la fioritura fino alla raccolta.
Note: È meglio frazionare l'apporto in più interventi a dosi basse ed eventualmente aumentare i quantitativi in prossimità della raccolta.
Eccesso: Riduzione dell'assorbimento del magnesio, con conseguente clorosi.
Carenza: Effetti negativi sulla fruttificazione e sulle caratteristiche qualitative dei frutti (scarsa colorazione, ridotto contenuto di zuccheri).
Quantità asportata: 3,6-5 g/kg di frutti.

Elemento: Calcio.
Periodo critico: Crescita iniziale dei frutti (primavera).
Note: Possono essere utili applicazioni fogliari per aumentarne il contenuto nei frutti e ridurre il rischio di disfacimento interno e farinosità dopo la conservazione frigorifera, o di spaccature e rugginosità in varietà soggette.
Eccesso: Ingiallimento fogliare (con andamento basipeto).
Carenza: Possibile in terreni acidi. Microfessurazioni della buccia delle nettarine (rugginosità).

Elemento: Ferro.
Periodo critico: Primavera.
Note: Trattamenti fogliari con chelati di ferro, con portinnesti sensibili a clorosi ferrica (pesco franco) in terreni calcarei.
Carenza: Clorosi fogliare; calo di produzione e della qualità dei frutti.

Frazionare la concimazione in più interventi permette una maggiore flessibilità nella potatura. Se le piante sono cresciute in condizioni di scarsa fertilità e bassa disponibilità idrica, e risultano poco vigorose, si deve intervenire con una potatura più intensa.

Esigenze idriche

Periodo critico: In fioritura e primavera-inizio estate, quando la pianta produce germogli e foglie destinati a supportare la maturazione dei frutti e la formazione delle gemme che germoglieranno l'anno successivo.
Eccesso: Crescite eccessive dei germogli (succhioni) e auto ombreggiamento.
Carenza: Crescita stentata dei frutti e dei germogli. Può pregiudicare la formazione delle gemme a fiore destinate a produrre i frutti nell'anno successivo. In varietà a maturazione precoce, la carenza idrica dopo la raccolta, nell'anno successivo provoca la formazione di frutti "doppi", non accettati commercialmente.
Quantità: 2500 a 4000 m^3/ha pari a 250-400 mm di pioggia.

Si possono ridurre gli interventi irrigui dopo la raccolta, senza sospenderli del tutto. Gli interventi irrigui sono legati alle condizioni pedoclimatiche e colturali, alla scelta di portinnesto e varietà, al tipo di impianto di irrigazione (localizzata a goccia, per aspersione o a solchi). Scegliendo portinnesti vigorosi con ridotte esigenze idriche (es. GF677), varietà a maturazione precoce o media (raccolte entro luglio) coltivate in suoli argillosi e in assenza di inerbimento (filare lavorato) gli apporti idrici possono essere ridotti.
Negli impianti amatoriali si consiglia un'irrigazione di soccorso per evitare stress eccessivi e limitare l'incidenza delle malattie, in caso di assenza di precipitazioni, durante la primavera-estate.

	Restituzione giornaliera mm/giorno (*)	
	filare inerbito	filare lavorato
Aprile	0,8	0,7
Maggio	2,0	1,4
Giugno	3,5	2,5
Luglio	4,0	3,5

(*) 1 mm/giorno/ettaro = 1 litro/m^2 di superfiche = 10 m^3/giorno/ettaro (con un sesto di impianto a 5x5 sono circa 25 litri di acqua per pianta al giorno). I turni di irrigazione sono in funzione del periodo (mese) e del tipo di suolo, nonché del portinnesto (tipo di pianta). Fabbisogni e turni dipenderanno inoltre dal ciclo vitale della pianta, dalla presenza o meno di frutti, dalle precipitazioni ecc...

Patogeni e parassiti chiave

Di seguito sono illustrate le tecniche di potatura che influiscono in varia misura sulle principali avversità del pesco, per la cui difesa si rimanda ad altri testi specifici.

Bolla

Periodo critico: Primavera piovosa e umida.

Accorgimenti: Scegliere varietà poco sensibili (vecchie varietà). Fare trattamenti con rame (a metà caduta foglie e a fine caduta foglie e ripetere il trattamento alla schiusura delle gemme in primavera).

Mal bianco

Periodo critico: Dall'inizio dell'ingrossamento dei frutticini, in particolare da primavera inoltrata a fine estate.

Accorgimenti: Asportare i germogli coperti di feltro bianco e i frutticini colpiti. Evitare gli eccessi di azoto e di vigore e limitare le irrigazioni.

Cancro rameale

Periodo critico: Autunno e primavera.

Accorgimenti: Evitare la potatura nei mesi più freddi e umidi. Asportare e bruciare i rami infestati e secchi. Proteggere grossi tagli e ferite con paste cicatrizzanti. Non trinciare e interrare i residui di potatura. Moderare gli apporti azotati, evitare irrigazioni soprachioma.

Corineo

Periodo critico: Primavera piovosa e umida.

Accorgimenti: Asportare tutti gli organi colpiti. Ridurre le concimazioni azotate e le irrigazioni che tendono a rallentare la lignificazione dei rami.

Monilia

Periodo critico: Fioritura e maturazione.

Accorgimenti: *Migliorare l'arieggiamento della chioma con potature verdi. Asportare e distruggere i frutti mummificati e i rametti disseccati anche parzialmente. Evitare di danneggiare i frutti. Limitare gli apporti di azoto e garantire il drenaggio del terreno.*

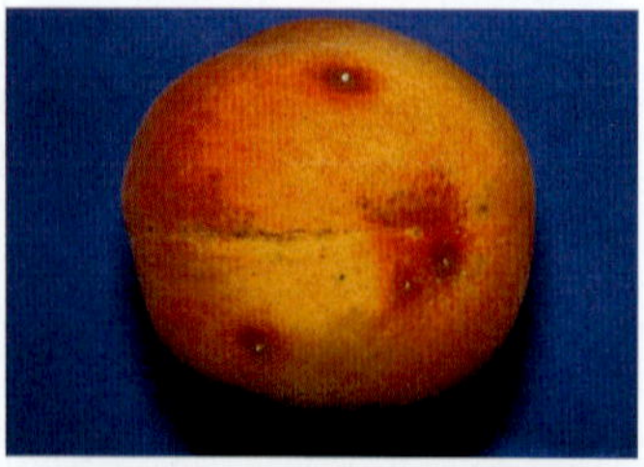

Cocciniglie

Periodo critico: Maggio-ottobre.

Accorgimenti: *Mantenere un buon equilibrio vegetativo, riducendo al minimo le zone in ombra e troppo chiuse.*

Afidi

Periodo critico: Dalla prefioritura a fine estate.

Accorgimenti: *Mantenere un buon equilibrio vegetativo, limitando gli apporti azotati.*

Mosca della frutta

Periodo critico: Al centro-sud da metà luglio.

Accorgimenti: *Non lasciare in campo i frutti non raccolti. Prediligere cultivar precoci.*

Anarsia e tignola orientale

Periodo critico: Da metà giugno a metà settembre.

Accorgimenti: *Distruggere i getti infestati. Lavorare il terreno a fine inverno.*

Ciliegio *(C. dolce, Prunus avium L.; C. acido, Prunus cerasus L.)*

Il ciliegio dolce è originario dell'Asia occidentale (areale compreso tra il Mar Nero e il Mar Caspio), ma si è diffuso in Europa già in epoca antichissima, probabilmente preistorica. Attualmente viene coltivato principalmente nelle zone di media latitudine.

L'albero ha una buona resistenza al freddo invernale e sopporta bene anche i terreni poveri, ma non troppo siccitosi. Ha un elevato fabbisogno in freddo e questo ne limita la diffusione in ambienti sub tropicali e anche mediterranei caldi. Il ciliegio acido sopporta meglio gli ambienti umidi e i terreni argillosi.

In base alla tipologia del frutto prodotto, si distinguono 2 gruppi di ciliegio dolce: i duroni, a polpa dura, carnosa, quasi croccante, e le ciliegie cuoriformi a polpa tenera; in entrambi i gruppi si distinguono inoltre i frutti a polpa chiara e quelli a polpa scura. I frutti sono utilizzati principalmente per il consumo fresco e solo in minima parte sono trasformati.

Nel ciliegio acido si distinguono 3 gruppi: le visciole con frutto sferico dal sapore asprigno, le marasche con frutto piccolo, amarognolo e acido; le amarene

Effetto ornamentale di un ciliegio in parete addossato ad una casa.

con frutto grosso, depresso ai poli, di sapore dolciastro. Sono tutte tipologie di frutto adatte alla trasformazione industriale per fare liquori (maraschino, vino e visciole, ciliegie sotto spirito), confetture e sciroppati (amarene), ma anche frutti secchi, colori naturali e prodotti nutraceutici.
La maturazione dei frutti è più o meno precoce fra maggio e giugno, indipendentemente dalla precocità di fioritura ed è correlata ad una più o meno rapida fase di indurimento del nocciolo. La conservazione dei frutti (soprattutto quelli di ciliegio acido) è molto ridotta e può essere migliorata avendo cura di non ammassarli nei contenitori durante la raccolta e raffreddandoli il prima possibile, con l'immersione in acqua. Alcune moderne varietà di ciliegio dolce si possono conservare in frigorifero per 30 giorni e questo ne ha ampliato il commercio.

Descrizione fenomorfologica

Albero: Vigoroso e molto longevo, ha portamento generalmente eretto-assurgente; può raggiungere altezze di 8-20 m. Ha forte controllo apicale, con germogliamento a partire dalla gemma terminale (acroblastico). Alcune varietà hanno sviluppo colonnare, altre espanso o pendulo (ciliegio acido). Presenta un legno di colore rosso bruno con alburno roseo, ricercato e pregiato, usato in ebanisteria, per impiallacciature e per la fabbricazione di pipe. Più piccolo e cespugliforme è generalmente il ciliegio acido.

Ciliegio a Vignola.

Gemme a fiore (sinistra) e gemma vegetativa (destra).

Gemme: Le gemme riproduttive sono gemme a fiore, di forma ellissoidale, allargata nella parte basale; contengono in media 3 fiori.
Le gemme vegetative sono di forma ellissoidale appuntita.
Il ciliegio possiede solo poche gemme latenti e presenta scarsa attitudine a emettere germogli avventizi.

Fiori: Riuniti in infiorescenze a ombrella di 2-3 fiori. Sono bianchi e formati da 5 petali. Il ciliegio è autosterile, ad eccezione di qualche nuova varietà, perciò è necessario disporre di almeno due varietà con fioritura contemporanea e fra loro compatibili per l'impollinazione, che avviene per mezzo degli insetti (soprattutto api), particolarmente attratti dal nettare molto ricco di zucchero.

Fiori di ciliegio.

Foglie: Glabre, di forma ovale appuntita, a margine intero, dentato. Sono caduche, portate da un picciolo rosso e scanalato. Sono inserite a spirale, con ordine uno/cinque, cioè con intervalli di 1 angolo giro e cinque foglie prima di ritornare alla stessa posizione lungo l'asse.

Frutti: Drupe del peso di 5-12 g, sferoidali, con un nocciolo legnoso contenente il seme. Sono portati da un lungo peduncolo. La buccia è liscia di colore rosso, da molto chiaro a molto scuro, in alcune varietà è gialla. La polpa è rossa o rosata, dura o tenera. In cultivar autofertili la fruttificazione avviene tipicamente con una disposizione a manicotto lungo le ramificazioni. La raccolta dei frutti è un'operazione che richiede molta manodopera, pertanto, negli impianti specializzati destinati alle produzioni industriali, si sono diffuse anche varietà adatte alla raccolta meccanizzata grazie alla facilità di distacco del frutto dal peduncolo da cui a maturità è separato da un setto.

Foglie di ciliegio.

Frutti maturi.

Le principali **fasi fenologiche** del ciliegio sono: **gemma ibernante** in inverno, **calice visibile** alla rottura della gemma a fine inverno, bottoni verdi, inizio, piena e fine **fioritura**, **scamiciatura**, **cascola di giugno**, invaiatura, **cascola preraccolta**, **maturazione** (di raccolta e di consumo), caduta delle foglie.

Nelle foto sono riportate in sequenza da sinistra: gemma ibernante (1), calice visibile (2), bottoni verdi (3), inizio fioritura (4), piena fioritura (5) e fine fioritura (6), scamiciatura (7), frutticini verdi (8), invaiatura (9), maturazione (10), caduta delle foglie (11).

Come potare

Pollone: Ramo vegetativo molto vigoroso che si origina dal pedale o dalle radici. Il ciliegio acido può manifestare attività pollonifera, rara in quello dolce.

Potatura: *È necessario asportarli eliminandoli alla base. Si può fare un intervento invernale e poi uno estivo dopo la raccolta dei frutti.*

Succhione: Ramo molto vigoroso, tendenzialmente vegetativo con ramificazione anticipata solo in alcune varietà. Parte di solito da grosse branche assurgenti o dal tronco.

Potatura: *È opportuno asportarli, eliminandoli alla base. In alcune forme di allevamento moderne (vaso basso spagnolo) si raccorciano i succhioni precocemente in primavera per stimolarne la ramificazione. Si può ripetere l'intervento anche più volte nel corso della primavera. In questo modo il ciliegio assume una forma a cespuglio.*

Ramo vegetativo: Ramo vigoroso, con solo gemme vegetative. In virtù del forte controllo apicale tipico di questa specie, la gemma apicale origina il germoglio più vigoroso, 2-4 gemme distali formano germogli vigorosi con angolo crescente verso il basso, quelle mediane originano dardi. Se molto vigoroso, in alcune varietà origina deboli dardi vegetativi nella parte basale, oppure cascole gemmarie che determinano porzioni nude nella futura branca.

Potatura: *Per favorire l'emissione di germogli ed evitare zone spoglie si può ricorrere alla cimatura e alle piegature in fase di germoglio.*

Ramo misto: Ramo di medio vigore, con gemme vegetative e alcune gemme a fiore nella parte mediano-basale. Nella porzione distale le gemme sono più ravvicinate tra loro. È molto importante per la produzione del ciliegio acido.

Potatura: *Se la pianta è troppo carica si può raccorciare di 1/3 la lunghezza del ramo dell'anno in modo da mantenere un buon rapporto tra foglie e frutti. Di solito non si raccorcia, ma si effettua un diradamento.*

Brindillo vegetativo: Ramo corto che non ha differenziato a fiore; presenta unicamente gemme vegetative.

Potatura: *Si lasciano per aumentare la produttività negli anni. Se la pianta è debole e la produzione è abbondante è meglio diradarli.*

Brindillo misto: Ramo riproduttivo corto ed esile, con gemme a fiore laterali basali (di solito i primi 4 nodi sono fertili) e una gemma a legno terminale. È importante per la produzione del ciliegio acido.

Potatura: *È bene limitarne il numero poiché la crescita vegetativa esclusivamente in posizione terminale allontana la zona produttiva verso l'esterno della pianta.*

Dardo vegetativo: Ramificazione molto corta (1 cm) portata da branche di 2 o più anni. È priva di gemme a fiore. Si riscontra in genere solo su piante giovani di varietà molto vigorose.

Potatura: *Si lasciano per favorire la differenziazione a fiore negli anni seguenti.*

Dardo fiorifero (mazzetto di maggio): Ramificazione molto corta (1-5 cm) portata da branche di 2 o più anni. È la tipica struttura riproduttiva del ciliegio, con molte gemme a fiore che circondano una apicale vegetativa. Ogni anno cresce pochi millimetri e le sue gemme a fiore si rinnovano. Su branche giovani presenta solo 1-2 gemme a fiore. Se molto invecchiato (quindi relativamente lungo) produce frutti di minore qualità e in minore quantità.

Potatura: *È necessario diradarli e rinnovarli raccorciando le branchette su cui sono inseriti. Si esegue un taglio di ritorno e si favorisce un ramo laterale che evolve in branca produttiva.*

Gruppi varietali

In ambienti diversi le varietà di ciliegio possono presentare comportamenti vegeto-produttivi anche molto differenti.

Ciliegio dolce: Fruttifica prevalentemente sui dardi e in alcune varietà anche sui rami misti e sui brindilli.

Potatura: *Raccorciare le branchette produttive di 2-3 anni ricche di dardi fioriferi, avendo l'accortezza di lasciare un nuovo ramo che l'anno successivo evolve a branca con nuovi dardi, permettendo il rinnovo delle strutture produttive. Una volta formati i nuovi dardi, si asporta la porzione di branca provvista dei dardi più vecchi.*
Diradare le branchette asportando quelle prive di rami di rinnovo. Rimuovere i rami deboli e le branche molto pendenti e operare inclinazioni e cimature. Alleggerire le cime, altrimenti troppo invadenti in questa specie fortemente acrotona.

Ciliegio acido: Fruttifica prevalentemente su rami misti e brindilli.

Potatura: *Diradare i rami misti e le branchette esaurite per ridurre l'alternanza di produzione e migliorare la pezzatura dei frutti. Ridurre il numero di brindilli. Alleggerire le cime.*
In impianti intensivi si possono fare potature semplificate con tagli di raccorciamento delle branche allo scopo di mantenere un buon rinnovo.

A scopo ornamentale possono essere utilizzate varietà derivate spesso da incroci interspecifici, con fiori semplici o doppi. Il portamento può variare da espanso ad assurgente, od anche a forme piangenti. Il colore dei fiori può essere bianco, rosa o rosso. L'epoca di fioritura tende comunque ad essere molto concentrata.

Taglio del caporale

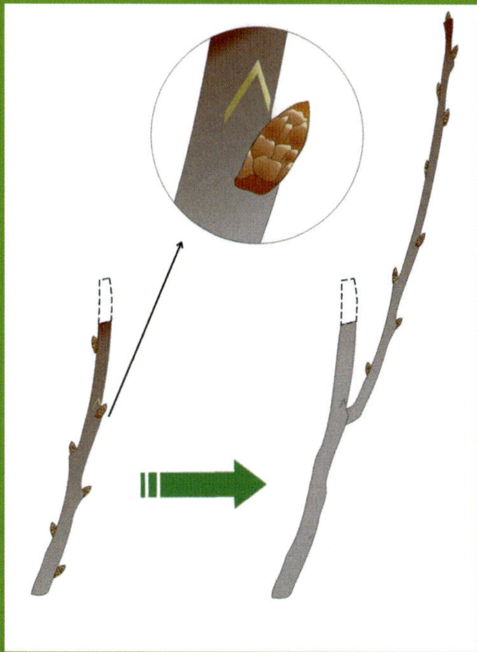

Il ciliegio è caratterizzato da un forte controllo apicale che può impedire la formazione di rami sufficientemente vigorosi in alcune posizioni. Perciò su questa specie può essere utile l'applicazione della tecnica dell'intaccatura, con il taglio del caporale. Esso consiste nell'eseguire uno o due tagli inclinati a forma di V rovesciata, asportando una porzione di corteccia e di legno al di sopra della gemma di cui si vuole favorire la schiusura per la formazione di un nuovo germoglio. L'intaccatura interrompe la continuità dei vasi linfatici esterni, che dall'alto trasportano i fattori di controllo dall'apice agli organi sottostanti, consentendo così alla gemma di sottrarsi ad esso e di germogliare.
Lo stesso tipo di taglio, se applicato al disotto di una gemma, riduce il vigore del germoglio che da essa avrà origine e ne favorisce l'attitudine riproduttiva.

Quanto e quando potare

La potatura del ciliegio viene spesso limitata all'eliminazione delle branche esaurite o morte, ma è in realtà opportuno rinnovare ogni anno circa il 20% delle branche per mantenere dardi giovani che producono frutti migliori. La nuova vegetazione dovrebbe avere una lunghezza minima di 60 cm, se si presenta più debole è opportuno eseguire qualche raccorciamento sul legno più vecchio in modo da ridurre il carico produttivo e favorire lo sviluppo vegetativo. Su cultivar molto produttive, per non ridurre la pezzatura dei frutti è opportuno adottare potature più energiche prevedendo anche raccorciamenti dei rami misti in modo da ridurre il carico produttivo.
La potatura può avvenire a fine inverno in prossimità della ripresa vegetativa nella fase di allevamento, in modo da stimolare la formazione di nuovi germogli; sulle piante adulte è invece preferibile intervenire dopo la raccolta, da inizio estate alla caduta delle foglie. Il ciliegio sopporta male grossi tagli, soprattutto in potatura invernale, poiché tende ad emettere gomme e cicatrizza con una certa difficoltà e lentezza le ferite.
Gli interventi in verde risultano utili per il controllo della crescita dei germogli, con scacchiature e cimature precoci, che favoriscono la formazione dei dardi su piante adulte.

Propagazione e impianto

Il ciliegio viene propagato principalmente per via vegetativa mediante innesto su portinnesti di diversa vigoria. In terreni poco vocati, ricchi di calcare o con fenomeni di asfissia radicale, si possono impiegare ibridi di ciliegio dolce con *Prunus pseudocerasus* o alcune selezioni clonali di ciliegio acido che si adattano meglio del franco. Selezioni di magaleppo e incroci di magaleppo con ciliegio dolce, che consentono di ridurre la vigoria delle piante e inducono un buon anticipo di produzione, presentano una notevole capacità di adattamento a terreni poveri, con scarsa disponibilità idrica, ricchi di scheletro (pietre) e sciolti, ma non si adattano a terreni poco profondi e con ristagno idrico. Il franco risulta molto vigoroso e non adatto per la formazione di piante di taglia ridotta.
Un buon astone di ciliegio per l'impianto si presenta con un calibro di 10-12 mm, un'altezza superiore a 60-80 cm (anche 1,5 m), fornito di rami anticipati ben sviluppati e posizionati e un buon apparato radicale (radici ben distribuite e non troppo corte). L'impianto con astone rivestito a radice nuda va eseguito preferibilmente in autunno o in primavera da metà marzo e entro metà aprile, mantenendo il punto di innesto ad almeno 15-20 cm di altezza da terra.

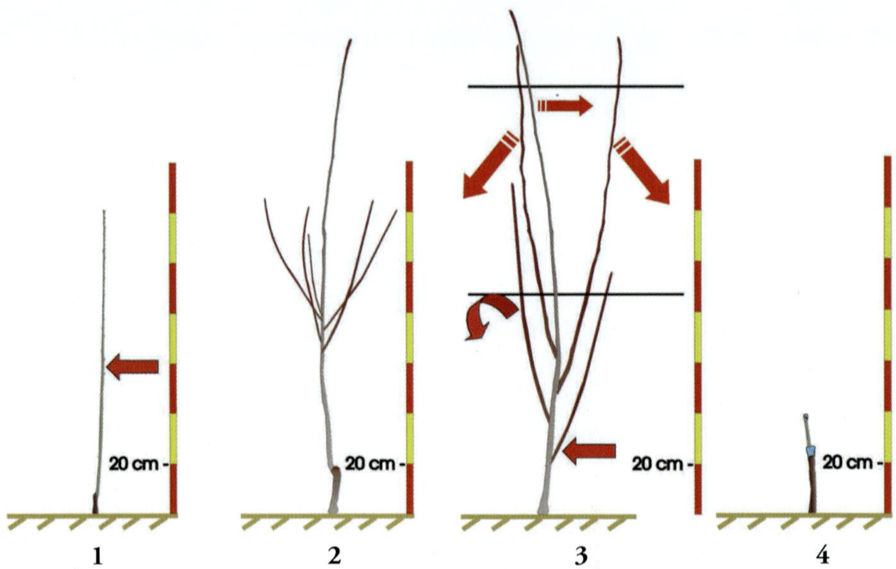

Materiali disponibili per l'impianto sono spesso astoni con rami anticipati deboli o assenti (1) ciò rende necessario il loro raccorciamento per consentire lo sviluppo di germogli idonei alla formazione dello scheletro. Se sono presenti rami anticipati (2-3) può essere ugualmente conveniente eliminarli per consentire alla pianta di superare meglio la crisi da trapianto. Per evitare la crisi da trapianto, in alternativa vengono utilizzati per l'impianto i portinnesti, innestati poi in campo (4) dopo il primo anno. Con astoni (2) ben rivestiti di anticipati si possono fare impianti ad alta densità oppure impostare impianti a palmetta (3), se si hanno condizioni ottimali di terreno di irrigazione.

Ribattuta

Quando la varietà è molto vigorosa si può decidere di raccorciare l'astone all'impianto poco sopra l'altezza delle future branche. I germogli in primavera si sviluppano con un vigore decrescente dal terminale al basale e di solito si formano non meno di 4-5 apici per pianta. Il terminale assume un angolo di crescita molto assurgente, volto a sostituire la cima mentre gli altri sono più aperti e subiscono il controllo apicale. Dopo alcune settimane di crescita è possibile asportare il germoglio apicale con un intervento sull'asse principale appena al di sotto del taglio invernale precedente (ribattitura), ovvero si ribatte il taglio invernale. In questo modo si ottengono un maggiore equilibrio fra i germogli in crescita e un loro ampio angolo d'inserzione.

Forme di allevamento

Palmetta: È una forma in parete adatta a terreni di pianura che richiede un certo vigore e una crescita abbondante in risposta ai ripetuti tagli invernali. È costituita da 3-4 palchi di branche. Il primo, con branche inclinate a 45°, viene impostato a 40-60 cm da terra, il secondo a 80-110 cm dal primo, e infine il terzo, meno inclinato dei precedenti, a 60-80 cm dal secondo. La moderna palmetta è abbastanza libera e

Palmetta.

consente anche una certa crescita nell'interfilare di rami e corte branchette produttive, disposte in modo irregolare lungo l'asse e sulle branche primarie. Si cerca comunque di mantenere un leggero gradiente conico sulle branche e sull'asse centrale. Le distanze d'impianto variano a seconda del vigore del portinnesto e della fertilità del terreno da 5 x 3 m a 4,5 x 2,5 m. Occorrono 3-4 anni per completare la forma ed entrare in produzione e sono necessari pali e fili per effettuare le legature delle branche con il giusto angolo di crescita, altrimenti troppo stretto e assurgente.

La potatura di allevamento della palmetta viene descritta per l'abicocco.

Vaso basso: Il vaso basso è una forma in volume adatta sopratutto per gli ambienti collinari, dove la pendenza del terreno rende le forme in parete difficilmente gestibili. È priva di asse centrale, con un palco di 3-4 branche primarie, inserite sul tronco entro i 40-70 centimetri da terra. Consente pertanto di contenere la vigoria dell'albero mantenendolo ad altezza d'uomo (massimo 2-2,5 m), agevolando così le operazioni di raccolta. Inizialmente si ottiene una forma globosa "a cespuglio" per via dei raccorciamenti ripetuti eseguiti per assicurare una ramificazione abbondante con cui formare la struttura scheletrica. In seguito il vaso viene svuotato internamente. Sono consigliabili portinnesti di vigore medio-elevato con distanze di 4-4,5 m tra le piante e 5-5,5 m tra le file. In aree irrigue con terreni fertili, la maggiore vigoria delle piante può rendere conveniente eseguire i raccorciamenti in potatura verde e ottenere così in tempi ancora più brevi una forma di allevamento analoga, chiamata vaso catalano.

Vaso basso.

Potatura di allevamento del vaso basso

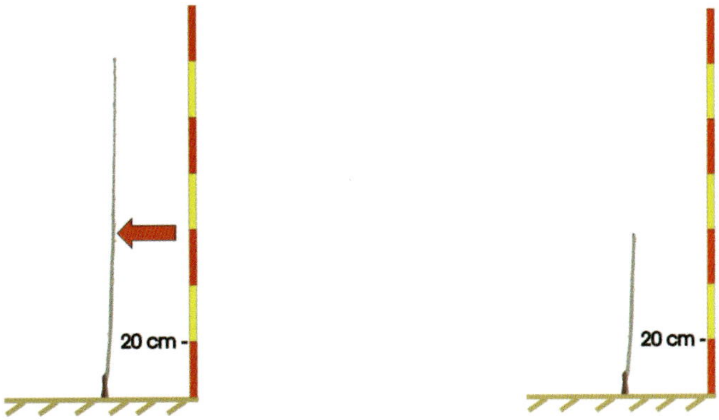

Impianto

Dopo l'impianto si raccorcia l'astone a 50-60 cm da terra.

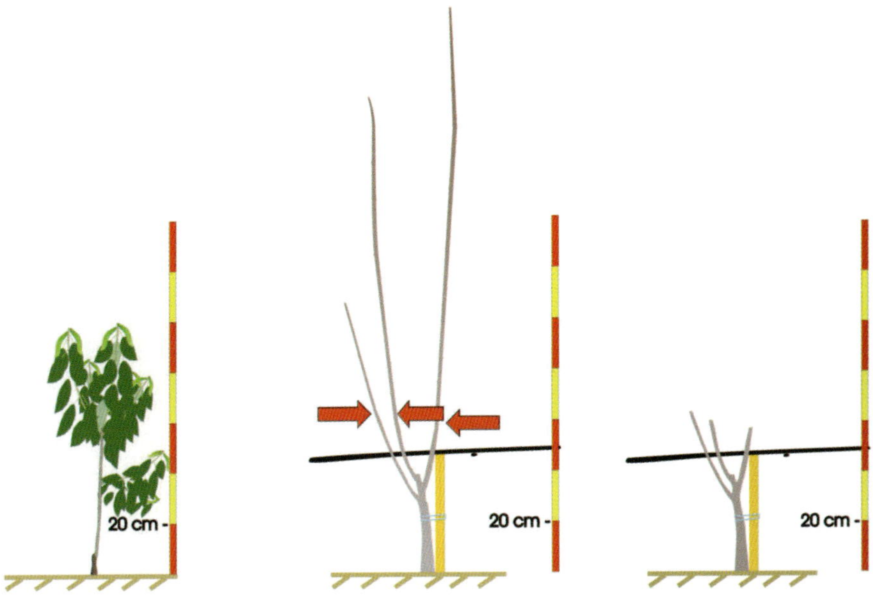

Primo anno

In potatura verde è utile asportare i germogli inseriti troppo in basso. In potatura invernale i rami devono essere speronati a 60-80 cm da terra lasciando 4-5 gemme per ramo.

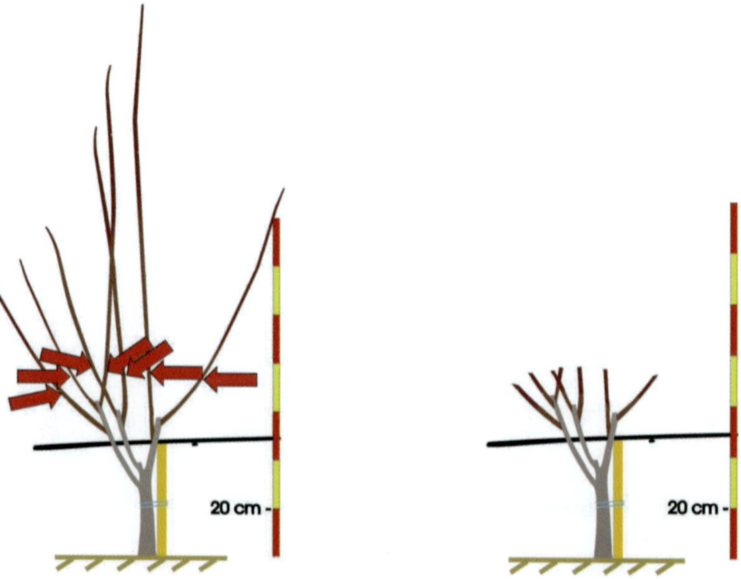

Secondo anno

I rami sviluppati da ogni sperone devono essere nuovamente speronati, lasciando 3-5 gemme per ramo, eseguendo tutti i tagli alla stessa altezza.

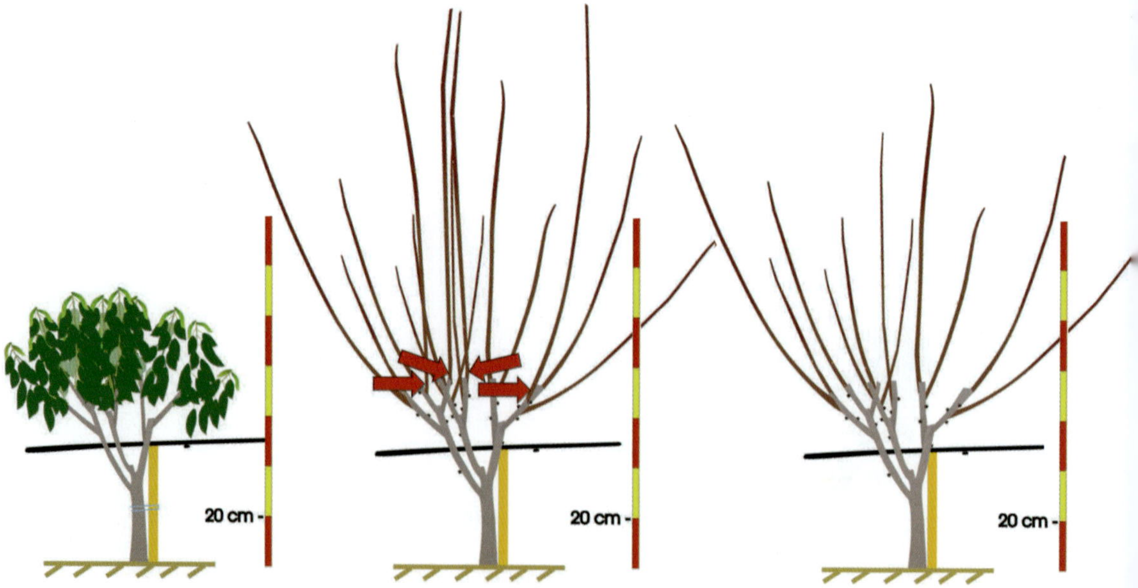

Terzo anno

I nuovi germogli vengono fatti crescere tutti liberamente. In potatura invernale alcuni dei rami vengono diradati, eliminando quelli molto vigorosi e verticali, per consentire un'adeguata illuminazione all'interno della chioma.

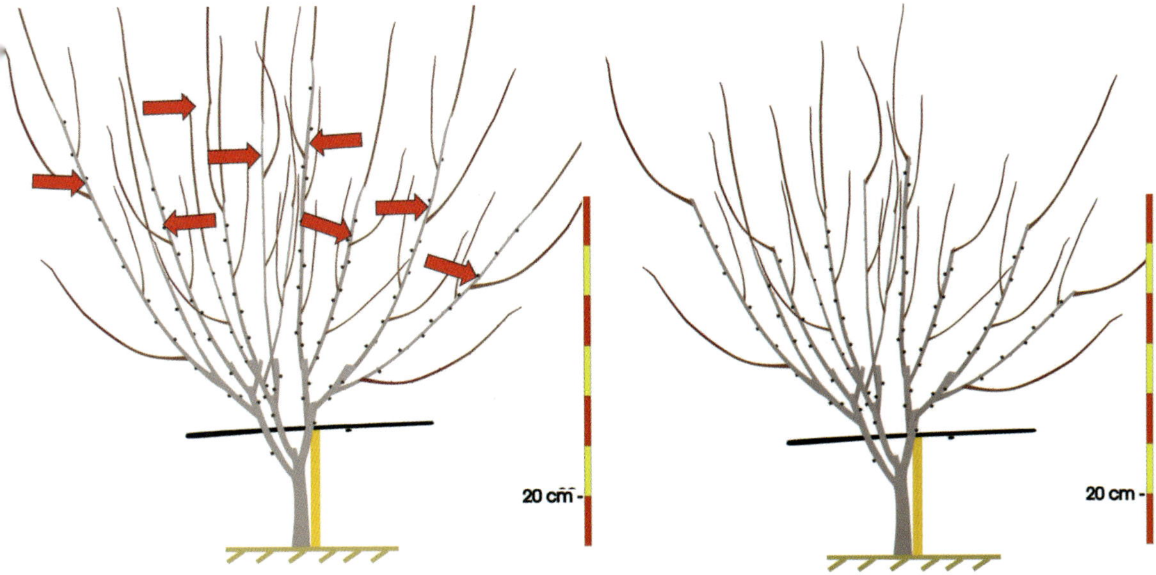

Quarto anno

È possibile eseguire il taglio di ritorno sulle branche principali.

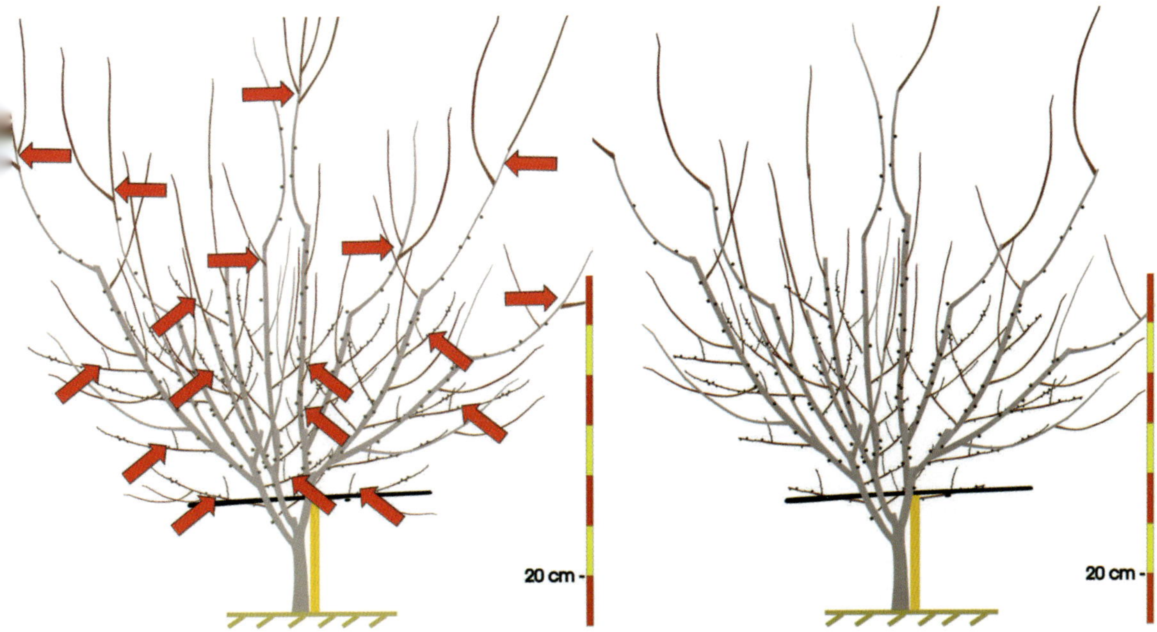

Pianta in produzione

La potatura di produzione consiste nel diradare le branche principali, per favorire la distribuzione della luce, e asportare le branchette fruttifere esaurite. Si ripetono i tagli di ritorno sulle branche principali e si raccorciano le branchette fruttifere per consentire il rinnovo dei dardi fruttiferi.

Notizie tecniche

Il ciliegio trova le migliori condizioni di coltivazione nei terreni fertili, profondi, con elevato contenuto di sostanza organica, con pH 6,5-7,5, tendenzialmente sabbiosi. Si adatta sia a terreni leggermente calcarei che sub acidi. Risente molto della presenza di alto contenuto di argilla con ristagni idrici se innestato su franco o su portinnesti di magaleppo. È una coltura dei climi temperati-freddi, e può essere coltivato fino a circa 1000-1200 m s.l.m. Teme le basse temperature che possono danneggiare le gemme, i fiori e anche i frutticini. Le gemme maggiormente danneggiate sono quelle situate nella parte bassa della chioma e quelle basali dei rami misti. Temperature molto elevate (superiori a 30 °C) e carenze idriche in estate, durante lo sviluppo delle gemme, possono provocare la formazioni di frutti gemellati nell'anno successivo.
È bene evitare zone di fondovalle per il ristagno di umidità. In zone di montagna sono preferibili posizioni non esposte a sud per non favorire anticipi di fioritura e ridurre così il rischio di danni. Piogge tardive durante la maturazione dei frutti possono provocarne danni da spaccatura, soprattutto in cultivar più sensibili. Le migliori condizioni di coltivazione si riscontrano in aree di collina, con terreni leggermente in pendenza.

Esigenze nutrizionali

Si fa riferimento a una tecnica di concimazione frazionata con restituzione degli elementi asportati con i frutti. Se viene asportato anche il legno di potatura, le restituzioni devono essere aumentate del 50%.

Elemento: Azoto.
Periodo critico: Crescita dei germogli e dei frutti.
Note: Somministrare a fine inverno e in post-raccolta.
Eccesso: Maggiore sensibilità alla monilia. Cattiva lignificazione.
Carenza: Scarsa crescita vegetativa, minore pezzatura dei frutti.
Quantità asportata: 2-2,35 g/kg di frutti.

Elemento: Fosforo.
Periodo critico: Maturazione dei tessuti.
Note: È un elemento poco mobile che ha un impatto elevato sulla crescita radicale e importante per ottenere crescite equilibrate della chioma.
Eccesso: Gommosi e clorosi ferrica perchè contrasta l'assorbimento del ferro.
Carenza: Precoce caduta delle foglie, arresto dell'accrescimento dei frutti e cascola.
Quantità asportata: 0,17-0,20 g/kg di frutti.

Elemento: Potassio.
Periodo critico: Maturazione dei frutti.
Note: È meglio frazionare l'apporto in più interventi a dosi basse ed eventualmente aumentare i quantitativi in prossimità della raccolta.

Eccesso: Può determinare carenza di magnesio.
Carenza: Imbrunimenti fogliari.
Quantità asportata: 1,48-1,7 g/kg di frutti.

Elemento: Calcio.
Periodo critico: Crescita dei frutti.
Note: Riduce la sensibilità alla formazione di rotture nei frutti.
Eccesso: Può determinare clorosi ferriche con portinnesti sensibili.
Carenza: Il frutto è più soggetto alle rotture dell'epidermide.
Quantità asportata: 0,11-0,15 g/kg di frutti.

Elemento: Magnesio.
Carenza: Necrosi fogliari, formazione di germogli lunghi e sottili.
Quantità asportata: 0,09-0,11 g/kg di frutti.

Frazionare la concimazione in più interventi permette una maggiore flessibilità nella potatura. Se le piante sono cresciute in condizioni di scarsa fertilità e bassa disponibilità idrica e risultano poco vigorose, si interviene con una potatura più intensa.

Esigenze idriche

Periodo critico: Tra invaiatura e maturazione (massimo accrescimento del frutto) e dopo la raccolta (differenziazione delle nuove gemme).
Eccesso: Rottura dei frutti quando vengono bagnati, attacchi fungini e carenza di ossigeno a livello radicale.
Carenza: Può pregiudicare la formazione delle gemme a fiore destinate a produrre nell'anno successivo i frutti che potrebbero quindi risultare di scarsa qualità (es. gemellati).
Quantità: 2.000 m³/ha pari a 200 mm di pioggia in giugno e luglio.

È consigliabile irrigare in prossimità della raccolta e in post raccolta in agosto e settembre (se necessario).

	Restituzione giornaliera mm/giorno (*)	
	filare inerbito	filare lavorato
Aprile	1,0	0,7
Maggio	2,2	1,3
Giugno	4,1	2,5
Luglio	5,1	3,1

(*) 1 mm/giorno/ettaro = 1 litro/m² di superfiche = 10 m³/giorno/ettaro (con un sesto di impianto a 5x5 sono circa 25 litri di acqua per pianta al giorno). I turni di irrigazione sono in funzione del periodo (mese) e del tipo di suolo, nonché del portinnesto (tipo di pianta). Fabbisogni e turni dipenderanno inoltre dal ciclo vitale della pianta, dalla presenza o meno di frutti, ecc.

Patogeni e parassiti chiave

Di seguito sono illustrate le tecniche di potatura che influiscono in varia misura sulle principali avversità del ciliegio, per la cui difesa si rimanda ad altri testi specifici.

Cancro batterico

Periodo critico: Inverno.

Accorgimenti: *Eliminare i rami malati e secchi, o con forma e corteccia irregolari.*

Corineo

Periodo critico: Primavera.

Accorgimenti: *Asportare tutti gli organi colpiti. Limitare le concimazioni azotate e le irrigazioni che tendono a rallentare la lignificazione dei rami.*

Monilia

Periodo critico: Fioritura.

Accorgimenti: *Mantenere un buon arieggiamento della chioma con potature verdi. Asportare e distruggere i frutti mummificati, i getti e i rametti disseccati anche parzialmente. Evitare di danneggiare i frutti. Limitare gli apporti di azoto e evitare i ristagni idrici.*

Mosca delle ciliegie

Periodo critico: Dall'invaiatura alla maturazione.

Accorgimenti: *Impiegare cultivar a maturazione precoce, che generalmente riescono a sfuggire all'attacco.*

Afidi

Periodo critico: Fioritura avanzata.

Accorgimenti: *Mantenere un buon equilibrio vegetativo, limitando gli apporti azotati. Asportare le parti attaccate e accartocciate.*

Il ciliegio può essere attaccato anche dalle **cocciniglie** nel periodo critico maggio-ottobre. Gli accorgimenti possibili sono l'asportazione dei rami fortemente infestati ed il mantenimento di un buon equilibrio vegetativo, riducendo al massimo le zone in ombra. Le ciliegie sono frutti che più di altri risultano graditi agli **uccelli**, che, in piccoli frutteti o giardini lontani da altre fruttificazioni contemporanee, potrebbero recare gravi danni al raccolto. Per contrastare la loro azione vengono attuati espedienti di vario tipo, dai tradizionali spaventapasseri ai moderni dissuasori acustici. In caso di piante di taglia ridotta un metodo efficace è quello di ricoprirle completamente con delle reti, che, se di maglia adeguatamente piccola (1,6 mm), attuano anche una prevenzione totale nei confronti dell'ovideposizione della mosca delle ciliegie. Si sottolinea l'importanza dell'uso di coperture in plastica per evitare che la pioggia bagni i frutti favorendone la rottura in zone dove è frequente la pioggia nel periodo della maturazione. Questo è l'unico modo per impedire la rottura dei frutti anche nei frutteti commerciali.

Albicocco

(Prunus armeniaca L. o *Armeniaca vulgaris* Lam.*)*

L'albicocco, originario dell'Asia centrale e della Cina, ha iniziato a diffondersi in Europa in epoca romana. Attualmente viene coltivato principalmente nelle aree mediterranee, ma è diffuso in ambienti molto diversi, come Africa e America, grazie all'introduzione di numerose cultivar e portinnesti.

È una specie che nasce in ambiente continentale con inverni rigidi e tuttora molte varietà hanno bisogno di freddo invernale per parecchie ore (almeno 600 meglio 900), ma alcune nuove varietà sono a basso fabbisogno in freddo e possono essere coltivate in ambienti subtropicali.

Trova un fattore limitante nelle gelate primaverili per la fioritura estremamente precoce. L'albicocco, fra le specie da frutto, viene preceduto solo dal mandorlo come epoca di fioritura.
Non si distinguono tipologie di frutto ben caratterizzabili e differenziate per utilizzi diversi. In Medio Oriente è molto diffuso l'utilizzo di albicocche essiccate. In Europa le confetture a base di albicocca sono fra le più diffuse.
I frutti presentano un'evoluzione piuttosto rapida dopo la fase di piena maturazione, rendendone difficile la gestione e la conservazione per il consumo fresco. Esistono cultivar a maturazione precoce con frutti che sviluppano in meno di due mesi e cultivar tardive caratterizzate in passato da piccola pezzatura e scarsa qualità oltre

Impianto collinare di albicocco.

che da bassa differenziazione a fiore, sensibilità alle spaccature e maggiori esigenze idriche e fitosanitarie. Oggi sono disponibili varietà che maturano da giugno a metà luglio nel centro nord e in aprile maggio al sud. Nuove selezioni precoci stanno ampliando ancora il calendario di maturazione. Per anticipare le produzioni meridionali, si sta diffondendo anche la coltura protetta dai primi di gennaio per avere frutti in marzo. Anche le tipologie di frutto stanno cambiando e si stanno diffondendo varietà a frutto più aranciato e con sovracolore rosso al fianco delle tradizionali albicocche gialle o bianche. In molte delle nuove varietà la consistenza della polpa è elevata e la conservabilità buona. In Cina si coltivano anche altre specie molto simili all'albicocco, mentre il miglioramento genetico ha messo a disposizione diversi ibridi con il susino e alcuni di questi sono ormai coltivati.

Descrizione fenomorfologica

Albero: Di media vigoria e longevo. A maturità assume forma globosa o espansa e può raggiungere altezze di 8 m. Nelle varietà coltivate, il portamento può variare da aperto a espanso, solo in alcune è assurgente, in modo più o meno accentuato in funzione della vigoria. Le piante a portamento assurgente richiedono interventi più incisivi in estate per contenere la vigoria. L'albicocco è caratterizzato da vegetazione abbondante, con accrescimento primaverile rapido e ciclico. Il portamento è in parte modificato dal portinnesto (susino, mirabolano e pesco oltre al franco di albicocco).

Gemme: Le gemme riproduttive sono a fiore, di forma ellissoidale, allargata nella parte basale, contengono un solo fiore. Sono presenti in numero da 1 a 6 per nodo su rami misti, brindilli e dardi.
Le gemme vegetative sono più piccole e di forma conica, generalmente una per nodo. L'albicocco possiede gemme latenti che possono dare origine a rami produttivi e, in caso di forti traumi, a succhioni lungo il tronco o le branche principali. Raramente sviluppa meristemi avventizi, e quindi non si adatta a tagli di raccorciamento di grosse branche, che difficilmente cicatrizzano e ricreano una ramificazione produttiva e longeva.

Albicocco a vaso basso prima della potatura verde estiva.

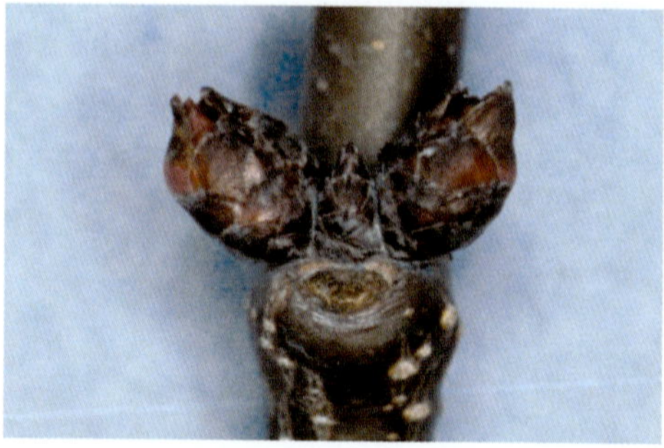

Gemma vegetativa (al centro) con due gemme a fiore.

Fiori: Solitari, o riuniti in gruppi di 2-3; sono bianchi o rosato chiaro e formati da 5 petali. L'albicocco è per lo più autocompatibile, ma alcune varietà (fra cui diverse varietà di recente costituzione) sono autoincompatibili, e rendono necessaria la presenza di almeno due varietà interfertili con fioritura contemporanea per l'impollinazione, che avviene principalmente per mezzo degli insetti (api in particolare). Il periodo in cui è possibile l'induzione e la differenziazione fiorale è molto lungo e la fioritura avviene in modo scalare a partire dai rami corti per proseguire sui più lunghi, dalla base verso l'apice. I fiori apicali dei rami lunghi e dei brindilli anticipati hanno perciò maggiori possibilità di sfuggire alle gelate tardive.

Fiore bianco di albicocco.

Foglie: Glabre, cuoriformi con apice acuminato, a margine intero, dentato, inserite a spirale e portate da piccioli di colore rosso. Sono caduche. In passato venivano utilizzate per l'alimentazione animale.

Frutti: Drupe del peso di 40-80 g, di forma globosa, ellittica od ovale, compresse ai lati, divise in due parti da un solco centrale (sutura), con un nocciolo le-

Foglie.

gnoso contenente il seme commestibile e di sapore dolce o amaro. I frutti sono quasi privi di peduncolo. La buccia è liscia o con leggera peluria, di colore dal giallo all'arancio con sovracolore rosso più o meno sfumato. La polpa è variabile dal bianco al giallo o arancione, spesso spicca. La maturazione avviene con scalarità a partire dai rami lunghi per finire nei dardi.

Albicocca in maturazione.

Il diradamento incide solo parzialmente sulla pezzatura dei frutti, ma è un'operazione importante in anni di carica per evitare fenomeni di alternanza produttiva e perdite di qualità dei frutti. Si opera entro 4-5 settimane dalla fioritura (prima nelle varietà precoci e più tardi nelle varietà tardive) prima dell'indurimento del nocciolo, lasciando 1 o 2 frutti per dardo e 1 frutto ogni 5-6 cm sui rami misti.

Le principali **fasi fenologiche** dell'albicocco sono: **gemma ibernante** in inverno, **gemma rigonfia** a fine inverno, bottoni rosa, inizio, piena e fine **fioritura**, **scamiciatura**, **cascola di giugno**, invaiatura, **cascola preraccolta**, **maturazione** (di raccolta e di consumo), caduta delle foglie.

Nelle foto sono riportate in sequenza da sinistra: gemma ibernante (1), gemma gonfia (2), bottoni rosa (3), inizio (4), piena (5) e fine fioritura (6), scamiciatura (7), cascola di giugno (8), maturazione (9), caduta foglie (10).

Come potare

Nell'albicocco la dominanza apicale viene persa rapidamente e facilmente. La crescita primaverile è intermittente con più cicli (2-3) legati all'andamento climatico e a volte alla morte dell'apice e alla ripresa dell'allungamento da un meristema ascellare sottostante (crescita simpodiale). Nel primo ciclo, da inizio primavera a fine maggio, la crescita è rapida, si completa la formazione di dardi e brindilli e inizia la crescita dei rami misti. Nel secondo ciclo, dalla seconda decade di giugno a fine luglio, riprende la crescita dei rami misti e inizia il germogliamento degli anticipati nei rami più vigorosi. A fine estate si completano lo sviluppo degli anticipati e la differenziazione delle gemme fiorali nei diversi rami. Se le temperature e la disponibilità idrica sono buone si può avere un'ulteriore formazione di anticipati nella parte terminale di rami lunghi. La crescita alternante determina una scarsa adattabilità a interventi di potatura drastici e a forme di allevamento obbligate. I cicli, in ambienti con stagioni favorevoli molto lunghe, favoriscono la formazione di rami di lunghezza variabile con diverso gradiente di fertilità e un portamento irregolare della pianta, talvolta cespugliforme. Le branche dell'albicocco hanno una naturale tendenza a curvarsi, accentuata dalla presenza dei frutti, cui segue la formazione di germogli nella zona basale o di massima curvatura. Per queste caratteristiche, anche nel caso di interventi di potatura errati o drastici, l'albero riesce a riempire gli eventuali spazi vuoti creati con la potatura.

Pollone: Ramo vegetativo molto vigoroso, che origina dal pedale (o colletto) o dalle radici, è prodotto in minimo numero dall'albicocco, in misura variabile dal portinnesto che può essere di specie diverse. Il mirabolano (portinnesto più diffuso per l'albicocco) è generalmente pollonifero. Occorre fare attenzione nell'uso dei polloni per la propagazione, per evitare di portare malattie pericolose. Può raggiungere dimensioni elevate in breve tempo.

Potatura: *È necessario asportare i polloni eliminandoli alla base il più presto possibile, ad esempio quando si fa il diradamento dei frutti. Se sono presenti in quantità elevata occorre un intervento specifico poco prima della raccolta.*

Succhione: Ramo molto vigoroso, tendenzialmente vegetativo con ramificazione anticipata che si distribuisce lungo l'asse con ripetute onde di lunghezza decrescente, fino a formare corti brindilli anticipati nella parte terminale (con qualche gemma a fiore). Parte di solito da grosse branche assurgenti o dal tronco.

Potatura: *È necessario asportarli eliminandoli alla base, sia in potatura verde sia in quella invernale, soprattutto se presenti nella parte ventrale delle branche. Possono essere mantenuti per sostituire branchette mancanti o esaurite, una volta indeboliti con la piegatura esercitata anche dal peso della prima produzione. In alcune varietà possono essere utili per la produzione essendo capaci di differenziare a fiore nella parte terminale.*

Ramo vegetativo: Ramo vigoroso, con gemme prevalentemente vegetative. Al secondo anno si trasforma in branca riproduttiva con un ramo terminale di prolungamento.

Potatura: *Non devono essere raccorciati per evitare riscoppi vegetativi. Il raccorciamento può essere utile se si deve rivestire una zona spoglia o rinvigorire una branca.*

Ramo misto: Ramo di medio vigore (30-70 cm), con gemme vegetative e gemme a fiore (di solito nella parte terminale). Ha fioritura intermedia e fertilità variabile. Può essere provvisto di rami anticipati anch'essi produttivi.

Potatura: *È necessario diradare quelli in eccesso. Per favorire l'emissione di rami anticipati si può ricorrere alla loro cimatura in verde, ma bisogna evitare raccorciamenti o spuntature invernali.*
Nella foto si nota come il raccorciamento del ramo (a sinistra) ha eliminato gran parte delle gemme a fiore terminali, ben visibili nel ramo a destra non raccorciato.

Ramo anticipato: Si forma su germogli con forte crescita da un meristema ascellare che non evolve a gemma ma leva immediatamente. È spesso provvisto di gemme a fiore e quindi può essere produttivo. La fioritura è tardiva, la maturazione è precoce e la fertilità è variabile in cultivar diverse.

Potatura: *È utile asportare con il diradamento dei frutti quelli posti all'estremità flessibile per ottenere frutti più omogenei e senza danni da sfregamento.*

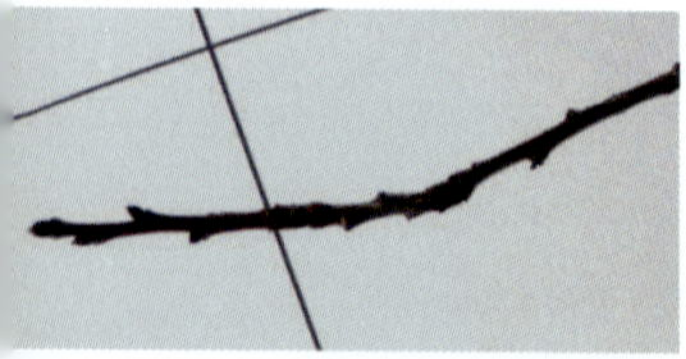

Brindillo vegetativo: Ramo corto che non ha differenziato gemme a fiore; presenta unicamente gemme vegetative e può essere spinescente.

Potatura: *Generalmente non vengono asportati perché tendono negli anni a diventare riproduttivi. I brindilli sono importanti anche per rinnovare porzioni indebolite di chioma dopo forti tagli di raccorciamento.*

Brindillo misto: Ramo riproduttivo corto (10-20 cm) ed esile, con una gemma a legno terminale e gemme a fiore laterali caratterizzate da buona fertilità e fioritura tardiva. Presenta un unico ciclo di crescita che termina a metà maggio.

Potatura: *A fine inverno si può intervenire per asportare quelli in eccesso. È utile diradare i frutti posti nella parte terminale, più flessibile, per ottenere frutti più omogenei e senza danni da sfregamento.*

Dardo vegetativo: Ramificazione molto corta (1-10 cm) portata da branche di 2 o più anni, priva di gemme a fiore. Può essere spinescente. Nel tempo comincia a differenziare a fiore e si trasforma in dardo fiorifero, se si trova in una posizione ben illuminata.

Potatura: *Generalmente non si fanno raccorciamenti per favorire la differenziazione a fiore negli anni successivi.*

Dardo fiorifero (mazzetto di maggio): Ramificazione molto corta (1-10 cm) portata da branche di 2 o più anni. Ha prevalentemente gemme a fiore, caratterizzate da fioritura precoce e elevata fertilità. Produce frutti di elevata pezzatura e con maturazione ritardata.

Potatura: *È necessario diradare quelli in sopranumero a fine inverno e stimolare il loro rinnovo raccorciando a fine estate le branchette su cui sono inseriti, con il taglio di ritorno.*

Gruppi varietali

Si distinguono quattro tipologie di habitus con un gradiente di fertilità diverso nei vari tipi di rami. Conoscerlo è importante nella scelta del tipo di potatura, finalizzata a favorire la formazione e a conservare la produttività dei rami più fertili. In ambienti diversi la stessa varietà di albicocco può presentare comportamenti vegeto-produttivi anche molto differenti. Di seguito: **a sinistra** sono disegnate alcune branche di albicocco rappresentative della variabilità specifica (a) rami misti e dardi, (b) ramo terminale e pochi dardi, (c) ramo terminale e molti dardi,(d) molti rami anticipati; **a destra** sono riportate le indicazioni di potatura in base al tipo di fruttificazione di alcuni importanti gruppi varietali.

a

Antonio Errani - Goldrich - Solaria: Fruttificano prevalentemente su dardi e brindilli e hanno scarsa formazione di rami anticipati. Presentano un gradiente di crescita acrotono. I rami misti hanno internodi corti.

Potatura: *La potatura può essere eseguita a fine agosto-inizio settembre con eliminazione dei rami misti in eccesso, diradamento di dardi e brindilli e leggeri tagli di ritorno sulle branchette di sfruttamento o sfoltimento di quelle invecchiate.*
In potatura verde precoce si interviene con sfoltimento di rami misti in eccesso e piegatura di alcune branchette di sfruttamento.

b

Bella d'Imola - Boreale - San Castrese - Portici - Palummella - Vitillo - Bora - Sweetcot: Fruttificano su tutti i tipi di rami produttivi, presentano produttività costante ed elevata. I rami anticipati portano frutti di pezzatura piccola. Le piante hanno elevata vigoria e portamento variabile.

Potatura: *Si possono adottare tipi di potatura diversi, a fine estate o fine inverno, cercando sempre di limitare l'invecchiamento delle branchette di sfruttamento e l'indebolimento dei dardi e la riduzione negli anni della produzione.*
Buoni risultati si ottengono con la potatura a fine agosto-inizio settembre, eliminando i rami misti interni e raccorciando le branchette di sfruttamento laterali invecchiate per stimolarne il rinnovo.
In potatura verde è opportuno sfoltire i rami misti in eccesso e piegare le branchette di sfruttamento troppo vigorose, evitando le cimature che stimolano la formazione di anticipati.

c

Pinkcot - Silvercot - Pisana - Kioto - Bergeron - Tardif de Tain - Piera: Fruttificano prevalentemente su dardi e rami misti vigorosi. Entrambi i tipi di rami danno frutti di buona pezzatura. I rami misti tendono a scarseggiare nel corso degli anni, se non stimolati con la potatura. Le piante hanno scarsa vigoria e portamento semi-espanso.

Potatura: *La potatura può essere eseguita a fine inverno, con sfoltimento delle branchette secondarie invecchiate, eliminazione dei rami misti in eccesso e energici tagli di ritorno su branche secondarie di 2-3 anni, per consentire il rinnovo dei dardi produttivi e stimolare l'emissione di rami misti.*
In potatura verde (precoce) è opportuno sfoltire i rami misti in eccesso e spuntare quelli vigorosi. Questo al fine di favorire l'emissione di rami anticipati deboli e produttivi.

d

Aurora - Orange Red (Bhart) - Bora - Orange Rubis: Fruttificano prevalentemente su dardi, brindilli, rami misti deboli o sui rami anticipati. I frutti prodotti sugli anticipati risultano di buona pezzatura. L'allegagione è scarsa e la fruttificazione sui rami misti lunghi e sui brindilli è difficile. Le piante hanno elevata vigoria e portamento espanso.

Potatura: *È preferibile eseguire la potatura a fine agosto-inizio settembre, per contenere la vigoria dei rami misti e favorire la formazione di dardi e rami anticipati. Consiste nell'eliminare i rami misti interni, spuntare quelli senza anticipati, raccorciare le branchette di sfruttamento laterali invecchiate e diradare i brindilli in eccesso. In varietà assurgenti risulta utile la curvatura dei rami misti. In potatura verde precoce è opportuno sfoltire i rami misti, spuntare quelli rimasti, tagliando i 10 cm terminali di vegetazione per favorire l'emissione di rami anticipati, e piegare alcune branchette di sfruttamento.*

Quanto e quando potare

La potatura dell'albicocco viene modulata come per le altre piante da frutto in base all'attività vegetativa della pianta. In piante equilibrate, 1/4 dei nuovi germogli dovrebbe avere una lunghezza media di 40-60 cm. Con crescite più vigorose si applica una potatura più leggera, con crescita debole e presenza di gemme a fiore la potatura deve essere più energica. La potatura principale può essere eseguita a fine gennaio, ma è in genere preferibile intervenire dopo la raccolta, da fine agosto alla caduta delle foglie. Soprattutto i grossi tagli, che questa specie sopporta male, andrebbero eseguiti alla fine della stagione vegetativa, tra settembre e ottobre, per favorire la cicatrizzazione e ridurre la tendenza ad emettere gomme. In tal senso è utile lasciare un moncone di lunghezza pari al diametro del taglio. In quel periodo inoltre le foglie sono ancora attive e la potatura favorisce l'illuminazione e migliora la preparazione delle gemme a fiore per l'anno successivo.
Gli interventi in verde, eseguiti a aprile-inizio maggio (in genere insieme al diradamento dei frutti) e a luglio (dopo la raccolta), assumono particolare importanza non solo per il controllo dell'illuminazione, della vigoria e delle dimensioni della pianta ma

anche per aumentare il numero di rami anticipati e favorire la differenziazione a fiore su di essi e sui rami misti, soprattutto in cultivar vigorose e poco fertili. Le principali operazioni consistono nelle cimature e nello sfoltimento dei rami misti ventrali e vigorosi. In cultivar a portamento espanso si può intervenire in maniera più incisiva per controllare la vigoria.

Propagazione e impianto

L'albicocco viene propagato principalmente per via vegetativa mediante innesto su portinnesti di diversa vigoria di franco, pesco e mirabolano.
Un buon astone di albicocco si presenta con un calibro di 10-12 mm, un'altezza superiore a 60-80 cm (fino a 2 m), con rami anticipati ben sviluppati e posizionati (inseriti con angolo aperto) e un buon apparato radicale (radici ben distribuite e ramificate, non troppo raccorciate). L'impianto con astone rivestito a radice nuda va eseguito preferibilmente in autunno da metà novembre a dicembre, mantenendo il punto di innesto fuori terra, se possibile ad almeno 15-20 cm di altezza.

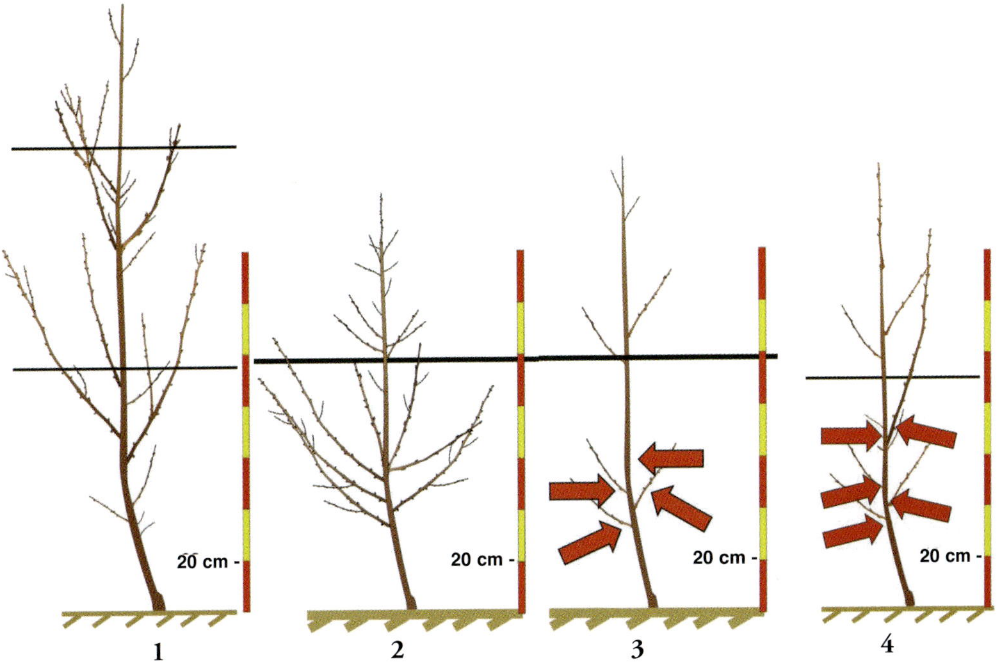

I materiali disponibili per l'impianto sono raramente astoni ben strutturati e muniti di rami anticipati (1, 2) ma più spesso sono astoni privi o quasi di rami anticipati (3) su cui si rende necessario il raccorciamento per consentire lo sviluppo di germogli idonei alla formazione dello scheletro. Si interviene in modo analogo anche in presenza di astoni mal ramificati o con rami mal posizionati (4); in tal caso i rami che rimangono al di sotto del taglio (freccia rossa) devono essere speronati (raccorciati a 2 gemme).

Forme di allevamento

Vaso ritardato: È la forma di allevamento più comune per l'albicocco nelle zone collinari e pedo-collinari, vocate per questa specie, ed è quella che meglio si adatta al suo modo di vegetare. Essa consente di eseguire la raccolta interamente da terra, richiede poche (o addirittura nessuna) strutture di sostegno, permette una rapida messa a frutto ed una ottimale intercettazione della luce da parte dei frutti, che risultano di migliore qualità.

Le distanze d'impianto di riferimento sono di 5 x 4 m nel caso di cultivar con vigoria elevata e portamento espanso e 5 x 3 m per varietà di media vigoria e portamento assurgente. La prima impalcatura può essere impostata a 30-40 cm da terra per mantenere l'altezza della pianta a 2,5-3 m.

All'impianto le piante vengono spuntate a circa 60 cm da terra ed in primavera vengono individuati i germogli destinati alla formazione delle 3-4 branche della struttura, asportando o raccorciando quelli in eccesso.

Durante il primo e il secondo anno non sono previsti interventi particolari, tranne l'eliminazione di germogli vigorosi concorrenti con l'asse centrale e con l'apertura degli angoli di inserzione delle branche principali. Nell'inverno del terzo anno si effettua un primo intervento di spuntatura per fermare la crescita dell'asse centrale e favorire la struttura in volume. Inoltre la pianta inizia a produrre nei rami misti e nei brindilli formatisi sulle branchette produttive. In potatura verde precoce si interviene asportando i succhioni in eccesso sulle branche e sull'asse centrale. A fine estate del terzo anno si elimina definitivamente l'asse centrale, deviandolo su una branchetta laterale e la forma in volume è praticamente completata.

Con la potatura di produzione, in seguito, si garantisce l'equilibrio vegeto-produttivo delle piante mediante tagli di raccorciamento e di ritorno su legno vecchio ed asportazione di rami misti in eccesso.

La potatura di allevamento del vaso ritardato è descritto in dettaglio per il susino.

Palmetta: È una forma che si adatta bene all'albicocco nella versione libera e irregolare poiché non comporta eccessive costrizioni, ma lascia alla pianta una certa autonomia di crescita. È comunque opportuna una struttura di sostegno con pali e fili. Questa forma si adotta in prevalenza in zone pianeggianti, caratterizzate da ritorni di freddo primaverili, poiché la parete produttiva alta consente di ridurre i danni da gelate. Le distanze d'impianto di riferimento sono di 5 x 4 m nel caso di vigoria elevata e di 4,5 x 3 m con piante di media vigoria.

È consigliabile mettere a dimora materiale già innestato, con astoni interi ben rivestiti. È necessario spuntare gli astoni a circa 60 cm da terra, se sono privi di rami anticipati ben sviluppati e posizionati.

Durante la primavera si scelgono i germogli che andranno a formare la prima impalcatura e si asportano o si raccorciano quelli che si sviluppano nell'interfilare o con angolo troppo assurgente o che sono troppo vicini alle future branche. Per ottenere una forma equilibrata e facile da mantenere negli anni, è opportuno tenere presenti alcune regole tradizionali: il diametro dei germogli (future branche) non deve superare quello dell'asse centrale (futuro tronco), l'ideale sarebbe 1/3 di questo; la distanza tra le impalcature dovrebbe essere non inferiore a 70-80 cm. Non bisogna avere fretta di costruire la seconda impalcatura se non se ne è ottenuta una prima buona, rimandandola eventualmente all'inizio del secondo anno. È importante mantenere sempre ben evidente la cima dell'albero e quella delle branche, rispettando il gradiente di vegetazione (a cono stretto lateralmente) dal basso verso l'alto. In estate è bene intervenire con potature verdi per sfoltire i rami misti ed individuare quelli destinati alla formazione del secondo palco, contenendo l'accrescimento di quelli concorrenti.

Durante il secondo e il terzo anno le potature verdi hanno lo scopo di eliminare i succhioni e i rami misti in eccesso e favorire il prolungamento delle branche dei due palchi principali. Con le potature invernali si vanno ad eliminare alcune branchette secondarie e terziarie in eccesso, inclinando o legando alcune branche vigorose per portarle a produzione. All'inizio del quarto anno vegetativo la palmetta ha anche il terzo palco ed è completata durante gli anni di produzione. Può essere difficoltoso, specialmente per alcune varietà, mantenere un buon rivestimento vegeto-produttivo lungo tutto l'asse delle branche principali. Per evitare che queste si spoglino e presentino lunghi tratti privi di nuova vegetazione, può essere utile in potatura invernale fare in modo di alternare branchette lunghe (60-80 cm) a branchette corte (20-30 cm) inserite dalla base verso l'apice di ogni branca. L'anno successivo, sempre in potatura invernale, adottando una potatura lunga sulle branchette corte (che nel frattempo si sono ben rivestite di nuova vegetazione) e raccorciando a 20-30 cm le branchette lunghe, viene garantito sempre un buon rinnovo.

Palmetta a branche oblique con due palchi principali.

Potatura di allevamento della palmetta

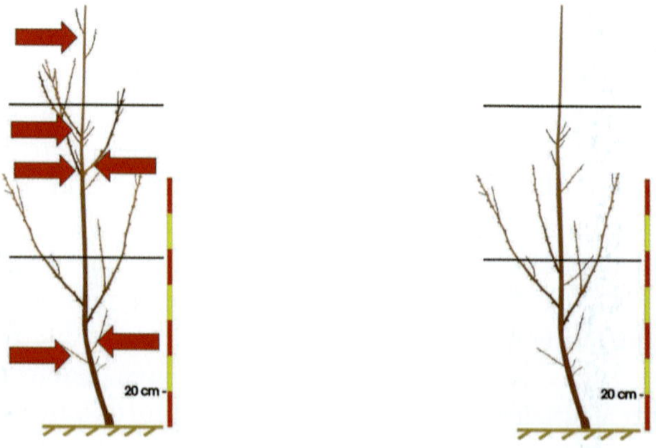

Impianto

Dopo l'impianto si asportano i rami anticipati apicali e quelli inseriti troppo in basso; si speronano a 2 gemme gli altri rami anticipati ad eccezione di quelli destinati a formare le branche basali. È possibile preservare i rami più deboli e qualche brindillo come primi rivestimenti produttivi.

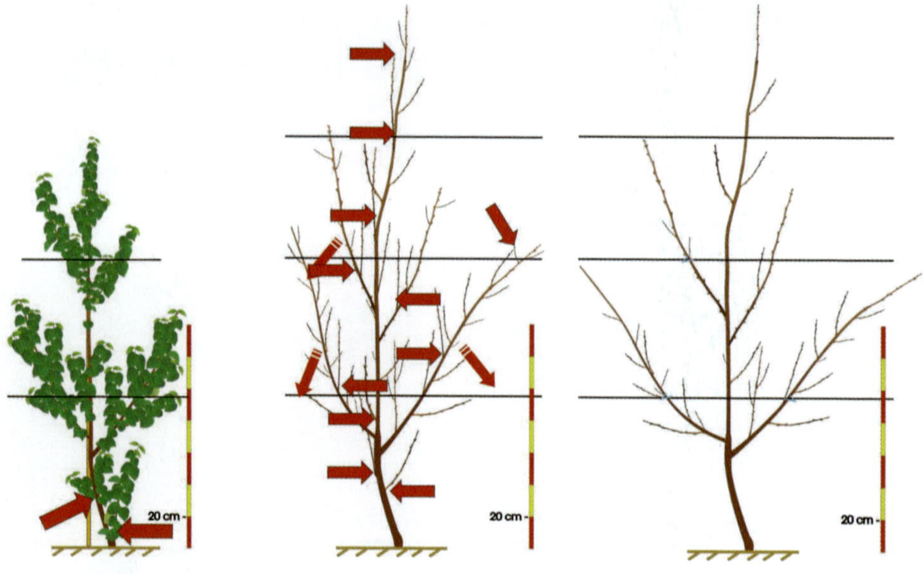

Primo anno

In potatura verde bisogna asportare i germogli inseriti sotto l'impalcatura. In potatura invernale si legano i rami del primo palco in modo da aprirne l'angolo di inclinazione e si scelgono quelli destinati a formare il secondo, inclinandoli se troppo vigorosi. È opportuno inoltre asportare i rami basali che potrebbero concorrere con il primo palco e i rami misti vigorosi nella parte interna delle branche o vicini alla cima. Infine è bene pulire le cime asportando i rami anticipati.

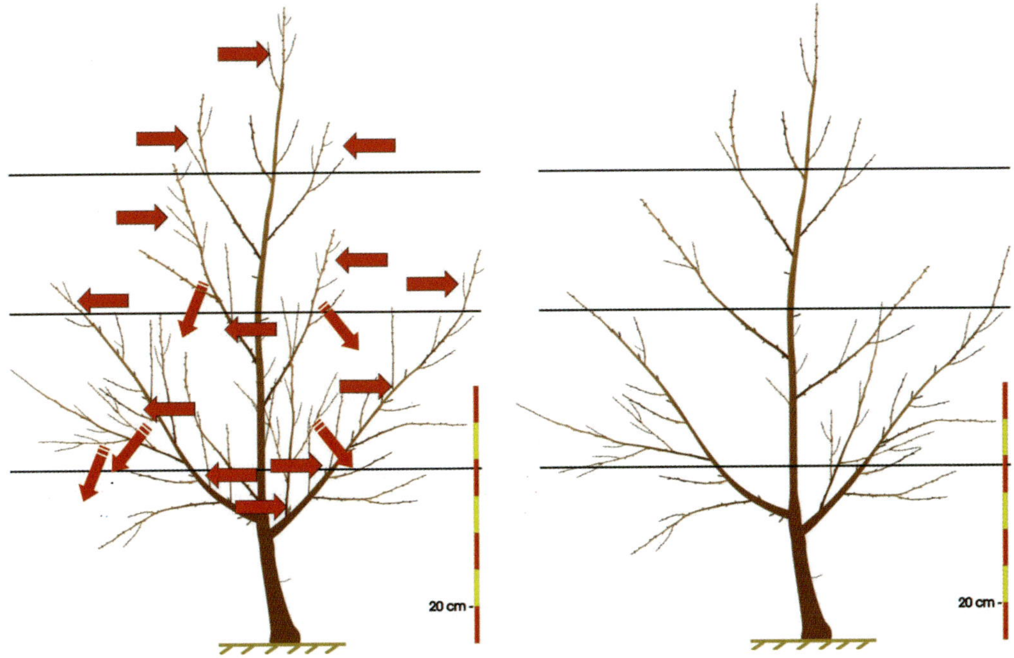

Secondo anno

Si legano i rami del secondo palco in modo da aprirne l'angolo di inclinazione. Si individuano e si legano in orizzontale le branchette terziarie presenti sul primo palco. Si eliminano i rami interni, male inseriti e i rami misti concorrenti. Si puliscono le cime.

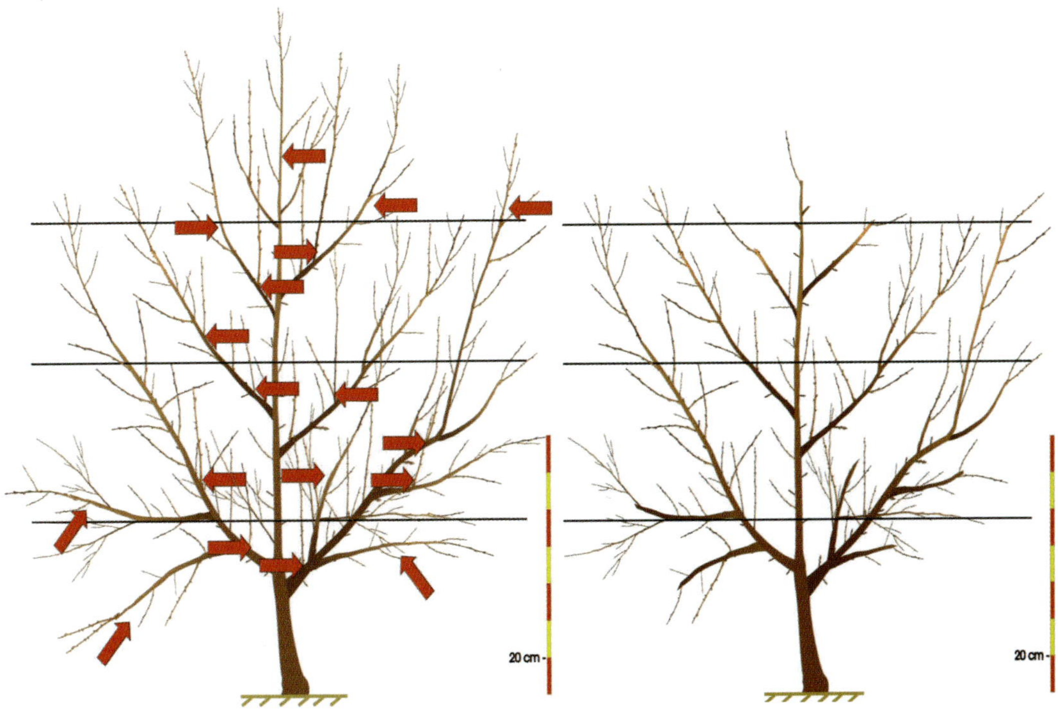

Terzo anno

La pianta inizia a produrre frutti. Si asportano i rami vigorosi ventrali e si procede al taglio di ritorno delle branche primarie e dell'asse centrale. Si raccorciano le branchette secondarie.

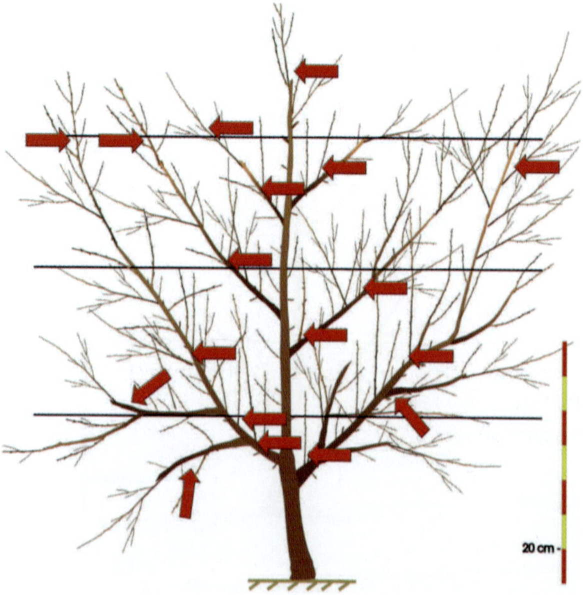

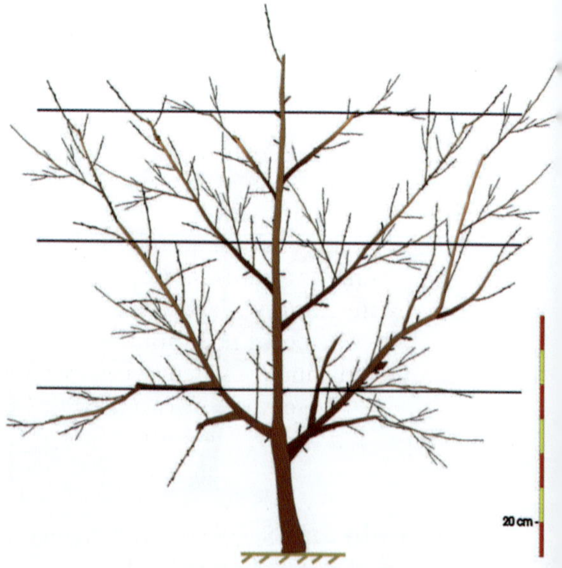

Pianta in produzione

Si eliminano i rami vigorosi ventrali, si sfoltiscono le branche secondarie e terziarie, si rinnovano alcune branchette produttive raccorciandole. Si procede con i tagli di ritorno delle branche principali e dell'asse centrale, raccorciando sul legno di 2 o più anni e lasciando una nuova cima più debole.

Notizie tecniche

L'albicocco trova le migliori condizioni di coltivazione nei terreni permeabili, profondi, con buona disponibilità idrica, di medio impasto o tendenzialmente sabbiosi, con pH 6,5-7,5. Risente molto della presenza di un alto contenuto di argilla nel terreno con ristagni idrici soprattutto se innestato su franco, non si adatta quindi a terreni compatti e umidi di pianura. È una coltura adatta ai climi continentali, con estati calde e inverni freddi. Durante il riposo vegetativo può sopportare temperature di –30 °C, ma può riportare gravi danni in seguito a gelate tardive soprattutto durante la fioritura che è sempre precoce. Teme gli eccessi di umidità sia atmosferica sia nel terreno, in quanto possono aggravare i danni delle gelate e favorire lo sviluppo di patogeni. Un livello insufficiente di freddo (18-20 °C) nel periodo di riposo vegetativo o temperature elevate e siccità in estate-autunno, durante lo sviluppo delle gemme, possono favorire la comparsa di anomalie e cascole dei fiori. Le migliori condizioni di coltivazione si riscontrano in aree di collina, poco soggette a gelate e ristagni idrici, illuminate e ben areate; è invece opportuno evitarne la coltivazione in zone di fondovalle. In ambienti soleggiati e riparati la sua coltivazione è possibile fino ai 1300 m s.l.m. In questa specie risulta particolarmente importante la scelta di varietà adatte alle specifiche condizioni pedoclimatiche di coltivazione, ad esempio varietà coltivate nel sud italia in genere non sono adatte ad essere coltivate nel nord Italia e viceversa.

Esigenze nutrizionali

Si fa riferimento a una tecnica di concimazione frazionata con restituzione degli elementi asportati con i frutti. Se viene asportato anche il legno di potatura, le restituzioni devono essere aumentate del 50%.

Elemento: Azoto.
Periodo critico: Primavera con i germogli e i frutti in crescita.
Note: Somministrare dopo la fioritura, durante la crescita del frutto e dopo la raccolta a fine estate-autunno.
Eccesso: Ostacola l'assorbimento del potassio e aumenta la competizione dei germogli con i frutti compromettendo l'allegagione. Favorisce malattie fungine e batteriche.
Carenza: Scarso rinnovo vegetativo, pezzatura inferiore e maturazione anticipata dei frutti.
Quantità asportata: 4,6 g/Kg di frutti.

Elemento: Fosforo.
Periodo critico: Sempre necessario, in relazione alla disponibilità di azoto durante la stagione (bassa, a fine inverno, alta in estate).
Note: È un elemento poco mobile che ha un impatto elevato sulla crescita radicale ed è importante per ottenere crescite equilibrate della chioma.
Carenza: Sviluppo vegetativo e fruttificazione ridotti.
Quantità asportata: 0,4 g/Kg di frutti.

Elemento: Potassio.
Periodo critico: Allegagione e crescita dei frutti.
Note: È meglio frazionare l'apporto in più interventi a dosi basse ed eventualmente aumentare i quantitativi in prossimità della raccolta.
Eccesso: Può diminuire la conservabilità dei frutti e la loro tenuta di maturazione.
Carenza: Effetti negativi sulla fruttificazione e sull'attività vegetativa.
Quantità asportata: 3,9 g/Kg di frutti.

Elemento: Calcio.
Periodo critico: Quando il frutto smette di traspirare.
Note: Riduce la sensibilità alla formazione di rotture nei frutti. È poco mobile nel floema.
Eccesso: È pericoloso perché riduce la disponibilità del ferro e induce clorosi (soprattutto su portinnesti di pesco).
Carenza: Nel frutto diminuisce la tenuta di maturazione e la conservabilità.
Quantità asportata: 0,14 g/Kg di frutti.

Elemento: Boro.
Periodo critico: Pre e post fioritura.
Note: Trattamenti fogliari. Carenza possibile in terreni sabbiosi o alcalini e in estati siccitose che seguono primavere piovose.
Eccesso: Può anche intossicare la pianta.
Carenza: Imbrunimenti e suberificazione, spaccature, raggrinzimenti e deformazioni del frutto.

Frazionare la concimazione in più interventi permette una maggiore flessibilità nella potatura.
Se le piante sono cresciute in condizioni di scarsa fertilità e bassa disponibilità idrica, e risultano poco vigorose, si deve intervenire con una potatura più intensa. Il contrario è vero quando si ha eccesso di vigore.

Esigenze idriche

Periodo critico: Crescita rapida del frutto e dopo la raccolta (differenziazione delle nuove gemme).
Eccesso: Apporti irregolari possono provocare rotture sui frutti o cascola. Apporti eccessivi in prossimità della raccolta riducono le qualità organolettiche e commerciali.
Carenza: Può pregiudicare la formazione delle gemme a fiore destinate a produrre i frutti nell'anno successivo.
Quantità: 2000 m^3/ha, pari a 200 mm di pioggia in maggio-settembre.

In ambiente non irriguo si può privilegiare una potatura corta, che però può determinare una forte risposta vegetativa nella parte esterna della chioma con riduzione della luce nelle parti basali, che tendono quindi a spogliarsi.

	Restituzione giornaliera mm/giorno (*)	
	filare inerbito	filare lavorato
Aprile	0,8	0,7
Maggio	2,0	1,4
Giugno	3,5	2,5
Luglio	4,0	3,5

(*) 1 mm/giorno/ettaro = 1 litro/m^2 di superficie = 10 m^3/giorno/ettaro (con un sesto di impianto a 5x5 sono circa 25 litri di acqua per pianta al giorno). I turni di irrigazione sono in funzione del periodo (mese) e del tipo di suolo, nonché del portinnesto (tipo di pianta). Fabbisogni e turni dipenderanno inoltre dal ciclo vitale della pianta, dalla presenza o meno di frutti, dalle precipitazioni ecc...
È consigliabile ridurre l'irrigazione in prossimità della raccolta e in post raccolta da settembre. Con impianti di irrigazione localizzati (a goccia) e in assenza di piogge utili è opportuno iniziare precocemente gli interventi di irrigazione, a partire dal periodo di crescita più intensa dei frutti (dopo l'indurimento del nocciolo), con turni quotidiani o a giorni alterni.

Patogeni e parassiti chiave

Di seguito sono illustrate le tecniche di potatura che influiscono in varia misura sulle principali avversità dell'albicocco, per la cui difesa si rimanda ad altri testi specifici.

Monilia

Periodo critico: Fioritura - preraccolta.

Accorgimenti: *Mantenere un buon arieggiamento della chioma con potature verdi. Asportare e distruggere i frutti mummificati e marcescenti, getti e rametti con cancri. Evitare di danneggiare i frutti. Limitare gli apporti di azoto e garantire il drenaggio del terreno. Non impiantare in zone particolarmente umide (es. pianure poco aerate).*

Corineo

Periodo critico: Primavera piovosa e umida.

Accorgimenti: *Asportare e distruggere gli organi colpiti. Ridurre le concimazioni azotate e le irrigazioni che tendono a rallentare la lignificazione dei rami.*

L'albicocco è sensibile anche agli afidi in primavera ed in primavera-estate a Cidia, Anarsia e cancro batterico. Nel primo caso, è necessario mantenere un buon equilibrio vegetativo, limitando gli apporti azotati, mentre l'unica possibilità per la difesa contro Cidia ed Anarsia è impiegare cultivar a maturazione precoce, che generalmente riescono a sfuggire all'attacco.
Il cancro batterico può venire combattuto con l'asportazione dei rami infetti ed evitando eccesso di concimazioni azotate e irrigazioni. Si può inoltre ricorrere alla scelta di varietà poco sensibili a questo patogeno.

Susino *(S. europeo, Prunus domestica L.; S. cino-giapponese, Prunus salicina Lindl. o Prunus triflora Roxbgh.)*

L'origine geografica del susino non è del tutto nota e delineata e sembra riconducibile a più aree di Europa, Asia e America, anche perché sono oggi utilizzate specie diverse ed anche alcuni ibridi. Si è diffuso in Europa in epoca romana raggiungendo ambienti colturali molto variabili, dalle zone meridionali alle più settentrionali.

Il susino coltivato si suddivide in susini europei-asiatici (P. domestica *L.*, P. insititia L., P. cerasifera *Ehrh.*, P. spinosa *L.*) *e susini cino-giapponesi* (P. salicina *Lindl.*, P. simonii) *molto diversi tra loro per caratteri fenomorfologici.*

Le susine cino-giapponesi sono destinate esclusivamente al consumo fresco, mentre le europee presentano cultivar destinate esclusivamente a tale utilizzo e altre solo per l'industria di trasformazione (emulsioni, purea, sciroppi) ed una soltanto a duplice attitudine. I susini europei coltivati (*P. domestica*) possono resistere a temperature molto basse senza grossi danni, e presentano una fioritura non troppo precoce, quasi contemporanea al pesco e riescono a sfuggire alle gelate tardive in molte zone anche del nord. I susini cino-giapponesi presentano una buona resistenza al freddo ma la fioritura è molto precoce, simile all'albicocco in molte varietà e ambienti di coltivazione, per cui trovano zone ideali in Italia centrale e anche al sud.

Susini allevati a vaso in fiore.

I due gruppi di specie si diversificano anche per i rami produttivi. Il susino europeo produce principalmente sui dardi portati da branche giovani, mentre il susino cinogiapponese fruttifica su tutti i tipi di ramo, anche sul ramo misto e sul brindillo oltre che sui dardi. Può quindi con facilità eccedere nella fioritura e nell'allegagione dei frutti. Per questa ragione è necessaria una potatura energica che raccorcia le branche e svolge una funzione di diradamento preventivo, ovviamente con le varietà che sono molto produttive.

Descrizione fenomorfologica

Albero: La pianta del susino europeo coltivato ha portamento tendenzialmente assurgente, con i rami verticali, di colore grigio-rossastri. La pianta del susino cinogiapponese coltivato ha portamento che varia da ombrelliforme ad assurgente, con rami pendenti. La spinescenza può essere molto forte in piante giovanili e anche su piante mature se molto vigorose.

Pianta di susino in fiore.

Gemme: Le gemme riproduttive sono gemme a fiore di forma appuntita, contenenti 1-2 fiori nei susini europei; globose, con tre fiori in quelli cino-giapponesi.
Le gemme vegetative sono più piccole e di forma appuntita.
Il susino possiede anche gemme latenti e presenta una certa attitudine a emettere germogli avventizi.

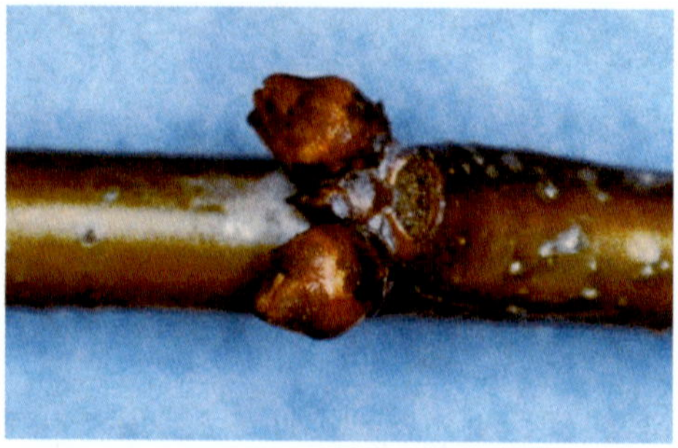

Nodo con due gemme a fiore laterali e una gemma vegetativa centrale.

Fiori: I fiori del susino sono bianchi, e solitari negli europei, e riuniti in gruppi di 2-3 nei cino-giapponesi, con peduncolo di lunghezza variabile. Il susino europeo è in genere autofertile, ma spesso in modo parziale, mentre il susino cino-giapponese è per lo più autosterile perciò è necessario disporre di almeno due varietà con fioritura contemporanea e fra loro compatibili per l'impollinazione, che avviene prevalentemente per mezzo degli insetti (api) o del vento (molto poco). Una quantità eccessiva di fiori può determinare l'esaurimento delle gemme a fiore stesse con conseguente riduzione anche drastica dell'allegagione. Il susino cino-giapponese ha una fioritura molto precoce che lo espone maggiormente ai rischi di gelate tardive.

Fiori.

Foglie: Le foglie sono ovali, spesse e coriacee, tomentose sulla pagina inferiore nel susino europeo. Sono lanceolate, a lamina sottile e margine intero dentato nel susino cino-giapponese. Sono caduche; inserite a spirale, con ordine uno/cinque, cioè con intervalli di 1 angolo giro e cinque foglie prima di ritornare alla stessa posizione lungo l'asse.

Foglie di susino cino-giapponese.

Foglie di susino europeo.

Frutti: La susina (di solito cino-giapponese) o prugna (europea) è una drupa con nocciolo legnoso. Nelle principali cultivar europee il picciolo è di lunghezza variabile, la prugna è di forma ellissoidale oblungo-ovata e di colore da viola a bluvioletto con polpa gialla o verde aderente o spicca. Le susine cino-giapponesi variano sia di forma (generalmente sferica) che di colore passando dall'oblata alla rotondo-ellittica e dal colore verde-giallo, al rosso vivo o vinoso, al blu scuro, con polpa gialla o rossa, tenera o soda.
La buccia è sempre caratterizzata dalla presenza di uno strato superficiale di pruina, una sostanza protettiva cerosa dall'aspetto opaco biancastro.

Susino cino-giapponese.

Il diradamento dei frutti riveste un ruolo importante per la loro pezzatura e per la costanza produttiva soprattutto in relazione alla ridotta intensità degli interventi di potatura, ma solitamente non viene operato sulle cultivar destinate alla trasformazione. Si interviene lasciando un frutto ogni 6-7 cm, nella fase successiva alla prima cascola dopo l'allegagione, che in alcune cultivar è molto abbondante. Di solito si ha un'abbondante colatura dei fiori non fecondati, cui segue l'allegagione dei frutti e la loro prima fase di crescita, che si può arrestare determinando una cascola di giugno a volte molto forte. Si ha spesso anche una cascola in preraccolta.

Susino europeo.

Le principali **fasi fenologiche** del susino sono: **gemma ibernante** in inverno, **bottoni visibili** alla rottura della gemma a fine inverno, bottoni verdi, bottoni bianchi, inizio, piena e fine **fioritura**, allegagione, **scamiciatura**, **cascola di giugno**, invaiatura, **cascola preraccolta**, **maturazione** (di raccolta e di consumo), caduta delle foglie.

Nelle foto sono riportate in sequenza da sinistra: gemma ibernante (1), bottoni visibili (2), bottoni verdi (3), bottoni bianchi (4), inizio (5), piena (6) e fine fioritura (7), allegagione (8), scamiciatura (9), cascola di giugno (10) e maturazione (11).

Come potare

Pollone: Il susino può manifestare attività pollonifera di diversa intensità in funzione del portinnesto utilizzato.

Potatura: *I polloni vanno asportati alla base prima che raggiungano uno sviluppo eccessivo che in fase di allevamento potrebbe competere con quello della pianta stessa. È preferibile un intervento in verde a giugno.*

Succhione: Ramo molto vigoroso, tendenzialmente vegetativo con ramificazione anticipata. Parte di solito da grosse branche assurgenti o dal tronco

Potatura: *Si consiglia di asportarli, eliminandoli alla base, intervenendo sia in potatura verde sia in quella invernale.*
Possono essere mantenuti se utili a sostituire branchette mancanti o esaurite, una volta indeboliti con la piegatura, ma è bene non raccorciarli. In cultivar basitone, povere di rami corti, possono essere utili per fornire nel tempo (soprattutto dal secondo anno) nuove fonti di gemme a fiore e mantenere costante la produzione negli anni.

Ramo vegetativo: Ramo vigoroso, con solo gemme vegetative.

Potatura: *Non devono essere raccorciati per evitare riscoppi vegetativi. Il raccorciamento può essere utile se si deve rivestire una zona spoglia o rinvigorire una branca. Per favorire la messa a frutto possono essere infranti in verde, oppure curvati.*

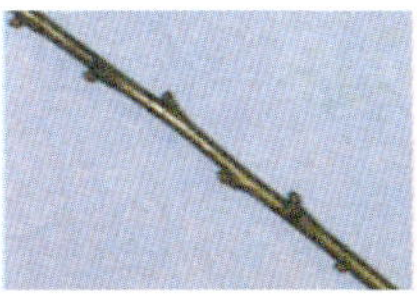

Ramo misto: Ramo di medio vigore, con gemme vegetative e alcune gemme a fiore. Nel susino cino giapponese può frequentemente emettere rami anticipati.

Potatura: *È opportuno diradarli se presenti in grande quantità.*

Brindillo vegetativo: Ramo corto che non ha differenziato a fiore; presenta unicamente gemme vegetative.

Potatura: *Generalmente non vengono asportati perché tendono negli anni a diventare riproduttivi (in genere a partire dal secondo anno).*

Brindillo misto: Ramo riproduttivo corto ed esile, con gemme a fiore laterali e una gemma a legno terminale.

Potatura: *È opportuno diradarli se presenti in grande quantità evitando di raccorciare quelli che vengono mantenuti. Il taglio di raccorciamento delle branchette si può effettuare al di sopra di un brindillo misto, in modo da permettere lo sviluppo di nuove strutture produttive.*

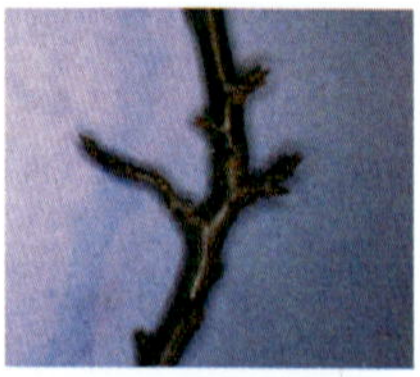

Dardo vegetativo: Ramificazione molto corta (1 cm) portata da branche di 2 o più anni. È priva di gemme a fiore. Si riscontra in genere solo su piante giovani di cultivar molto vigorose.

Potatura: *Generalmente non si fanno raccorciamenti per favorire la differenziazione a fiore negli anni successivi.*

Dardo fiorifero (mazzetto di maggio): Ramificazione molto corta (1 cm) portata da branche di 2 o più anni con molte gemme a fiore che ne circondano una apicale vegetativa. Porta 5-6 gemme quando inserito su branche di 2 anni, anche 10 quando è portato da branche di 3 anni. Nel susino europeo è più longevo, rimanendo produttivo e allungandosi per diversi anni.

Potatura: *È necessario diradarli e rinnovarli raccorciando o asportando le branchette su cui sono inseriti. Nel susino cino-giapponese è utile rinnovarli spesso, con cicli più brevi rispetto al susino europeo.*

Gruppi varietali

La scelta del tipo di potatura e della forma di allevamento può essere fatta in base alle caratteristiche che contraddistinguono i due grandi gruppi di susino.
In generale, durante la formazione l'obiettivo comune ai due gruppi è l'ottenimento di branchette di 2-3 anni di età, strutture che grazie all'abbondante presenza di dardi fioriferi, hanno una maggiore potenzialità produttiva rispetto ad altre strutture (ramo misto, brindillo, ramo anticipato). Raggiunta la piena produzione è necessario mantenere un buon equilibrio vegeto-produttivo garantendo il continuo rinnovo della vegetazione e quindi delle formazioni fruttifere.

Branchetta ricca di dardi fioriferi

Susino europeo: Fruttifica prevalentemente su dardi. L'entrata in produzione non è molto precoce.
L'habitus del susino europeo è tendenzialmente assurgente e intermedio.

Potatura: *Bisogna intervenire con una potatura leggera finalizzata a rinnovare le branche produttive che portano i dardi migliori. Gli interventi consistono nel raccorciare e sfoltire le branche fruttifere*

e applicare delle piegature dei rami più vigorosi per favorire la formazione di dardi e mazzetti, eliminare le branchette produttive (dopo 2-4 anni di produzione) conservando uno sperone per favorire il rinnovo della vegetazione. Il susino europeo si adatta di più a forme regolari e a potature con taglio di ritorno. Sono disponibili portinnesti non molto vigorosi e ciò facilita ulteriormente l'uso di forme regolari come la palmetta. In allevamento è comunque utile ridurre al minimo i tagli e lasciare una certa libertà per avere una precoce entrata in produzione. Non servono curvature e piegature, ma ci si può avvantaggiare di leggere inclinazioni che consentono la formazione di branche robuste, produttive e longeve. La potatura è generalmente invernale. In estate si tolgono i polloni e i succhioni.

Susino cino-giapponese: Fruttifica prevalentemente su rami misti e dardi e anche sui rami anticipati, perciò ha in genere una presenza consistente di gemme a fiore. L'entrata in produzione è precoce. L'habitus vegetativo del susino cino-giapponese viene distinto in 3 tipologie: assurgente, espanso e intermedio.

Potatura: *Intervenire con una potatura più intensa rispetto al susino europeo per ottenere ogni anno legno nuovo e per lasciare un numero di gemme a fiore proporzionato alle potenzialità della pianta per evitare cali di qualità e pezzatura dei frutti e di produzione negli anni. Anche in questo caso si interviene raccorciando e diradando le branche fruttifere. Inoltre i rami misti possono essere diradati in modo da migliorare la pezzatura dei frutti o anche raccorciati nelle piante molto ricche di fiori. In alcune varietà è utile un costante rinnovo dei rami misti con l'asportazione di quelli che hanno prodotto l'anno precedente a favore dei nuovi, in grado di dare produzioni migliori.*

Per il susino cinogiapponese le forme di allevamento devono essere fondamentalmente libere, a vaso, per le varietà con portamento espanso, e a palmetta libera o fuso libero per le varietà con portamento fortemente assurgente. In generale anche le distanze d'impianto sono scelte con questi criteri, ampie per le forme espanse e ridotte per le forme assurgenti. Negli impianti amatoriali e nei piccoli frutteti familiari ci si può avvantaggiare anche di forme a vaso impalcate alte, con robuste branche primarie. Occorre in questo caso fare attenzione a dotare le branche di opportune sottobranche facilmente raggiungibili da terra. Le cime andranno indebolite in potatura verde, senza però abusare di questa pratica. Infatti le piante di susino cino-giapponese si avvantaggiano di un riposo estivo in cui crescono i frutti e i germogli si arrestano. È sempre più diffuso il diradamento manuale dei frutti, effettuato dopo la cascola di giugno. È infine importante sottolineare l'importanza dell'impollinazione incrociata. Il mirabolano è un ottimo impollinatore per alcune varietà cino-giapponesi.

Mirabolano in fiore in un parco cittadino.

Mirabolano.

Taglio di grosse branche sul susino

Sul susino europeo si possono fare tagli grossi in inverno; anche se l'epoca migliore è l'estate, la presenza dei frutti ne sconsiglia l'esecuzione prima della raccolta. Anche il mirabolano ornamentale sopporta grandi tagli, ma in questo caso è molto importante salvaguardare il collare delle branche che difende la zona tagliata. Su piante mature è comunque utile ridurre il volume della chioma per evitare pericolose rotture.

A scopo ornamentale possono essere utilizzate particolari specie o ibridi di susino, caratterizzate da diversa colorazione delle fioriture (rosa) o del fogliame (rosso scuro nel *Prunus cerasifera* 'Pissardii Nigra'). In questo caso, una volta impalcato il tronco molto alto (1,5 m), si procede ad allevare 3-4 branche primarie bene inserite e robuste. Raggiunti questi obiettivi la potatura diventa molto libera e la forma molto naturale. Si procede a potature annuali per eliminare i polloni e gli eventuali succhioni che si sviluppano sul tronco, mentre ogni 3-5 anni si eseguono i tagli di diradamento delle branche interne per ridurre al minimo l'autopotatura e lasciare il massimo numero di rami a fiore nella zona esterna.

Quanto e quando potare

La potatura del susino prevede in generale interventi piuttosto leggeri modulati in base alla vigoria e alle potenzialità produttive delle varietà, intervenendo con tagli più energici sulle piante deboli e molto produttive in modo da favorire lo sviluppo vegetativo e riducendo anche drasticamente i tagli su quelle più vigorose e poco produttive. Per regolare il carico di gemme a fiore si può intervenire raccorciando di 1/3 le branche di due anni e di 1/2 quelle di 3 anni. Una strategia pratica è quella di lasciare sulla pianta ramificazioni rappresentate per 1/3 da branchette di 2-3 anni di età lievemente raccorciate, 1/3 da rami misti (e brindilli) di buona qualità interi (diventeranno branchette l'anno successivo) e 1/3 da rami e/o branchette tagliati lasciando un eventuale sperone per garantire il rinnovo della vegetazione. Naturalmente l'applicazione di questa indicazione va modulata in funzione delle caratteristiche specifiche della cultivar (vigoria, potenzialità produttiva), dell'ambiente di coltivazione e degli obiettivi colturali.

La potatura può avvenire senza problemi durante tutto l'inverno ad eccezione degli ambienti in cui le temperature invernali sono molto basse, o in cui c'è il rischio di gelate tardive o nel caso di varietà molto sensibili alla monilia. In tali circostanze è meglio aspettare l'esito dell'inverno e la fine della fioritura, per poi intervenire in base alla eventuale

Branchetta di susino cino-giapponese.

presenza di gemme danneggiate. Anche al sud dove il fabbisogno in freddo è poco soddisfatto, si può pensare di potare tardi, anche in funzione della eventuale cascola delle gemme a fiore.
Gli interventi in verde risultano utili a fine maggio-metà luglio (il primo intervento coincide in genere con il diradamento dei frutti) per eliminare i germogli ventrali vigorosi (succhioni in primavera) e favorire la penetrazione della luce (a fine estate). In varietà molto vigorose gli interventi in verde sono utili a frenare l'attività vegetativa e favorire la differenziazione a fiore, soprattutto in annate poco produttive (scarica).

Propagazione e impianto

Il susino viene propagato principalmente per via vegetativa mediante innesto su portinnesti di diversa vigoria tra i quali i più diffusi appartengono alla specie *Prunus cerasifera* (mirabolano) caratterizzati da un alto livello di rusticità e adattamento.
Un buon astone di susino si presenta con un calibro di 10-12 mm, un'altezza superiore a 60-80 cm (1,5 m), fornito di rami anticipati ben formati e lignificati e di un buon apparato radicale (radici ben distribuite e non troppo corte). L'impianto con astone rivestito a radice nuda va eseguito preferibilmente in autunno.

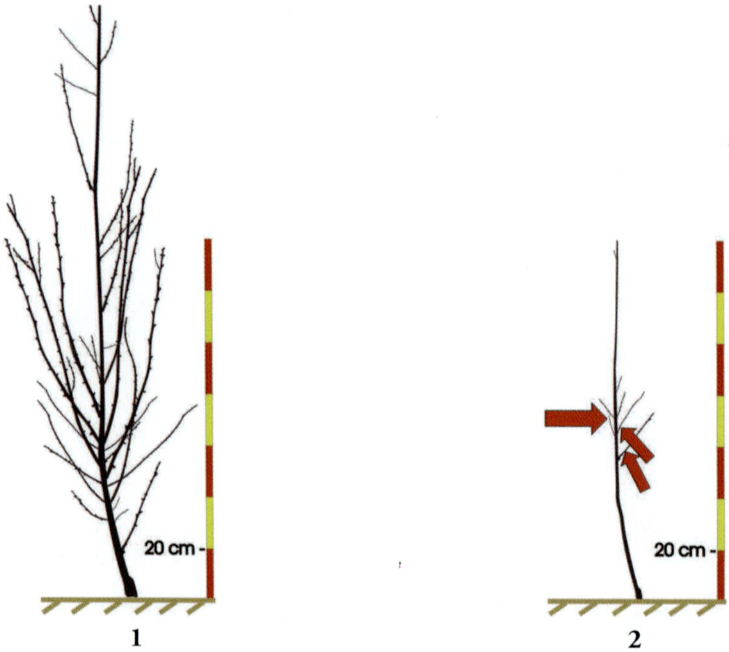

Per l'impianto sono disponibili astoni provvisti di rami anticipati (1) e non (2). In questo caso l'astone va raccorciato all'impianto per stimolare la formazione di nuovi germogli da utilizzare poi per la costruzione della forma di allevamento.

Forme di allevamento

Palmetta libera: È il sistema di allevamento più razionale per il susino europeo e viene utilizzato nelle colture specializzate del centro nord.

La palmetta è realizzabile in condizioni di buona fertilità del terreno, disponibilità idrica elevata e impiego di astoni vigorosi e permette di anticipare la fase produttiva delle piante. Si consiglia di mettere a dimora materiale già innestato, costituito da astoni interi ben rivestiti, oppure astoni privi di rami, raccorciati all'altezza di circa 60 cm da terra.

Si persegue la realizzazione di una forma appiattita continua lungo la fila, di spessore ridotto soprattutto nella parte alta. Il numero di branche e la loro inclinazione è variabile a seconda della varietà: laddove le branche basali sono più vigorose e assurgenti e quelle apicali più corte e aperte, si applicherà una maggiore inclinazione ai primi palchi. Le distanze d'impianto adottate variano in funzione dell'habitus vegetativo e della vigoria delle cultivar e sono di 4-4,5 m e 2-2,5 m per le cultivar a portamento assurgente; 4-4,5 m e 2,5-3 m per cultivar a portamento espanso.

La potatura di allevamento della palmetta è descritta in dettaglio per l'albicocco.

Vasetto: È una forma molto diffusa per il susino cino-giapponese nelle zone collinari e pedo-collinari, vocate alla coltivazione di questa specie. Essa consente di eseguire la potatura e la raccolta interamente da terra, comporta costi ridotti per la struttura di sostegno, permette una rapida messa a frutto ed una buona intercet-

Palmetta.

Vasetto.

Frutti di susino cino-giapponese.

tazione della luce grazie alla quale i frutti risultano di qualità elevata.

Le distanze d'impianto variano da 5 x 3,5 m per cultivar con vigoria elevata a portamento espanso a 4,5 x 3 m per varietà con media vigoria e portamento assurgente.

È una forma abbastanza libera per i primi due anni, con molte branche soprannumerarie, poi viene svuotata al centro al terzo-quarto anno. Con una fase di formazione analoga, viene formato anche il fusetto libero, senza però asportare l'asse centrale.

Potatura di allevamento del vasetto

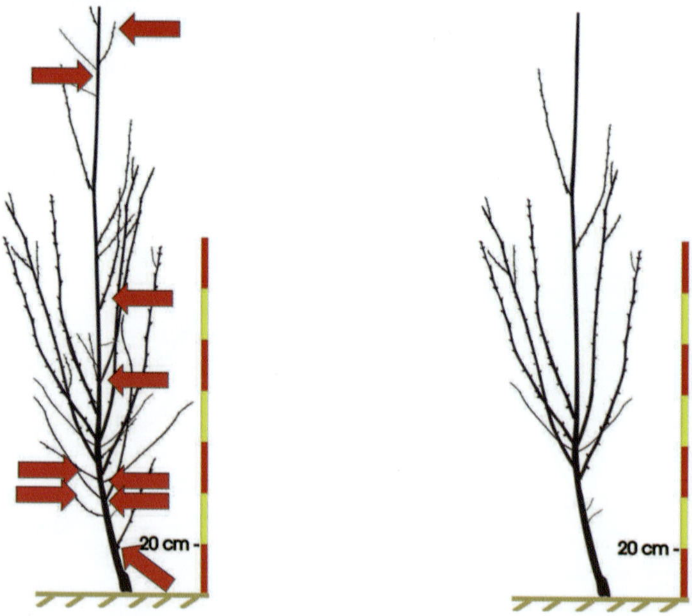

Impianto

Alla messa a dimora gli astoni di susino sono generalmente ben dotati di rami anticipati per cui è possibile scegliere l'asse centrale provvisorio e 3-4 rami da mantenere per impostare le future branche.

Rami troppo bassi e troppo densi vengono eliminati, le cime alleggerite.

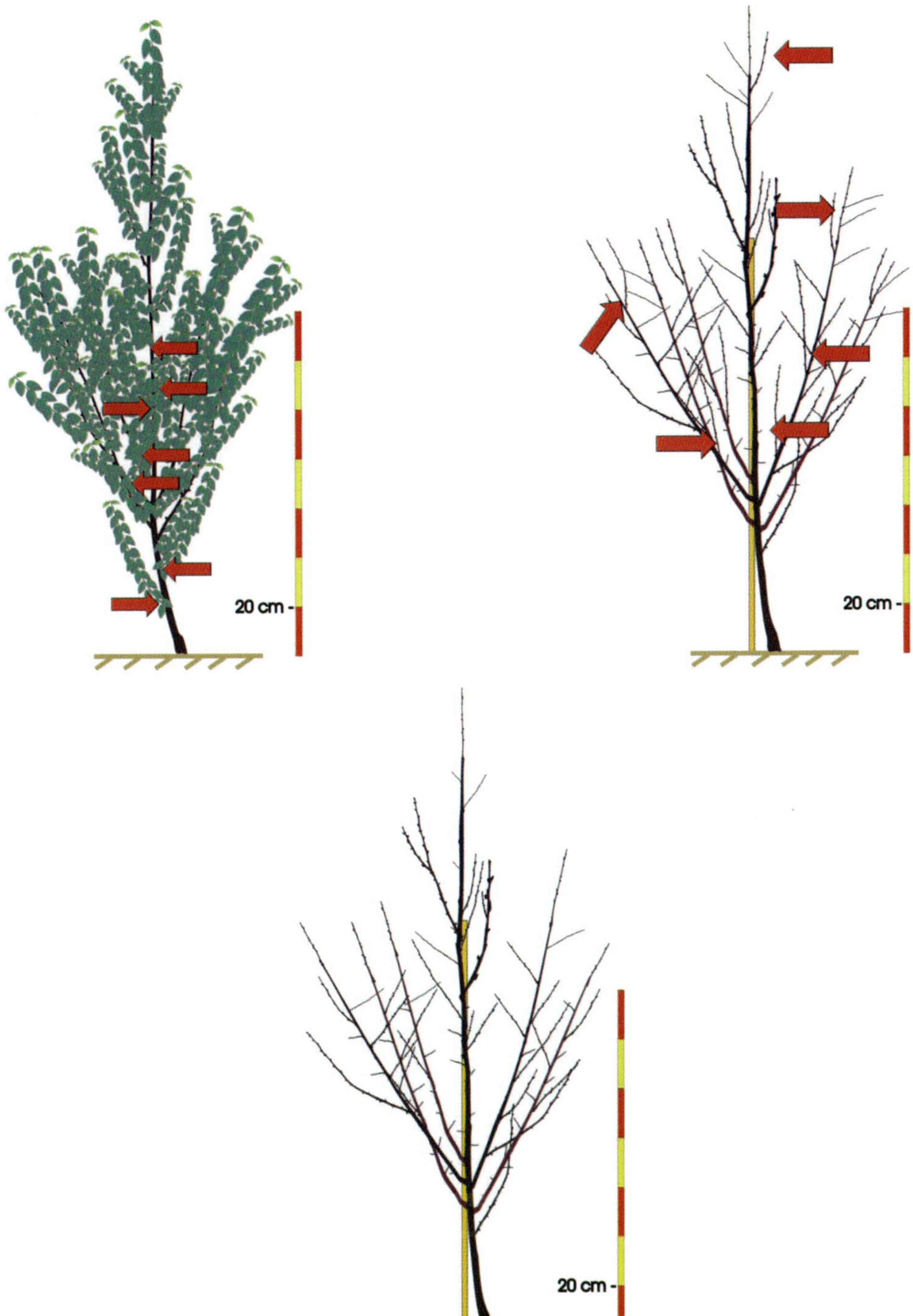

Primo anno

In primavera vengono individuati i germogli di prolungamento destinati alla formazione delle branche primarie. Si interviene per eliminare i germogli vigorosi fuori posto.

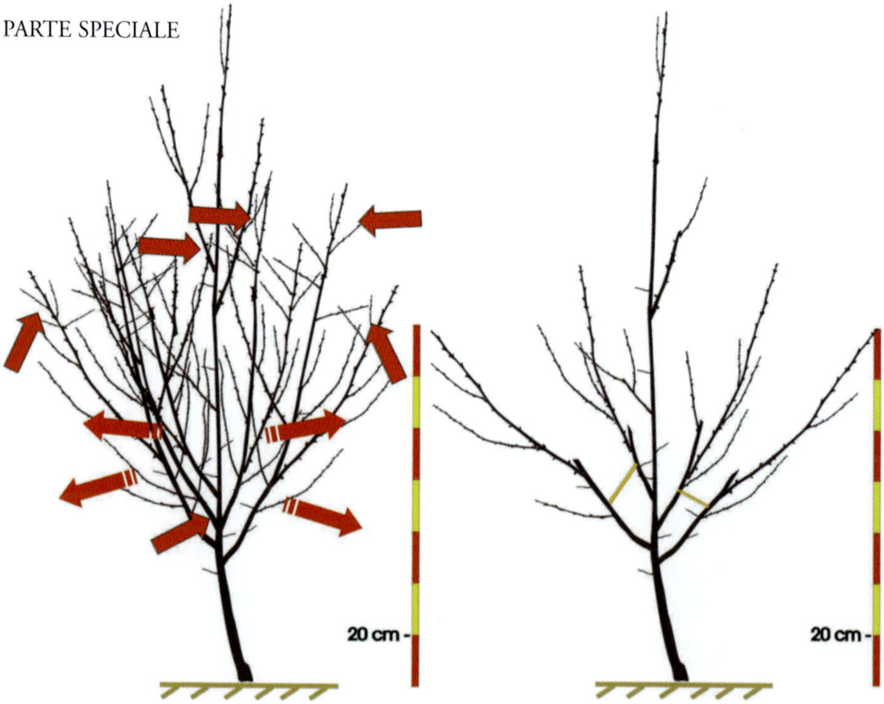

Secondo anno

Si procede con l'eliminazione di germogli vigorosi fuori posto; nelle varietà assurgenti si interviene per l'apertura degli angoli di crescita delle branche principali per mezzo di divaricatori.

Terzo anno

Nell'inverno fra secondo e terzo anno si effettua un primo intervento per fermare la crescita dell'asse centrale e favorire lo sviluppo in volume della vegetazione. Con la potatura verde si interviene asportando i succhioni in eccesso sulle branche e sull'asse centrale. La pianta inizia a produrre nei rami misti e nei brindilli formatisi sulle branchette produttive.

Pianta in produzione

All'inizio del quarto anno si completa l'eliminazione totale del centrale, deviandolo su una branchetta laterale; la forma in volume è praticamente completata. Con la potatura di produzione, in seguito, si garantisce l'equilibrio vegeto-produttivo delle piante mediante raccorciamenti e tagli di ritorno su legno vecchio e con l'asportazione di rami misti in eccesso.

Notizie tecniche

Il susino trova le migliori condizioni di coltivazione nei terreni ben drenati di medio impasto. Presenta una buona resistenza all'asfissia radicale e alla clorosi ferrica, ancora maggiore con alcuni portinnesti. È molto sensibile alla presenza di salinità ad esempio nell'acqua di irrigazione.
È una coltura dei climi temperati con buona adattabilità ambientale; predilige ambienti poco ventosi, soleggiati e caldi in prefioritura. Il susino europeo presenta una maggiore capacità di resistere ai freddi invernali e alle gelate tardive, grazie alla fioritura più tardiva. Il susino cino-giapponese si adatta meglio alle aree centro-meridionali anche per il minore fabbisogno in freddo per il risveglio delle gemme. Alcuni portinnesti (San Giuliano, Marianna, Mirabolano) sono in grado di indurre una ancor maggiore resistenza al freddo.

Esigenze nutrizionali

Si fa riferimento a una tecnica di concimazione frazionata con restituzione degli elementi asportati con i frutti. Se viene asportato anche il legno di potatura, le restituzioni devono essere aumentate del 50%.

Elemento: Azoto.
Periodo critico: Pregermogliamento, allegagione cinque-sei settimane dopo il germogliamento e post-raccolta (settembre).
Note: Somministrare a fine inverno e in post-raccolta o dopo l'allegagione in terreni magri (anche in funzione dell'allegagione stessa).
Eccesso: Scarsa colorazione e ritardo di maturazione dei frutti, maggiore sensibilità alla monilia. Cattiva lignificazione, fioritura anticipata. Alterazioni fogliari.
Carenza: Vegetazione stentata, minore produzione e pezzatura inferiore dei frutti.
Quantità asportata: 1,38 g/Kg di frutti.

Elemento: Fosforo
Periodo critico: Crescita primaverile e maturazione dei tessuti di fine estate.
Note: È un elemento poco mobile che ha un impatto elevato sulla crescita radicale ed è impotante per ottenere crescite equilibrate della chioma.
Carenza: Si verifica raramente, in terreni normalmente dotati.
Quantità asportata: 0,22 g/Kg di frutti.

Elemento: Potassio.
Periodo critico: Maturazione del frutto.
Note: Il susino europeo risulta più sensibile alla carenza, che è più frequente in terreni sabbiosi.
Eccesso: Può interferire sulle caratteristiche del frutto facendo diventare non sufficiente il Calcio.
Carenza: Necrosi fogliari, disseccamenti di rami e branchette, frutti piccoli e raggrinziti.
Quantità asportata: 2,26 g/Kg di frutti.

Elemento: Boro.
Periodo critico: Quiescenza gemmaria e prefioritura.
Note: La carenza è possibile in terreni sabbiosi o acidi ricchi di sostanza organica o di calcare attivo. Eventuali apporti vanno applicati tra la raccolta dei frutti e la caduta delle foglie e in pre-fioritura.
Eccesso: Scarsa produzione, necrosi terminale dei germogli.
Carenza: Formazione di aree depresse e imbrunite nella polpa, cascola precoce, necrosi terminale dei germogli.

Elemento: Ferro.
Periodo critico: Germogliamento e crescita dei germogli.
Note: Trattamenti fogliari con chelati di ferro.
Carenza: Clorosi fogliare; arresto della crescita dei germogli.

Frazionare la concimazione in più interventi permette una maggiore flessibilità nella potatura.
Se le piante sono cresciute in condizioni di scarsa fertilità e bassa disponibilità idrica, e risultano poco vigorose, si interviene con una potatura più intensa e una dose più elevata di azoto.

Esigenze idriche

Periodo critico: Fioritura, allegagione, accrescimento dei frutti.
Eccesso: Ingiallimenti fogliari, marciumi radicali.
Carenza: Può pregiudicare la formazione delle gemme a fiore destinate a produrre i frutti nell'anno successivo.
Quantità: 2.000 m^3/ha pari a 200 mm di pioggia.

Nel caso di piante con accentuata attività vegetativa, con formazione di molto legno e poche strutture produttive, è opportuno ridurre al minimo le irrigazioni e intervenire con potature verdi.
È consigliabile non irrigare in prossimità della raccolta e in post raccolta da settembre.

	Restituzione giornaliera mm/giorno (*)	
	filare inerbito	filare lavorato
Aprile	0,8	0,7
Maggio	2,0	1,4
Giugno	3,5	2,5
Luglio	4,0	3,5

(*)1 mm/giorno/ettaro = 1 litro/m^2 di superficie = 10 m^3/giorno/ettaro (con un sesto di impianto a 5x5 sono circa 25 litri di acqua per pianta al giorno). I turni di irrigazione sono in funzione del periodo (mese) e del tipo di suolo, nonché del portinnesto (tipo di pianta). Fabbisogni e turni dipenderanno inoltre dal ciclo vitale della pianta, dalla presenza o meno di frutti e dalle altre condizioni agronomiche.

Patogeni e parassiti chiave

Di seguito sono illustrati alcuni accorgimenti che influiscono in varia misura sulle principali avversità del susino, per la cui difesa si rimanda ad altri testi specifici.

Monilia

Periodo critico: Fioritura.

Accorgimenti: *Migliorare l'arieggiamento della chioma con potature verdi. Asportare e distruggere i frutti mummificati e getti e rametti disseccati anche parzialmente. In cultivar molto sensibili e in ambienti favorevoli alla malattia è utile rinviare la potatura invernale alla fine della fioritura. Evitare di danneggiare i frutti. Limitare gli apporti di azoto e garantire il drenaggio del terreno.*

Ruggine

Periodo critico: Primavera.

Accorgimenti: *Attuare una potatura leggera a favorire un buon arieggiamento della chioma.*

Afidi

Periodo critico: In primavera quando la crescita dei germogli è molto veloce.

Accorgimenti: *Evitare eccessi di azoto e di acqua, migliorare l'arieggiamento della chioma con potature verdi eliminare i getti infetti.*

Cocciniglia

Periodo critico: A fine primavera quando si ha nascita dei nuovi individui.

Accorgimenti: *Evitare eccessi di azoto e di acqua, migliorare l'arieggiamento della chioma con potature verdi. Asportare e distruggere rami e branchette fortemente attaccate.*

Tignola

Periodo critico: Dall'invaiatura alla maturazione. In estate sui frutti di piante mature, sui germogli nelle piante in allevamento

Accorgimenti: Asportare germogli e frutti colpiti in potatura verde.

Il susino è particolarmente sensibile alla **maculatura batterica**, soprattutto in primavera-estate che è il periodo critico. I tagli di potatura vanno disinfettati con sali rameici e gli attrezzi sempre disinfettati nel passare da una pianta all'altra. Vanno evitate irrigazioni soprachioma ed eccessi d'azoto che rendono i tessuti della pianta più teneri ed attaccabili.

Mandorlo *(Amygdalus communis* L. *o Prunus amygdalus Batsch. o Prunus dulcis Miller)*

Il mandorlo è originario dell'Asia centrale; attualmente è coltivato principalmente in climi caldo-aridi della regione mediterranea e in California.

L'evoluzione che ha subito nel tempo ha portato alla creazione di numerose varietà, spesso caratterizzate da alta specificità locale. Resta comunque limitante la fioritura molto precoce a fine inverno, quando è ancora altissimo il rischio di gelate in buona parte delle regioni italiane ad eccezione delle zone più protette in ambiente meridionale.

Il prodotto di interesse alimentare è costituito dai semi secchi (mandorle) contenuti all'interno del frutto, ma possono essere consumati anche i frutti interi freschi, in aprile maggio quando non sono ancora lignificati, o i semi freschi.
Si distinguono varietà con frutti dal sapore dolce e dal sapore amaro. Dopo la raccolta, le mandorle devono essere private del mallo esterno e fatte asciugare al sole per poi essere conservate in magazzini asciutti, provvedendo a rivoltarle periodicamente per favorire la ventilazione.

Mandorle.

Descrizione fenomorfologica

Albero: Raggiunge elevate dimensioni con un'altezza di 8-10 m ed è piuttosto longevo. Ha portamento assurgente, espanso o pendulo a seconda delle varietà. L'habitus rende la pianta poco plastica, non consentendo così di applicare molte forme di allevamento, che impongono crescite diverse dalla forma naturale.

Albero di mandorlo ancora spoglio.

Gemme: Le gemme riproduttive sono gemme a fiore, di forma tondeggiante.
Le gemme vegetative sono piccole e di forma appuntita. Il mandorlo possiede anche gemme latenti e può emettere numerosi germogli avventizi in seguito a tagli drastici delle branche principali in caso di potatura di ringiovanimento.

Gemma a fiore (sn) e gemma vegetativa (dx).

Fiori: Sono solitari o riuniti a gruppi da due a quattro, di tipo rosaceo, di colore bianco o rosa e formati da 5 petali. Esistono numerose varietà autocompatibili, ma il mandorlo è spesso autosterile, perciò è molto utile disporre di almeno due varietà con fioritura contemporanea per l'impollinazione, che avviene per mezzo degli insetti (soprattutto api).

Fiori di mandorlo.

Foglie: Glabre, di forma lanceolata acuta, a margine intero, dentato. Sono caduche.

Frutti: Drupe deiscenti, da sferoidali a ovoidali di 10-30 g. La buccia è tomentosa di colore verde, la polpa è fibrosa e asciutta; insieme costituiscono il mallo. Sono composti da 1 loggia con 1 o 2 ovuli che a seconda della varietà sviluppano in 1 o 2 semi (mandorle) bianchi all'interno e ricoperti da un tegumento marrone. I semi sono racchiusi nel guscio (endocarpo legnoso). In alcune cultivar il seme ha sapore amaro. L'accrescimento dei frutti termina già in maggio, riducendo così le esigenze idriche del mandorlo. La raccolta avveniva tradizionalmente colpendo la pianta con delle lunghe pertiche (bacchiatura). Oggi possono esser utilizzati scuotitori meccanici e vibratori e la raccolta da terra avviene mediante spazzolatrici. Non sono necessarie operazioni di diradamento. La maturazione inizia prima nella parte esterna della chioma e poi in quella interna.

Le principali **fasi fenologiche** del mandorlo sono: **gemma ibernante** in inverno, **calice visibile** alla rottura della gemma a fine inverno, bottoni verdi, inizio, piena e fine **fioritura**, **scamiciatura**, **cascola di giugno**, invaiatura, **cascola preraccolta**, **maturazione** (di raccolta e di consumo), caduta delle foglie.

Come potare

Succhione: Ramo molto vigoroso, tendenzialmente vegetativo con ramificazione anticipata. Parte di solito da grosse branche assurgenti o dal tronco.

Potatura: *Asportarli eliminandoli alla base anche in potatura verde, soprattutto se presenti nella parte alta della chioma. Mantenerne alcuni solo se utili a sostituire una branca esaurita o secca.*

Ramo vegetativo: Ramo vigoroso, con solo gemme vegetative.

Potatura: *Asportare quelli molto vigorosi, soprattutto se presenti nella parte alta della chioma, sia in potatura verde sia in quella invernale. Non eseguire spuntature che favorirebbero lo sviluppo della vegetazione verso l'alto.*

Ramo misto: Ramo di medio vigore, con gemme vegetative e gemme a fiore. Ha un ruolo più importante nel periodo giovanile delle piante.

Potatura: *Diradare quelli in eccesso rispetto al potenziale produttivo della pianta.*

Brindillo vegetativo: Ramo corto che non ha differenziato a fiore; presenta unicamente gemme vegetative.

Potatura: *Non sono necessari interventi specifici.*

Brindillo misto: Ramo riproduttivo corto ed esile, con gemme a fiore e una gemma a legno terminale.

Potatura: *Diradare attraverso il taglio di ritorno della branchetta che si può effettuare al di sopra di una brindillo misto, in modo da permettere lo sviluppo di nuove strutture produttive.*

Dardo vegetativo: Ramificazione molto corta portata da branche di 2 o più anni. È priva di gemme a fiore.

Potatura: *Non sono necessari interventi specifici.*

Dardo fiorifero (mazzetto di maggio): Ramificazione molto corta portata da branche di 2 o più anni, con gemme a fiore e vegetative. Rimane produttivo per 5-6 anni. È importante per la produzione nelle piante adulte.

Potatura: *È necessario diradarli e rinnovarli raccorciando o asportando le branchette su cui sono inseriti.*

Gruppi varietali

Si distinguono due tipologie di mandorlo con caratteristiche di fruttificazione diverse che influiscono sulla scelta del tipo di potatura. Per semplicità le due tipologie sono identificate con l'origine geografica delle varietà. In ambienti diversi le varietà di mandorlo possono presentare comportamenti vegeto-produttivi anche molto differenti.

Cultivar pugliesi: Fruttificano prevalentemente sui dardi; in fase giovane principalmente su rami misti.

Potatura: *La potatura deve mantenersi piuttosto ricca per favorire la formazione dei rami corti. È bene raccorciare o diradare alcune branchette produttive in modo da rinnovare i dardi e le branchette stesse quando esaurite.*

Cultivar californiane: Fruttificano prevalentemente su rami misti e brindilli.

Potatura: *La potatura può essere un po' più energica rispetto alle cultivar pugliesi e prevede il diradamento dei rami misti in eccesso.*

Quanto e quando potare

La potatura del mandorlo può mantenersi piuttosto leggera, con l'asportazione di circa 1/5 delle strutture produttive e risultare più energica su piante deboli con l'asportazione di almeno 1/3 di esse. I grossi tagli non vengono tollerati molto bene.
La potatura verde può portare benefici, riducendo l'ombreggiamento e mantenendo la vegetazione in equilibrio, purché la parte interna della pianta venga mantenuta rivestita in modo sufficiente a evitare eccessiva insolazione

Propagazione e impianto

Il mandorlo viene propagato principalmente per via vegetativa mediante innesto su portinnesti di diversa vigoria di mandorlo, pesco, ibridi pesco x mandorlo o susino. I portinnesti di susino resistono a fenomeni di asfissia radicale, ma molte varietà presentano disaffinità d'innesto.
L'impianto va eseguito preferibilmente in autunno. Generalmente si raccorcia l'astone al disopra della futura impalcatura, per favorire la formazione di ramificazioni robuste e abbondanti fra cui scegliere le branche.

Forme di allevamento

Se si ricorre alla tradizionale modalità di raccolta mediante bacchiatura, il mandorlo può essere allevato in forma libera e semilibera o a vaso impalcato medio-alto che acquisisce così un elevato valore ornamentale, soprattutto con varietà a portamento pendulo. L'impalcatura può essere impostata anche a 100-120 cm.

Vaso californiano: Si tratta di un vaso a media impalcatura, formato da 3-4 branche inserite a 70-100 cm che si biforcano ognuna in due branche secondarie, che assumono una posizione piuttosto eretta (inclinate 30-35° rispetto alla verticale). Si presta bene per la raccolta dei frutti, anche in impianti meccanizzati con scuotitori. In tal caso però le branchette fruttifere devono essere corte per poter ricevere l'energia delle vibrazioni.
La struttura dello scheletro è a cono rovesciato in modo da trasmettere al meglio le vibrazioni a tutta la branca e alle sue laterali corte e robuste.

Potatura di allevamento del vaso californiano

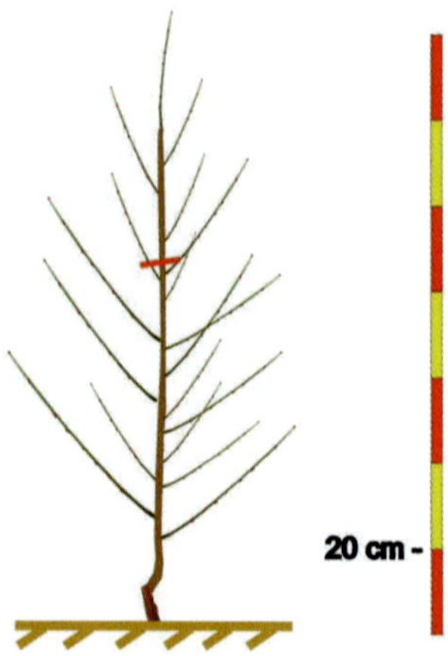

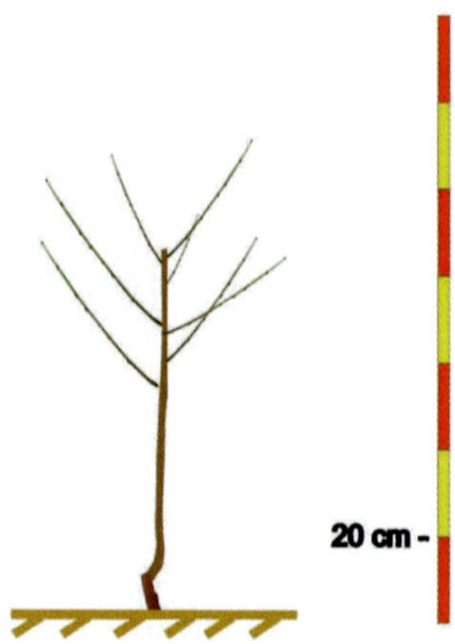

Impianto

Dopo l'impianto si procede a spuntare l'astone a circa 70-80 cm da terra.

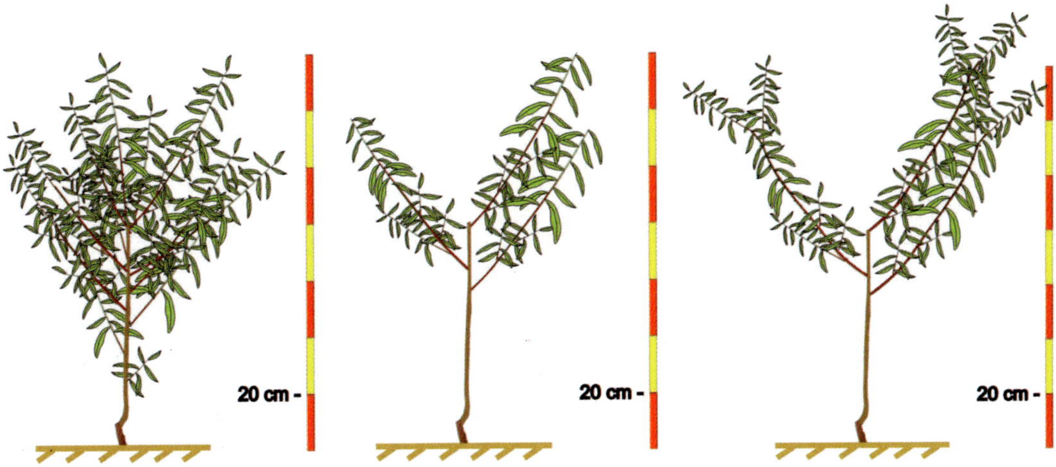

Primo anno

È utile eseguire 2-3 interventi di potatura verde per individuare i germogli destinati a formare le branche primarie, eliminando quelli che competono con essi per vigore e posizione e quelli inseriti troppo in basso. I germogli scelti devono essere poi cimati quando raggiungono la lunghezza di circa 70-80 cm, in modo da formare nuovi germogli tra cui sceglierne due a formare una biforcazione.

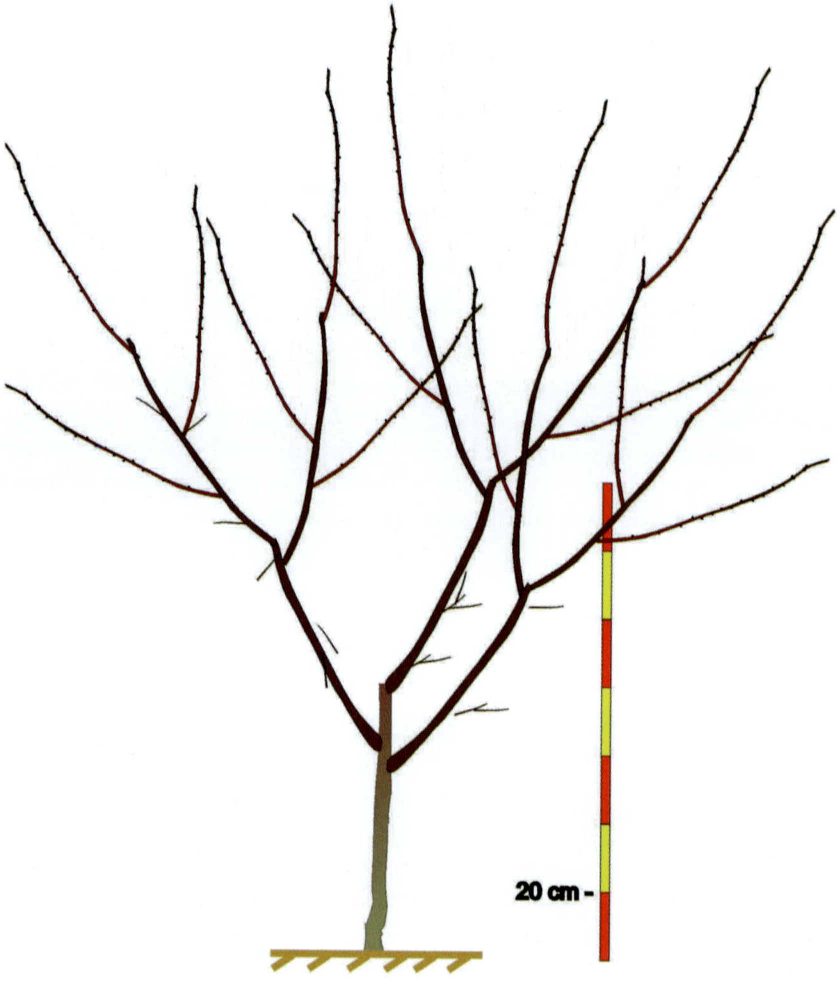

Secondo anno

In potatura verde bisogna eliminare i succhioni interni e alleggerire le cime delle branche per evitare che pieghino verso il basso per il peso. Al secondo anno si procede alla scelta di 1 o in genere 2 branche secondarie a circa 120-180 cm da terra, iniziando l'operazione in verde e completandola in inverno.

La scelta del secondo ordine di branche secondarie può essere già operata in presenza di branche abbastanza lunghe, altrimenti viene rinviata all'anno successivo.

Terzo anno

Ci si limita ad operare pochi tagli indispensabili in modo da favorire l'entrata in produzione, assecondando la forma naturale dell'albero. In produzione è bene limitarsi ad asportare i succhioni e a raccorciare o rinnovare le branchette esaurite, favorendo una buona distribuzione della luce.

Notizie tecniche

Il mandorlo predilige terreni profondi, permeabili, fertili, freschi, ma si adatta bene a terreni poveri, aridi o superficiali. Con portinnesti franchi resiste bene alla presenza di calcare attivo, male con portinnesti di pesco. I portinnesti di susino si adattano anche a terreni argillosi, pesanti e umidi, ma pochi sono quelli utilizzabili per il mandorlo, quindi i terreni umidi e fortemente argillosi vanno in genere scartati.
Resiste bene a elevate temperature estive, alla siccità e alle basse temperature invernali

(fino a –24 ° C durante il riposo vegetativo). Teme le gelate in fioritura, che è molto precoce, e dopo l'allegagione. È caratterizzato inoltre da un modesto fabbisogno in freddo. I migliori ambienti di coltivazione per ottenere produzioni costanti si trovano pertanto negli areali mediterranei a clima temperato-caldo, con temperature miti a fine inverno, soprattutto nelle colline e negli altipiani con esposizioni bene arieggiate, ma non eccessivamente ventose.

Esigenze nutrizionali

Si fa riferimento a una tecnica di concimazione frazionata con restituzione degli elementi asportati con i frutti. Se viene asportato anche il legno di potatura, le restituzioni devono essere aumentate del 50%.

Elemento: Azoto.
Periodo critico: Allegagione e crescita primaverile dei germogli. Maturazione del legno in autunno.
Note: Influisce positivamente sull'allegagione.
Eccesso: Eccessivo vigore vegetativo e minore produttività.
Carenza: Scarso rinnovo vegetativo, minore produzione e pezzatura inferiore dei frutti.
Quantità asportata: 2-2,35 g/Kg di frutti.

Elemento: Fosforo.
Periodo critico: Maturazione del legno in autunno.
Note: Apportare in terreni poco dotati.
Quantità asportata: 0,17-0,20 g/Kg di frutti.

Elemento: Potassio.
Periodo critico: Maturazione del frutto in estate.
Note: Generalmente sufficiente nei terreni italiani.
Carenza: Effetti negativi sulla capacità di fruttificazione e sulle caratteristiche qualitative dei frutti; foglie più piccole e clorotiche, necrosi degli apici dei germogli, minore accrescimento dei frutti in guscio.
Quantità asportata: 1,48-1,7 g/Kg di frutti.

Elemento: Calcio.
Note: Viene assunto in grande quantità dal mandorlo.
Eccesso: Il mandorlo tollera bene elevati contenuti di calcio nel terreno.

Esigenze idriche

Periodo critico: Mesi estivi.
Carenza: Se prolungata e associata a temperature estive molto elevate può indurre la di-

sidratazione dei semi (mandorle 'monache'). Accentua i fenomeni di alternanza produttiva poiché ostacola la differenziazione a fiore e riduce l'accumulo di riserve.
Quantità: 1000-2000 - 2000 a 2500 m^3/ha pari a 200-250 mm di pioggia nel periodo primaverile-estivo.

Sebbene il mandorlo sia una specie facilmente coltivabile in asciutto, con gli interventi irrigui si può migliorare molto il livello produttivo. In presenza di irrigazione è utile adottare una potatura più leggera, lasciando un maggior numero di gemme a fiore, per ottenere così produzioni più elevate.

Patogeni e parassiti chiave

Di seguito sono illustrate le tecniche di potatura che influiscono in varia misura sulle principali avversità del mandorlo, per la cui difesa si rimanda ad altri testi specifici.

Corineo (cancro dei nodi)

Periodo critico: Autunno e primavera.

Accorgimenti: Asportare e distruggere gli organi colpiti.

Monilia, Marciume bruno

Periodo critico: Inizio primavera, dalla fioritura.

Accorgimenti: Eseguire potature verdi, atte anche a migliorare l'arieggiamento della chioma. Asportare e distruggere i frutti mummificati e i rametti disseccati anche parzialmente sia in estate che dopo la raccolta.

Anarsia

Periodo critico: Dall'allegagione dei frutti a fine estate.

Accorgimenti: Asportare i germogli colpiti nelle piante in allevamento.

Per quanto riguarda gli afidi, il periodo critico è l'inizio marzo fino a maggio. Mantenere un buon equilibrio vegetativo limitando gli apporti azotati ed eventualmente intervenire con una potatura estiva precoce. Asportare e distruggere i succhioni sui quali gli afidi si sviluppano in abbondanza. Per la cimicetta del mandorlo non vi sono interventi di potatura specifici. Colpisce in primavera come gli afidi.

Le Pomacee sono specie che appartengono alla famiglia delle Rosacee e che producono come frutto un pomo.

Melo/Pero/Cotogno

POMACEE

I rami a frutto di questo gruppo di specie sono i ***rami misti****, i* ***brindilli****, e le* ***lamburde****, presenti con diversa frequenza e importanza in ciascuna specie a seconda del gruppo varietale. Le gemme a frutto sono gemme miste.*

In piante che si trovano nello stadio giovanile in quanto piante da seme, o selvatiche, sono presenti rami vegetativi lunghi, succhioni e polloni, ma anche brindilli e lamburde vegetative. Queste possiedono spesso un apice molto appuntito simile ad una spina, e solo dopo una fase di transizione, che può durare parecchi anni, possono diventare riproduttive se ben posizionate sull'albero. Un'altra struttura caratteristica delle pomacee è la **borsa**, ovvero l'ingrossamento del tratto basale del ramo nel punto di inserzione dei frutti, dovuto all'accumulo di sostanze di riserva. Questa formazione legnosa è persistente e può portare gemme che originano lamburde o brindilli. La combinazione di borse e lamburde cresciute le une sulle altre costituisce la **zampa di gallo**, una formazione legnosa caratteristica delle pomacee.

Il pomo è un falso frutto la cui polpa carnosa deriva dallo sviluppo del ricettacolo (parte basale del fiore su cui sono inseriti i petali e le altre strutture fiorali) all'interno del quale il cosiddetto torsolo costituisce il vero frutto contenente i semi.

A differenza delle **Drupacee**, i rami a frutto nelle Pomacee generalmente presentano una sola gemma a frutto apicale, mentre le gemme laterali sono a legno. Raramente le gemme laterali sono differenziate a fiore, di solito questo accade solo nella parte terminale dei brindilli e dei rami misti, ma difficilmente tali gemme sono in grado di produrre frutti, infatti i fiori laterali sono generalmente mal formati.
L'attitudine riproduttiva delle tre tipologie di rami a frutto può essere diversa a seconda dell'habitus della specie e di ciascun gruppo varietale. La differenziazione a fiore è molto sensibile a diversi fattori ambientali quali l'andamento climatico, la posizione sulla pianta e le tecniche colturali. Il melo e il pero mostrano poi una elevata tendenza ad alternare anni di carica con anni di scarica.

Zampa di gallo.

Il brindillo produttivo delle pomacee presenta una gemma mista apicale e gemme vegetative lungo l'asse.

In definitiva i tre tipi di rami a frutto possono essere presenti con diversa frequenza sull'albero e con un diverso grado di differenziazione a fiore e questo ha una forte ricaduta sulla potatura di produzione. Bisogna conoscere il comportamento dei rami e la loro evoluzione nelle singole specie e nei gruppi varietali omogenei per raggiungere elevati livelli produttivi e di controllo della qualità. L'identificazione di una varietà in un gruppo di cui è noto il comportamento è fondamentale per poter utilizzare tecniche di potatura adeguate.

Melo *(Malus × domestica Borkh.)*

Il melo è originario dell'Europa e dell'Asia occidentale. Le numerose varietà, derivanti da incroci intervarietali e interspecifici avvenuti nel tempo, mostrano diverso adattamento ambientale. Ciò spiega la sua diffusione dalle zone a inverno molto freddo del nord alle aree subtropicali.

I frutti presentano caratteristiche e dimensioni molto diverse.

Va sottolineato il diverso periodo ottimale per la raccolta: estivo, autunnale e invernale. Il periodo di consumo per le mele estive è molto vicino alla raccolta, e la conservazione frigorifera è molto limitata. Per le mele autunnali la maturazione di consumo segue di poche settimane la raccolta, ma può essere procrastinata per molti mesi con la conservazione frigorifera in atmosfera controllata fino a raggiungere l'anno successivo.
Le mele invernali sono forse le più adatte per la frutticoltura amatoriale. Queste mele si raccolgono tardi, di solito in ottobre, e si possono conservare fuori frigorifero in melaio (ambiente areato e fresco) anche fino alla primavera successiva. Sono mele che richiedono diverse settimane prima di diventare saporite al punto giusto e che cambiano sapore durante l'inverno.

Melo spontaneo in area appenninica.

Possono anche essere vitrescenti, ma questo non deve essere considerato un difetto grave, anzi nei primi mesi questo stato fisiologico caratterizzato da perdite di acqua negli spazi intercellulari (tessuti idropici) può conferire ai frutti un sapore particolare e gradevole. Con il tempo, durante la conservazione, l'acqua in eccesso viene riassorbita dalle cellule e l'aspetto idropico scompare.
La resistenza del frutto per lunghi periodi dopo il distacco dall'albero può derivare dalla produzione di sostanze oleose emesse in superficie per ridurre la traspirazione e proteggere il frutto da attacchi parassitari, oppure dalla perdita di acqua programmata per raggrinzimento e aumento della concentrazione zuccherina.
Frutti molto grossi tendono a essere farinosi a maturazione e butterati già sull'albero. Questi fenomeni sono derivati dalla difficoltà di rifornire di calcio il frutto in crescita, soprattutto dopo che la traspirazione lenticellare si è ridotta e il richiamo di linfa grezza si è fortemente contratto. Anche nei frutteti amatoriali si possono effettuare trattamenti alla parte aerea per arricchire i frutticini di calcio, in modo da sopperire la carenza di trasporto verso di essi. Il calcio viene trasportato con facilità nella linfa grezza ma è poco mobile nei vasi floematici che riforniscono i frutti soprattutto di zuccheri.
Quando il frutto riduce la propria traspirazione, perde la possibilità di ricevere acqua e minerali dalle radici. Da questo momento (indicativamente dopo lo stadio di frutto noce) il frutto viene rifornito di linfa elaborata tramite i vasi del floema (corteccia), in cui tuttavia il calcio è carente. Questo andamento rende rischiosa una crescita eccessiva del frutto, in cui il calcio può risultare troppo diluito e le membrane cellulari possono diventare instabili, fino a determinare la morte di gruppi di cellule (butteratura). La potatura deve quindi determinare un sufficientemente elevato quantitativo di foglie per ciascun frutto per avere abbastanza zuccheri da accumulare, ma deve anche evitare un eccesso di crescita dei frutti e troppe foglie in competizione.

Descrizione fenomorfologica

Albero: In natura può raggiungere dimensioni medio elevate, con un'altezza di circa 8-10 m. La pianta ha sviluppo acrotono con portamento, a maturità, poco assurgente e chioma ombrelliforme. Si distinguono 4 tipologie di conformazione dell'albero e delle branche, con caratteri che hanno un peso rilevante nella scelta del tipo di potatura e della forma di allevamento. Risultano variabili in base al vigore e all'ambiente. Esistono poi habitus colonnari e nani con valenza solo ornamentale.

Albero isolato in campagna.

Gemme: Le gemme produttive sono gemme miste, capaci di originare un germoglio e un corimbo (infiorescenza). Le gemme vegetative sono di piccole dimensioni, appuntite solitarie e appressate lungo il ramo. Il melo conserva anche gemme latenti e può produrre meristemi avventizi come risposta a traumi.

Gemme vegetativa (sinistra) e gemma mista (destra).

Foglie: Ovali, intere, a margine più o meno seghettato, inserite a spirale, con ordine due/cinque, cioè con intervalli di 2 angoli giro e cinque foglie prima di ritornare alla stessa posizione lungo l'asse. Sono caduche.

Foglie di melo.

Fiori: Infiorescenze a corimbo di 5-6 fiori. Il centrale (king flower) in genere fiorisce in anticipo rispetto agli altri ed è più soggetto a gelate, di solito origina la mela più grossa (queen apple). I fiori sono bianchi o rosati, formati da 5 petali. Il melo è autoincompatibile, salvo qualche parziale eccezione, perciò è necessario disporre di almeno due varietà compatibili con fioritura contemporanea per l'impollinazione, che avviene per mezzo degli insetti (in particolare delle api).

Fiori rosa di melo.

Frutti: Pomi (falsi frutti) a polpa non granulosa, del peso di 100-300 g composti da 5 logge, ciascuna con 2 ovuli. Possono essere di forma appiattita o tronco-conica oblunga, hanno buccia liscia, più o meno cerosa, variabile dal giallo al rosso; in qualche caso suberificata (rugginosità); la polpa è bianca o color crema.

Frutti a maturazione.

Diradamento dei frutti

È evidente la necessità di diradare i frutticini se presenti, come in questo caso, in numero superiore a due per corimbo.

Il melo è una specie soggetta ad alternanza di produzione con anni produttivi di carica seguiti da anni poco produttivi di scarica. Un mezzo per contrastare questa tendenza è il diradamento dei frutti (lasciando una mela per infiorescenza su lamburde o brindilli alternati). Il diradamento può essere eseguito subito dopo l'allegagione, su frutti di 10-15 mm di diametro. Vengono asportati i giovani frutticini con piccole forbici lasciando intatta buona parte del peduncolo per evitare che la ferita faccia cascolare il frutto rimanente. Nei frutteti commerciali si fa ampio uso di diradanti chimici (ormoni, composti derivati dello zolfo) con azione più o meno causticante sui fiori aperti. Se l'azione è tempestiva si possono distruggere i fiori in eccesso lasciando intatti gli altri non ancora schiusi. È evidente il rischio che deriva da condizioni climatiche imprevedibili che possono cambiare l'efficacia del trattamento in modo molto erratico. Se ne sconsiglia quindi l'uso a livello amatoriale.

Le principali **fasi fenologiche** del melo sono: **gemma ibernante** in inverno, **orecchiette di topo** alla rottura della gemma a fine inverno, bottoni rosa, inizio, piena e fine **fioritura**, **allegagione**, **cascola di giugno**, **frutto noce**, **cascola preraccolta**, **maturazione** (di raccolta e di consumo), caduta delle foglie.

Nelle foto sono riportate in sequenza da sinistra: gemma ibernante (1), orecchiette di topo (2), bottoni rosa (3), inizio (4), piena e fine fioritura (5), frutticini allegati (6), frutto noce (7), maturazione (8).

Come potare

Pollone: Ramo vegetativo molto vigoroso, spesso provvisto di rami anticipati. Parte di solito dal pedale o dalle radici.

Potatura: *Vanno eliminati alla base e mai raccorciati. Sono di solito "selvatici", cioè provenienti dal portinnesto. Possono essere asportati con abbozzi radicali e messi a dimora per poi essere innestati nell'anno successivo.*

Succhione: Ramo vegetativo molto vigoroso, spesso provvisto di rami anticipati. Parte di solito da grosse branche assurgenti o dal tronco.

Potatura: *Vanno eliminati alla base e mai raccorciati. Vengono mantenuti se utili a sostituire branchette mancanti o esaurite, una volta indeboliti con la piegatura esercitata dopo due anni dal peso della prima produzione.*

Ramo vegetativo: Ramo vigoroso, con solo gemme vegetative. La gemma terminale spesso non è ben lignificata, mantiene le foglie a lungo in autunno e può subire danni invernali.

Potatura: *Se raccorciati o spuntati, la pianta reagisce con un poderoso riscoppio vegetativo che porta alla formazione di numerosi rami in prossimità del taglio, con eccessivo infoltimento della chioma e a scapito della produzione. Vanno quindi eliminati completamente con taglio raso, oppure lasciati integri se non troppo vigorosi e in posizione utile per sostituire una parte della chioma invecchiata.*

Ramo misto: Ramo di medio vigore con gemme vegetative e miste. Una volta avvenuta la produzione, si piega e nell'anno successivo evolve a branca rivestita di brindilli e lamburde fertili, provvedendo così al rinnovo della produzione.

Potatura: *Essendo rami dell'anno è consigliabile non raccorciarli per evitare un eccessivo riscoppio vegetativo a discapito della produzione e dell'equilibrio della chioma.*

Brindillo vegetativo: Ramo corto che non ha differenziato a fiore; presenta unicamente gemme vegetative.

Potatura: *Devono essere comunque diradati se troppo fitti. In piante giovani o in zone ombreggiate di piante adulte possono essere utili per favorire negli anni seguenti la differenziazione a fiore.*

Brindillo misto: Ramo corto ed esile, con gemme vegetative lungo l'asse e una gemma mista all'apice.

Potatura: *I brindilli possono essere conservati per la produzione, ma non vanno raccorciati o spuntati perché si avrebbe formazione di eccessivo fogliame e perdita dei fiori.*

Lamburda: Ramificazione molto corta, di un anno di età, inserita sulle branche. In piante giovani può essere inizialmente vegetativa per poi evolvere a riproduttiva. In piante insenilite rappresenta la struttura riproduttiva principale. Invecchiando e ramificando diventa zampa di gallo.

Potatura: *Hanno una forte azione di richiamo (pompa) per cui il taglio di ritorno delle branchette si può effettuare al di sopra di una lamburda produttiva, in quanto i frutti da essa prodotti assolveranno la funzione di cima. Viene così evitata la produzione di succhioni. Quando molto invecchiate le lamburde vengono diradate, quindi asportate, perchè tendono a produrre frutti di piccole dimensioni, soprattutto se non si effettua un adeguato diradamento dei frutti allegati.*

Gruppi varietali

Si distinguono quattro tipologie di conformazione dell'albero e delle branche, con caratteri che hanno un peso rilevante nella scelta del tipo di potatura e della forma di allevamento. Risultano variabili in base al vigore e all'ambiente.

Tipo I: varietà che fruttificano quasi esclusivamente su lamburde, anche in branche di tre o più anni con vegetazione basitona, caratterizzata da un numero straordinariamente elevato di lamburde per unità di branca, ramificazioni corte e branche semierette. Sono di solito varietà antiche, raramente coltivate e fortemente alternanti.

Potatura: *Si avvantaggiano di potatura lunga, ma per contrastare l'invecchiamento deve essere stimolata la formazione di legno nuovo, diradando le branche e speronandone alcune. Sono poco tollerate le piegature. È molto importante il diradamento dei frutti per ridurre il fenomeno dell'alternanza. Tagli di raccorciamento eccessivi possono stimolare la formazione di succhioni e ritardare l'entrata in produzione.*

Tipo II: Varietà che fruttificano prevalentemente su lamburde portate da branche o branchette (ramificazioni con molti anni di età) con scarsa formazione di brindilli misti e forte tendenza ad alternanza di produzione. Gli alberi sono vigorosi con forti branche strutturali. La varietà più rappresentativa è la Renetta.

Potatura: *Si avvantaggiano della potatura lunga, sopportano bene curvature e piegature, ma possono essere gestite anche con opportuni tagli di ritorno. Nei frutteti amatoriali possono essere gestite con pochi tagli di ritorno e con un buon diradamento dei frutti. Tagli di raccorciamento eccessivi possono stimolare risposte molto vigorose.*

Tipo III: Varietà che fruttificano su lamburde, brindilli e rami misti (anche su branche di 3 anni). La messa a frutto è precoce e la formazione di brindilli a frutto è abbondante. Sono meno soggette ad alternanza. Tipo Golden Delicious.

Potatura: *Si adattano a varie strategie di potatura a partire da forme di allevamento diverse con densità e vigore del portinnesto diversi. La potatura serve a mantenere la forma e a rinnovare regolarmente le formazioni fruttifere.*

Tipo IV: Varietà che fruttificano sui brindilli e sulle gemme laterali dei rami di un anno (rami misti). C'è la tendenza ad una crescita preferenziale dei germogli terminali. Tipo Granny Smith.

Potatura: *Presentano una scarsa capacità di rivestirsi per cui il taglio può non risultare vantaggioso, si avvantaggiano di piegature e di potatura lunga (taille longue). Con questi accorgimenti si possono avere ottimi risultati. È molto importante il diradamento dei frutti e delle lamburde.*

A scopo ornamentale può essere utilizzato anche il melo colonnare caratterizzato da uno o pochi assi verticali con forte dominanza apicale e un gran numero di lamburde.
Le varietà possono inoltre essere suddivise in base alla crescente tendenza a produrre su lamburde (spur): gruppo standard, a cui appartengono la maggior parte delle varietà (es.: Golden Delicious, Fuji, Gala, Granny Smith); gruppi semi-spur (es.: Braeburn, Early Red One, Goldrush e Gold Chief); e spur (es.: Red Chief).

Quanto e quando potare

L'intensità di potatura sul melo può essere modulata in modo da ripartire in parti uguali le strutture produttive sulle lamburde, sui brindilli e sui rami misti. L'obiettivo è di ren-

Potatura lunga (*Taille longue*)

Il melo è la specie in cui trova migliore applicazione questa tecnica di potatura, che esclude qualsiasi raccorciamento e lascia allungare le branche sulle rispettive cime, rimuovendo i rinnovi prossimali. Esclude i tagli di ritorno che possono portare a uno squilibrio tra crescita vegetativa e fruttificazione nel caso di tagli severi, con eccessivo vigore e un'alta quota di frutti di piccola pezzatura sul legno di un anno. Vengono così rinvigorite le lamburde fruttifere terminali sulle quali si ha una migliore distribuzione della crescita.

Branca lunga sottoposta a potatura. In inverno verranno asportati i rami assurgenti ed eliminate le lamburde più interne e poco illuminate.

Penetrazione della luce nella parte centrale della chioma.

La crescita delle branche fruttifere libere è naturalmente attenuata dal controllo esercitato dalla gemma terminale, che evolve essa stessa a frutto, e dalla fruttificazione, il cui peso provoca un cedimento della branca lunga verso il basso. Questa piegatura (in alcuni casi anticipata artificialmente) frena la crescita e favorisce la differenziazione a fiore. Per evitare che un livello produttivo troppo elevato induca alternanza, è necessario un opportuno diradamento dei frutti oppure la riduzione del numero dei siti di fruttificazione mediante l'asportazione (estinzione) delle lamburde più interne poco produttive, diradando eventualmente i rami e le branche. Dopo tale intervento, una quota importante di lamburde è in grado di tornare a produrre frutti e la parte centrale svuotata dell'albero consente una buona distribuzione della luce.

dere la produzione di frutti costante e di qualità negli anni, senza eccessi di carica e, se possibile, con sempre nuova formazione di rami a frutto in grado di fare frutti di pezzatura elevata e molto saporiti. Lamburde troppo invecchiate hanno poche foglie e i frutti sono poco riforniti di zuccheri.

La potatura può avvenire durante tutto il periodo di riposo vegetativo, quando è possibile vedere meglio i rami e determinare il giusto carico di gemme. Il melo difficilmente subisce danni da freddo invernali, anche dopo che è stato potato. Su piante molto vigorose è possibile far ricorso alla potatura verde per favorire una migliore distribuzione della luce nella chioma, riducendo il fenomeno dell'auto-ombreggiamento.

Propagazione e impianto

Il melo viene propagato principalmente per via vegetativa mediante innesto su portinnesti clonali di diversa vigoria. Un buon astone di melo si presenta con un calibro di 10-12 mm, un'altezza superiore a 110 cm, con almeno 3-7 rami anticipati e un buon apparato radicale (radici ben distribuite e non troppo corte). Il punto di innesto dovrà trovarsi ad almeno 20 cm da terra. L'impianto con astone rivestito a radice nuda va eseguito preferibilmente in autunno. I rami anticipati vanno potati a seconda della forma di allevamento.

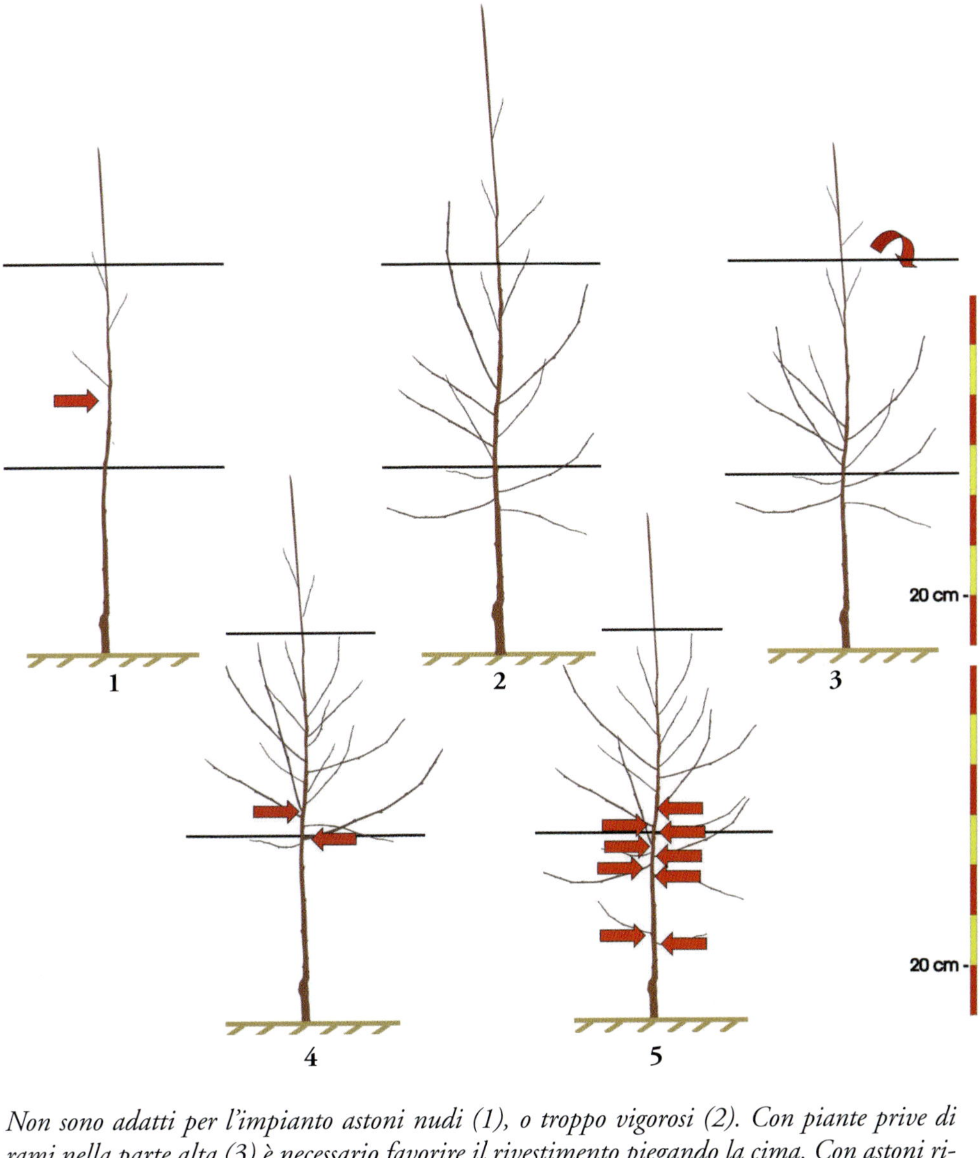

Non sono adatti per l'impianto astoni nudi (1), o troppo vigorosi (2). Con piante prive di rami nella parte alta (3) è necessario favorire il rivestimento piegando la cima. Con astoni rivestiti di rami troppo vigorosi (4), questi vanno asportati all'impianto. Nel caso di astoni con rami troppo bassi (5), non utilizzabili per la produzione, questi vanno eliminati.

Forme di allevamento

Vaso basso: La forma tradizionale, espansa, più diffusa in passato era il vaso, oggi in disuso negli impianti intensivi per la scarsa attitudine alla meccanizzazione. Si tratta di una forma in volume priva di asse centrale, molto equilibrata, con un palco di 3-4 branche primarie inserite sul tronco con sottobranche di vari ordini. Risulta di interesse nei frutteti di piccole dimensioni, soprattutto in aree marginali, ad esempio di alta collina, in agriturismi e per frutticoltura amatoriale. In tali condizioni una soluzione ragionevole è quella di adottare il vaso libero basso, che, con l'impalcatura a 50 cm, risulta completamente gestibile da terra con portinnesti di media vigoria (M111 e M7) dotati di buona autonomia, inseriti in impianti con sesti ampi, almeno 5 x 4 m. In tali condizioni si riduce il ritardo dell'entrata in produzione tipico del vaso alto tradizionale.
La potatura di allevamento del vaso basso è descritta in dettaglio per il pero.

Vaso basso.

Fusetto: La forma di allevamento a fusetto è la più diffusa nella melicoltura professionale, in impianti che possono raggiungere anche elevate densità. È costituita da un asse centrale, rivestito di strutture produttive laterali (branche, branchette e brindilli) di dimensioni e lunghezza decrescente dal basso verso l'alto, indirizzate alla formazione di un gradiente conico.
La pianta è alta 2,5-3 m se innestata su M9 e presenta un palco di 3-4 branche inserite a spirale con angolo aperto a 40-80 cm da terra. Le branche sono allevate con una cima assurgente fino al taglio di ritorno che ne fissa le dimensioni finali. In funzione dell'ambiente, il fusetto viene costituito in diverse versioni che hanno tuttavia in comune la mole ridotta, assicurando buona esposizione alla luce e facilità di raccolta.

Fusetto.

Nel frutteto amatoriale si consiglia un sesto d'impianto di 4-5 x 2 m, con circa 10 m^2 di spazio a disposizione di ogni pianta.

Potatura di allevamento del fusetto

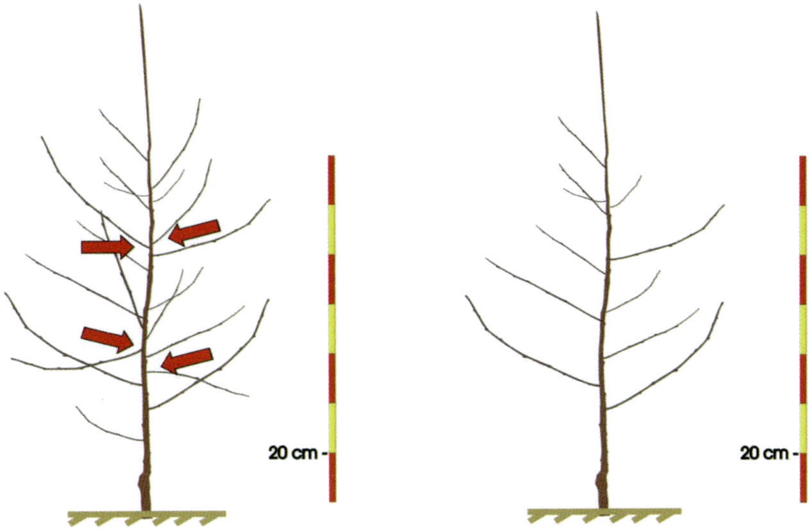

Impianto

Dopo l'impianto dell'astone si scelgono i rami anticipati adatti alla formazione del primo palco di branche e si eliminano quelli inseriti troppo in basso.

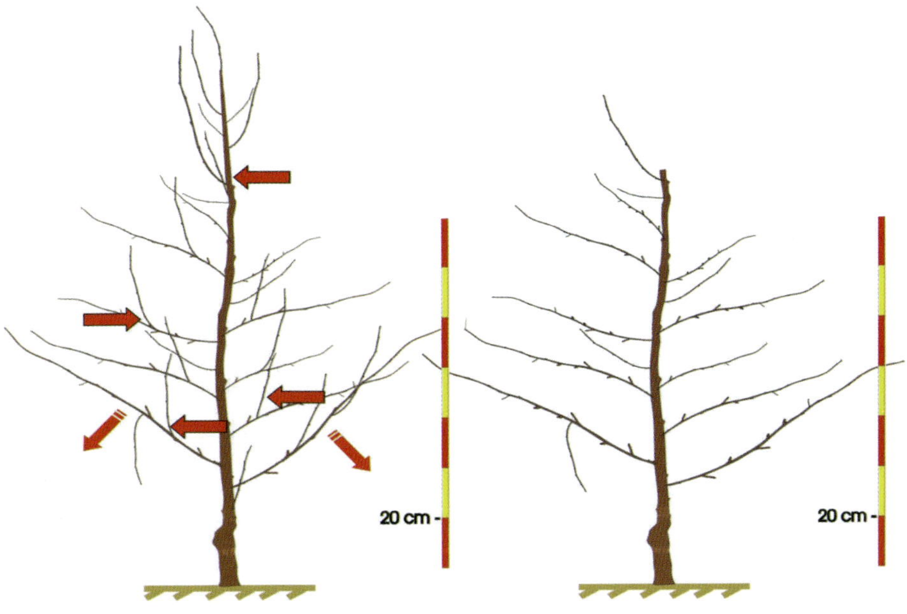

Primo anno

Le branchette basali vengono inclinate verso il basso. Si asportano i succhioni e i rami inseriti in basso sul tronco. La cima della pianta viene deviata su un laterale meno vigoroso, con angolo di inserzione aperto per rallentare la crescita, asportando eventuali rami in concorrenza con la nuova cima.

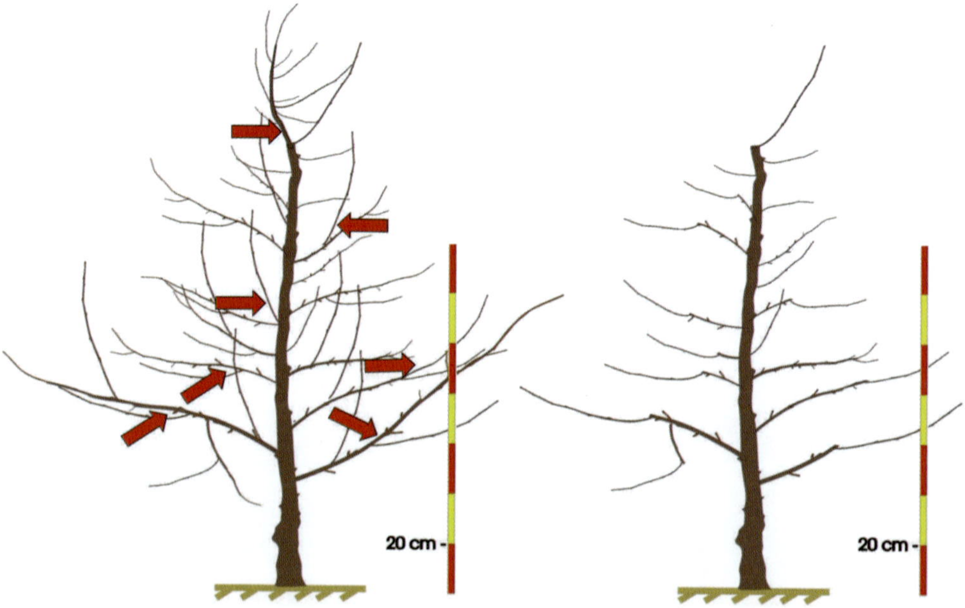

Secondo anno

Se necessario, è possibile eseguire delle piegature in verde per equilibrare lo sviluppo dei rami. In potatura invernale bisogna asportare i rami molto vigorosi e mantenere le giovani branchette che hanno prodotto delle lamburde. La cima deve essere nuovamente deviata, ma in direzione opposta a quella dell'anno precedente. Sulle branche principali si possono eseguire i primi tagli di ritorno, mantenendo la forma, tendenzialmente conica, della chioma.

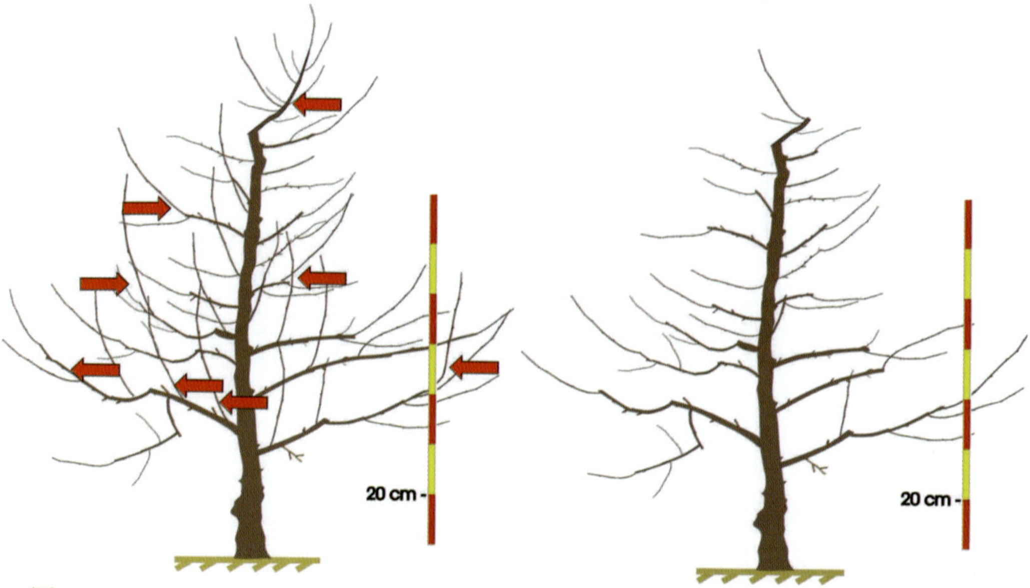

Terzo anno

In potatura invernale si procede nuovamente ad asportare i rami molto vigorosi. La cima deve essere nuovamente deviata, cambiando nuovamente direzione. Il taglio di ritorno deve essere operato anche sulle branche.

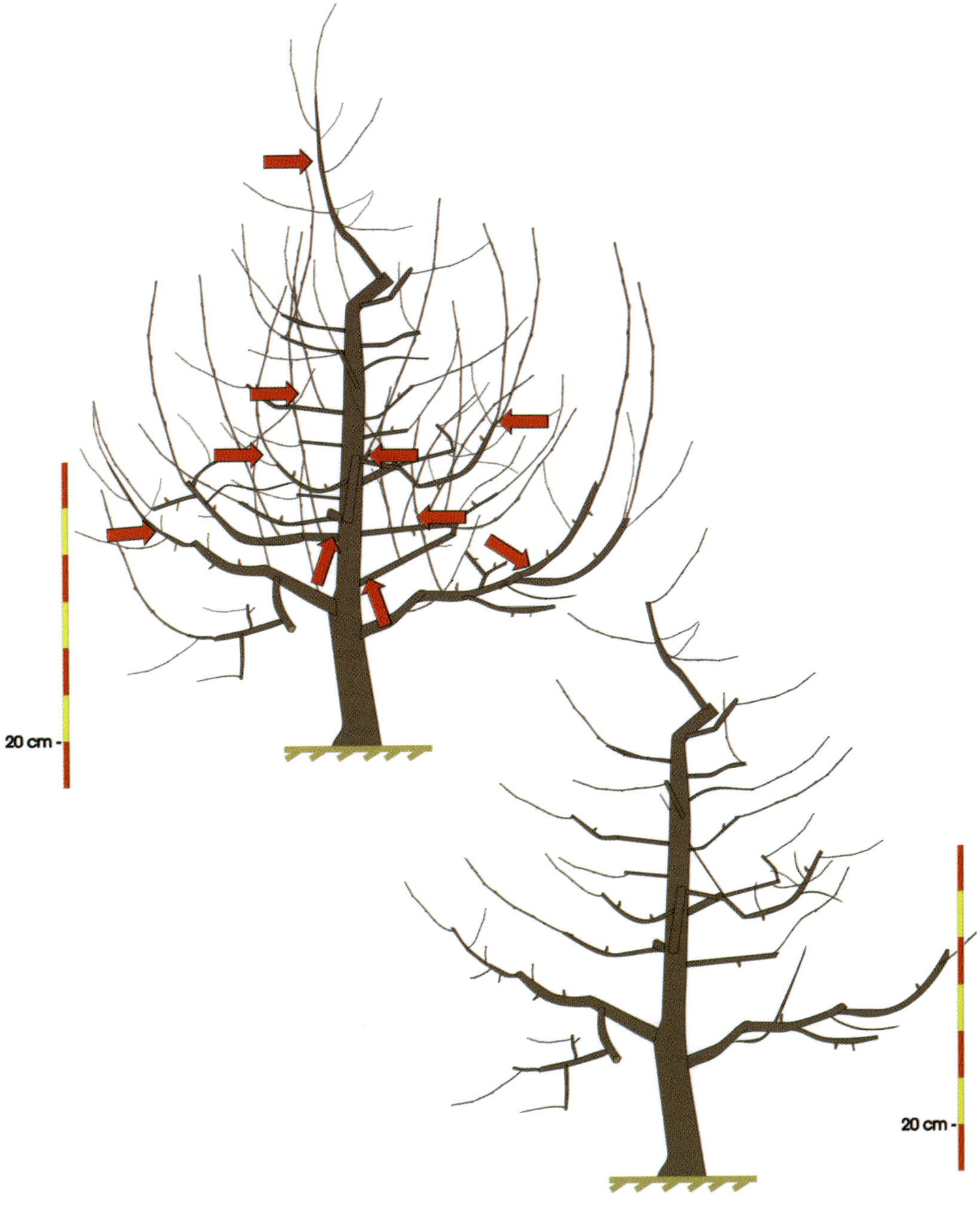

Pianta in produzione

Sulle piante in produzione la forma viene mantenuta ricorrendo sempre ai tagli di ritorno sull'asse centrale e sulle branche. È necessario inoltre asportare i numerosi succhioni che si formano in risposta ai tagli. Solitamente si rende necessario diradare alcune branche primarie troppo ravvicinate tra loro o che ombreggiano e competono con il palco basale.

Notizie tecniche

Il melo trova le migliori condizioni di coltivazione nei terreni di media tessitura, ma riesce ad adattarsi a terreni molto diversi, da quelli pesanti argillosi a quelli magri ciottolosi e anche a diverse condizioni di pH (dal subacido al calcareo-alcalino). Per ogni condizione pedoclimatica sono disponibili numerosi portinnesti di diversa vigoria. Tra quelli nanizzanti il più diffuso è l'M9 (di cui sono in commercio numerosi cloni) mentre per condizioni più difficili e in agricoltura biologica con impianti a medio-bassa densità si può fare riferimento all'M111 o similari.
Nella fase di riposo invernale sopporta temperature molto basse (anche inferiori a -20 °C), ma teme le gelate molto tardive, soprattutto dopo la schiusura dei fiori. Gli inverni molto miti non sono ottimali, in quanto non permettono di completare la fase di riposo per la maggior parte delle varietà, avendo questa specie un elevato fabbisogno in freddo. Le escursioni termiche tra giorno e notte, in estate e in autunno, favoriscono la produzione di mele di qualità migliore, più colorate e croccanti. Le migliori condizioni di coltivazione si riscontrano perciò nell'ambiente collinare-montano, laddove sia possibile evitare le gelate in fioritura. In impianti intensivi si fa ampio uso di irrigazione antibrina; negli impianti amatoriali, su superfici ridotte, si può fare ricorso a tecniche tradizionali con produzione di fumo nelle notti e mattine più fredde.

Esigenze nutrizionali

Si fa riferimento a una tecnica di concimazione frazionata con restituzione degli elementi asportati con i frutti. Se viene asportato anche il legno di potatura, le restituzioni devono essere aumentate del 50%.

Elemento: Azoto.
Periodo critico: Post-fioritura; post-allegagione (espansione dei frutti e crescita dei germogli); post-raccolta.
Note: Frazionare gli apporti di azoto nei 3 periodi critici per evitare perdite per lisciviazione.
Eccesso: Ritardo di maturazione; maggiore cascola; effetti negativi su durezza e colorazione dei frutti. Può concorrere alla comparsa di vitrescenza.
Carenza: Decolorazione delle foglie e loro precoce caduta; minore lunghezza dei germogli, lamburde più sottili (meno fertili).
Quantità asportata: 0,5-0,6 g/Kg di frutti.

Elemento: Fosforo.
Periodo critico: Dalla ripresa vegetativa.
Note: È poco mobile con impatto elevato sulla crescita radicale e sull'equilibrio vegeto-riproduttivo della chioma.
Carenza: Difficilmente il melo presenta carenza di fosforo, in terreni normalmente dotati.
Quantità asportata: 0,07-0,13 g/Kg di frutti.

Elemento: Potassio.
Periodo critico: Da 4-6 settimane dopo la fioritura fino alla raccolta.
Note: È meglio frazionare l'apporto in più interventi a dosi basse ed eventualmente aumentare i quantitativi in prossimità della raccolta.
Eccesso: Contrasta l'assorbimento di calcio e magnesio favorendo quindi la comparsa della butteratura amara.
Carenza: Effetti negativi sulla fruttificazione e sulle caratteristiche qualitative dei frutti.
Quantità asportata: 1,14 g/Kg di frutti.

Elemento: Calcio.
Periodo critico: Seconda fase di sviluppo del frutto.
Note: Il calcio viene assorbito sia dai germogli in crescita che dai frutti. È molto importante mantenere l'equilibrio vegeto-riproduttivo, limitando la competizione dei germogli. Evitare carenze idriche, per un ottimale assorbimento. È poco mobile nella linfa elaborata e quindi difficile da trasportare nel frutto quando ha raggiunto dimensioni elevate e non traspira più intensamente.
Carenza: Nei frutti può provocare la comparsa della butteratura amara (alterazione della polpa con zone suberose e tacche depresse). L'apporto può essere controllato con trattamenti fogliari ripetuti a base di cloruro di calcio per favorire l'assorbimento diretto da parte dei frutti nelle prime fasi di crescita.
Quantità asportata: 0,07 g/Kg di frutti.

Elemento: Magnesio.
Periodo critico: Fine primavera.
Carenza: Clorosi fogliare e caduta delle foglie. Maturazione anticipata e cascola dei frutti.
Quantità asportata: 0,05-0,07 g/Kg di frutti.

Frazionare la concimazione in più interventi permette una maggiore flessibilità nella potatura. Se le piante sono stentate e la potatura troppo ricca si può aumentare la dose nel secondo intervento, quando la crescita dei germogli è ben evidente.

Esigenze idriche

Periodo critico: Distensione dei frutti (giugno-agosto).
Eccesso/Carenza: Irrigazioni tardive a seguito di prolungata carenza idrica possono provocare spaccature nei tessuti esterni dei frutti, in seguito all'assorbimento di acqua e al conseguente rigonfiamento. Possono inoltre predisporre alla comparsa di butteratura amara e vitrescenza (tessuti idropici, con acqua negli spazi intercellulari).
Quantità: 3000-4000 m^3/ha (300-400 mm di pioggia) nel periodo estivo.

È consigliabile irrigare anche in prossimità della raccolta e in post raccolta da settembre, in annate particolarmente siccitose.

	Restituzione giornaliera mm/giorno (*)	
	filare inerbito	filare lavorato
Aprile	0,8	0,7
Maggio	2,1	1,6
Giugno	4,2	3,1
Luglio	5,1	4,0

(*) 1 mm/giorno/ettaro = 1 litro/m² di superficie = 10 m³/giorno/ettaro (con un sesto di impianto a 5x5 sono circa 25 litri di acqua per pianta al giorno). I turni di irrigazione sono in funzione del periodo (mese) e del tipo di suolo, nonché del portinnesto (tipo di pianta). Fabbisogni e turni dipenderanno inoltre dal ciclo vitale della pianta, dalla presenza o meno di frutti, ecc...

La presenza di irrigazione professionale consente l'uso di portinnesti nanizzanti e impianti intensivi; negli impianti amatoriali si consiglia un'irrigazione di soccorso abbinata, se si è in zona tendenzialmente siccitosa, ad una potatura povera, con qualche taglio di raccorciamento per stimolare una vegetazione più rigogliosa.

Patogeni e parassiti chiave

Di seguito sono illustrate le tecniche di potatura che influiscono in varia misura sulle principali avversità del melo, per la cui difesa si rimanda ad altri testi specifici.

Ticchiolatura

Periodo critico: Dalla pre-fioritura allo stadio di frutto noce, in concomitanza delle piogge.

Accorgimenti: *Sminuzzare il fogliame a terra e favorire la decomposizione con applicazione di concimi azotati o una leggera zappettatura; limitare il periodo di crescita dei germogli con una potatura tendenzialmente ricca, senza eccedere con i concimi azotati e l'irrigazione. Scegliere varietà tolleranti o resistenti.*

Oidio

Periodo critico: Dal germogliamento per tutta la stagione vegetativa, con temperature tra i 10 e i 33 °C.

Accorgimenti: *Asportare i getti e i rami infetti con la potatura invernale o estiva. Evitare gli eccessi di azoto e di vigore. Limitare la crescita dei germogli con una potatura ricca.*

Cancro rameale

Periodo critico: Caduta delle foglie.

Accorgimenti: *Asportare e bruciare i rami gravemente infestati e disinfettare le ferite con sali rameici. Favorire l'arresto precoce della vegetazione.*

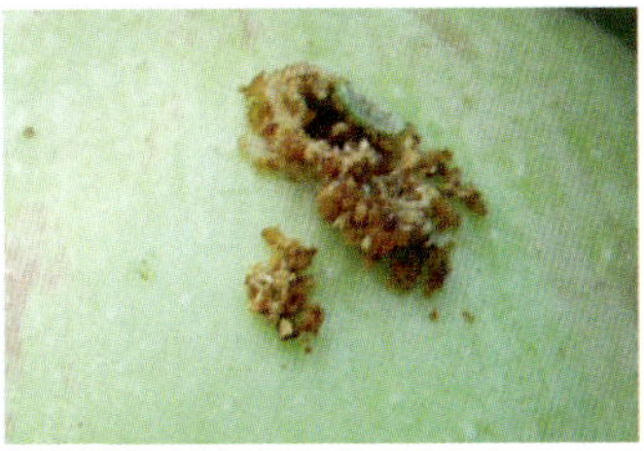

Carpocapsa

Periodo critico: Dall'allegagione alla maturazione dei frutti.

Accorgimenti: *Interventi di potatura non incidono sull'infestazione.*

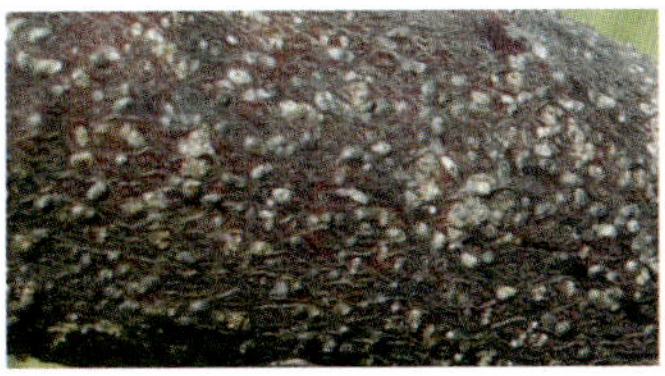

Cocciniglia

Periodo critico: Aprile-settembre.

Accorgimenti: *Mantenere un buon equilibrio vegetativo, riducendo al minimo le zone in ombra.*

Afide

Periodo critico: Dalla prefioritura all'allegagione.

Accorgimenti: *Proteggere i grossi tagli di potatura. Mantenere un buon equilibrio vegetativo, limitando gli apporti azotati.*

Rodilegno

Periodo critico: Da inizio giugno a metà agosto gli adulti depongono le uova. Le larve scavano gallerie a primavera.

Accorgimenti: *Asportare i rami infestati, eventualmente procedere alla disinfestazione localizzata con ferretti piegati ad uncino da inserire nelle gallerie.*

Pero *(Pyrus communis* L.*)*

Il *Pyrus communis* L. è originario dell'Europa centrale e del Caucaso. Nelle coltivazioni sono diffuse anche altre specie originarie della Cina, note con il nome di Nashi o pero giapponese, tra le quali il *Pyrus pyrifolia* Nak. (o *P. serotina*) è il più coltivato.

Le varietà sono distinte in base all'epoca di maturazione in precocissime, estive, autunnali e invernali. Le precocissime (cosiddette pere di San Giovanni) sono soggette al mal del pulcino (disfacimento interno), ovvero con facilità la polpa e il torsolo imbruniscono appena il frutto si avvicina alla maturazione.

Per le varietà estive i tempi di maturazione sono molto brevi per cui la polpa diventa presto farinosa o il torsolo di colore bruno; sono pere che si prestano per la produzione di succhi o altri prodotti trasformati, oppure possono essere gustate entro pochi giorni (al massimo un mese se conservate in frigorifero) dopo la raccolta. Le autunnali sono le più diffuse e oggi si possono conservare in frigorifero per parecchi mesi. Le pere invernali necessitano di postmaturazione per diventare eduli e in alcuni casi sono buone solo dopo cottura.

Pero spontaneo nelle campagne del Molise.

Descrizione fenomorfologica

Albero: Raggiunge dimensioni medio elevate con altezza massima di circa 12-15 m. Il tronco è robusto e solido, con legno apprezzato per fare utensili (stetoscopi). In qualche caso può originare un cespuglio fortemente spinoso in fase giovanile.
La pianta ha sviluppo acrotono con portamento assurgente e chioma conica quando fortemente vigorosa, che si espande e diventa globulare a maturità in piena produzione.
Si possono identificare 5 gruppi in base al tipo di rami fruttiferi.

Albero di pera Angelica di Serrungarina.

Gemme: Le gemme produttive sono gemme miste, coniche e rigonfie, che originano un germoglio e un racemo (infiorescenza). Hanno forma e colore diverso a seconda della varietà.
Le gemme vegetative sono di piccole dimensioni, appuntite, solitarie, a volte poco visibili nei primi 4-5 nodi dal basso in rami vigorosi; possono essere provviste di 2 sottogemme che schiudono solo in sostituzione della principale. Il pero conserva anche gemme latenti e può produrre meristemi avventizi come risposta a traumi.

Gemme vegetativa (sinistra) e gemma mista (destra).

Fiori: Infiorescenze a racemo formate da 7-15 fiori. Il centrale fiorisce in ritardo rispetto agli altri ed ha scarse possibilità di allegagione. I fiori sono bianchi, formati da 5 petali.
Il pero è autoincompatibile, salvo qualche varietà, perciò è necessario disporre di almeno due varietà con fioritura contemporanea per l'impollinazione, che avviene per mezzo degli insetti (in particolare dalle api). Va ricordato che i fiori del pero sono meno attraenti verso le api di altri a fioritura contemporanea (ciliegio). Alcune varietà sono in grado di produrre frutti (partenocarpici) anche senza impollinazione, ma solo in ambienti vocati.

Infiorescenza di pero.

Foglie: Glabre, di forma ovale ellittica, a margine intero, dentato. Sono caduche. Inserite a spirale, con ordine due/cinque, cioè con intervalli di 2 angoli giro e cinque foglie prima di ritornare alla stessa posizione lungo l'asse. Alcune specie selvatiche hanno foglie tomentose (con peluria), mentre altre ornamentali possono avere foglie rossastre. In autunno il colore può essere giallo, bruno o rosso e può assumere un valore ornamentale.

Branchetta di due anni con lamburde in formazione.

Frutti: Pomi (falsi frutti) composti da 5 logge ciascuna con 2 ovuli. Possono essere di forma variabile da conica (tipicamente piriforme) a globosa sferiforme, hanno buccia liscia, mutevole dal verde al giallo con possibili sfumature, o sovracolore, rosse; in qualche caso la buccia è suberificata (rugginosa). La polpa è granulosa in alcune varietà per la presenza di sclereidi (cellule con pareti ispessite e indurite). I frutti di alcune varietà, formati in assenza di impollinazione (partenocarpici) si presentano privi di semi e di dimensioni ridotte, a volte deformi.

Nelle annate molto produttive risulta utile il diradamento dei frutti, per migliorare la pezzatura e la costanza di produzione. Si interviene a mano dopo la cascola di giugno, valutando l'entità della produzione in funzione del vigore della pianta.

Frutti di pera Abate.

Le principali **fasi fenologiche** del pero sono: **gemma ibernante** in inverno, **orecchiette di topo** alla rottura della gemma a fine inverno, bottoni bianchi, inizio, piena e fine **fioritura**, **allegagione**, **cascola di giugno**, **frutto noce**, **cascola preraccolta**, **maturazione** (di raccolta e di consumo), caduta delle foglie.

Nelle foto sono riportate in sequenza da sinistra: gemma ibernante (1), orecchiette di topo (2), bottoni bianchi (3), inizio (4), piena (5) e fine fioritura (6), allegagione (7), cascola di giugno (8), maturazione (9), caduta foglie (10).

Come potare

Il pero soffre le eccessive curvature e piegature, per cui nell'allevamento delle branche primarie conviene scegliere inclinazioni fra 30 e 45° a seconda del palco e del vigore di ogni singola varietà. Queste inclinazioni di solito sono sufficienti per avere un germogliamento uniforme e un vigore medio ridotto, entrambi presupposti necessari per aver una buona differenziazione a fiore. La forte acrotonia del pero rende utile, ove possibile, l'utilizzo di rami anticipati che presentano un angolo di inserzione ampio. Laddove si debba fare ricorso, per costituire una branca, all'uso di un succhione fortemente assurgente è consigliabile effettuare una torsione estiva per sfibrare e indebolire l'asse. In questo modo, con la potatura invernale si può poi procedere al suo posizionamento definitivo senza correre il rischio di rotture e riducendo di molto il tempo e lo sforzo necessari alla sua inclinazione. Laddove il germogliamento acrotono determina ampi spazi privi di ramificazioni, è utile a fine inverno intervenire con il taglio del caporale e, se la branca è molto vigorosa, anche con colpi di sega al di sopra della zona che si vuole stimolare a crescere. Il pero si avvantaggia del taglio raso, dove si vuole evitare riscoppio vegetativo, ma anche di tagli a becco di luccio se si vuole mantenere una zona vegetativa e al tempo stesso favorire la fuoriuscita di rami con angolo di crescita aperto.

Pollone: Ramo vegetativo molto vigoroso che parte di solito dal pedale o dalle radici. Di solito è selvatico, cioè proveniente dal portinnesto.

Potatura: *Vanno eliminati alla base.*

Succhione: Ramo vegetativo molto vigoroso, spesso provvisto di rami anticipati. Parte di solito da grandi branche assurgenti o dal tronco.

Potatura: *Vanno eliminati alla base, mai raccorciati. Vengono mantenuti quando sono utili per sostituire branchette mancanti o esaurite. Possono essere indeboliti con la piegatura, se non vengono raccorciati al secondo anno possono differenziare a fiore, e al terzo si piegano sotto il peso dei frutti.*

Ramo vegetativo: Ramo vigoroso, con solo gemme vegetative.

Potatura: *Se raccorciati o spuntati, la pianta può reagire con una forte crescita vegetativa che porta alla formazione di numerosi germogli in prossimità del taglio e a un eccessivo infoltimento della chioma a scapito della produzione. Vanno quindi eliminati alla base o lasciati integri se non troppo vigorosi (50-70 cm) e in posizione utile per sostituire una parte della chioma invecchiata. Possono originare nuove branchette fruttifere.*

Ramo misto: Ramo di medio vigore su cui sono presenti gemme vegetative e miste. Le gemme miste laterali di solito non allegano, la produzione è quindi prevalentemente terminale. Si piega con il peso dei frutti e genera nuovi brindilli e lamburde. In alcune cultivar è presente solo nei primi anni.

Potatura: *La spuntatura dei rami di un anno a 3-4 gemme permetterebbe di ottenere 3-4 rami a frutto per la produzione di pere negli anni successivi in caso di pianta debole, ma provocherebbe alternanza produttiva. In piante vigorose è consigliabile non raccorciarli, per evitare un eccessivo riscoppio vegetativo a discapito della produzione e dell'equilibrio della chioma.*

Brindillo vegetativo: Ramo corto che non ha differenziato a fiore; presenta unicamente gemme vegetative che evolvono rapidamente a lamburde.

Potatura: *Si devono diradare se troppo fitti. In piante giovani o in zone ombreggiate delle piante adulte possono essere utili per favorire negli anni seguenti la differenziazione a fiore.*

Brindillo misto: Ramo esile e corto, con gemme vegetative lungo l'asse e una gemma mista all'apice. Può avere anche gemme miste laterali i cui fiori però raramente allegano.

Potatura: *I brindilli possono essere conservati per la produzione, ma non vanno raccorciati o spuntati perché si avrebbe formazione di eccessivo fogliame e perdita dei fiori. Si asportano i brindilli più lunghi cercando così di ridimensionare in modo preventivo il carico di frutti.*

Lamburda vegetativa (Dardo): Ramo molto corto, con una unica gemma vegetativa apicale, evolve a lamburda produttiva negli anni successivi. Nelle piante giovani sono presenti dardi spinosi.

Potatura: *Vanno mantenute per la formazione di nuove lamburde produttive.*

Lamburda: Ramo molto corto, inserito su branche di due o

più anni di età. Termina con una gemma a frutto. Non si esaurisce nell'anno di fruttificazione ma origina le borse e quindi le zampe di gallo, che in alcune varietà di pero invecchiano abbastanza velocemente, mentre in altre possono rimanere produttive anche per molti anni di seguito.

Potatura: *Si può effettuare il taglio di ritorno delle branchette al di sopra di una lamburda produttiva, in quanto i frutti da essa prodotti assolveranno la funzione di cima.*
Vanno diradate, asportando quelle in eccesso o deperite, che tendono a produrre frutti di piccole dimensioni.
Le borse e le lamburde di più anni si possono preservare asportando i rami al di sopra di esse, in modo da permettere un'azione di richiamo al loro interno che favorisce la formazione di nuove gemme nell'anno successivo al taglio. Le borse costituiscono così delle riserve di gemme fertili per almeno 3-4 anni.

Nelle varietà più comuni, durante i primi 3-4 anni di maturità, la produzione è distribuita prevalentemente su brindilli e in misura minore sui rami misti; in seguito soprattutto sulle lamburde. Con tecniche di coltivazione a ridotti apporti esterni, come in biologico, è consigliabile ridurre la produzione su zampe di gallo o lamburde che forniscono una produzione costante, ma danno origine a frutti di piccolo calibro.

Gruppi varietali

Il raccorciamento delle branchette per il rinnovo delle strutture produttive è un'operazione costante in quasi tutte le varietà di pero, ma viene operata con intensità diversa a seconda delle specifiche attitudini produttive. Si distinguono 5 tipologie di conformazione dell'albero e delle branche, con difforme presenza dei diversi tipi di rami produttivi, importanti nella scelta del tipo di potatura e della forma di allevamento. Risultano variabili in base al vigore e quindi all'ambiente. In ambienti meridionali la maturità viene raggiunta più precocemente e si riscontra pertanto una prevalenza di lamburde sulle branche di due anni.

William, Coscia, Santa Maria: Fruttificano prevalentemente su gemme apicali e subapicali di brindilli o rami misti. Negli anni aumenta la quantità di lamburde su legno vecchio, con tendenza a perdere capacità di rinnovo (affaticamento riproduttivo).

Potatura: *La potatura deve essere lunga, evitando i raccorciamenti dei rami di 1 anno, da diradare se necessario. Occorre stimolare la formazione di nuova vegetazione, attraverso tagli di sfoltimento, di raccorciamento e di rinnovo sulle branche vecchie. Bisogna eliminare le branche pendenti che derivano dai brindilli con frutti, così da evitare l'infittimento vegetativo.*

Abate Fétel, Decana del comizio, Concorde, Packhams Triumph: Fruttificano inizialmente su brindilli e rami misti e in seguito su lamburde inserite in branchette di 2-3 anni. Le branche al secondo anno formano una notevole quantità di lamburde su cui si ottiene la produzione migliore. Con il tempo la produzione si sposta sulle zampe di gallo, dove però la qualità è inferiore. La formazione di brindilli con gemma mista terminale non è molto elevata, soprattutto con portinnesti franchi. Senza un'adeguata potatura spesso l'allegagione risulta scarsa.

Potatura: *Serve una potatura energica, corta e tardiva. Si raccorciano le branche di 2 anni lasciando 6-8 lamburde (circa 2/3), da cui produrre e formare nuove gemme produttive. Si raccorciano ulteriormente le branche di 3 anni, in modo da stimolare il rinnovo. Successivamente bisogna diradare le branche esaurite sostituendole con altre sottostanti, sfoltendo o raccorciando le zampe di gallo dopo i primi anni di fruttificazione per evitare un eccessivo invecchiamento. Occorre mantenere i rami di 1 anno (rinnovo) se ben inseriti (lateralmente alle branche o distalmente a branchette di sfruttamento) e non troppo vigorosi; eliminando solo i succhioni.*

Conference, Butirra Hardy, Butirra Anjou: Producono sui rami fruttiferi di un anno nelle piante giovani e in seguito prevalentemente su lamburde in grado di riformarsi ogni anno su se stesse, a partire da branchette di 2-3 anni, che rimangono quindi produttive per molti anni. Le pere prodotte dalle lamburde presenti su legno vecchio risultano tuttavia di piccole dimensioni e di qualità inferiore. Conference è una varietà molto fertile, con una discreta produzione anche su brindilli e rami misti.

Potatura: *È necessario eseguire tutti gli anni una potatura corta e "povera", con raccorciamento delle branchette e diradamento delle formazioni fruttifere. Occorre una distribuzione equilibrata della produzione per il 20% su rami di un anno e per il 40% su branche di 2-3 anni, evitando di superare il 40% su legno vecchio. Nelle annate più produttive è importante effettuare il diradamento dei frutti per ottenere una buona pezzatura e ridurre il rischio di alternanza.*

Kaiser, Favorita di Clapp: Producono abbondantemente su lamburde portate da legno vecchio (le branche rimangono fruttifere per molti anni) che non temono la competizione dei germogli. Le gemme miste, piuttosto grandi, hanno buona resistenza ai freddi invernali. L'allegagione è generalmente molto alta, indipendentemente dalla potatura.

Potatura: *Occorre una potatura lunga, senza spuntatura dei rami di un anno anche se molto sottili e privi di gemme a fiore, in quanto avrebbero un forte riscoppio vegetativo. Bisogna rinnovare le branche* *con cicli più lunghi rispetto alle altre varietà. Si può tollerare una prevalente produzione (>50%) su formazioni fruttifere e branche di oltre 3 anni.*

Passa Crassana: Fruttifica prevalentemente su brindilli nei primi anni, su lamburde successivamente. Forma corti rami vegetativi (20-40 cm) che, al secondo anno, originano un nuovo ramo vegetativo apicale e varie lamburde o brindilli laterali.

Potatura: *È necessaria una potatura corta con raccorciamento di tutte o quasi le branche di 2 o 3 anni per impedire che le gemme a legno della porzione apicale formino nuovi germogli, molto competitivi nei confronti dei sottostanti rami a frutto. Si garantisce così un'elevata allegagione dei fiori che entro certi limiti è proporzionale all'intensità di taglio. Bisogna assicurare un adeguato rinnovo vegetativo, per evitare l'alternanza di fruttificazione.*

TAGLIO A BECCO DI LUCCIO

Sul pero può risultare vantaggioso questo particolare tipo di speronatura eseguita sui rami di un anno inseriti sull'asse centrale. Si esegue un taglio orizzontale partendo dal cercine nella parte superiore e in modo da mantenere 1-2 gemme nella parte inferiore del ramo. In questo modo viene stimolata una forte risposta vegetativa che però sarà rivolta verso l'esterno.

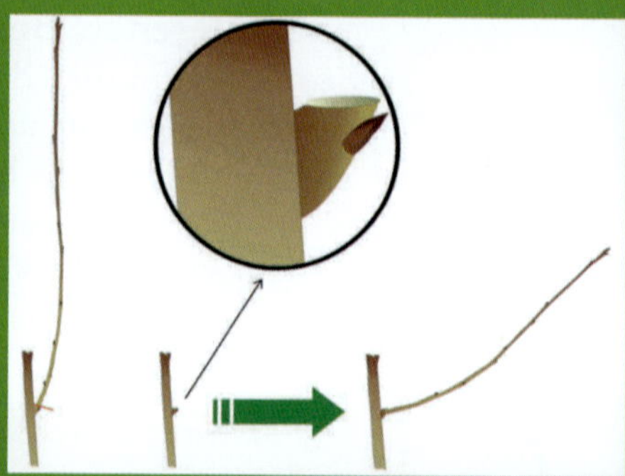

Quanto e quando potare

L'intensità di potatura sul pero può essere modulata in modo da asportare circa il 20-40 % delle gemme miste, più energica in varietà deboli, più leggera in varietà vigorose. In una pianta equilibrata la lunghezza della vegetazione dell'anno si mantiene tra i 30 e i 40 cm.

La potatura può avvenire durante tutto il periodo di riposo vegetativo, ritardandola alla fase di gemme rigonfie o all'inizio della fioritura in modo da favorire l'allegagione nel caso di varietà con eccessiva e anticipata fogliazione (es. Abate Fétel) che ostacola la schiusura e l'impollinazione dei fiori e genera una forte competizione tra germogli e fiori fecondati.

È possibile far ricorso alla potatura verde in varietà molto vigorose per favorire una migliore distribuzione della luce nella chioma, regolare la produzione, contenere la vigoria e migliorare lo stato fitosanitario (arieggiamento della chioma). Un caso particolare di potatura verde è il trattamento delle cime troppo vigorose (teste di salice). Se si tagliano in inverno, si hanno forti riscoppi primaverili, ma se si raccorciano nella primavera successiva la crescita in estate, sarà molto più equilibrata.

Propagazione e impianto

Il pero viene propagato principalmente per via vegetativa mediante innesto su portinnesti di diversa vigoria.
L'impianto con astone rivestito a radice nuda va eseguito preferibilmente in autunno. I rami anticipati vanno potati a seconda della forma di allevamento. Il punto di innesto dovrà trovarsi ad almeno 20 cm da terra.

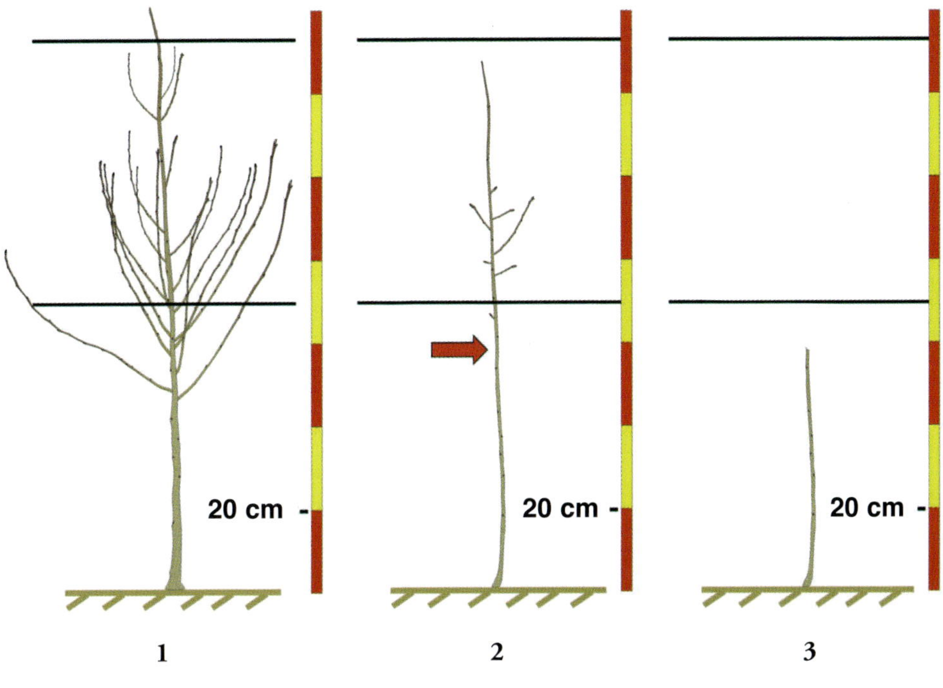

Il materiale ottimale per l'impianto è costituito da astoni di due anni, ben sviluppati, con calibro di 10-12 mm, altezza di 75-150 cm, con almeno 4-6 rami di 30-40 cm e radici ben distribuite e non troppo corte (1). Un astone provvisto di un buon numero di rami anticipati presenta numerosi punti di crescita che permettono una riduzione dell'acrotonia. Non sono ideali astoni nudi (2) che tuttavia sono molto frequenti in caso di portinnesti franchi o di piante autoradicate. In questo caso è opportuno raccorciare l'astone a 60-70 cm di altezza in modo da stimolare l'emissione di rami tra i quali si andranno a scegliere le branche e l'asse centrale (nelle forme di allevamento in cui è previsto).

Forme di allevamento

Fusetto: È una forma indicata per impianti a media ed elevata densità. Si presenta conica dalla base alla cima, con branchette di larghezza decrescente dal basso verso l'alto, in modo da assecondare il naturale comportamento della specie. L'impianto si esegue utilizzando piante di uno o due anni innestate su portinnesti nanizzanti (cloni di cotogno), già preparate in vivaio. Le branchette basali vengono inclinate fino ad avere un angolo di apertura di 55-60 gradi, utilizzando dei divaricatori. Le branchette inserite sull'asse centrale seguono la naturale disposizione a spirale, con vigoria e lunghezza decrescenti dal basso verso l'alto. La struttura di sostegno prevede la presenza di tre fili paralleli, posti a 0,50 m da terra il primo e a distanza di 0,80 cm gli altri due, sorretti da pali posizionati a una distanza di 6-8 m. Il sesto d'impianto è variabile: 3,50-4,00 m tra le file e 0,8-1,20 m tra le piante (per una densità di circa 2.500-3.500 piante per ettaro). La potatura di produzione mira a ottenere nuove strutture lungo l'asse principale e consiste pertanto soprattutto di tagli vicino al tronco, senza mai ricorrere a "tagli in fronte", con formazione di speroni molto vegetativi che producono succhioni. I rami molto sottili vengono "toccati in punta" per ridare vigore, ma non su Kaiser.
La potatura di allevamento del fusetto è descritta in dettaglio per il melo.

Fusetto. Prima della potatura.

Palmetta: La forma di allevamento a palmetta si è evoluta nel tempo da un'elevata regolarità geometrica ad una relativa "libertà". È costituita da un asse centrale e da 2-3 palchi (distanti 60-80 cm) di branche opposte, distanziate e inclinate rispetto alla verticale di circa 45° (valore raggiunto gradualmente in funzione della vigoria della branca stessa). Il "terzo palco" è spesso sostituito da una struttura a fusetto in cui la distanza tra le branche si riduce verso l'alto. La palmetta deve allargarsi alla base (con branchette rivolte anche verso il centro del filare) e tendere al conico nella parte alta ("fusettata", al di sopra del secondo filo), in modo da raggiungere una ottimale intercettazione e distribuzione della luce. Sono necessarie strutture di sostegno, pali e fili orizzontali sovrapposti (uno per ogni palco di branche). Dopo la messa a dimora l'astone viene spuntato a 60-70 cm da terra per l'emissione dei germogli che costituiranno le branche del primo palco, di calibro consistente, e l'asse centrale. Alla fine del primo anno si posizionano le branche e si lega al secondo filo l'asse centrale, che viene spuntato all'altezza voluta per il secondo palco di branche. Questo viene generalmente impostato nel secondo anno in cui ci si limita all'eliminazione dei succhioni che si sviluppano sulle branche principali ed esercitano un'azione antagonista sulla formazione della struttura scheletrica; inoltre si opera un controllo della vegetazione che si sviluppa sul tronco e sulle branche. Alla fine del terzo anno si arriva al completamento della forma. La potatura di produzione prevede il ricambio periodico delle strutture produttive, perseguendo l'equilibrio tra vigoria e invecchiamento della pianta. Le distanze di impianto appropriate sono di 4 x 2-3 m. La forma a palmetta viene preferibilmente consigliata per combinazioni d'innesto vigorose (portinnesti franchi o piante autoradicate).

Fusetto in fioritura.

Vaso basso.

La potatura di allevamento della palmetta è descritta in dettaglio per il cotogno.

Vaso basso: Il vaso è una forma in volume priva di asse centrale, espansa, tradizionale molto diffusa in passato. Il vaso libero basso, gestibile da terra, risulta oggi interessante in piccoli frutteti amatoriali con un palco di 3-4 branche primarie inserite sul tronco a 50-70 cm. I sesti sono ampi, almeno 5 x 4 m. Si lascia una crescita libera di rami e branche per il periodo di formazione, che altrimenti risulterebbe lungo, eseguendo ripetuti tagli di ritorno. La formazione avviene pertanto a partire da un piccolo cespuglio, in cui nel tempo vengono selezionate le branche primarie, non raccorciate fino al raggiungimento della forma definitiva.

Potatura di allevamento del vaso libero basso

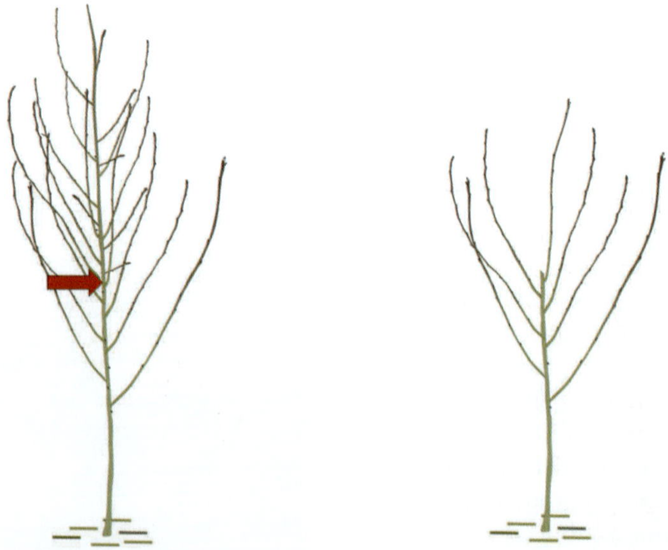

Impianto

All'impianto bisogna tagliare l'astone a un'altezza di circa 10 cm al di sopra della futura impalcatura di branche. Se ci sono gli anticipati come in questo caso vengono lasciati, ma nei casi più comuni si raccorcia l'astone nudo. Questo è il caso descritto di seguito.

Primo anno

Eseguendo la concimazione nella stagione vegetativa si ottiene un certo vigore con crescita degli anticipati. Per ridurre il vigore eccessivo, terminale, dei rami interni bisogna operare lo strappo in verde. Occorre lasciare piuttosto libera la crescita, mantenendo un alto numero di rami per pianta che di conseguenza riducono la crescita vegetativa e possono differenziare a fiore.

Secondo anno

Se è necessario ridurre il vigore eccessivo dei rami bisogna eseguire nuovamente lo strappo in verde, operazione che comporta una minore crescita vegetativa. Durante il riposo vegetativo occorre operare la progressiva asportazione delle branche in eccesso. Non servono raccorciamenti o tagli di ritorno, né potatura dei brindilli, ma le cime delle branche rimaste devono essere semplificate.

Terzo anno

Bisogna procedere con la progressiva asportazione delle branche in eccesso, scegliendone 3-4 da mantenere per ogni pianta, in modo da aprire la struttura del vaso. Non si devono raccorciare i brindilli e i rami misti, mentre le cime delle branche rimaste devono essere semplificate.

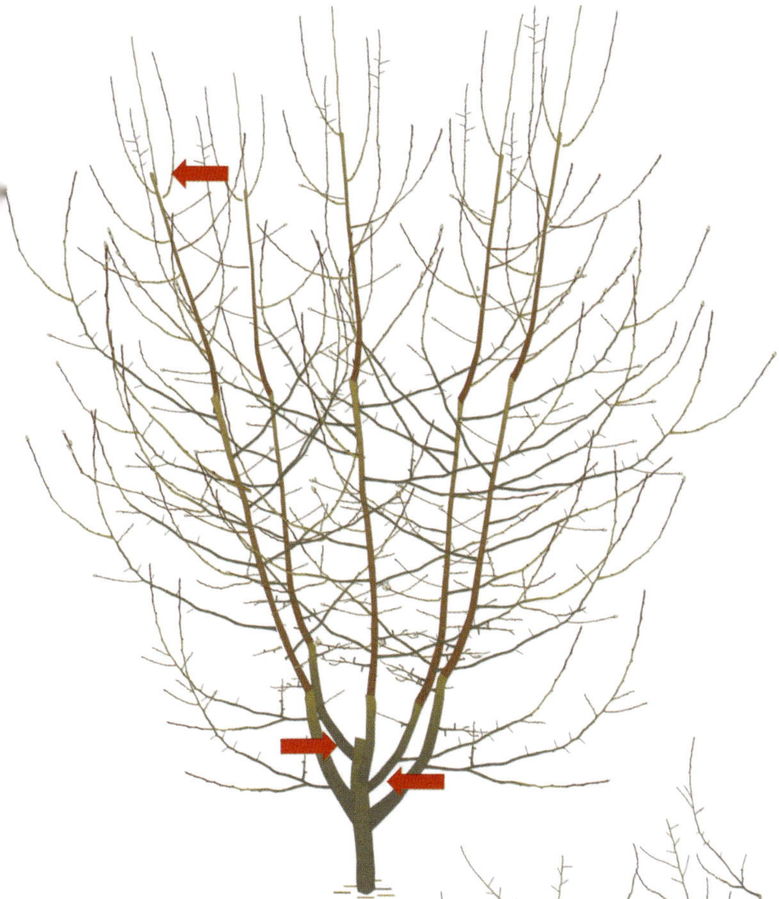

Pianta in produzione

A maturità si deve eseguire il taglio di ritorno sulle branche principali in modo da fissare l'altezza definitiva della pianta. È utile una potatura di produzione con diradamenti delle strutture riproduttive ed eventuali raccorciamenti per favorire il rinnovo vegetativo, adeguando gli interventi alle caratteristiche produttive della cultivar.

Notizie tecniche

Il pero predilige **terreni** profondi, con basso contenuto di calcare attivo, tessitura equilibrata e contenuto di limo e argilla non eccessivo, pH sub-acido o neutro. Con pH elevati e/o alta presenza di calcare attivo (> 4%) manifesta clorosi, soprattutto con il cotogno come portinnesto. Se il terreno è ricco di sostanza organica e ben strutturato, i limiti di calcare attivo si possono alzare anche di molto prima di avere sintomi avversi. Si adatta anche a terreni non molto fertili avendo esigenze nutritive minori rispetto ad altre specie frutticole. Predilige **climi** temperato-freschi. Per poter produrre frutti sufficientemente aromatici e con polpa non troppo tenera, soprattutto con varietà tardive, necessita di un clima caldo, ma soffre in caso di siccità estiva rendendo indispensabile l'irrigazione. Nella fase di riposo invernale può sopportare temperature di -20 °C, ma teme le gelate tardive, soprattutto dopo la schiusura dei fiori. Nelle zone con inverni molto miti è bene impiegare varietà a basso fabbisogno in freddo. La presenza di vento può provocare danni per la caduta dei frutti. Le migliori condizioni di coltivazione si riscontrano perciò nelle regioni centro-settentrionali.
In condizioni pedoclimatiche non ottimali possono essere impiegati portinnesti quali il franco, o le sue selezioni, e l'autoradicato, che richiedono però una tecnica di potatura adeguata alla potenzialità di sviluppo della pianta e all'altezza desiderata per evitare un eccessivo sviluppo vegetativo con la penalizzazione anche totale della produzione.
Portinnesti con maggiore forza quali l'autoradicato (es. Conference) risentono meno degli stress e consentono alla pianta di svilupparsi prima nel corso della stagione vegetativa, anticipando così anche la maturazione. **Portinnesti** più deboli (es. cotogni EMC, MA e Sydo® e BA 29 e CTS 212) non si adattano a terreni non vocati.

Esigenze nutrizionali

Si fa riferimento a una tecnica di concimazione frazionata con restituzione degli elementi asportati con i frutti. Se viene asportato anche il legno di potatura, le restituzioni devono essere aumentate del 50%.

Elemento: Azoto.
Periodo critico: Post-fioritura; maggio-giugno (sviluppo del frutto, sviluppo vegetativo, induzione a fiore delle gemme); post-raccolta.
Note: Frazionare gli apporti di azoto nei 3 periodi critici per evitare perdite per lisciviazione
Eccesso: Alternanza produttiva, scarsa qualità e ridotta conservabilità dei frutti. In fase di piena produzione favorisce lo sviluppo della Psilla.
Carenza: Decolorazione delle foglie e loro precoce caduta; minore lunghezza dei germogli, lamburde più sottili (meno fertili); abbondante fioritura seguita da scarsa allegagione; imbrunimento interno dei frutti.
Quantità asportata: 0,6-0,7 g/Kg di frutti.

Elemento: Fosforo
Periodo critico: Dalla ripresa vegetativa.

Note: È un elemento poco mobile che ha un impatto elevato sulla crescita radicale e sull'equilibrio della chioma.
Eccesso: Contrasta l'assorbimento del ferro, con conseguente clorosi ferrica. Imbrunimento dei margini fogliari.
Carenza: Difficilmente il pero presenta carenza di fosforo, in terreni normalmente dotati.
Quantità asportata: 0,07-0,13 g/Kg di frutti.

Elemento: Potassio.
Periodo critico: Da 4-6 settimane dopo la fioritura fino alla raccolta.
Note: È meglio frazionare l'apporto in più interventi a dosi basse, aumentare i quantitativi in prossimità della raccolta.
Eccesso: Contrasta l'assorbimento di calcio e magnesio.
Carenza: Effetti negativi sulla fruttificazione e sulle caratteristiche qualitative dei frutti. È poco frequente.
Quantità asportata: 1,14 g/Kg di frutti.

Elemento: Calcio.
Periodo critico: Seconda fase di sviluppo del frutto.
Eccesso: Clorosi ferrica. Si controlla con solfati di ferro nel terreno o chelati ferrici anche per via fogliare.
Carenza: La qualità del frutto viene penalizzata e si aumenta il rischio di imbrunimenti e litiasi (gruppi di cellule necrotiche).
Quantità asportata: 0,07 g/Kg di frutti.

Elemento: Ferro.
Periodo critico: Caduta dei petali e post-raccolta.
Note: Somministrato per via fogliare consente un'ottimale efficienza delle foglie che devono supportare la crescita dei frutti. Dove necessario occorre fornire il 70% della dose a primavera, il 30% a settembre.
Carenza: Con piante non ben verdi in fase di fioritura e post-fioritura è possibile una maggiore cascola dei frutti dopo l'allegagione. Arrossamenti fogliari in autunno.
Quantità asportata: Bisogna apportare pochi kg per ettaro di chelati.

Frazionare la concimazione in più interventi permette una maggiore flessibilità nella potatura. Se le piante sono stentate e la potatura troppo ricca, si può aumentare la dose nel secondo intervento, quando la crescita dei germogli è ben evidente. Se non si ha allegagione si sospendono le applicazioni azotate.

Esigenze idriche

Periodo critico: Ingrossamento dei frutti (60 giorni pre-raccolta).
Eccesso: Eccessi idrici portano a crescite vegetative squilibrate e a perdita di qualità dei frutti, che risultano più suscettibili a malattie, poco serbevoli e anche meno sapidi.
Carenza: Carenze prolungate arrestano la crescita dei frutti e ne alterano le caratteristi-

che. Piccoli stress post-fioritura aiutano a contenere lo sviluppo vegetativo in favore dello sviluppo dei frutti. Squilibri idrici in piante vigorose producono spaccature dei frutti.

Quantità: 200 mm di pioggia nel periodo estivo.

È consigliabile interrompere l'irrigazione alcuni giorni prima della raccolta, in modo da non penalizzare la conservabilità e la serbevolezza dei frutti.

	Restituzione giornaliera mm/giorno (*)	
	filare inerbito	**filare lavorato**
Aprile	0,8	0,7
Maggio	2,1	1,6
Giugno	4,2	3,1
Luglio	5,1	4,0

(*) 1 mm/giorno/ettaro = 1 litro/m² di superfiche = 10 m³/giorno/ettaro (con un sesto di impianto a 5x5 sono circa 25 litri di acqua per pianta al giorno. I turni di irrigazione sono in funzione del periodo (mese) e del tipo di suolo, nonché del portinnesto (tipo di pianta). Fabbisogni e turni dipenderanno inoltre dal ciclo vitale della pianta, dalla presenza o meno di frutti, ecc…

La presenza di irrigazione professionale consente l'uso di portinnesti nanizzanti e impianti intensivi; negli impianti amatoriali si consiglia un'irrigazione di soccorso abbinata, se si è in zona tendenzialmente siccitosa, ad una potatura povera, con qualche taglio di raccorciamento per stimolare una vegetazione più rigogliosa.

Patogeni e parassiti chiave

Di seguito sono indicate le tecniche di potatura che influiscono in varia misura sulle principali avversità del pero, per la cui difesa si rimanda ad altri testi specifici.

Psilla

Periodo critico: In primavera-estate avvengono varie generazioni (neanidi), poi gli adulti svernano in autunno. Le neanidi sviluppano sopratutto sui germogli in crescita estiva.

Accorgimenti: *Evitare gli eccessi di azoto e di vigore favorendo uno sviluppo vegetativo equilibrato. Limitare la crescita dei germogli con una potatura ricca, limitare i grossi tagli di potatura che stimolano i succhioni con crescita prolungata estiva. Mantenere l'inerbimento.*

Ticchiolatura

Periodo critico: Dalla pre-fioritura allo stadio di frutto noce, in concomitanza delle piogge. Più precoce rispetto al melo.

Accorgimenti: Con la potatura si deve favorire l'aerazione della vegetazione per ridurre l'umidità e rendere più efficaci eventuali trattamenti. Limitare il periodo di crescita dei germogli con una potatura tendenzialmente ricca, senza eccedere con concimi azotati e irrigazione. Asportare i rametti infetti. Sminuzzare il fogliame a terra e favorirne la decomposizione con concimi azotati o leggera zappettatura. Scegliere varietà tolleranti o resistenti.

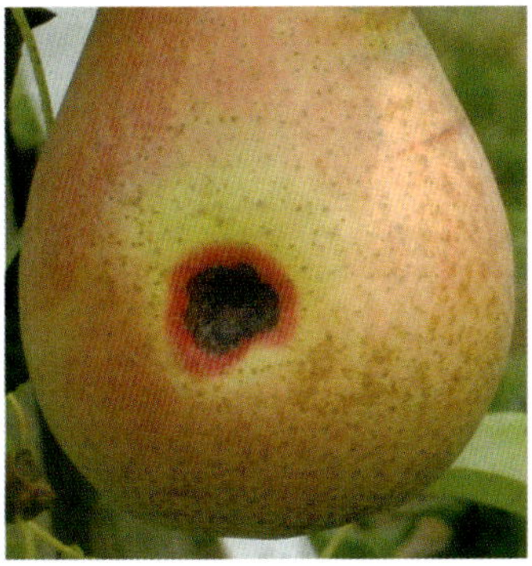

Maculatura bruna

Periodo critico: Dalla formazione dei frutti alla raccolta, soprattutto in stagioni umide.

Accorgimenti: Eseguire potature equilibrate che favoriscano l'aerazione della chioma. Mantenere le piante in buono stato vegetativo. Moderare le concimazioni di azoto. Limitare le irrigazioni evitando quelle soprachioma. Sminuzzare e interrare il fogliame a terra e favorirne la decomposizione con concimi azotati. Asportare i frutti caduti.

Carpocapsa

Periodo critico: Dall'allegagione alla maturazione dei frutti.

Accorgimenti: Interventi di potatura non incidono sull'infestazione.

Afidi

Periodo critico: Primavera sui nuovi germogli.

Accorgimenti: Proteggere i grossi tagli di potatura che originano germogli vigorosi su cui gli afidi proliferano facilmente.
Mantenere un buon equilibrio vegetativo, limitando gli apporti azotati.

Cocciniglia

Periodo critico: Maggio-settembre.

Accorgimenti: Mantenere un buon equilibrio vegetativo, riducendo al minimo le zone in ombra e la presenza di succhioni. Eliminare i rami attaccati. Spazzolare tronchi e branche.

Colpo di fuoco batterico

Periodo critico: La pianta è più sensibile in fioritura quando il batterio può penetrare nello stigma dei fiori. I batteri vengono diffusi in particolare dagli essudati che fuoriescono dai cancri attivi.

Accorgimenti: Tagliare e bruciare i rami infetti e disinfettare i tagli con sali rameici. Non effettuare potatura verde. Contenere la vigoria delle piante. Avvertire i servizi fitosanitari (lotta obbligatoria).
Evitare seconde fioriture e nel caso distruggere tutti i fiori in estate e autunno, per ridurre i siti di contaminazione.

Cotogno *(Cydonia oblonga* Mill.*)*

È originario dell'Asia minore ed è diffuso nel Mediterraneo per la produzione di frutti destinati alla trasformazione in confetture. Il frutto raggiunge la piena maturità con stagioni vegetative lunghe e estati calde.

È utilizzato come portinnesto di ridotta vigoria per il pero nelle regioni più fresche del centro e nord Europa.

È molto apprezzato a livello amatoriale nei giardini e nei frutteti familiari per la bella fioritura e per i frutti, di forma strana ma attraente, molto aromatici e profumati, di un bel colore giallo intenso a maturità (il frutto deve essere lucidato per eliminare il tomento). Rinomato nell'antica Grecia e a Roma, durante il Rinascimento ha rappresentato uno dei frutti autunnali più diffusi ed era spesso presente nelle fruttiere a tavola per dare colore e profumo.
Si possono distinguere due tipologie in base alla forma del frutto che può essere maliforme (melo-cotogno, generalmente preferito) o piriforme (pero-cotogno). I frutti, spesso di grande dimensione, superiore a quella delle mele e delle pere, hanno polpa facilmente ossidabile (ed è per questo che si aggiunge un limone ogni 8-10 cotogne nella preparazione della cotognata), molto ricca in vitamina C. Hanno un sapore acidulo e astringente che ne limita il consumo senza cottura. Tradizionalmente, ricette a base di cotogno (cotognate, gelatine e confetture) erano molto diffuse a livello regionale e

Cotogno al bordo di un campo.

per la sua ricchezza in pectine, tuttora, questo frutto è molto usato a livello industriale per arricchire ricette a base di altri frutti che ne sono poco dotati. Il termine marmellata sembra proprio derivare dal nome portoghese di questa specie (marmelo). Il frutto può essere consumato anche essiccato in cubetti o fettine, e utilizzato per contrastare mal di gola e malattie da raffreddamento.

Descrizione fenomorfologica

Albero: Ha portamento arbustivo o cespuglioso e può raggiungere un'altezza di circa 5-8 m. È molto rapido ad entrare in produzione (2-3 anni). È fortemente pollonifero e con facilità ricaccia succhioni in caso di rotture o danneggiamenti alle branche e al tronco. Presenta un apparato radicale superficiale, una maggiore sensibilità al calcare rispetto al pero e una elevata suscettibilità alla siccità estiva, è tollerante ai ristagni idrici invernali. Alcune varietà hanno un'elevata capacità di radicazione sui rami e questo ne ha favorito il successo come portinnesto del pero.

Albero isolato.

Gemme: Le gemme produttive sono gemme miste. Le gemme vegetative sono di piccole dimensioni, appuntite, solitarie. Il cotogno conserva gemme latenti e ha buona capacità di sviluppare germogli avventizi.

Gemma vegetativa.

Fiori: Solitari, portati da brevi germogli dell'anno con alcune foglie. Sono rosati o biancastri, formati da 5 petali, di dimensioni maggiori rispetto al pero e al melo. Il cotogno ha alcune varietà autocompatibili e altre autoincompatibili, perciò è consigliabile disporre in campo almeno due varietà con fioritura contemporanea per l'impollinazione, che avviene per mezzo degli insetti (in particolare delle api).

Foglie: Decidue, pubescenti nella pagina inferiore, di forma variabile in funzione della posizione sul germoglio e del vigore, tendenzialmente cordiformi o ovate, di grandi dimensioni.

Foglia.

Frutti: Pomi (falsi frutti) composti da 5 logge ciascuna con numerosi ovuli. Spesso hanno forma asimmetrica e variabile all'interno della stessa pianta. Hanno buccia di colore giallo-oro a maturazione, coperta da abbondante peluria, che facilmente scompare in prossimità dell'epoca di raccolta. La polpa in molte varietà è granulosa per la presenza di sclereidi (cellule con pareti ispessite e indurite). La produzione è alternante e di entità variabile in base alla vigoria della pianta.

Frutto.

Le principali **fasi fenologiche** del cotogno sono: **gemma ibernante in inverno**, r**ottura gemme a fine inverno**, **fioritura** (inizio, piena, fine), **allegagione**, **cascola di giugno**, **cascola preraccolta**, **maturazione**.

Come potare

Pollone: Ramo vegetativo molto vigoroso, spesso provvisto di rami anticipati. Parte di solito dal pedale o dalle radici. Il cotogno ha forte propensione ad emettere vigorosi polloni basali, che possono essere usati per la moltiplicazione, avendo una buona attitudine a emettere radici.

Potatura: *I polloni nel cotogno sono generalmente asportati in potatura invernale, avendo cura di eseguire il taglio raso per limitare il riscoppio nella primavera successiva. Per questa ragione è consigliabile eliminare i polloni, nelle varietà più pollonifere, con un intervento a fine primavera-estate, che determina due vantaggi: minore competizione e limitata risposta nella primavera successiva.*

Succhione: Ramo vegetativo molto vigoroso, spesso provvisto di rami anticipati. Parte di solito da grandi branche assurgenti o dal tronco, laddove ci sono danneggiamenti o forti piegature. Il cotogno ha elevata propensione ad emetterne.

Potatura: *Vanno eliminati alla base e mai raccorciati. Vengono mantenuti se utili a sostituire branchette mancanti o esaurite, una volta indeboliti con la piegatura esercitata anche dal peso della prima produzione che avverrà non prima del terzo anno (nel primo si formano, nel secondo se non potati originano* *le lamburde e nel terzo producono). Se si vuole mantenere un succhione ai fini produttivi può essere utile la torsione in potatura estiva. Nelle forme in parete possono essere legati ai fili e inclinati fra 30 e 45°.*

Ramo vegetativo: Ramo vigoroso, con solo gemme vegetative. È utile per rinnovare le strutture riproduttive e va salvaguardato in una percentuale utile per l'equilibrio vegetativo della pianta, altrimenti negli anni si ha alternanza di formazioni vegetative e riproduttive.

Potatura: *Se raccorciati o spuntati la pianta reagisce con un riscoppio vegetativo che porta alla formazione di numerosi rami (finanche succhioni) in prossimità del taglio, con eccessivo infoltimento della chioma a scapito della produzione. Vanno quindi eliminati dalla base o lasciati integri se non troppo vigorosi e in posizione utile per sostituire una parte della chioma invecchiata.*

Ramo misto: Ramo di medio vigore su cui sono presenti gemme vegetative e miste. Le gemme miste laterali danno origine ai germogli fertili su cui avviene la produzione. Rispetto alle branchette di 2 anni hanno un numero minore di fiori ma migliore allegagione, maggiore pezzatura dei frutti e una minore presenza di frutti partenocarpici.

Potatura: *Mantenere una presenza consistente di rami misti limitando gli interventi di diradamento, in quanto la produzione aumenta al crescere del numero di tali rami. Asportare quelli in posizione dorsale e troppo vigorosi.*

Lamburde e brindilli: Nel cotogno sono presenti anche i rami corti su branche invecchiate.

Potatura: *Eseguire il taglio di ritorno sulle branche e favorire il rinnovo per evitare eccessi produttivi e mantenere costante la produzione. La pezzatura dei frutti è generalmente molto elevata e non crea problemi in nessun tipo di ramo.*

Germoglio fertile: Corto germoglio munito di 1-8 foglie e portante i fiori. Si origina dalle gemme miste portate da rami di 1 o più anni.

Potatura: *La gemma mista del cotogno, a differenza di quella del pero e del melo, origina un corto germoglio che porta nella parte distale il fiore. Di solito non si fanno interventi su questo tipo di germogli se non per diradare a mano eccessive cariche di frutti.*

Gruppi varietali

I gruppi varietali come già riportato sono distinti per il tipo di frutto e non per una diversa attitudine produttiva.
Si possono ricordare degli esempi di comportamento di alcune varietà: Champion è molto vigoroso e produce molto bene e precocemente. Portogallo è molto vigoroso ed espanso, molto produttivo. Il Gigante di Vrajna è più assurgente, molto produttivo, e si adatta a coltivazioni a palmetta. Il Maliforme tende ad essere più compatto e risulta molto attraente per il bel verde brillante delle piccole foglie.

Quanto e quando potare

La produzione avviene su germogli portati da rami misti di un anno e branchette fruttifere di 2 o più anni. In potatura di produzione si interviene per diradare i rami misti di un anno e branchette di due anni, asportare i succhioni, i getti basali e le branchette esaurite. È importante non spuntare i rami di un anno e limitare il numero di tagli per evitare la formazione di numerosi succhioni e adottare quindi curvature e piegature. Si devono eliminare le parti secche e malate. Piante non potate possono mantenere per alcuni anni livelli produttivi e pezzatura dei frutti comparabili con quelle di piante potate. Si può quindi intervenire ad anni alterni. Si interviene con la potatura nel tardo inverno o subito dopo la fioritura, rimuovendo circa 1/5 dei vecchi rami per favorire la formazione di nuovi.
La potatura verde consente di controllare eventuali succhioni e polloni, asportandoli alla base, senza rischiare riscoppi vegetativi. In verde si può migliorare la penetrazione della luce nella chioma. Effettuando la torsione su germogli troppo lunghi si possono indurre più rami a frutto. La produttività dell'albero è comunque molto elevata. Va evitato per quanto possibile di avere crescite estive (e seconde fioriture) in quanto aumenterebbero il rischio di colpo di fuoco batterico. Anche per questa ragione non conviene fare una potatura molto intensa. Per la propagazione di nuove piante, in autunno, si possono prelevare i polloni, già provvisti di radici, di varietà autoradicate (non innestate, altrimenti si propaga il portinnesto e si deve procedere l'anno successivo all'innesto).

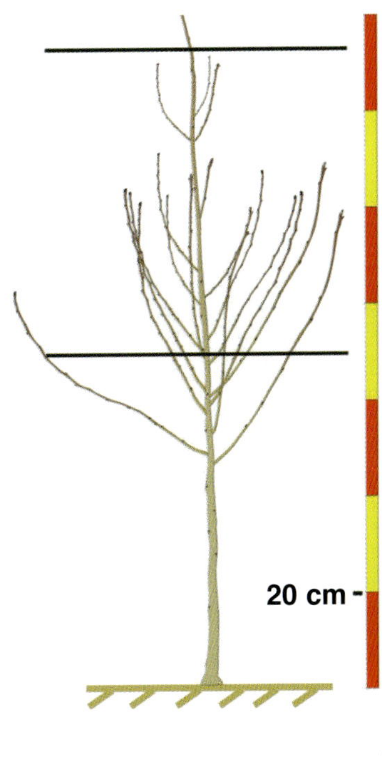

Propagazione e impianto

Il cotogno viene propagato principalmente per via vegetativa mediante innesto sui portinnesti clonali di cotogno comunemente usati per il pero, raramente su franco da seme e biancospino. È anche possibile utilizzare astoni auto radicati (da talea o da ceppaia). Materiale ottimale per l'impianto sono astoni ben ramificati.

Forme di allevamento

Il cotogno viene principalmente coltivato in piante sparse allevate in forma libera o a vaso.

Vaso basso: Diffuse per il cotogno sono forme quali il globo e il vaso basso. Quest'ultimo si compone di 3 branche impalcate a 20-90 cm, con sottobranche di vari ordini. Il vaso basso risulta completamente gestibile da terra e necessita di sesti ampi, almeno 5-6 x 4-5 m.
La potatura di allevamento del vaso basso è descritta in dettaglio per il pero.

Palmetta: È costituita da un asse centrale e da 2 palchi (distanti 60-80 cm) di branche opposte, distanziate e inclinate rispetto alla verticale di circa 45° (valore raggiunto gradualmente in funzione della vigoria della branca stessa).
Sono necessarie strutture di sostegno, pali e fili orizzontali sovrapposti (uno per ogni palco di branche).
Alla fine del terzo anno si arriva al completamento della forma.
Le distanze di impianto appropriate sono di 3,5-5,5 x 2,5-4,5 m.
La forma a palmetta viene preferibilmente consigliata per combinazioni d'innesto vigorose (portinnesti franchi o piante autoradicate).

Potatura di allevamento della palmetta

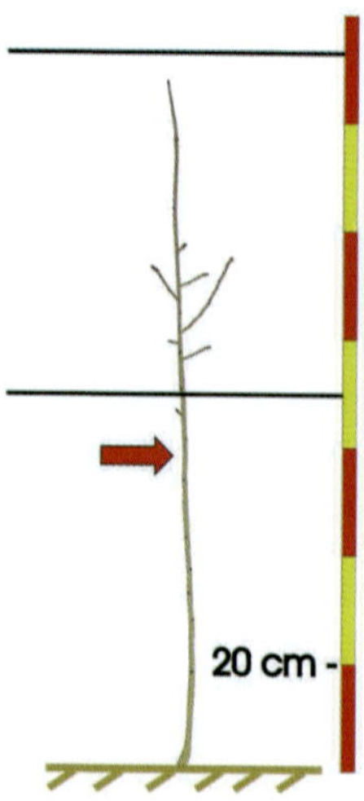

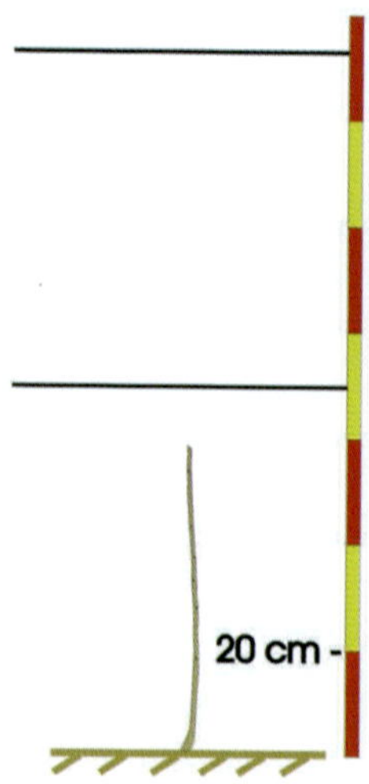

Impianto

All'impianto si raccorcia l'astone a circa 60-70 cm da terra, al di sopra della futura prima impalcatura di branche.

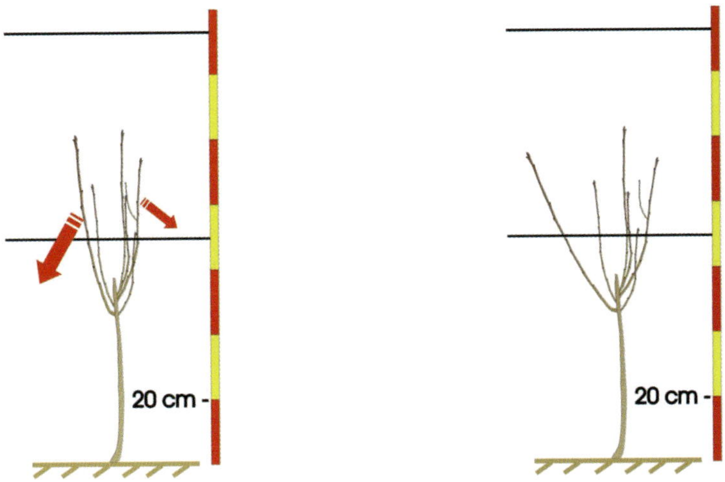

Primo anno

Tra i rami prodotti in risposta al taglio dell'astone bisogna sceglierne due per la formazione delle branche laterali e inclinarli, in misura maggiore se vigorosi. Per la formazione dell'asse centrale si deve scegliere un ramo poco vigoroso, in modo che non predomini sugli altri.

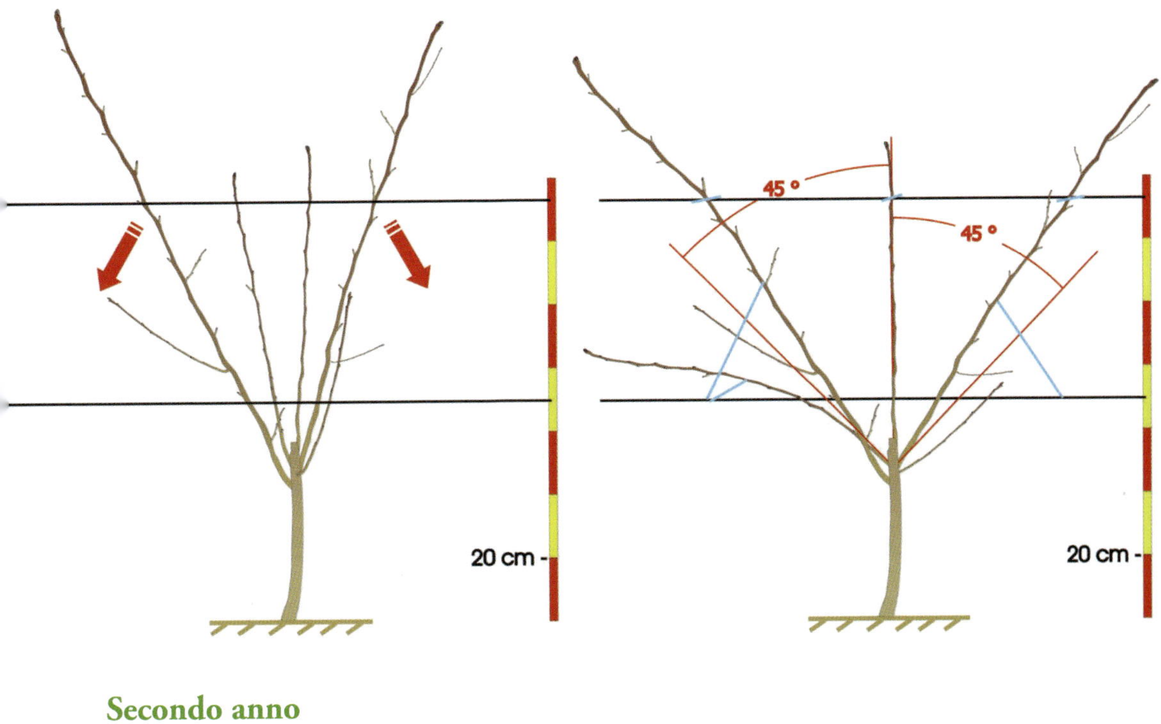

Secondo anno

Si prosegue l'azione graduale di inclinazione delle branche, più incisiva nel caso di piante molto vigorose.

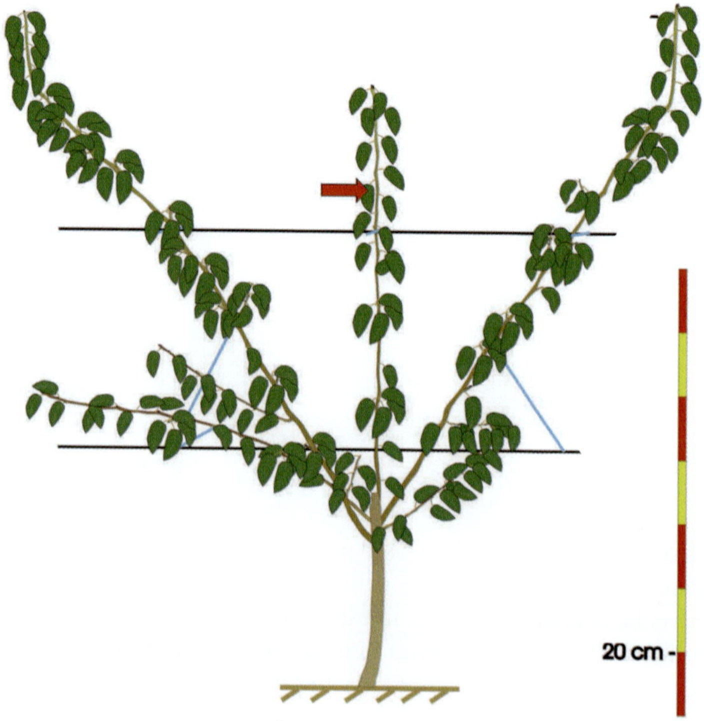
20 cm

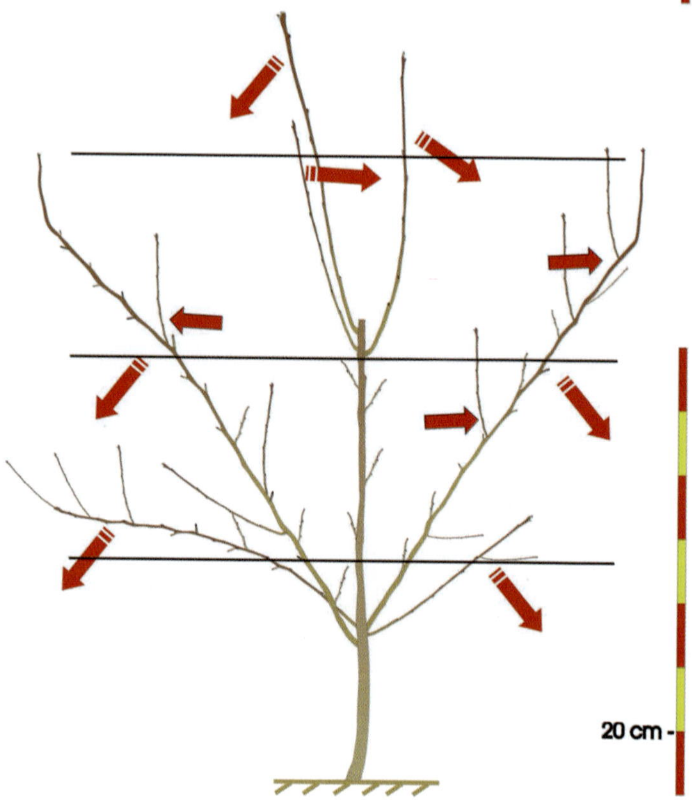
20 cm

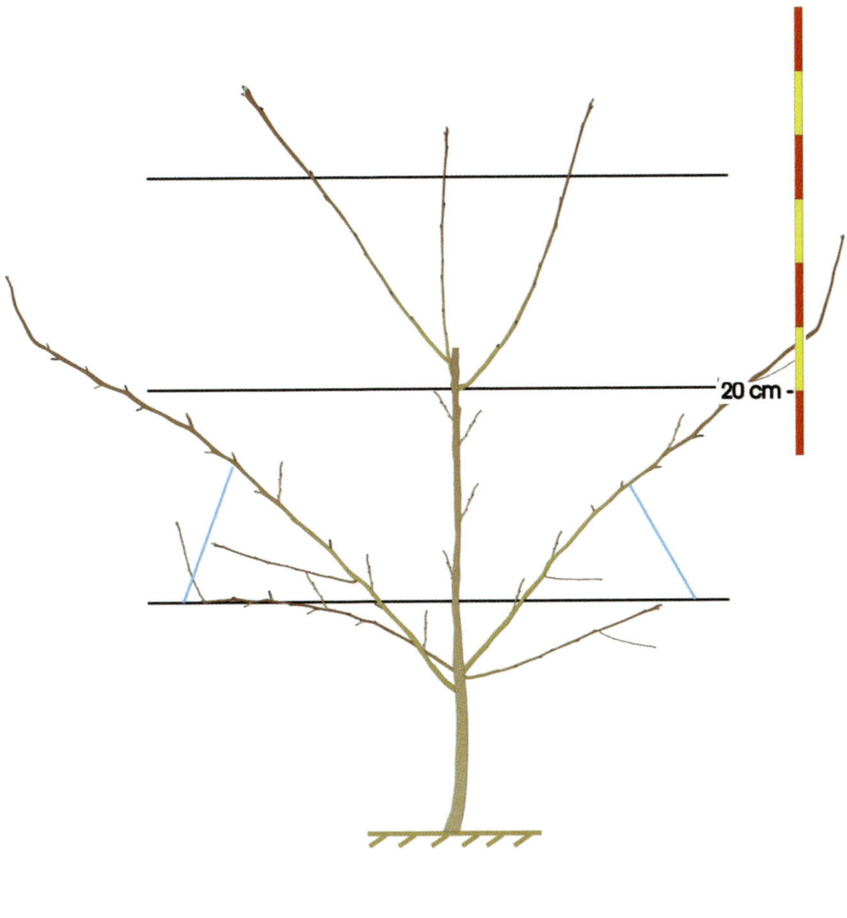

Terzo anno

In estate si deve cimare l'asse centrale in modo da stimolare l'emissione di germogli che serviranno per la formazione del secondo palco di branche. In potatura invernale i più vigorosi andranno inclinati e tra esi si dovrà e scegliere il più debole come asse centrale. Piegare le branchette di sfruttamento consentirà di anticipare la produzione, dovranno essere raccorciate quelle molto lunghe. Bisogna inoltre asportare i rami molto vigorosi e verticali e inclinare ulteriormente le branche del primo palco.

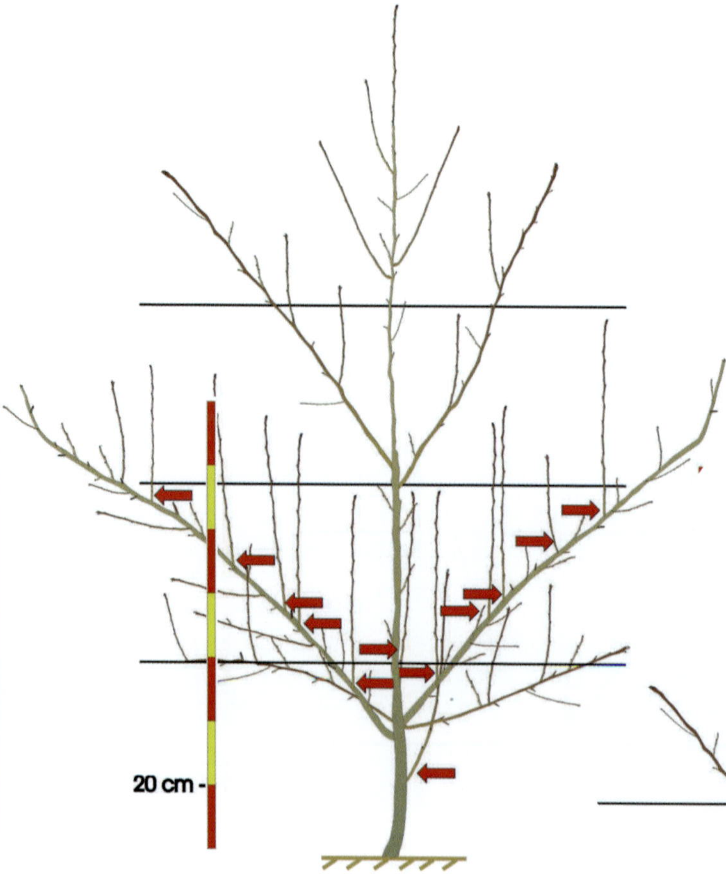

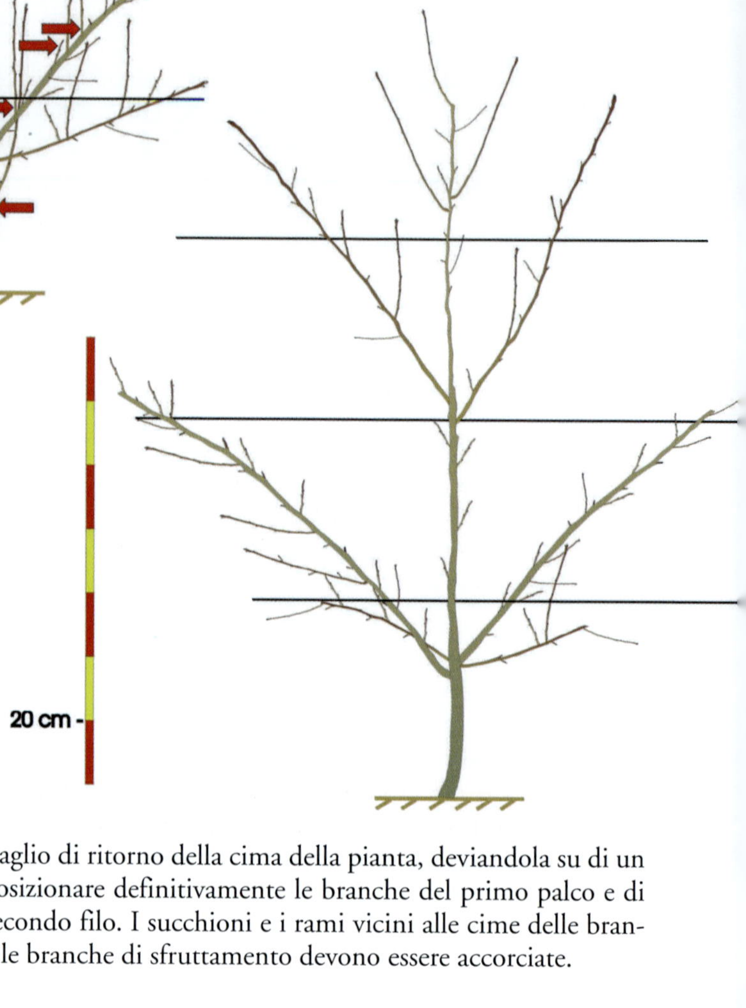

Quarto anno

È il momento di eseguire il taglio di ritorno della cima della pianta, deviandola su di un brindillo misto debole, di posizionare definitivamente le branche del primo palco e di raccorciarle al di sopra del secondo filo. I succhioni e i rami vicini alle cime delle branche devono essere eliminati; le branche di sfruttamento devono essere accorciate.

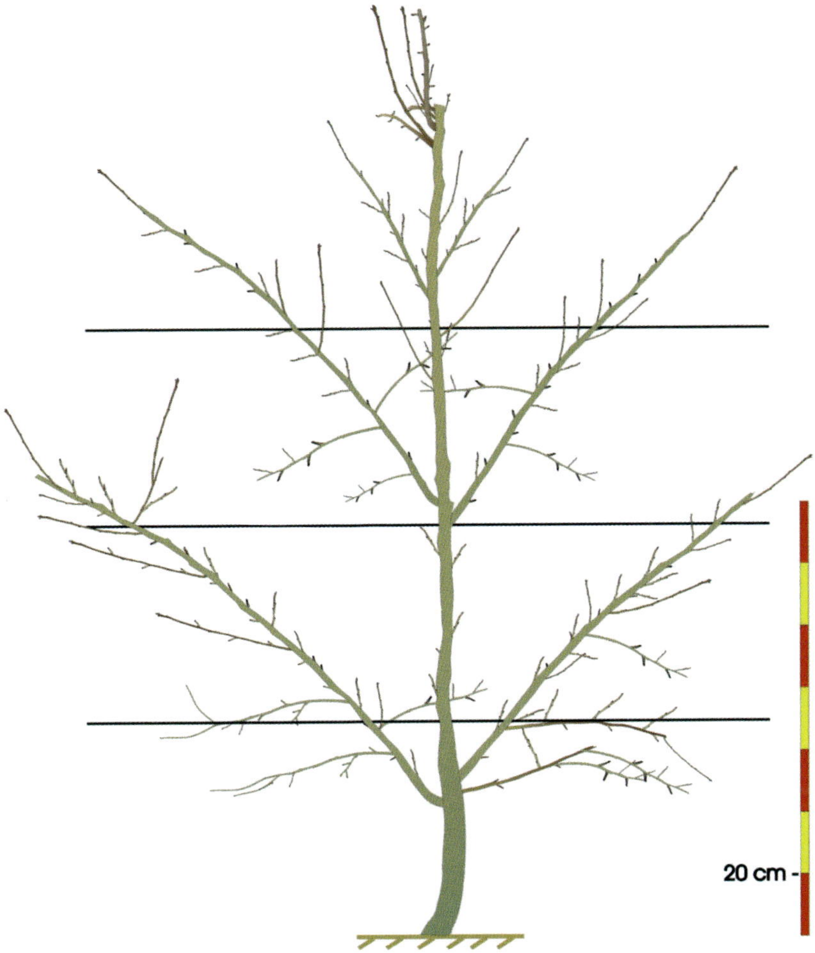

Pianta in produzione

Si deve eseguire il taglio di ritorno della cima della pianta, deviandola su di un brindillo e raccorciare le branche principali lasciando una freccia di prolungamento. Asportare i succhioni e i polloni diradare i rami dell'anno. Rinnovare le strutture esaurite, diradare le branchette con più di 3 anni e raccorciare le branche di 2 o 3 anni deviandole su gemme miste.

Notizie tecniche

Il cotogno è una specie piuttosto rustica adatta a terreni diversi, ma sensibile a elevati livelli di calcare attivo e alla siccità per via dell'apparato radicale superficiale. Tollera il ristagno idrico in inverno ma preferisce terreni ben drenati.
Nella fase di riposo invernale resiste al freddo potendo sopportare temperature di -24 °C ma teme le gelate tardive, soprattutto in fioritura, poichè possono compromettere la produzione. La coltivazione è possibile anche in aree settentrionali, ma predilige zone in pieno sole.

Esigenze nutrizionali

Si fa riferimento a una tecnica di concimazione frazionata con restituzione degli elementi asportati con i frutti. Se viene asportato anche il legno di potatura, le restituzioni devono essere aumentate del 50%.

Elemento: Azoto.
Periodo critico: Primavera durante l'allegagione e la prima crescita dei frutti.
Note: Va sempre abbinato ad una buona gestione dell'irrigazione.
Eccesso: Si formano molti succhioni e polloni con rischio di avere crescite estive suscettibili di attacco di colpo di fuoco batterico.
Carenza: Determina piante stentate e poco produttive con limitata risposta alla potatura
Quantità asportata: 0,9-1,1 g/Kg di frutti.

Elemento: Fosforo.
Periodo critico: Estate e inizio autunno.
Carenza: Crescite stentate con difficile differenziazione a fiore e minore lignificazione dei rami.
Quantità asportata: 0,16-0,2 g/Kg di frutti.

Elemento: Potassio.
Periodo critico: Fine estate in maturazione dei frutti.
Eccesso: Diminuisce la conservabilità.
Carenza: Diminuisce l'accumulo di sostanza secca nel frutto.
Quantità asportata: 2,1-2,35 g/Kg di frutti.

Elemento: Calcio.
Periodo critico: Prime fasi della crescita del frutto.
Note: Nei nostri terreni di solito non manca, ma potrebbe non raggiungere il frutto in quantità sufficiente dopo che questo smette di traspirare (frutto noce).
Eccesso: Determina clorosi ferriche con ingiallimenti primaverili e arrossamenti estivi.
Carenza: Si possono avere litiasi (gruppi di cellule necrotiche) nei frutti e scarsa consistenza e conservabilità.
Quantità asportata: 0,08-0,16 g/Kg di frutti.

Elemento: Magnesio.
Carenza: Arrossamenti e clorosi.
Quantità asportata: 0,08-0,22 g/Kg di frutti.

Frazionare la concimazione in più interventi permette una maggiore flessibilità nella potatura. Se le piante sono stentate e la potatura troppo ricca si può aumentare la dose nel secondo intervento, quando la crescita dei germogli è ben evidente.

Esigenze idriche

Eccesso: La pianta può presentare sintomi di asfissia con ingiallimenti e malattie fungine a livello radicale.
Carenza: Il cotogno è molto sensibile alle carenze idriche, ma al tempo stesso è molto rustico.
Quantità: 200-300 mm di pioggia nel periodo estivo.

La presenza di irrigazione professionale consente l'uso di portinnesti nanizzanti e impianti intensivi; negli impianti amatoriali si consiglia un'irrigazione di soccorso abbinata, se si è in zona tendenzialmente siccitosa, ad una potatura povera, con qualche taglio di raccorciamento per stimolare una vegetazione più rigogliosa.

Patogeni e parassiti chiave

Il cotogno è una pianta molto rustica e poche sono le avversità in grado di danneggiarlo. Può essere colpito in primavera dalla monilia e dalle entomosporiosi, soprattutto quando il clima è caldo e umido. Per la Monilia, occorre asportare i frutticini mummificati mentre nell'entomosporiosi si devono eliminare i rametti colpiti, che presentano piccoli cancri. Si può favorire la decomposizione del fogliame a terra sminuzzandolo e applicando concimi azotati o leggera zappettatura.
Anche il colpo di fuoco batterico può essere molto pericoloso. Il periodo critico è in primavera e in estate. Occorre moderare le potature e le concimazioni azotate. Sfoltire i succhioni. Tagliare e bruciare i rami infetti e disinfettare i tagli con sali rameici. Non effettuare potatura verde. Avvertire i servizi fitosanitari (lotta obbligatoria).
Il cotogno è molto sensibile alla clorosi ferrica dovuta al calcare attivo presente nel terreno.

Si intendono le piante coltivate appartenenti alla sottofamiglia Aurantioideae (famiglia delle Rutaceae) ed i loro frutti.

Agrumi

RUTACEE

Con il termine agrumi si indicano le piante coltivate appartenenti alla sottofamiglia Aurantioideae (famiglia delle Rutaceae) ed i loro frutti. Una caratteristica che li accomuna è la presenza in tutti gli organi della pianta di oli essenziali che emanano un odore caratteristico. Le ramificazioni produttive di questo gruppo di specie sono i rami misti, i brindilli e i dardi, presenti con frequenza e importanza differente in specie o varietà diverse.

Si pensa che gli agrumi abbiano avuto origine nel sudest asiatico e sebbene la sottofamiglia comprenda solo tre generi e diciotto specie esattamente definite e stabili, esistono numerose varianti e mutazioni naturali, diverse nell'infiorescenza o nei frutti, per cui si trovano molti tipi di agrumi in varie parti del mondo. Oltre a ciò sono stati sviluppati numerosissimi ibridi, alcuni dei quali con caratteristiche non durevoli.
La maggior parte delle coltivazioni di agrumi in Italia produce frutti per l'alimentazione umana, ricchi di vitamina C e minerali (calcio e fosforo). Ma ci sono anche specie coltivate per prelevare i preziosi oli essenziali (Bergamotto) o puramente a scopo ornamentale.
Alcune caratteristiche degli agrumi rendono questa coltura molto apprezzata a livello amatoriale. Alcune specie fruttificano più volte all'anno e i frutti maturi persistono a lungo sulla pianta, permettendo una raccolta scalare e molto prolungata.

Principali specie di agrumi

A scopo produttivo e ornamentale vengono coltivati: arancio dolce e amaro, bergamotto, cedro, chinotto, clementina, limetta, limone, mandarino, pompelmo, kumquat e poncirus.

Arancio amaro ***(Citrus aurantium)*****:** Pianta utilizzata a scopo ornamentale oppure come portinnesto (molto adattabile a diversi terreni, resistente alla gommosi del colletto e a malattie virali).

Arancio amaro (Citrus aurantium).

Arancio dolce ***(Citrus sinensis)*****:** È l'agrume più diffuso al mondo. I frutti sono arance rosse o bionde. Esistono diverse varietà che si distinguono per periodo di maturazione e per caratteristiche del frutto. Le arance navel sono così chiamate per la presenza di un "ombelico" (navel in inglese) nella zona opposta al peduncolo, nel quale si forma un frutticino interno.

Arancio dolce (Citrus sinensis).

Bergamotto *(Citrus bergamia)*: Coltivazione tradizionale nella provincia di Reggio Calabria. Da foglie, fiori, rami verdi e frutti si estrae l'olio essenziale utilizzato nella produzione di profumi e altri prodotti cosmetici.

Bergamotto (Citrus bergamia).

Cedro *(Citrus medica)*: Grosso frutto (da 300 g a 5 kg!) prodotto in Calabria, utilizzato per produrre canditi (buccia) o per l'olio essenziale.

Cedro (Citrus medica).

Chinotto *(Citrus myrtifolia)*: Tipico della Liguria, ormai poco coltivato.

Chinotto (Citrus myrtifolia).

Clementina: È un ibrido naturale tra il mandarino e l'arancio amaro, trovato all'inizio del 1900 in Algeria nell'orto di un orfanotrofio e ha preso il nome del frate giardiniere, frate Clemente. Si è diffuso per il frutto dolce, succoso e molto gustoso, per l'assenza di semi e per la maturazione anticipata rispetto ad altri agrumi.

Clementina.

Limetta *(Citrus limetta)*: Utilizzata per il succo.

Limetta (Citrus limetta).

Limone *(Citrus limon)*: È una specie molto produttiva e rifiorente, che può avere fino a 5 diverse fioriture all'anno. I frutti prendono un diverso nome a seconda del periodo di maturazione (primofiore, invernali, bianchetti, verdelli, bastardi).

Limone (Citrus lemon).

Mandarino *(Citrus deliciosa)*: I suoi frutti contengono semi (nelle varietà moderne molto meno che in passato) e sono molto apprezzati sul mercato.

Mandarino (Citrus deliciosa).

Pompelmo *(Citrus paradisi)*: Tipico dei climi caldi (Israele e Florida).

Pompelmo (Citrus paradisi).

Kumquat *(Fortunella ssp)*: Uno dei due agrumi non appartenenti al genere Citrus. È utilizzato soprattutto come pianta ornamentale ed è molto diffuso in particolare per la resistenza al freddo, maggiore di quella degli altri agrumi.

Kumquat (Fortunella spp.).

***Poncirus trifoliata*:** Specie utilizzata unicamente a scopo ornamentale o come portinnesto. È l'unico agrume con foglie caduche.

Poncirus trifoliata.

Descrizione fenomorfologica

Albero: Le dimensioni dell'albero di agrumi variano a seconda della specie. Dal piccolo Kumquat al grande Pompelmo. Le piante coltivate sono solitamente mantenute a 2-3 metri di altezza, ma in natura alcuni agrumi possono raggiungere anche i 5 m.
Fusto e branche sono lisci e spesso portano spine che sono di dimensioni maggiori durante la fase giovanile.

Gemme: Gli agrumi sono piante sempreverdi che non presentano dormienza. Non hanno quindi vere e proprie gemme, ma solo dei meristemi che entrano in quiescenza in caso di temperature troppo basse o per mancanza di acqua.

Gemma ascellare.

Foglie.

Fiori: I fiori (zagare) sono ermafroditi con corolla costituita per lo più da 5 petali. Sono di colore bianco, bordati di violetto per alcune specie (limone). Emettono un intenso profumo.

Fiori.

Foglie: Le foglie sono lanceolate o ellittiche, intere, coriacee, articolate sul picciolo. Sembrano foglie semplici, ma sono in realtà la foglia centrale di un antico insieme di tre foglioline che è andato perduto con lo sviluppo; solo il Poncirus conserva la forma originale a tre unità. Nelle piante da seme sono presenti delle spine più o meno grandi accanto alle foglie, ma le piante che vengono coltivate nei frutteti di solito le perdono. Se però un agrume viene abbandonato e si inselvatichisce, torna a mettere le spine.

Le giovani foglie sono di colore verde più chiaro o rossastre nel caso del limone. Possono a volte presentare le caratteristiche ali (allargamento del peduncolo).

Frutti: Sono bacche, dette esperidi, caratterizzate da un esocarpo (la parte esterna) di notevole spessore, colorato e ricco di ghiandole contenenti oli essenziali: è denominato flavedo. Il mesocarpo, parte interna saldata all'epicarpo, è bianco e spugnoso: si chiama albedo. L'endocarpo, la parte più interna, è suddiviso in logge (spicchi) per mezzo di sottili membrane; all'interno si trovano cellule, le vescicole, ripiene di una soluzione acquosa di zuccheri e acidi. Entro ogni loggia si possono riscontrare da 4 a 8 ovuli i quali possono o meno originare altrettanti semi.

Vari agrumi in cesta in una bella composizione.

STASI VEGETATIVE

Negli agrumi la fruttificazione avviene sui rami dell'anno precedente e l'accrescimento dei rami si verifica normalmente in tre periodi: primavera, inizio estate e autunno.
Essendo una pianta di origini tropicali, non presenta dormienza (tipico meccanismo delle piante dei climi temperati per limitare i danni durante la stagione fredda). Quando è coltivato in regioni temperate presenta comunque periodi di stasi, cioè di arresto della crescita vegetativa, in risposta a condizioni climatiche avverse.
I rami crescono quindi a primavera e si arrestano in estate quando le temperature sono alte (> 38 °C) e la disponibilità d'acqua limitata.
La crescita riprende a fine estate e si interrompe in inverno quando le temperature scendono sotto i 7° C.

Come potare

Succhione: Ramo molto vigoroso, spesso provvisto di rami anticipati. Parte di solito da grosse branche assurgenti o dal tronco.

Potatura: *Se troppo vigorosi o in posizioni indesiderate vanno rimossi. In molte specie i succhioni portano fiori e frutti e possono quindi essere utilizzati per la produzione che con il suo peso provvederà a piegare il ramo riducendone la vigoria.*

Ramo produttivo: Ramo all'ascella delle cui foglie si sviluppano i fiori.

Potatura: *Vanno diradati nelle piante in piena produzione, soprattutto nella parte interna della chioma, per permettere alla luce di penetrare.*

Branca: Ramificazione di due o più anni che contribuisce a formare lo scheletro della pianta e da cui si originano i rami produttivi.

Potatura: *Non vanno mai esposte alla luce diretta del sole in quanto molto sensibili a scottature. Bisogna quindi aver cura di mantenere una copertura di foglie uniforme.*
Le sottobranche troppo vecchie (producono rami a frutto stentati) o malate vanno sostituite utilizzando i numerosi succhioni che la pianta produce spontaneamente.

Quanto e quando potare

Negli agrumi la potatura è un'operazione che deve essere attuata con attenzione. Spesso le piante non richiedono interventi, ma vanno lasciate libere di svilupparsi.
È necessario intervenire solo in caso di vegetazione troppo folta o di eccessiva produzione di succhioni.
È consigliabile comunque effettuare la potatura tutti gli anni, soprattutto nel caso di specie alternanti (mandarino) per non accentuare la caratteristica di queste specie a produrre molto in un anno e poco in quello successivo. Nell'anno di carica è necessario effettuare una potatura più severa, per sfoltire i rami a frutto.

POTATURA E FRUTTIFICAZIONE

L'induzione fiorale delle gemme comincia durante il periodo di riposo invernale, mentre il massimo contenuto di sostanze di riserva nelle foglie e nei rami lo si ha nei mesi di febbraio e marzo. L'allegagione dei fiori avviene in funzione della quantità di sostanze di riserva presenti nella pianta. La potatura, dunque, non andrebbe mai eseguita in febbraio e marzo, quando si ha l'accumulo delle sostanze di riserva; vanno ugualmente evitati i periodi in cui le temperature sono molto basse o molto alte.

Propagazione e impianto

Gli agrumi vengono propagati principalmente per innesto. La propagazione via seme è infatti da sconsigliare per la grande variabilità dei semenzali e per la lunga fase giovanile che queste piante attraversano, fino a 10 anni. Durante la fase giovanile le piante non producono frutti mentre con l'innesto si ottiene una pianta in stadio già maturo.
Altro vantaggio dell'innesto è la possibilità di utilizzare portinnesti. Questi presentano infatti una migliore adattabilità a terreni diversi, possono essere resistenti a malattie diffuse (*Phytophtora*, tristezza), oppure a particolari condizioni ambientali (ristagni idrici, basse temperature), infine possono anche migliorare la produzione, stimolando il nesto a produrre frutti di dimensioni maggiori. I

Pianta di kumquat in vaso.

Vaso di limone ornamentale al coperto.

portinnesti più diffusi sono l'arancio amaro, alcune varietà di limone o il poncirus.

Gli agrumi vanno impiantati in campo ad un anno o due dall'innesto. In genere è conveniente scegliere in vivaio una pianta di due anni già ben impalcata, cioè una pianta in cui sia riconoscibile un tronco di circa 50-70 cm, da cui a questa altezza devono partire, ben distribuiti nello spazio, 3 – 5 rami che andranno a formare il palco di branche principale su cui formare la pianta. I sesti d'impianto sono di circa 5 x 5 m.

È possibile allevare gli agrumi anche in vaso, sia a scopo ornamentale che produttivo, con grande vantaggio nelle zone con clima troppo freddo per le esigenze degli agrumi (vedi notizie tecniche), perché i vasi possono essere spostati in serra fredda durante il periodo invernale. È necessario che le serre siano esposte a sud, per ottenere una buona illuminazione e temperature più miti, e che abbiano delle aperture per permettere l'adattamento graduale delle piante. In autunno le piante vanno spostate in serra, che va tenuta aperta durante il giorno per 1-2 settimane. In primavera prima di spostare le piante all'esterno è bene ugualmente lasciare la serra aperta durante il giorno per 1-2 settimane.

I vasi devono essere adeguatamente grandi per permettere lo sviluppo di un vero e proprio albero. È possibile cominciare con un vaso più piccolo e aumentarne la taglia ogni due anni circa, rinvasando la pianta.

Il rinvaso deve essere effettuato in primavera e permette di rinnovare parzialmente il suolo in cui la pianta si sviluppa e di inserire nel substrato sostanza organica (non fresca, ma già umificata, ad esempio compost maturo).

Forme di allevamento

Globo: È la forma di allevamento che meglio si adatta all'habitus degli agrumi. È una variante del vaso, meno regolare, con branche secondarie anche nella zona centrale per cui la chioma si presenta piena anche internamente, senza una suddivisione precisa degli spazi. È adatta agli agrumi perché permette di assecondare il naturale comportamento vegetativo di queste piante che tendono a formare un cespuglio globoso e, soprattutto in ambienti meridionali, permette di proteggere le aree interne della chioma da eccessi di insolazione.

Potatura di allevamento

Impianto

Una pianta già ben impalcata non va potata per i primi 2-3 anni dopo l'impianto, fatta eccezione per la rimozione dei succhioni nei primi 50-70 cm di tronco, e per il diradamento dei succhioni all'interno della chioma per evitare affastellamento e sovrapposizione dei rami (soprattutto per il limone che ha una forte tendenza a produrre succhioni).

Impianto

Nel caso in cui la pianta non sia già impalcata dal vivaio, l'astone principale va raccorciato ad un'altezza di 50-70 cm, per stimolare l'emissione di rami laterali in prossimità del taglio: 3-5 di essi saranno poi scelti per formare le future branche. Va inoltre ricordato di pulire il tronco da possibili succhioni al disotto del taglio.

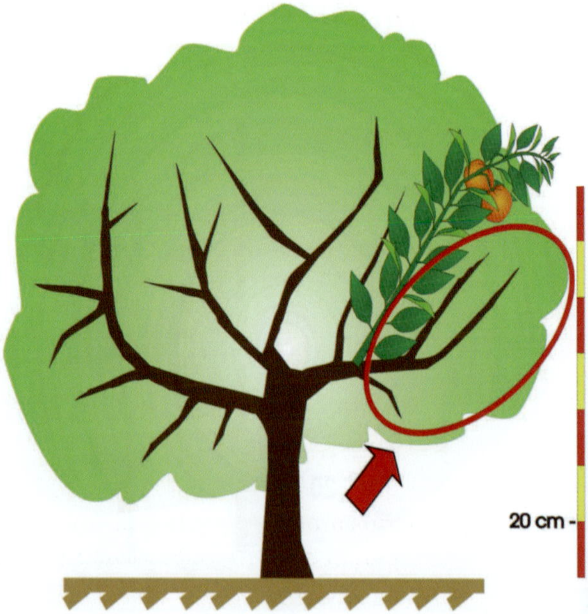

Potatura di produzione

Le operazioni di potatura principali da effettuarsi sugli agrumi sono:
- sfoltimento dei succhioni troppo ravvicinati o sovrapposti;
- cimatura di quelli troppo vigorosi (ricordare che i succhioni degli agrumi vanno in produzione, piegandosi sotto il peso dei frutti e quindi rallentando naturalmente la crescita);
- pulitura del tronco nei primi 50-70 cm;
- rimozione dei rami secchi o colpiti da malattie;
- rimozione delle branchette vecchie (producono rami stentati) che vanno sostituite con succhioni opportunamente lasciati sviluppare in posizioni favorevoli l'anno precedente.

Notizie tecniche

Grazie all'utilizzo di portinnesti diversi, gli agrumi si adattano a vari tipi di terreno, anche se sono da evitare i ristagni idrici. Avendo un apparato radicale superficiale (si sviluppa principalmente nei primi 50 cm) gli agrumi sono molto sensibili anche alla carenza idrica. Infatti in caso di scarsità di piogge gli strati superficiali di terreno sono i primi a perdere acqua. È necessario prevedere quindi un sistema di irrigazione come quello a goccia, che permette di fornire l'acqua in piccole quantità e localizzata nella zona di sviluppo delle radici.
Gli agrumi, inoltre, essendo piante di origine tropicale, hanno particolari esigenze nei confronti del clima, che, per ottenere una produzione valida deve essere caldo, sufficientemente umido, con inverni miti e senza ampie escursioni termiche. Tuttavia, una moderata presenza di queste ultime consente nelle zone mediterranee la comparsa di pigmenti antocianici e carotenoidi, responsabili del colore nelle arance e nei mandarini. Ciò risulta più difficile, proprio per assenza di escursioni termiche, nelle aree tropicali di ori-

gine. In genere gli agrumi svolgono la loro attività vegetativa a temperature comprese tra 13 e 30 °C. Vengono danneggiati da temperature inferiori a 0 °C con intensità variabile in relazione alla specie e alla varietà. Dannose risultano anche le temperature superiori ai 38 °C, specie se si verificano in coincidenza di condizioni di bassa umidità relativa e durante la fase dell'allegagione. Nelle zone del sud Italia è possibile coltivare gli agrumi in pieno campo, mentre nel centro-nord è necessario predisporre coperture per l'inverno, o meglio coltivare le piante in vaso e spostarle in serra fredda durante l'inverno.
La presenza di venti forti e persistenti può provocare gravi danni alle colture di agrumi (disseccamento delle foglie e dei giovani germogli, rotture meccaniche di rami, ferite da sfregamenti sugli stessi frutti). Per ovviare a tali inconvenienti si ricorre spesso ai frangivento (vivi o morti), cioè a filari di alberi e cespugli che interrompono e deviano il vento dominante.

Esigenze nutrizionali

Si fa riferimento a una tecnica di concimazione frazionata con restituzione degli elementi asportati con i frutti. Se viene asportato anche il legno di potatura, le restituzioni devono essere aumentate del 50%.

Elemento: Azoto.
Periodo critico: Primavera, alla ripresa vegetativa. Dopo l'arresto della vegetazione primaverile e la cascola di giugno.
Eccesso: Ritardo di maturazione; maggiore cascola; frutti di qualità inferiore, con buccia spessa e rugosa. Ritarda la lignificazione dei germogli che sono quindi più sensibili al mal secco.
Carenza: Decolorazione delle foglie; minore lunghezza dei germogli, foglie di piccole dimensioni. Frutti di pezzatura minore e maturazione anticipata.

Elemento: Fosforo.
Note: Elemento poco utilizzato dagli agrumi. È solitamente sufficiente la naturale dotazione del terreno.

Elemento: Potassio.
Periodo critico: Maturazione dei frutti.
Note: Può essere fornito in qualsiasi momento dell'anno in quanto è poco mobile e resta quindi a disposizione della pianta.
Eccesso: Frutti più grossi del normale con buccia spessa, poco succosi e più acidi.
Carenza: Riduzione della pezzatura dei frutti. In caso di gravi carenze si osserva imbrunimento delle foglie che tendono ad accartocciarsi.

Elemento: Calcio.
Periodo critico: Sviluppo del frutto e accrescimento dei germogli.
Note: Il calcio viene assorbito sia dai germogli in crescita che dai frutti. L'apporto può essere controllato con trattamenti fogliari ripetuti a base di cloruro di calcio per favorire l'assorbimento diretto da parte dei frutti nelle prime fasi di crescita.

Eccesso: L'eccesso di carbonato di calcio nel terreno limita l'assorbimento di altri elementi, soprattutto del ferro. Carenze di ferro causano decolorazioni delle foglie e stentato sviluppo dei frutti.
Carenza: Carenza nei frutti può provocare la comparsa di zone necrotiche e suberificate.

Esigenze idriche

L'ambiente mediterraneo è caratterizzato da una scarsa piovosità, oltretutto concentrata nel periodo autunno-invernale. Necessario risulta quindi il ricorso all'irrigazione per sopperire alla deficienza di acqua nel periodo estivo. Gli agrumi, poi, risultano particolarmente esigenti nei confronti della qualità delle acque irrigue; infatti un elevato contenuto di cloro, boro e sodio e di altri elementi provoca una sintomatologia caratteristica, dovuta al loro accumulo nelle foglie, e nei casi gravi una riduzione della qualità e quantità di produzione. La tolleranza nei confronti dei vari sali risulta altamente variabile in relazione al portinnesto e alla specie.

Periodo critico: Fine primavera-estate.
Eccesso: Gli agrumi non sopportano ristagni idrici, è quindi necessario migliorare il drenaggio o piantare gli agrumi in suoli leggeri.
Carenza: Gli agrumi hanno una notevole capacità di sopravvivenza anche in condizioni di elevata carenza idrica, ma la chioma subisce gravi danni. Le foglie si accartocciano e, se l'irrigazione non interviene in tempo, rischiano di seccare e cadere. Lo sviluppo successivo della pianta e soprattutto la produzione risulteranno quindi compromessi.

Patogeni e parassiti chiave

Di seguito sono illustrati gli accorgimenti che influiscono in varia misura sulle principali avversità degli agrumi, per la cui difesa si rimanda ad altri testi specifici.

Tristezza

Periodo critico: È un virus che si trasmette con il materiale di propagazione.
I sintomi più classici e specifici della malattia sono il disseccamento dei rami, la defogliazione, la riduzione di sviluppo e il progressivo deperimento della pianta fino alla morte.

Accorgimenti: *Utilizzare un portinnesto resistente alla tristezza nelle zone in cui è diffusa la malattia.*

Mal secco *(Deuterophoma tracheiphila)*

Periodo critico: La malattia si propaga mediante i conidi che penetrano attraverso le ferite in ottobre-febbraio in concomitanza di periodi umidi e piovosi.
Limone, cedro e bergamotto sono le specie più sensibili. I primi sintomi si manifestano sulle foglie apicali che mostrano decolorazioni ed ingiallimenti soprattutto in corrispondenza delle nervature. Con il tempo si ha caduta delle foglie e disseccamento dei rametti.

Accorgimenti: *Tagliare e bruciare i rami infetti (il taglio va effettuato almeno 30 cm al di sotto della parte secca, avendo cura di disinfettare gli attrezzi utilizzati e di proteggere le superfici di taglio con appositi mastici).*

Pseudomonas syringae

Periodo critico: È un batterio che penetra attraverso le ferite.

Accorgimenti: *Evitare la rottura di rami (grandine, forte vento, gelate), coprendo l'agrumeto con reti nei periodi critici o ponendo frangivento.*

Mosca della frutta (*Ceratitis capitata*)

Periodo critico: I danni sono legati alle punture di ovideposizione che sui frutti verdi provocano aree giallastre e rotondeggianti, su quelli in fase di maturazione zone con margine verdastro. I frutti colpiti vanno soggetti a cascola.

Accorgimenti: *Raccogliere e distruggere i frutti attaccati; non lasciare sulla pianta frutti in avanzato stato di maturazione.*

Gli agrumi sono sensibili anche alla Gommosi batterica (*Phytophthora ssp.*) e alle cocciniglie.

Il sintomo caratteristico della gommosi è la presenza sulla base del tronco di una macchia di umido sulla corteccia che poi tende a fessurarsi con fuoriuscita di essudati gommosi. Sulla parte aerea si nota deperimento generale con clorosi diffusa, caduta delle foglie, scarsa fioritura. Evitare i ristagni idrici e le ferite alla base del tronco durante le lavorazioni del terreno. L'arancio amaro usato come portinnesto è resistente a questa malattia fungina.

Per la lotta alle Coccinigilie, eseguire concimazioni azotate equilibrate e non eccedere con le irrigazioni; favorire la penetrazione della luce anche nelle parti interne della chioma, con appropriate operazioni di potatura, evitando, in tal modo, la creazione di microclimi umidi ed ombrosi, soprattutto nella parte bassa della chioma; impedire la risalita delle formiche, distruggendo meccanicamente i formicai o apponendo fasce collanti sui tronchi.

Le specie appartenenti alla famiglia delle Oleacee sono numerose e diffuse in tutti i continenti, ma quelle coltivate per i frutti sono rappresentate quasi esclusivamente dall'olivo.

Olivo

OLEACEE

Sono piante arboree o arbustive, alcune sempreverdi come l'olivo, molto diffuso e impiegato per produrre frutti e olio, e il decorativo ligustro, altre caducifolie come i frassini, utilizzati per scopi ornamentali o per il legname di pregio o da ardere, e come il lillà, famoso per il profumo dei fiori.

Le specie appartenenti a questa famiglia sono numerose e diffuse in tutti i continenti, ma quelle coltivate per i frutti sono rappresentate quasi esclusivamente dall'olivo. Solo a titolo di curiosità a questa famiglia appartengono grandi alberi ornamentali, come il frassino, e alberi molto diffusi nei nostri boschi, come l'orniello; arbusti sempreverdi ornamentali come il ligustro, e piante profumate come il lillà e il gelsomino, o con fioriture molto appariscenti come la forsizia. Esistono poi altre specie, di cui alcune sono molto pregiate e rare e vivono in diversi ambienti temperati e nella macchia mediterranea.

L'olivo è di origine mediorientale e si adatta a climi con inverno mite e piogge frequenti, ed estati calde e siccitose. La specie si è diversificata in numerose varietà, solo in Italia sono state descritte non meno di 500 ecotipi diversi di olivo. Ogni regione italiana ha proprie varietà tipiche adatte al territorio e alcune varietà di più ampia diffusione, come Leccino e Frantoio.

Non ha particolari esigenze di terreno, ma per ottenere buone produzioni è necessario che, questo sia profondo e fresco in estate, senza ristagni idrici. La zona deve essere ben esposta e ventilata in modo da evitare gelate persistenti in inverno e umidità eccessiva in maggio-giugno, in fioritura. Il polline si sposta con il vento da una pianta all'altra (l'autoimpollinazione è impedita da meccanismi genetici) e se ci sono piogge o troppa umidità questo movimento è impedito. La necessità di luce e aria è grande all'interno della

chioma e per questa ragione l'olivo soffre se piantato in luoghi angusti o troppo ombreggiati. Bisogna accordare a ciascuna pianta almeno 30 m^2, e poi servono potature annuali per mantenere la forma e limitare l'autombreggiamento.
Cresce anche nei terreni di riporto o di scarsa qualità e non necessita dell'impianto di irrigazione per produzioni amatoriali. Ha pochi nemici naturali e quindi la difesa risulta facile anche in giardino. Il solo grande problema è la mosca dell'olivo che in ambienti di bassa collina e pianura vicino al mare, in annate particolari, può colpire la totalità dei frutti. In alta collina e lontano dal mare la mosca è di solito poco aggressiva, ma le produzioni di frutti sono inferiori, soprattutto laddove il rigore dell'inverno è più duro.
Il frutto è di grande valore nutrizionale soprattutto per il contenuto di antiossidanti (polifenoli) che danno il caratteristico sapore amaro e pungente delle olive o dell'olio appena spremuto. Esistono numerosi processi di deamarizzazione, fra quelli più semplici va ricordata la salamoia.
Per il giardino, il valore ornamentale dell'olivo è immenso, ma occorre saperlo disporre e allevare. Si possono creare angoli molto suggestivi in zone soleggiate e impervie, con piante rustiche, anche di grandi dimensioni. Trapiantare gli olivi secolari è relativamente facile, anche se costoso, ma è da consigliare solo in casi eccezionali, meglio allevare il proprio olivo partendo con una pianta in vaso.

Vecchio esemplare di olivo.

Olivo *(Olea europaea L.)*

di Enrico Maria Lodolini

Originaria dell'area mediorientale, questa specie è oggi diffusa in tutto il bacino del Mediterraneo. L'utilizzo delle olive e dell'olio a scopi alimentari, il cui inizio si perde nel tempo rappresenta un comune denominatore per tutti i paesi che si affacciano sul Mare nostrum.

In Italia, oggi, si contano più di 500 varietà di olivo con diffusione locale o nazionale con un interesse sempre crescente per produzioni oleicole locali tipiche e di elevata qualità.

L'olivo è considerato nell'immaginario comune una specie molto rustica, che necessita di poche cure colturali ed è adatta a vivere in terreni marginali. In effetti la singola pianta può vivere per periodi di tempo molto lunghi (anche centinaia di anni) grazie a meccanismi di sopravvivenza molto peculiari: elevata tolleranza agli stress idrici estivi, possibilità di non produrre nelle annate sfavorevoli (alternanza di produzione), elevato rinnovo dell'apparato radicale e delle porzioni della chioma.

Per comprendere a pieno le unicità dell'olivo si deve fare una considerazione fondamentale sul suo habitus di crescita.

Vecchio esemplare di olivo.

L'olivo è una pianta arborea, a portamento cespuglioso, in cui l'accrescimento si rinnova periodicamente attraverso nuove strutture che partono direttamente dal pedale (parte basale del tronco). L'olivicoltore, però, per esigenze pratiche preferisce allevare l'olivo ad albero. Questo aspetto è sicuramente fondamentale per capire le strategie vegeto-riproduttive di questa specie e gli equilibri che di volta in volta si instaurano a tutti i livelli nella pianta e, in particolare, per adottare una tecnica colturale appropriata.

Descrizione fenomorfologica

Albero: In natura presenta un habitus di crescita arbustivo. Il mantenimento di un tronco unico è contrastato dalla pianta con un accrescimento che si rinnova periodicamente attraverso la formazione di nuove strutture direttamente dal pedale (base del tronco). La pianta raggiunge dimensioni anche molto elevate, con un'altezza variabile a seconda della varietà e delle condizioni climatiche.

Albero in campagna.

Gemme: A differenza della maggior parte delle altre specie da frutto le gemme dell'olivo non hanno brattee. Le gemme, che si trovano all'ascella delle foglie, sono gemme vegetative o a fiore, capaci di originare un germoglio o un'infiorescenza. L'induzione e la differenziazione a fiore delle gemme avvengono rispettivamente durante l'estate e nel periodo tardo invernale-primaverile. L'olivo conserva anche un elevato numero di gemme latenti e può produrre meristemi avventizi come risposta a traumi o in seguito a tagli di grosse dimensioni.

Gemma d'olivo.

Fiori: I fiori presentano petali bianchi con due stami ciascuno recante una grande antera gialla e sono riuniti in piccole infiorescenze a grappolo (mignole). L'olivo presenta fiori perfetti (con organi sessuali maschili e femminili nello stesso fiore) o fiori solo maschili (diminuzione dell'ovario), in rapporto diverso specifico per ciascuna varietà, ma influenzato anche dalle condizioni climatiche. La lunghezza dell'infiorescenza, il numero di fiori per infiorescenza e la loro distribuzione lungo il rachide è caratteristica di ogni varietà. L'olivo presenta varietà autocompatibili e autoincompatibili, perciò è necessario disporre di almeno due varietà tra loro compatibili e con fioritura contemporanea per l'impollinazione, che avviene per mezzo del vento (anemofila).

Fiore in piena fioritura.

Foglie: Fusiformi, intere, con una lunghezza media di 5-6 cm, leggermente concave lungo l'asse del rachide centrale, di colore verde scuro nella pagina superiore e verde argentato nella pagina inferiore. Inserite a coppie e opposte in ciascun nodo (ogni coppia di foglie è ortogonale alla coppia immediatamente successiva). L'olivo è una pianta sempreverde in cui le foglie rimangono attive ed efficienti per circa 2 stagioni di crescita (3 anni solari) e rappresentano quindi un grande investimento in termini di materiali per la pianta.

Foglie.

Frutti: Drupe di forma variabile da ellissoidale a rotondeggiante, con una grande variabilità di conformazione e dimensioni tra le varietà. Si distinguono varietà a frutto grande (Gordal Sevillana: 12,5 g, Ascolana tenera: 8,5 g, Santa Caterina: 9 g) e varietà a frutto piccolo (Arbequina: 1,5 g, Mignola:1 g, Koroneiki: 1 g). Generalmente le misure dei diametri equatoriali longitudinale e trasversale sono comprese rispettivamente tra 1 e 4 cm e 0,6 e 2 cm. Le dimensioni del frutto possono poi variare a secondo del carico produttivo della pianta e delle condizioni pedo-climatiche o colturali.

Olive in maturazione.

Le principali **fasi fenologiche** dell'olivo sono: il **riposo vegetativo** in inverno, la **ripresa vegetativa** a fine inverno, la **crescita vegetativa**, l'emissione, lo sviluppo e il completo sviluppo delle **infiorescenze**, l'inizio, la piena e la fine **fioritura**, l'**allegagione**, il **frutto a grano di pepe** (prima fase di crescita del frutto), il **completo indurimento del nocciolo** (seconda fase di crescita del frutto), l'**inoleizione** (terza fase di crescita del frutto), la **maturazione** (invaiatura, senescenza e abscissione del frutto).

Nelle foto sono riportate in sequenza: formazione delle mignole (1), allegagione (2), frutto a grano di pepe (3), completo indurimento del nocciolo (4) e invaiatura (5).

Alternanza di produzione

L'alternanza di produzione è presente nella maggior parte delle piante arboree da frutto, ma nell'olivo presenta fluttuazioni negli anni notevolmente più ampie. Tale fenomeno in parte è legato a fattori ambientali e in parte è tipico di questa specie perché è in equilibrio con i frequenti rinnovi radicali ed aerei dell'olivo. Esso è legato alla capacità della singola pianta di sacrificare alcuni anni di produzione (quelli con andamenti climatici fortemente sfavorevoli) scegliendo la strategia di vivere a lungo adattandosi a condizioni ambientali tipiche del Mediterraneo (carenza idrica e alte temperature estive, precipitazioni abbondanti e basse temperature invernali).
Tra i fattori esterni che influenzano questo fenomeno vanno citati sicuramente anche gli interventi colturali. Tra essi, la potatura sembra avere uno scarso effetto nel ridurre l'alternanza di produzione e, al contrario, se gestita male o effettuata in modo eccessivo può incrementare le fluttuazioni produttive. Prove sperimentali hanno confermato che gli anni di scarica nel tempo presentano un andamento pressoché analogo sia in piante potate che in quelle non potate o quando vengono attuati turni di potatura biennali o triennali. Inoltre il problema dell'alternanza non viene superato neanche quando le piante sono sottoposte a regolare potatura fin dall'impianto. L'intensità e i turni di potatura devono essere applicati in maniera tale da non forzare la pianta ma tanto da assicurarle un giusto equilibrio tra le funzioni vegetative e quelle riproduttive, in modo da rendere le produzioni programmabili nel tempo. È lecito pensare anche a turni di potatura poliennali che riportino la pianta in condizioni di produzioni basse, o nulle, per uno-due anni, e poi crescenti per alcuni anni consecutivi, come nei primi anni di crescita.

Come potare

Pollone: Ramo vegetativo molto vigoroso, spesso provvisto di rami anticipati. Si origina di solito dal pedale o dalle radici e presenta caratteri giovanili. Vanno eliminati alla base e mai raccorciati.

Potatura: *Possono essere asportati insieme a parte di abbozzi radicali e messi a dimora per poi essere innestati nell'anno successivo.*

Succhione: Ramo vegetativo molto vigoroso, spesso provvisto di rami anticipati. Si origina di solito da branche di grandi dimensioni, vicino ad ampie superfici di taglio o dal tronco.

Potatura: *Vanno eliminati alla base e mai raccorciati. Vengono mantenuti se inseriti in posizioni favorevoli e se utili a sostituire branchette mancanti o esaurite, una volta indeboliti con la piegatura esercitata anche dal peso della prima produzione.*

Ramo vegetativo: Ramo vigoroso, con solo gemme vegetative. La gemma terminale è vegetativa.

Potatura: *Se raccorciati o spuntati la pianta reagisce con un poderoso riscoppio vegetativo che porta alla formazione di numerosi rami in prossimità del taglio, con eccessivo infoltimento della chioma a scapito della produzione. Vanno quindi eliminati completamente con taglio raso se cresciuti nella porzione alta e interna della chioma, oppure lasciati integri se non troppo vigorosi e inseriti in posizione utile per sostituire i rami produttivi o una parte della chioma invecchiata.*

Ramo misto: Ramo di medio vigore in cui sono presenti una porzione produttiva e una porzione vegetativa (induzione a fiore delle gemme all'ascella delle foglie) che produrrà frutti nella stagione successiva. Tale ramo tende a piegarsi sotto il peso della produzione e della propria crescita, richiedendo nel tempo una sostituzione tramite un ramo vegetativo.

Potatura: *Rappresentano la percentuale maggiore di rami produttivi nell'olivo ed è consigliabile non raccorciarli per evitare di eliminare le porzioni produttive della stagione successiva e per non alterare l'equilibrio vegeto-riproduttivo della chioma.*

Ramo a frutto: Ramo di ridotto vigore in cui tutte le gemme (le ascellari e la terminale) hanno differenziato a fiore.

Potatura: *Rappresentano una ridotta percentuale di rami produttivi e la loro carriera si esaurisce con l'ultima produzione. Devono essere eliminati con la potatura nell'anno successivo alla loro ultima produzione.*

Ramo esaurito: Ramo con evidente filloptosi (caduta di foglie) e crescita vegetativa molto ridotta (pochi centimetri all'anno).

Potatura: *Sono di solito posizionati nella parte bassa e ombreggiata della chioma. Devono essere comunque eliminati con la potatura o raccorciati al disopra del punto di sviluppo di un germoglio vegetativo.*

La cima

La porzione terminale delle branche primarie esercita un controllo sulla formazione e inclinazione dei rami laterali. La potatura tradizionale predilige una gestione più estetica che funzionale della porzione terminale delle branche primarie ricercandone una rifinitura eccessiva fino a lasciare un'unica freccia, con funzione di controllo gerarchico sulle branche di livello inferiore. L'attenzione deve essere riposta nell'evitare un controllo gerarchico della cima troppo debole, e quindi il rischio che i nuovi germogli competano per diventare a loro volta cima, mantenendo un forte carattere vegetativo. Nella potatura moderna, la funzione di cima può anche essere svolta da un complesso di cime, purché sia mantenuto un gradiente tra il complesso di cime e il resto della vegetazione presente sulla branca primaria e una gerarchia ben evidente tra branche e sottobranche scendendo man mano verso il basso. La gestione delle cime viene effettuata con tagli di ritorno in prossimità di branche secondarie inserite all'altezza desiderata che consentono di orientare verso l'esterno o l'interno la chioma a seconda che sia necessario ampliare o restringere l'angolo di inclinazione dell'asse principale.

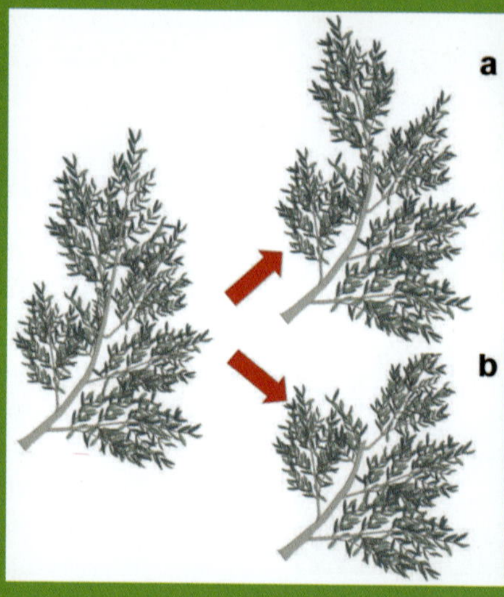

Taglio di ritorno nella parte terminale di una branca primaria per orientare la cima verso l'interno (a) o verso l'esterno (b) della chioma.

La branca fruttifera

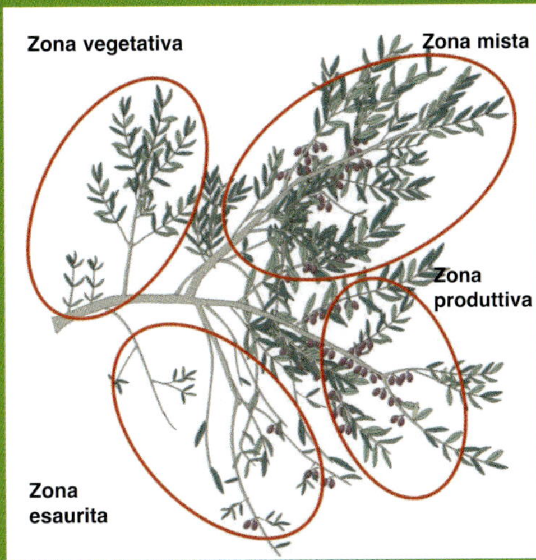

Schema della branca fruttifera di un olivo adulto.

La branca fruttifera di un olivo adulto mostra, andando dal tronco all'esterno della chioma, una successione di zone vegetative (succhioni e rami vegetativi), zone miste (rami vegetativi e misti), zone produttive (rami misti) e zone esaurite (rami misti corti e spesso non più riproduttivi). Si tratta di una successione anche di tipo evolutivo ed è accompagnata da cambiamenti nell'inclinazione e nella ramificazione delle branchette. L'evoluzione della branca fruttifera mostra un progressivo spostamento verso il basso (aumento dell'inclinazione), con un trasferimento delle funzioni da una zona all'altra. I rami a frutto esauriti, ombreggiati e poco funzionali, sono sostituiti da rami che si trovano nella zona produttiva, che s'inclinano sotto il peso della ramificazione e della produzione, e nel processo trascinano in basso l'intera branca fruttifera. Di seguito, la zona mista sostituisce la zona produttiva e quella vegetativa sostituisce quella mista, secondo tempi diversi a seconda della varietà considerata e delle condizioni ambientali. Questo ciclo di rinnovo e la sua relazione con l'inclinazione costituisce un meccanismo autonomo di controllo dell'evoluzione della ramificazione nell'olivo, la cui conoscenza è importante per una corretta gestione della potatura e per assicurare una costante produzione e un appropriato ricambio dei rami. Il rapporto tra rami diversi, la loro disposizione sulla branca produttiva e l'evoluzione di questa forniscono informazioni preziose su come potare assecondando il naturale portamento della varietà, massimizzando i risultati e minimizzando le operazioni.

Quanto e quando potare

L'intensità di potatura sull'olivo deve essere modulata in base all'età della pianta (più è giovane e meno tagli devono essere effettuati), in modo da mantenere un buon equilibrio tra le strutture produttive e quelle vegetative (in piante adulte in piena produzione) e per richiamare vegetatività in piante invecchiate o danneggiate.

La potatura può essere effettuata poco prima o durante la ripresa vegetativa e comunque all'uscita dall'inverno. È anche possibile far ricorso alla potatura estiva (eliminazione di polloni e succhioni) per favorire una migliore distribuzione della luce e assicurare una crescita più bilanciata delle diverse porzioni di chioma.

Propagazione e impianto

L'olivo viene propagato principalmente per via vegetativa mediante talea (per varietà con buona attitudine alla radicazione) o innesto su semenzali "selvatici".
Un buon astone di olivo pronto per l'impianto si presenta con un calibro di 10-12 mm, un'altezza di circa 180 cm, con un buon rivestimento di rami anticipati lungo tutto l'asse principale e un buon apparato radicale (radici ben distribuite, non troppo corte e che non abbiano iniziato a girare lungo le pareti del vaso). Al momento dell'impianto, il punto di innesto dovrà essere posizionato sotto terra per favorire l'affrancamento del nesto (varietà scelta). La messa a dimora con piante in vaso (pane di terra) va eseguito preferibilmente in autunno oppure in primavera se si prevede l'uso dell'irrigazione durante l'estate.

Forme di allevamento

Vaso a chioma libera: Si tratta di una forma in volume priva di asse centrale, molto equilibrata, con un palco di 3-4 branche primarie inserite sul tronco con sottobranche di vari ordini lasciate crescere liberamente, assecondando il naturale habitus di crescita dell'olivo e riducendo al minimo gli interventi di potatura. Risulta adatto alla raccolta meccanica con scuotitori al tronco purché le branche primarie siano relativamente assurgenti (inclinate di 30-40° rispetto alla verticale), le secondarie e le sottobranche siano mantenute relativamente corte, l'intera struttura della chioma sia abbastanza rigida (no pendaglie) e il tronco sia libero da rami per almeno 1-1,2 metri. In condizioni di raccolta agevolata con pettini pneumatici o elettrici, una soluzione ragionevole è quella di adottare il vaso libero basso, che, con l'impalcatura anche a 0,5 m, risulta completamente gestibile da terra. I sesti d'impianto per questa forma di allevamento devono essere mantenuti abbastanza ampi, almeno 5 x 4 m (meglio 6 x 6 m), considerando la varietà e le condizioni pedo-climatiche. Tale forma di allevamento riduce il tempo di entrata in produzione tipico del vaso policonico tradizionale e consente di ridurre i tempi di potatura al minimo.

Vaso.

Monocaule a chioma libera: È costituito da un asse centrale rivestito di strutture produttive laterali di dimensioni e lunghezza decrescente dal basso verso l'alto, indirizzate alla formazione di un gradiente conico. In questa forma di allevamento la chioma è allevata in modo libero e le operazioni di potatura sono ridotte al minimo e volte a correggere solo eventuali squilibri tra le diverse porzioni di chioma. La forma finale della chioma

ricorda il fuso o il fusetto dei fruttiferi. Tale forma di allevamento consente di ridurre i sesti d'impianto dell'oliveto (6 x 4 m ma anche 5 x 3 m a seconda della varietà, delle condizioni pedo-climatiche e del sistema di coltivazione) e se ben gestita è adatta alla raccolta meccanica con scuotitori al tronco.
Questa forma di allevamento consente inizialmente un'ottimale intercettazione della luce, è adatta a qualsiasi tipo di portamento della pianta, e può essere molto produttiva anche se le chiome hanno un aspetto poco geometrico e irregolare. Negli anni può diventare di difficile gestione per l'eccessivo infittimento della chioma e per il relativo ombreggiamento, accentuato dalla vicinanza lungo la fila con le altre piante. L'olivo a questo punto tende a perdere la conicità (piante ad ombrello) e la funzionalità produttiva collassa, rendendo necessario un intervento di riforma.

Monocaule.

Potatura di allevamento

In fase di allevamento la potatura deve essere ridotta al minimo (può anche essere assente per brevi periodi) per consentire alla pianta di massimizzare l'intercettazione della luce e occupare nel minor tempo possibile lo spazio a sua disposizione mediante l'allungamento e la ramificazione degli assi.
Un'eccessiva eliminazione di rami e foglie riduce la superficie fotosintetizzante, ritarda la formazione dello scheletro e l'entrata in produzione della pianta. Gli interventi di potatura sono mirati a correggere eventuali sovrapposizioni di rami all'interno della chioma o a correggere squilibri tra porzioni di chioma per l'azione di venti dominanti o danni da agenti atmosferici.

Notizie tecniche

L'olivo trova le migliori condizioni di coltivazione nei terreni di media tessitura, ma riesce ad adattarsi a terreni molto diversi, da quelli più marginali, magri e ciottolosi a quelli più argillosi. Il ristagno idrico costituisce un problema serio per questa specie, che in condizioni di assenza di ossigeno nel terreno va rapidamente incontro a danni permanenti o addirittura alla morte.

Nella fase di riposo invernale sopporta temperature di -12/-14 °C, ma teme i repentini abbassamenti di temperatura nella fase di ripresa vegetativa e prima dell'arresto completo. La temperatura ottimale per il processo di fotosintesi è compresa tra i 25 e i 28 °C, al di sopra dei 35 °C tale processo si blocca rapidamente. In fase di progettazione di un nuovo impianto andrebbero evitati i fondovalle, le zone umide o battute da correnti d'aria fredda, l'esposizione a nord e altitudini superiori ai 600-700 m slm (nell'Italia centrale).

Esigenze nutrizionali

Si fa riferimento a una tecnica di concimazione frazionata con restituzione degli elementi asportati con i frutti. Se viene asportato anche il legno di potatura, le restituzioni devono essere aumentate del 50%.

Elemento: Azoto.
Periodo critico: Dalla ripresa vegetativa all'indurimento del nocciolo.
Note: Frazionare gli apporti di azoto per evitare perdite per lisciviazione.
Eccesso: In fioritura può causare una precoce e abbondante colatura dei fiori.
Carenza: Decolorazione delle foglie e loro precoce caduta; minore lunghezza dei germogli, rami più sottili (meno fertili).
Quantità asportata: 6-7 g/Kg di frutti.

Elemento: Fosforo.
Periodo critico: Dall'indurimento del nocciolo.
Note: È un elemento poco mobile che ha un impatto elevato sulla crescita del frutto e dell'apparato radicale e per ottenere crescite equilibrate della chioma.
Carenza: Difficilmente l'olivo presenta carenza di fosforo, in terreni normalmente dotati.
Quantità asportata: 0,6-0,7 g/Kg di frutti.

Elemento: Potassio.
Periodo critico: Dall'indurimento del nocciolo fino alla raccolta.
Note: È meglio frazionare l'apporto in più interventi a dosi basse ed eventualmente aumentare i quantitativi in prossimità della raccolta.
Carenza: Effetti negativi sulla crescita e sulle caratteristiche qualitative dei frutti. Difficilmente l'olivo presenta carenza di potassio, in terreni normalmente dotati.
Quantità asportata: 5-6 g/Kg di frutti.

Esigenze idriche

Periodo critico: Dalla piena fioritura alla raccolta.
Aspetti positivi dell'irrigazione: L'irrigazione consente di anticipare l'entrata in produzione in piante giovani, aumenta il numero di frutti per pianta, asseconda il potenziale di crescita del frutto (l'olivo è in grado di riprendere le divisioni cellulari nel frutto an-

che durante la seconda fase di crescita), favorisce un ottimale sviluppo dei germogli e riduce l'alternanza di produzione in piante adulte in piena produzione.
Quantità: 3000-4000 m^3/ha (300-400 mm di pioggia) nel periodo estivo.

I fabbisogni idrici colturali vanno calcolati in base all'andamento climatico dell'areale di coltivazione considerato, a seconda del tipo di terreno e dell'efficienza dell'impianto di irrigazione.
La presenza di irrigazione professionale consente l'uso della fertirrigazione in impianti intensivi; negli impianti amatoriali si consiglia un'irrigazione di soccorso nei momenti di maggior stress idrico estivo.

Patogeni e parassiti chiave

Di seguito sono illustrate le tecniche di potatura che influiscono in varia misura sulle principali avversità dell'olivo, per la cui difesa si rimanda ad altri testi specifici.

Mosca dell'olivo

Periodo critico: Dallo stadio di frutto a grano di pepe alla raccolta. Attacchi maggiori in condizioni di temperatura compresa tra 20 e 30 °C e con elevata umidità relativa e frutto di dimensioni considerevoli (settembre-ottobre).

Accorgimenti: Effettuare il monitoraggio degli adulti (trappole) e delle olive attaccate a partire dal mese di luglio. Intervenire solo al superamento delle soglie di intervento e anticipare la raccolta in caso di attacco tardivo.

Cocciniglia mezzo grano di pepe

Periodo critico: Aprile - settembre.

Accorgimenti: Mantenere un buon equilibrio vegetativo mediante fertilizzazioni bilanciate e ridurre al minimo le zone in ombra mediante potature appropriate.

Oziorrinco

Periodo critico: Dalla ripresa vegetativa (erosioni a mezza luna sulle foglie).

Accorgimenti: Apporre impedimenti fisici sul tronco delle piante.

Fleotribo

Periodo critico: 1 o 2 generazioni all'anno, l'adulto scava gallerie nei rami.

Accorgimenti: *Asportare e bruciare i rami colpiti.*

Occhio di pavone

Periodo critico: Primavera e autunno con temperature prossime ai 12 °C, elevata umidità relativa e piogge abbondanti.

Accorgimenti: *Utilizzare varietà poco suscettibili, basse densità d'impianto e mantenere le chiome ben arieggiate.*

Rogna

Periodo critico: Primavera con temperature miti e piogge abbondanti.

Accorgimenti: *Disinfettare le ferite e i tagli di potatura con prodotti rameici, asportare e bruciare i rami colpiti e disinfettare gli strumenti di potatura. Scegliere varietà poco suscettibili.*

Fumaggine

Periodo critico: Patogeno indiretto che si sviluppa principalmente sulla melata prodotta dalla cocciniglia mezzograno di pepe.

Accorgimenti: *Mantenere un buon equilibrio vegetativo mediante fertilizzazioni bilanciate e ridurre al minimo le zone in ombra mediante potature appropriate. Controllo della cocciniglia mezzo grano di pepe.*

Le specie appartenenti alle Vitaceae sono numerose: solo la *V. vinifera* è coltivata per fare il vino.

Vite

VITACEAE

Sono piante lianiformi che non si sostengono da sole ma devono arrampicarsi su di un supporto, in natura sui tronchi di altre specie, in giardino su pergole appositamente predisposte.

Le specie appartenenti a questa famiglia sono numerose, ma solo la *V. vinifera* è coltivata per fare il vino. Altre specie di origine americana sono utilizzate per produrre succhi, come portinnesti perché resistenti alla fillossera e solo raramente per ottenere una bevanda fermentata (il fragolino) di sapore volpino. Si adatta a climi caldi, mediterranei con estati siccitose, ma non aride, e inverni freddi, ma non continentali. Ha bisogno di molto sole e di una lunga stagione vegetativa per raggiungere la piena maturazione. Alcuni vitigni sono più precoci e si spingono anche in montagna o al nord delle Alpi. Le nostre regioni sono caratterizzate da uno o più vitigni locali, che opportunamente vinificati rendono unici i sapori e i profumi di ogni zona tipica. Esistono poi vitigni che si trovano in numerose zone di produzione e sono diffusi a livello internazionale.
La vite non ha particolari esigenze di terreno, ma richiede una buona esposizione e rifugge i ristagni di umidità che possono favorire le malattie fungine più gravi. Richiede un'attenta difesa anticrittogamica e una potatura precisa e severa per ottenere produzioni di qualità e piante sane.
Può essere utilizzata anche per la coltivazione di uva da tavola combinando produzione e scopo ornamentale. Oggi la diffusione di malattie in grado di far marcire completamente il grappolo è tale da scoraggiare gli amatori ad eccezione di quelli che operino in zone vocate dell'Italia meridionale e solo in presenza di un'adeguata assistenza tecnica. Laddove non ci sia il tempo per un'adeguata difesa antiparassitaria si possono usare, a scopo ornamentale, viti americane, più rustiche anche se meno pregiate della *V. vinifera*.

Vite *(Vitis vinifera sativa)*

di Luca Mercadante e Elisa Manni

La vite è una pianta che può essere potata con grande facilità e che si adatta a molteplici forme di allevamento.

Questo è possibile perché i tralci della vite (rami di un anno) sono quasi sempre produttivi, indifferentemente dalla loro lunghezza, posizione e inclinazione.

Ciò significa che la pianta, una volta potata, produrrà in ogni caso, perdonando l'eventuale imperizia di un potatore non particolarmente esperto. In questo modo è possibile acquisire gradualmente una padronanza nella potatura, senza incorrere nel rischio di non raccogliere i frutti del proprio lavoro.
Inoltre la fertilità delle gemme della vite è generalmente buona, ciò facilita ulteriormente il compito del potatore. Nel tempo, con l'esperienza, è possibile mettere a punto la tecnica e potare senza errori, secondo la forma di allevamento desiderata e ottenere uve di qualità.
La vite è una pianta lianosa, perenne e a foglia caduca tipica di climi temperati. La sua storia è più antica di quella dell'uomo, ma le loro strade si sono unite da diversi millenni, a partire da quando i primi raccoglitori hanno selezionato le varietà allora esistenti, scegliendo quelle con la produzione più elevata e zuccherina dando così origine al processo di domesticazione. Questo ha portato alla coltivazione della vite e alla successiva messa a punto di tecniche che hanno permesso di conservare il valore nutrizionale dell'uva

Cornice di vite sulla facciata di una casa in ambiente pedemontano.

anche fuori dalla stagione di raccolta. Ovviamente la tecnica a cui si fa riferimento è quella della vinificazione che permette di trasformare lo zucchero del mosto in alcool etilico, attraverso un processo di fermentazione.

Al genere *Vitis* appartengono decine di specie facenti parte della famiglia delle Vitaceae. *Vitis vinifera sativa* (vite europea) è la specie che è stata propagata in maniera preferenziale in virtù della presenza di fiori ermafroditi, grazie ai quali, a differenza delle forme selvatiche, tutte le piante sono capaci di portare frutto. È possibile identificare l'area caucasica come suo luogo d'origine, ma viene coltivata in numerose regioni del globo e ad essa afferiscono la maggior parte delle varietà coltivate.

Sono importanti anche altre specie di vite, in quanto utilizzate come portinnesto o per la produzione di uva da tavola o a duplice attitudine. Tra queste originaria delle coste atlantiche del Nord America vi è la *Vitis labrusca*, che in Europa viene chiamata uva fragola e da cui si ottiene una bevanda alcolica rossa e frizzante detta "fragolino", a causa del suo profumo intenso di fragola. La *Vitis riparia* è diffusa spontaneamente in gran parte del territorio degli Stati Uniti d'America, così come la *Vitis rupestris* e la *Vitis berlandieri*. Queste specie, variamente ibridate tra loro, sono state introdotte in Europa per essere utilizzate come portinnesto della vite europea, dato che hanno un apparato radicale che tollera le punture di fillossera. La necessità di ricorrere all'innesto è nata infatti dalla sensibilità della vite europea alle punture di questo afide (*Viteus vitifoliae*) originario del Nord America. La fillossera è stata segnalata in Europa per la prima volta nel 1863 e in breve tempo si è diffusa nel continente distruggendo la maggior parte dei vigneti. Questo afide attacca l'apparato aereo delle viti americane, ma non le loro radici. Sulla vite europea provoca invece danni e lesioni sulle radici così estese da portare in breve tempo la vite alla morte. Da oltre un secolo vengono quindi usati come portinnesto vari ibridi (incroci) di viti americane, che in primo luogo permettono di superare il problema della fillossera e consentono inoltre di avere piante in grado di adattarsi a diverse situazioni pedologiche.

Descrizione fenomorfologica

Albero: La vite è una specie rampicante, perenne, con fusto legnoso e che necessita di sostegno per svilupparsi. Allo stato selvatico può raggiungere altezze notevoli, ancorandosi tramite i suoi organi di presa, i viticci, agli alberi. Il suo apparato radicale arriva anche a notevole profondità, nonostante la quota maggiore di radici sia concentrata entro un metro.

Le radici sono di tipo fascicolato, quando la vite deriva da una talea (porzione di tralcio con 2-3 gemme che ha prodotto radici avventizie), ma anche nel caso di

viti nate da seme le radici secondarie subentrano al fittone in tempi molto brevi.
Le piante innestate o originate da talea hanno un apparato radicale di dimensioni variabili a seconda del vigore del portinnesto, ma non presentano la gerarchia di ramificazione che si ritrova nelle piante originate da seme.
Il fusto è di dimensioni diverse a seconda del sistema di allevamento adottato ed è costituito da una parte basale, detta *ceppo*, da cui si diramano una o più *branche* che portano i rami produttivi. Il ceppo e le branche sono ricoperte da una corteccia squamosa, detta *ritidoma*, presente in abbondanza sulle viti adulte e caratterizzata da striature longitudinali.

Gemme: Le gemme sono miste, capaci cioè di originare un germoglio e fino a tre infiorescenze. Tra le gemme, alcune (*ibernanti*) daranno origine al germoglio l'anno successivo alla loro formazione, altre, le gemme *pronte*, si sviluppano sul germoglio stesso originando germogli anticipati detti *femminelle*. Vi sono poi delle gemme vegetative (generalmente prive di infiorescenze) che si trovano sotto il ritidoma. Queste sono dette *latenti* e si sviluppano solo in seguito a forti tagli o a potature molto severe o a lesioni, anche dopo diversi anni dalla loro formazione.

Gemme.

Fiori: I fiori sono molto piccoli, di colore verdastro e raggruppati in infiorescenze formate da poche decine a diverse centinaia di fiori. L'asse principale dell'infiorescenza è detto *rachide* e gli assi secondari *rachilli*. La vite selvatica è dioica ovvero presenta fiori femminili e maschili portati da piante diverse, ma le varietà coltivate sono state selezionate per la caratteristica di avere fiori ermafroditi. L'impollinazione è prevalentemente anemofila, avviene cioè grazie al vento che trasporta il polline e la quasi totalità dei vitigni coltivati è autocompatibile (non sono necessarie viti impollinatrici).

Fiori di vite.

Foglie: Sono formate da un picciolo e da una lamina in cui sono presenti cinque nervature primarie. La lamina presenta un margine variamente dentato e può essere intera o lobata (trilobata o pentalobata). Sono asimmetriche, disposte in maniera alterna e assumono la forma e la dimensione caratteristiche di ciascun vitigno nella parte mediana del germoglio durante il periodo estivo. Le foglie rive-

Foglie di vite.

Grappolo maturo.

stono un importante valore diagnostico ai fini del riconoscimento dei vitigni. All'ascella di ciascuna foglia si sviluppano una gemma pronta e una gemma ibernante.

Frutti: Sono bacche (acini) di forma, colore, dimensioni e sapore variabile a seconda delle varietà. Sono raggruppati in grappoli. Presentano un *epicarpo* o *buccia* ricoperto di cere, un *mesocarpo* o *polpa* succoso e molle e un *endocarpo* membranoso in cui sono alloggiati i semi detti *vinaccioli*. Gli acini sono attaccati ai *pedicelli* in racimoli che, insieme alle ramificazioni del grappolo, costituiscono il *raspo*.
Il peso del grappolo può essere molto variabile in funzione del numero e del peso degli acini che lo compongono, della compattezza e della dimensione del grappolo stesso.

Viticci: Si sviluppano lungo il germoglio in posizione opposta alle foglie a partire dal 5°- 6° nodo. Svolgono la funzione di sostenere il germoglio in accrescimento avviluppandosi a tutori (fili o rami).

Viticci.

Le principali **fasi fenologiche** della vite a partire dall'uscita dal *riposo vegetativo* in inverno, sono il *pianto,* che si verifica circa un mese prima del germogliamento ed è visibile quando si effettua la potatura; questa fuoriuscita di acqua causata dai tagli di potatura è dovuta ad un aumento di pressione nei tessuti della pianta a causa dell'attività di assorbimento delle radici. Seguono il *germogliamento* che avviene quando la temperatura media dell'aria si avvicina ai 10-12 °C, la *fioritura*, l'*allegagione*, l'*invaiatura* che si verifica quando gli acini virano di colore e dal verde assumono il colore tipico varietale, la *maturazione*.

Nelle foto sono riportate in sequenza: pianto (1), germogliamento (2), fioritura (3), allegagione (4) invaiatura (5), maturazione (6).

VITIGNI

In viticoltura il termine vitigno viene spesso utilizzato al posto di varietà o cultivar. Nel mondo si possono contare numerosissimi vitigni, secondo alcune stime 5000, anche se questo numero include omonimie e sinonimie. È possibile distinguere tra vitigni da cui si ottiene uva da vino, vitigni per la produzione di uva da tavola e vitigni cosiddetti a duplice attitudine. Questi producono uva che è adatta sia al consumo fresco che alla trasformazione.

Come potare

Con le pratiche di potatura si mira a mantenere un livello produttivo costante nel tempo, attraverso il raggiungimento di un equilibrio ideale tra attività vegetativa e produzione. Nella potatura rientrano anche quelle operazioni effettuate durante la stagione di crescita allo scopo di migliorare la qualità dell'uva.
Si distingue una potatura invernale, che comprende tutti gli interventi cesori effettuati durante il riposo vegetativo della vite e una potatura estiva che, al contrario, include tutte le operazioni eseguite sulla pianta durante il periodo primaverile-estivo.

Limitatamente ai primi anni successivi all'impianto di un vigneto si ha una potatura di allevamento, che ha per scopo quello di condurre rapidamente la vite verso la fase di piena fruttificazione, favorendo allo stesso tempo una crescita equilibrata tra apparato aereo e radicale. Questo tipo di potatura è particolarmente importante in quanto deve condurre la pianta verso la forma di allevamento scelta nel minor tempo possibile.

Tralcio: È il ramo di 1 anno di età. Più propriamente il germoglio diventa tralcio da quando assume, verso la fine dell'estate, consistenza legnosa (agostamento).

Potatura: *Il tipo di intervento che riguarda i tralci è strettamente legato alla forma di allevamento. I tralci di media grandezza sono più fruttiferi di quelli molto vigorosi o sottili. Di solito portano gemme sviluppate e ben formate. Dopo la potatura sono detti capi a frutto; se sono raccorciati a non più di 3 gemme sono detti speroni.*

Femminella: È il germoglio originato dalle gemme pronte. Si può sviluppare sul germoglio principale durante la stessa stagione di crescita all'ascella delle foglie presenti su ciascun nodo. Può portare qualche piccolo grappolo che matura un mese o più dopo la vendemmia.

Potatura: *Nella potatura invernale le femminelle possono essere utilizzate al posto di un tralcio, se questo è mal lignificato o mal posizionato.*

Pollone: È un germoglio che si origina dalle gemme latenti presenti lungo il fusto, in particolare quando la vite subisce lesioni meccaniche di una certa entità o in seguito a potature severe. Di solito è sterile. Dovrebbe essere definito succhione, in quanto propriamente i polloni sono i germogli che si sviluppano da gemme latenti o avventizie presenti sull'apparato radicale.

Potatura: *I polloni sono utili per sostituire i capi a frutto che negli anni si sono allontanati troppo dal cordone permanente o dal ceppo. In questo modo si può abbassare correttamente la forma di allevamento secondo l'impostazione originaria.*

Potatura di allevamento

La pianta di vite che comunemente viene acquistata in vivaio è detta barbatella innestata. Questa consiste in un portinnesto, che darà origine all'apparato radicale, e nella varietà vera e propria, che è costituita da un fusticino di due gemme generalmente ricoperto di paraffina fin sotto il punto d'innesto. L'impianto delle barbatelle deve essere effettuato nel periodo di riposo vegetativo della pianta, compreso tra l'autunno e la fine dell'inverno.
Nel primo anno generalmente si lascia sviluppare la pianta liberamente assecondando la sua crescita naturale. Molta attenzione deve essere posta nel mantenere un adeguato rifornimento idrico alle piante, intervenendo, dove possibile, con un'irrigazione di soccorso ai primi segni di stress. È necessario prevedere un piano di difesa fitosanitaria efficace al fine di proteggere le viti da attacchi parassitari che possano compromettere la funzionalità dell'apparato fogliare.
Con la potatura invernale eseguita al termine del primo anno occorre selezionare il tralcio più vigoroso e meglio posizionato e raccorciarlo a due-tre gemme, dopo aver eliminato i tralci in eccesso. Apparentemente sembra che la pianta venga riportata alla condizione dell'impianto, ma così non è. Durante la prima stagione di crescita infatti l'apparato radicale si è espanso occupando una parte del volume a sua disposizione. Questo permetterà alla pianta, nella stagione successiva, di sfruttare al meglio le risorse idriche e nutrizionali per far crescere rapidamente i germogli originati dalle gemme lasciate in fase di potatura.
Alla fine della seconda stagione di crescita si seleziona nuovamente un solo tralcio e, se questo si presenta particolarmente vigoroso e robusto, lo si pota ad una lunghezza sufficiente a coprire tutto lo spazio sul filo a disposizione della pianta. Il tralcio andrà raccorciato ad una lunghezza che dipende dalla distanza di piantagione delle barbatelle lungo il filare. Se al contrario il tralcio fosse di lunghezza ridotta, debole e sottile è meglio potarlo poco al di sotto del filo portante, rimandando all'anno successivo la formazione della struttura definitiva.

Quanto e quando potare

Potatura invernale: quando?

Questa operazione può essere effettuata nel periodo che va dalla caduta delle foglie a prima che riprenda l'attività vegetativa. La lunghezza di questo periodo varia in relazione alle temperature e al vitigno e in Italia è generalmente compreso tra novembre e marzo. Eseguendo la potatura tardivamente, a ridosso della fase del pianto, si determina un leggero posticipo del germogliamento. Questo leggero ritardo dell'avvio dell'attività vegetativa può essere utile in zone in cui il rischio di gelate tardive è elevato, soprattutto con varietà a germogliamento precoce.

Potatura invernale: come?

Prima di scegliere il sistema di allevamento, occorre considerare le caratteristiche del vi-

Tipi di potatura

A seconda del numero di gemme lasciate sul capo a frutto si possono distinguere due tipi principali di potatura: la potatura lunga in cui i capi a frutto hanno un numero di gemme da 5-6 fino ad oltre 20 e la potatura corta in cui i tralci, drasticamente raccorciati, sono detti speroni e presentano al massimo 3 gemme. Viene fatta inoltre una distinzione tra potatura povera e ricca per indicare il numero delle gemme lasciate su ciascuna vite. La potatura è definita povera quando vengono lasciate meno di 10 gemme per pianta, media se il carico è pari a 10-20 gemme e ricca se le gemme sono più di 20.

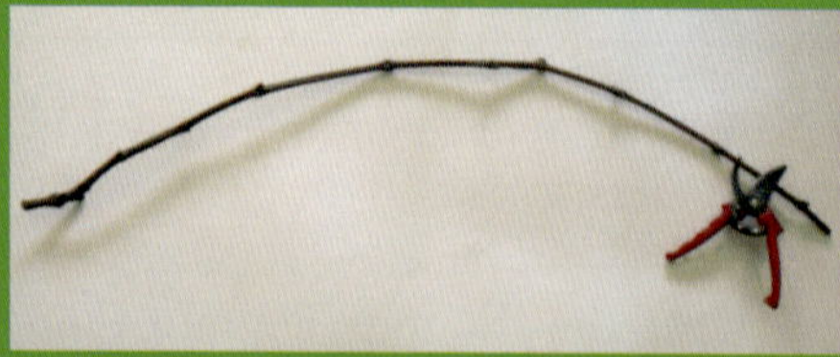

Potatura lunga.

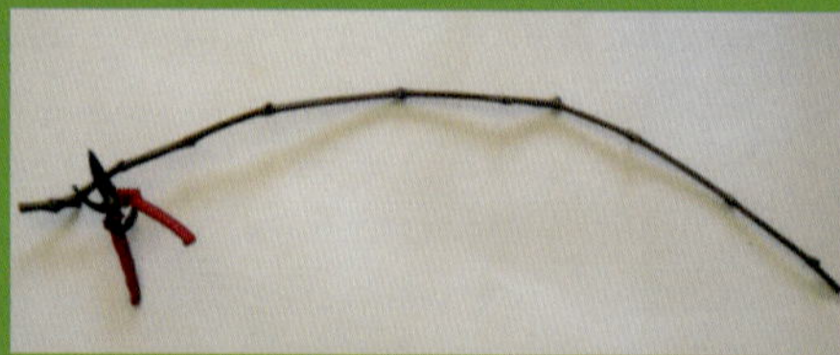

Potatura corta.

tigno che si vuole coltivare così da potare nel modo più adatto. Infatti la fertilità di un germoglio dipende dalla posizione sul tralcio della gemma da cui esso si è sviluppato ed è determinata geneticamente. In generale tutti i vitigni coltivati presentano una fertilità massima a partire dalla gemma posizionata al 3°-4° nodo basale del tralcio, che si mantiene elevata fino al 15°-20°. Per decidere il tipo di potatura da adottare, corta o lunga, è quindi necessario conoscere il livello di fertilità dei germogli originati dalle gemme basali del tralcio. Se la fertilità di questi è elevata, ovvero se mediamente producono due grappoli per germoglio, è possibile adottare qualsiasi tipo di potatura; se la fertilità è intermedia (un grappolo per germoglio) si può potare corto adottando alcuni accorgimenti, come lasciare speroni di almeno tre nodi; se infine il livello di fertilità delle gemme basali è basso (mediamente meno di un grappolo per germoglio) è indispensabile ricorrere ad una potatura lunga per avere una produzione soddisfacente.
Nella scelta del tipo di potatura si devono inoltre tenere in considerazione i vantaggi e gli svantaggi connessi alla tipologia adottata. La potatura lunga risulta generalmente più semplice da eseguire e la gestione della chioma durante il periodo primaverile-estivo è più agevole e meno onerosa. Richiede di contro più ore di manodopera per la necessità di legare i capi a frutto e, soprattutto in alcune tipologie di allevamento, si può avere una disomogeneità di crescita dei germogli con una conseguente difformità di maturazione delle uve. Adottare una potatura corta riduce al minimo quest'ultimo inconveniente, ma le forme così impostate richiedono un maggior impegno nella potatura verde e in terreni fertili e freschi comportano una crescita molto vigorosa dei germogli, rendendo necessari ripetuti interventi atti a sfoltire le chiome altrimenti troppo dense.
La scelta tra potatura lunga o corta, e i diversi oneri che ne derivano, è però da valutare con attenzione solo in un ambito di viticoltura specializzata. Se si tratta di potare un nu-

mero limitato di viti, il criterio tra una tipologia e l'altra dovrà basarsi sulla fertilità del vitigno e sul tipo di potatura che si ritiene più congeniale.
La maggior parte dei vitigni coltivati presenta una buona fertilità basale e possono essere potati sia lunghi che corti; vi sono però alcuni vitigni (Nebbiolo, Albana, Verdicchio) per i quali la potatura lunga diventa una scelta tecnica irrinunciabile, a causa della fertilità delle gemme basali davvero limitata.

Potatura invernale: quanto potare?

Il numero di gemme da lasciare su ciascuna pianta determina la quantità e la qualità di uva prodotta. Occorre bilanciare questi due aspetti. Se si lascia un numero troppo elevato di gemme otterrà una produzione abbondante, ma nel contempo si potrà assistere ad un decadimento qualitativo dell'uva inteso come un minor grado zuccherino e una minore concentrazione di composti aromatici e coloranti al momento della raccolta.
Il carico di gemme deve quindi essere commisurato agli obiettivi produttivi che si vogliono raggiungere e all'ambiente in cui ci si trova ad operare. In terreni fertili, profondi e con una buona capacità di ritenzione idrica si può effettuare una potatura ricca; al contrario in terreni poveri e in ambienti siccitosi la potatura deve necessariamente essere più povera.
Naturalmente anche la forma di allevamento e la dimensione finale delle viti sono determinanti nello stabilire il carico di gemme. Nella potatura lunga il numero di gemme da lasciare su ciascuna pianta è determinato dalla distanza delle viti lungo il filare e dalla diversa disposizione del capo a frutto sul filo portante (orizzontale, arcuato). Nella potatura corta invece è possibile variare il carico di gemme, in quanto si può stabilire sia la lunghezza che la distanza reciproca degli speroni, che comunque non deve essere inferiore a 15 cm per evitare in seguito affastellamenti dei germogli. Lasciare speroni di tre nodi consente di adottare questo tipo di potatura anche in vitigni con fertilità delle gemme basali non molto elevata.

Potatura estiva

L'insieme delle operazioni effettuate sulla chioma durante la stagione di crescita è definito potatura estiva. In termini di manodopera richiede un numero di ore di lavoro generalmente superiore alla potatura invernale. Queste operazioni consistono nella spollonatura, scacchiatura, legatura, cimatura e sfogliatura della fascia produttiva.

Necessità della potatura estiva

L'effettiva necessità di esecuzione delle operazioni di sfoltimento o condizionamento delle chiome dipende dall'andamento climatico dell'annata, dalla forma di allevamento e dalla vigoria delle viti. Idealmente questi interventi dovrebbero essere ridotti al minimo qualora in un vigneto l'attività vegetativa e produttiva fossero in perfetto equilibrio. Nella realtà alcuni interventi di potatura estiva si rendono quasi sempre obbligatori, almeno in vista del raggiungimento di un obiettivo produttivo o enologico di pregio. Inoltre alcuni interventi (cimatura, sfogliatura) permettono di massimizzare l'efficienza dei trattamenti fitosanitari salvaguardando in questo modo la sanità delle uve.

Spollonatura

Consiste nel rimuovere i germogli, impropriamente detti polloni, che all'inizio della stagione vegetativa si formano lungo il ceppo da gemme latenti. Tali polloni devono essere rimossi in quanto, se lasciati sviluppare liberamente, eserciterebbero una competizione eccessiva nei confronti dei germogli produttivi. Il momento migliore per effettuare l'intervento è quando i polloni sono lunghi 10-15 cm e possono essere rimossi facilmente a mano senza l'ausilio di forbici. In alcuni casi bisogna valutare se sia utile preservare lungo il fusto un pollone per abbassare l'inserzione del capo a frutto sul ceppo qualora questa, nel corso degli anni, si sia allontanata troppo dal ceppo.

Scacchiatura

Con questa operazione vengono rimossi i germogli in soprannumero presenti sui capi a frutto o, più frequentemente, sugli speroni. La presenza di questi germogli è dovuta alla schiusura di gemme portate sul legno vecchio o dal fatto che dalle gemme lasciate con la potatura invernale possono svilupparsi anche due germogli per ciascun nodo. In questo caso si toglie quello sterile oppure quello più piccolo e male inserito, così da lasciare un solo germoglio per nodo.

Nella potatura corta è necessario spendere più tempo nella scacchiatura in quanto, oltre a rimuovere i germogli secondari, occorre togliere anche i germogli, normalmente sterili, che si sviluppano dalle gemme poste alla base degli speroni (gemme di corona) o presenti sul cordone permanente. Bisogna però effettuare questa operazione con attenzione, perché, se si tolgono troppi germogli, si possono eliminare punti di rinnovo utili per i nuovi speroni che saranno selezionati con la potatura invernale.

Questo intervento solitamente si rende necessario soprattutto nelle forme caratterizzate da cordoni permanenti. Se si originano troppi germogli, si avranno chiome dense ed eccessivamente compatte che si troveranno in condizioni favorevoli all'instaurarsi di malattie crittogamiche. Inoltre con la scacchiatura si diminuisce preventivamente il numero dei grappoli. Come regola generale si può affermare che chiome costituite da 10 a 15 germogli per metro di parete vegetativa diano luogo ad una densità ottimale che è un valido presupposto per il raggiungimento di elevati standard qualitativi.

Operazione di scacchiatura.

La scacchiatura deve essere necessariamente eseguita a mano, in quanto è un'operazione selettiva, e va effettuata quando i germogli sono lunghi 20-30 cm. Se si esegue in periodi più tardivi si rende necessario l'uso di forbici, così da eseguire tagli netti e puliti alla base dei germogli già sviluppati.

Condizionamento/legatura dei germogli

Nella maggior parte delle forme di allevamento, in particolare per quelle che rientrano nella tipologia che va sotto il nome di controspalliera, i germogli dovranno formare una parete continua e quindi sarà necessario indirizzarli e assicurarli in posizione verticale. L'assurgenza delle chiome è resa possibile dalla presenza di pali e fili che costituiscono la struttura sulla quale i germogli possono sostenersi. Se i germogli venissero fatti sviluppare liberamente finirebbero per ricadere verso terra rischiando di essere calpestati e di spezzarsi.
Il lavoro del viticoltore sarà quello di assicurare i germogli sui fili per consentirne il palizzamento. Le modalità con cui effettuare questa operazione sono diverse. Una consiste nel legare manualmente i germogli in accrescimento, ma risulta praticabile solo con un numero limitato di piante per via dell'onerosità del lavoro, mentre in vigne di elevate dimensioni viene eseguita con apposite macchine legatrici. Un'altra alternativa consiste nell'adottare una o due coppie di fili mobili e accoppiati sui pali per il contenimento dei germogli. In posizione di riposo questi fili sono collocati all'altezza del filo portante; quando i germogli hanno una lunghezza tale da sovrastare in altezza la coppia di fili di almeno 30-40 cm, i fili vengono collocati su dei ganci posizionati su ciascun palo e questo spostamento trascina i germogli che vengono portati in posizione verticale. In alternativa è possibile mobilizzare i fili tramite delle "molle" in acciaio ancorate ai pali che, in posizione di riposo, mantengono i fili laterali ad una certa distanza l'uno dall'altro. I germogli così si sviluppano naturalmente all'interno dello spazio creato tra questi due fili e, quando hanno raggiunto una lunghezza sufficiente, le molle vengono chiuse trascinando sia i fili che i germogli.

Cimatura

Consiste nella rimozione manuale o meccanica delle porzioni terminali dei germogli costituite dall'apice vegetativo e da alcune foglie giovani.
In condizioni ordinarie, questa operazione si rende necessaria quando i germogli in accrescimento superano i limiti dimensionali imposti dalla struttura del vigneto (pali e fili). Se questa pratica non venisse eseguita, i germogli ostacolerebbero il transito dei mezzi meccanici per via della loro ricaduta verso terra, renderebbero meno efficace la distribuzione dei trattamenti fitosanitari e creerebbero un ambiente sfavorevole alla maturazione delle uve.
Il momento della cimatura viene determinato dalla velocità di accrescimento dei ger-

Vigneto in cui si rende necessaria l'operazione di cimatura.

mogli e dipende dalla vigoria della varietà e dall'andamento climatico stagionale. Normalmente si colloca nel periodo che va dall'allegagione fino alla chiusura grappolo (da fine giugno alla metà di luglio). Dopo questa operazione la vite può reagire emettendo nuove femminelle in misura proporzionale alle disponibilità idriche e nutrizionali e alla precocità e severità dell'intervento. È importante non effettuare la cimatura in epoca troppo tardiva (inizio invaiatura), in quanto questo potrebbe provocare l'emissione di nuove femminelle in una fase in cui le risorse della pianta devono essere indirizzate in maniera preferenziale verso i grappoli in via di maturazione. Occorre in ogni caso salvaguardare un discreto numero di foglie sui germogli al di sopra del grappolo (almeno 8-10), per evitare di incorrere in ritardi o maturazioni incomplete delle uve.

Sfogliatura

Attraverso questa operazione, detta anche spampinatura o sfrondatura, vengono rimosse le foglie ed eventualmente le femminelle inserite a livello dei grappoli, in modo da diminuire la densità della chioma a ridosso della fascia produttiva. L'arieggiamento permette di ridurre l'umidità intorno al grappolo, così da ostacolare lo sviluppo e il propagarsi di malattie e inoltre si permette ai trattamenti antiparassitari di raggiungere e colpire con efficacia la fascia produttiva. Questa operazione dovrebbe essere effettuata tra l'allegagione e l'invaiatura, ma solo nel caso in cui le chiome siano eccessivamente fitte. Se la densità fogliare a livello dei grappoli non è eccessiva, ovvero se i grappoli rimangono abbastanza scoperti e visibili, non è necessario né utile intervenire. È buona norma non scoprire eccessivamente i grappoli per evitare scottature che conducono a scadimenti qualitativi delle uve. Una buona soluzione è quella di togliere eventualmente solo le foglie inserite al di sotto dei grappoli così da farli rimanere ombreggiati dalle foglie sovrastanti.

Vite prima e dopo l'operazione di sfogliatura.

In alcune annate a ridosso della vendemmia, soprattutto nel caso di varietà a maturazione tardiva, si possono verificare condizioni di umidità molto elevate a causa di piogge ripetute o nebbie persistenti. Per scongiurare i rischi di attacchi di muffa grigia (*Botrytis cinerea*) è allora possibile ricorrere alla sfogliatura di tutte le foglie a livello dei grappoli, così da scoprirli per farli asciugare all'aria. Tale operazione farà in parte recuperare i costi necessari alla sua esecuzione, rendendo più veloce ed agevole la vendemmia.

Diradamento dei grappoli

Consiste nella rimozione, attraverso l'uso di forbici, di una quota dei grappoli presenti sulle viti. Di solito si lascia un grappolo per germoglio asportando quello più vicino all'apice (che matura leggermente dopo) oppure quelli mal posizionati (ad esempio a cavallo del filo) o in ritardo di maturazione (bassa percentuale di acini colorati).

Perché?
Quando si hanno situazioni di eccessiva produzione rispetto allo sviluppo vegetativo (viti in fase di allevamento, situazioni pedoclimatiche particolarmente limitanti) oppure se si vuole aumentare la qualità dell'uva o del vino (aumento del contenuto zuccherino, maggiore concentrazione di molecole aromatiche e coloranti) si può ricorrere al diradamento dei grappoli.

In che momento?
Idealmente questa operazione dovrebbe essere effettuata prima della fase di invaiatura. Diradamenti molto precoci sono da sconsigliare in quanto, pur togliendo presto la competizione esercitata dai grappoli in eccesso, non fanno sempre incrementare la qualità dell'uva. Questo si verifica a causa della crescita eccessiva dei grappoli rimasti che divengono più compatti per l'aumento delle dimensioni degli acini. Inoltre è possibile che la pianta risponda ad una diminuzione del carico produttivo con una ripresa della crescita vegetativa a scapito di una completa maturazione delle uve. Diradamenti tardivi effettuati ben oltre l'invaiatura a ridosso della la fase di maturazione, non garantiscono l'incremento di qualità delle uve che si vuole ottenere, in quanto la competizione dei grappoli in eccesso permane troppo a lungo.

È necessario?
Non sempre, anzi deve considerarsi una pratica eccezionale. Se non si fanno errori nella potatura invernale, come lasciare un carico troppo elevato di gemme per pianta, non è necessario ricorrere al diradamento. Se però la fertilità del vitigno risulta molto elevata e si è potato assecondando questa sua caratteristica, occorre praticare il diradamento se si vuole ottenere un'uva di buona qualità per l'annata in corso. Durante la stagione invernale si opterà per una potatura meno ricca così da evitare questa "dolorosa" pratica.

Forme di allevamento

La vite regola il proprio sviluppo e la propria capacità produttiva in maniera diversa a seconda delle condizioni ambientali in cui si trova. Se la forma di allevamento adottata non asseconda le esigenze della pianta, questa può dare scarsa produzione o insenilire nel giro di pochi anni. È necessario perciò scegliere un sistema di allevamento che tenga conto del vitigno, del portinnesto, dei fattori ambientali e anche dei mezzi tecnici che si intendono utilizzare.

Limitatamente al caso in cui ci si trovi ad operare in terreni scarsamente fertili, dotati di molto scheletro (sassi e ciottoli), poco profondi, soggetti alla siccità e in regioni con scarse precipitazioni, si prediligeranno sistemi di allevamento poco espansi, bassi e con potatura povera come l'alberello. Se invece le precipitazioni sono in media abbondanti e il terreno è fertile, allora sono più idonei i sistemi caratterizzati da una potatura ricca, medio-alti ed espansi (pergola, controspalliera).

Il portinnesto e soprattutto il vitigno prescelto influenzano notevolmente la scelta del sistema da adottare in virtù delle loro caratteristiche agronomiche (vigoria, resistenza alle diverse condizioni pedoclimatiche, ecc.), genetiche (fertilità delle gemme basali del vitigno utilizzato) e per via delle loro esigenze ambientali (sommatorie termiche, insolazione, ecc.). Inoltre a seconda dei mezzi meccanici di cui si dispone (trattrici, macchine operatrici, ecc.) è possibile fare delle scelte che consentano di meccanizzare il maggior numero di operazioni colturali, soprattutto se si debbano gestire vigneti di una certa estensione.

Di seguito verranno brevemente illustrati alcuni sistemi di allevamento tra i più diffusi per l'ottenimento di uve di qualità nei diversi ambienti viticoli. Ovviamente ciascuna forma ha un suo ambiente di elezione per poter estrinsecare al meglio le potenzialità del vitigno e quindi, accanto alla descrizione del sistema, viene specificato dove questa può essere convenientemente adottata.

Potatura ad alberello.

Alberello: È il sistema tipicamente diffuso nelle zone con terreni poveri e siccitosi e temperature elevate associate a forti venti. È infatti tipico della viticoltura mediterranea, ma è adottato anche nelle zone più fredde d'Europa (Francia settentrionale, Germania) dove le basse temperature diventano il fattore limitante. Il nome deriva dalla forma che la vite assume in fase di produzione con un tronco molto ridotto (appena 30-40 cm) e la presenza di 3-4 branche che portano ciascuna 1-2 speroni. L'impostazione ad alberello di stampo tradizionale non prevede l'utilizzo di pali e fili , ma solo di tutori (canne).

Le distanze tra le viti sono ridotte e la disposizione delle piante è a quadrato con sesti che variano da 1 x 1 a 3 x 3 m. Per garantire l'eventuale passaggio ai mezzi meccanici è meglio aumentare la distanza così da creare delle file: in questo modo, anche grazie all'ausilio di una palificazione e di alcuni fili, diverse operazioni colturali possono essere semplificate (palizzamento dei germogli, trattamenti, vendemmia ecc.)

L'adozione di questa antica forma di allevamento, che ci deriva dalla viticoltura greca di età classica, è però generalmente da sconsigliarsi a causa della difficoltà di gestione delle chiome (necessitano di frequenti cimature per far sì che la vegetazione rimanga assurgente) a meno di operare in zone caratterizzate da elevate, o al contrario basse, temperature e siccità prevalente.

Guyot: Questo sistema si addice alle zone di collina con terreni di media o scarsa fertilità e mediamente siccitosi dove la vite non presenta uno sviluppo vegetativo eccessivo. È ormai diffuso nella maggior parte delle regioni italiane grazie alla sua razionalità di impostazione e alla qualità delle uve che si possono ottenere. È un sistema che utilizza per la fruttificazione un capo a frutto e che ben si adatta ad essere utilizzato con la stragrande maggioranza dei vitigni. È un sistema noto fin dall'età romana, ma prende il nome di colui che nella seconda metà dell'Ottocento ne promosse la diffusione, introducendo la presenza dello sperone sul fusto con funzione di rinnovo.
Nel Guyot classico si lasciano in fase di potatura uno sperone di 2 gemme e un capo a frutto di 8-12 gemme. Allo sperone è deputato il compito di fornire i tralci per il rinnovo della forma e al capo a frutto di produrre germogli fruttiferi. Il ceppo può avere un'altezza variabile dai 50 ai 100 cm. Comunque è meglio orientarsi verso altezze di almeno 80 cm così da facilitare sia le operazioni di potatura che di vendemmia. Il sesto di impianto è variabile a seconda della fertilità indotta dall'ambiente e del clima. In climi siccitosi e terreni poveri si opterà per una dimensione più contenuta e per una maggiore densità di ceppi per ettaro al fine di sfruttare al meglio le risorse del suolo e per non stres-

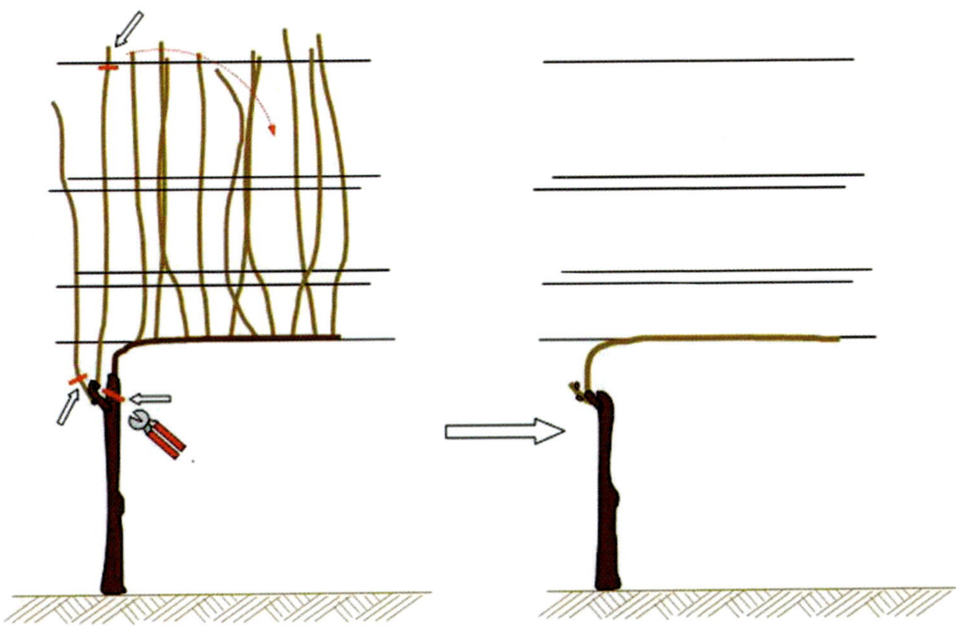

Guyot.

sare eccessivamente le piante con produzioni troppo elevate per ceppo. Tra le file le distanze sono comunemente comprese tra 2 e 3 m, lungo la fila tra 80 e 120 cm.
L'adozione di questa forma di allevamento comporta la necessità di avere dei tutori per ciascuna vite oltre a pali e fili. I pali devono sporgere dal terreno circa 2 m ed essere posizionati ad una distanza di circa 5-7 m l'uno dall'altro, avendo la precauzione di adottare una misura che sia un multiplo della distanza delle viti lungo la fila. Operando in questo modo non si renderà necessario far scavalcare il palo al capo a frutto lasciato sulla vite a ridosso del palo stesso. I pali possono essere di legno, d'acciaio o di cemento. Se si opta per quest'ultima tipologia di materiale bisogna considerare che i pali in cemento necessitano di appositi sistemi di aggancio per i fili. I fili devono essere almeno 3, meglio se 4, il più basso dei quali sarà il filo portante, cosiddetto perché avrà il compito di sostenere il peso del capo a frutto e avrà un calibro più elevato rispetto al resto dei fili. Al di sopra del filo portante, verranno posti 2 o 3 fili per il contenimento dei germogli. Adottando una o due coppie di fili mobili si riuscirà ad ottenere velocemente ed efficacemente una parete vegetativa con una buona densità e verticalità. L'insieme dei pali e dei fili ad essi accoppiati costituisce la struttura del filare che dovrà essere opportunamente ancorato alle sue estremità così da mantenere la stabilità nel tempo.
Per ottenere la forma tipica del Guyot occorre praticare la potatura di allevamento per 3 anni. La potatura di produzione consisterà nel togliere il vecchio capo a frutto, raccorciare a 8-12 gemme il tralcio più alto vicino al filo portante e "speronare" (tagliare a 2 gemme) il più basso. Lo sperone avrà la funzione di rinnovare annualmente le strutture necessarie a rinnovare la forma ovvero sia il capo a frutto che lo sperone stesso che deve essere posizionato sul ceppo circa 20 cm sotto il filo portante. Per facilitare il posizionamento del capo a frutto, lo si può disporre a spirale lungo il filo e legarlo all'estremità con del materiale plastico.
Negli anni è possibile che, reiterando questo tipo di potatura, la quota di legno vecchio aumenti e il ceppo superi in altezza il filo portante. Se la vite diventa troppo alta, allora è possibile sfruttare la presenza di un eventuale pollone sul ceppo per abbassarla. Il pollone va conservato e fatto sviluppare per tutto il periodo vegetativo e in inverno lo si posiziona sul filo portante se è di lunghezza e calibro adeguati; in caso contrario lo si sperona dopo aver asportato la parte superiore del vecchio ceppo rimandando all'anno successivo la copertura del filo.

Allevamento a capovolto.

Capovolto: Non è altro che una modifica del sistema Guyot: anziché mantenere il capo a frutto in posizione orizzontale, esso viene incurvato sul secondo filo (portante) e legato al filo sottostante. La presenza dello sperone può non essere indispensabile in questa forma di allevamento, perché dalle gemme basali del capo a frutto si sviluppano solitamente tralci molto vigorosi che possono essere usati direttamente per il rinnovo.

È importante non esasperare la curvatura del tralcio fino a far sì che la sua parte terminale assuma una direzione verticale discendente, perché ciò può causare uno scarso sviluppo dei germogli dalle gemme inserite su questa parte del capo a frutto. Facendo una curvatura dolce sul filo, lo sviluppo della vegetazione diventa più uniforme così come la maturazione delle uve.
In terreni fertili e con vitigni vigorosi si può sdoppiare questa forma creando un doppio capovolto costituito da due tralci posti uno alla destra e uno alla sinistra del ceppo. Questa forma di allevamento, tradizionalmente molto diffusa nell'Italia centro-settentrionale, può essere un'alternativa al Guyot: il tipo di potatura è lo stesso, ma la piegatura del capo a frutto consente di lasciare sulle viti un maggior numero di gemme e, di conseguenza, ottenere una maggiore produzione. Nel caso però si esasperi la lunghezza dei capi a frutto o la loro curvatura si può incorrere nello svantaggio di provocare una maggiore difformità nello sviluppo dei germogli, che può riflettersi in una maturazione delle uve disomogenea e ritardata.

Cordone speronato: Negli stessi ambienti d'elezione del sistema Guyot è possibile adottare il cordone speronato, ma limitatamente a quei vitigni che hanno una fertilità delle gemme basali media o elevata. Infatti è un sistema che utilizza la potatura corta ovvero che deputa sia la funzione vegetativa che produttiva a tralci raccorciati a speroni con al massimo 3 gemme. Il cordone non è altro che il prolungamento del ceppo (branca) disposto orizzontalmente sul filo portante e sul suo dorso si posizionano gli speroni.
I criteri su cui si basa la scelta del sesto d'impianto sono gli stessi visti per il Guyot e anche le distanze da adottare sono più o meno le stesse. Per la formazione del cordone speronato è necessario usare una maggiore cautela durante la fase di allevamento già descritta, dal

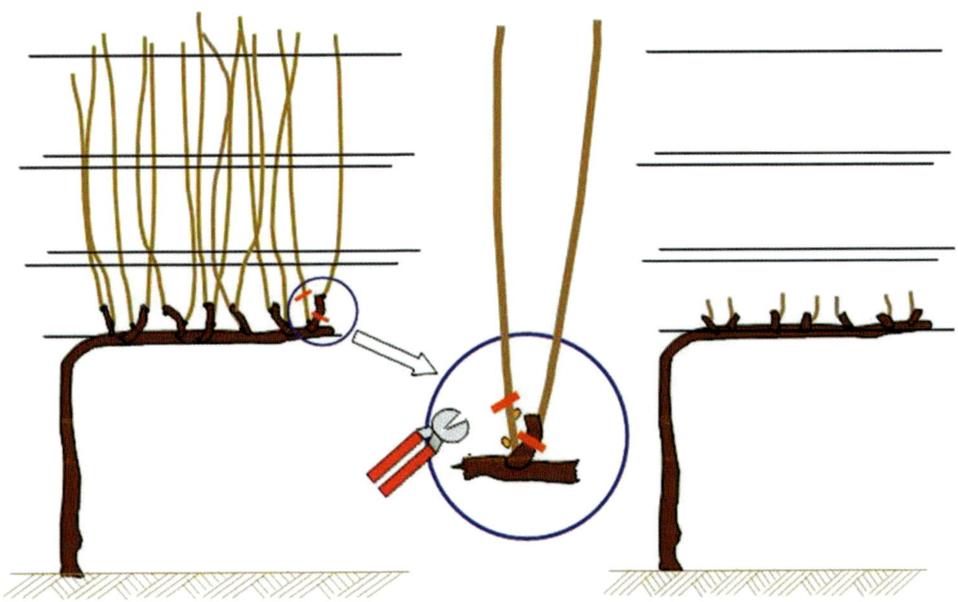

Cordone speronato.

momento che si deve formare una struttura permanente quale il cordone. Nel secondo anno si può arrivare ad avere un tralcio di lunghezza sufficiente a coprire la distanza tra una pianta e la successiva: bisogna allora stenderlo orizzontalmente e legarlo in 3 o 4 punti sul filo, cercando di renderlo solidale con il filo stesso. Di norma si utilizza del materiale plastico in grado di assecondare l'ingrossamento diametrale del futuro cordone permanente. Al germogliamento è possibile eliminare con la scacchiatura i germogli emergenti dalle gemme poste sulla parte ventrale del capo a frutto. Gli altri germogli presenti in posizione dorsale vanno mantenuti. Un accorgimento che si può adottare per evitare il fenomeno di torsione del capo a frutto, che può verificarsi a causa del peso dei nuovi germogli, è quello di legarne un paio per vite ai fili di contenimento.
L'inverno successivo alla legatura del capo a frutto i tralci vengono potati a sperone, avendo cura di formarne uno ogni 15-20 cm (cioè 6-8 per metro di cordone) e si arriva in questo modo alla forma definitiva. La lunghezza degli speroni (1-3 gemme) verrà calibrata in base alla fertilità delle gemme di base del vitigno utilizzato: più corti per varietà con fertilità media o alta, più lunghi in caso contrario. In seguito, con la potatura invernale, bisognerà mantenere sulla vite lo stesso numero di speroni dell'anno precedente: questo si ottiene speronando il tralcio sviluppatosi più in basso per ciascuno sperone e rimuovendo tutti gli altri.
Un inconveniente di questo sistema è che le branchette su cui si inseriscono di anno in anno gli speroni, con il tempo tendono ad allungarsi allontanandosi gradualmente dal cordone. Per superare questo inconveniente si possono utilizzare per la speronatura alcuni succhioni che si sono originati lungo il cordone stesso ed eliminare i vecchi speroni oramai costituiti da legno improduttivo. Se lungo il cordone si sono perse delle posizioni, ovvero si sono creati degli spazi vuoti, bisognerà rinnovare *ex-novo* il cordone stesso, utilizzando un pollone proveniente dal fusto che darà origine ad una nuova struttura permanente.
Questo sistema può essere adottato con successo in vigneti specializzati quando si vogliano utilizzare macchine per la pre-potatura invernale che effettuano sulla parte basale dei tralci dei tagli non selettivi, cui deve necessariamente seguire un intervento di selezione e raccorciamento manuale degli speroni. Richiede però in ogni caso maggiori attenzioni durante la scacchiatura per via del maggiore numero di germogli in soprannumero che provengono dal legno vecchio.

Allevamento a pergola.

Pergole: Si tratta di un gruppo di sistemi di allevamento diffusi in molte regioni italiane, in zone in cui le viti siano in grado di assumere dimensioni elevate o dove ci sia la necessità di tenere i grappoli lontani dal suolo per mantenerli in un ambiente meno umido e ventilato. La caratteristica peculiare delle pergole è quella di avere i capi a frutto o i cordoni che poggiano su di una intelaiatura orizzontale o variamente inclinata detta tetto (formata da traverse e fili disposti ortogonalmente in doppia serie) con un ceppo di altezza compresa tra 1,3 e 2 m. È una delle forme

di allevamento che più spesso viene utilizzata, anche solo per scopi ornamentali o per fare ombra, da chi ha poche viti nei pressi della propria casa.
Prevalentemente viene adottata una potatura lunga e ricca tipo Guyot con speroni per il rinnovo posti all'estremità del ceppo. Le pergole possono essere semplici se l'intelaiatura è rivolta su un solo lato del filare o doppie se il tetto si protende verso i due lati del filare. Sono generalmente di tipo aperto con tetti interrotti per favorire la circolazione dell'aria; se invece formano un tetto continuo ed ininterrotto di vegetazione vengono chiamate tendoni. Tale forma di allevamento molto diffusa nell'Italia centro-meridionale, soprattutto per le uve da tavola.
La potatura di allevamento della pergola è quella classica del Guyot, ma di solito occorre un anno in più per la sua strutturazione per via dell'altezza del fusto che è molto più elevata. Nel secondo anno di allevamento il tralcio più sviluppato viene potato al di sotto dell'orditura dei fili e dal germoglio che si sviluppa nella parte terminale si ricaverà il capo a frutto.

Impianto di un vigneto

Prima della messa a dimora delle barbatelle occorre pianificare tutte le operazioni che devono essere effettuate per favorire l'attecchimento delle viti e consentire un adeguato supporto alla loro crescita cosicché la produzione si mantenga costante per il maggior numero di anni.
Le analisi chimico-fisiche del terreno possono fornire delle indicazioni fondamentali al fine di scegliere il portinnesto adatto ed effettuare la concimazione di fondo. Quest'ultima consiste nel distribuire e incorporare nello strato di suolo che verrà esplorato dalle radici delle viti dei concimi a base di fosforo e potassio. Tali elementi sono poco mobili nel terreno, difficilmente sono lisciviabili dalle piogge e quindi non vi è il rischio che inquinino la falda acquifera. Oltre alla concimazione minerale si può anche somministrare sostanza organica: se disponibile la preferenza va accordata al letame maturo, che è in grado di migliorare sensibilmente le caratteristiche chimico-fisiche del suolo.
In seguito si dovrà effettuare la lavorazione principale del terreno, che ha lo scopo di rendere il suolo un ambiente idoneo allo sviluppo delle radici delle barbatelle. La lavorazione consiste in una discissura del terreno, che viene eseguita con un ripper ad una profondità di 80-100 cm, con due serie di passaggi ortogonali fra loro, oppure in un'aratura profonda detta scasso. Queste operazioni smuovono il terreno, rendendolo meno compatto, così da favorire l'aerazione necessaria ad un buon approfondimento delle radici. Sia che si sia effettuata una rippatura che uno scasso, si procede con un'aratura a 30-40 cm di profondità che ha lo scopo di incorporare i concimi e la sostanza organica al terreno. Queste operazioni devono essere effettuate nei mesi estivi precedenti la messa a dimora delle barbatelle, in maniera da favorire per tempo una buona strutturazione del terreno. In alcune zone collinari occorre prevedere delle opere di drenaggio sottosuperficiale per scongiurare rischi di smottamenti, mentre nelle zone di pianura il drenaggio avrà come fine quello di evitare i ristagni idrici.
Dopo le operazioni di affinamento del terreno si effettua lo squadro dell'appezzamento che consiste nella tracciatura dei filari. La messa a dimora può essere praticata manual-

mente oppure a macchina: la scelta varia in funzione della disponibilità di manodopera, ma anche del tempo utile che si ha a disposizione e, soprattutto, della grandezza dell'appezzamento da costituire. In condizioni ideali la percentuale di attecchimento è comunque molto elevata e anche i costi risultano molto simili.
Vengono infine posizionati i pali, i fili e gli ancoraggi dei filari nelle testate. Tale operazione può seguire immediatamente la messa a dimora delle barbatelle o essere posticipata di un anno.

Gestione del suolo

È norma consolidata tenere pulita dalle erbe infestanti la zona del sottofila a ridosso delle viti tramite diserbo chimico o lavorazioni meccaniche. La zona dell'interfilare può invece essere gestita in maniera differente con riflessi molto marcati sulla crescita delle viti. In un passato recente si effettuava la lavorazione integrale del terreno tramite erpici e vangatrici allo scopo di eliminare le erbe infestanti, interrare i concimi e limitare le perdite d'acqua per evaporazione. Numerosi studi hanno messo però in discussione molti dei vantaggi legati a questa pratica e hanno proposto soluzioni alternative. Tra queste l'inerbimento, naturale o effettuato con specie erbacee seminate, consiste nella copertura del suolo dell'interfilare con un cotico erboso ed è una pratica che presenta diversi vantaggi, tra cui il miglioramento della fertilità del terreno e la modulazione del comportamento vegeto-produttivo delle viti.
L'inerbimento porta ad un miglioramento della struttura del suolo, aumenta l'arieggiamento delle radici e l'infiltrazione dell'acqua meteorica, anche grazie alla sostanza organica stabile (*humus*) apportata nel terreno. Un interfilare inerbito permette inoltre di transitare nel vigneto con trattori e macchine operatrici anche subito dopo un'abbondante pioggia: questo aspetto è di fondamentale importanza durante la vendemmia o quando si debbano effettuare trattamenti anticrittogamici tempestivi. Un altro indubbio vantaggio connesso alla applicazione di questa pratica è la drastica riduzione dell'erosione del suolo nelle zone collinari.
La presenza di un cotico erboso permanente porta ad una riduzione della vigoria delle viti, spesso con un conseguente miglioramento del microclima delle chiome e dello stato sanitario delle uve. In alcuni casi si è anche riscontrato un aumento del contenuto zuccherino delle uve e una maggiore concentrazione di polifenoli e antociani nelle produzioni provenienti da vigneti inerbiti.
La presenza di un cotico erboso però esercita una competizione con le viti nei confronti dell'acqua e dell'azoto, soprattutto nei primi anni di coltivazione e in certe condizioni può portare a stress idrico e a riduzioni della concentrazione di azoto prontamente assimilabile nei mosti. Cosa fare allora? Inerbire o no?
In linea generale si può dire che è meglio non inerbire prima che le viti abbiano almeno 2 o 3 anni di età. In ambienti con precipitazioni annue pari o superiori a 700-800 mm l'inerbimento è una pratica raccomandata e, di norma, il numero di interventi di trinciatura necessari al suo contenimento è limitato a 2-3 durante il periodo estivo. Laddove le precipitazioni fossero inferiori occorrerà tenere maggiormente sotto controllo la reale disponibilità idrica per le piante e si potrà ricorrere ad un inerbimento temporaneo au-

tunno-invernale. Dove è possibile è da consigliare l'inerbimento naturale, in quanto più semplice da gestire e meno costoso di quello artificiale; permette inoltre di avere sul terreno essenze autoctone che sono le più adattate a ciascuna condizione ambientale e che, in genere, esercitano una competizione ben modulata nei confronti delle viti.

Notizie tecniche

La vite si adatta ad ambienti con condizioni di clima e terreno molto variabili, ma vi sono alcune limitazioni alla sua diffusione, soprattutto per la produzione di uva da vino. Questa specie viene coltivata quasi esclusivamente tra il 30° e il 50° parallelo sia nell'emisfero Nord che in quello Sud, con altitudini che vanno dal livello del mare fino a 1000-1500 m se le esposizioni sono favorevoli. È necessario che le temperature invernali non scendano sotto i -15/ -20 °C pena la morte della pianta; anche le gelate primaverili condizionano la diffusione della vite, perché bastano temperature prossime allo zero durante il germogliamento per seccare i giovani germogli.
La vite può essere coltivata in terreni dalle caratteristiche fisico-chimiche molto differenti e la disponibilità sul mercato vivaistico di numerosi portinnesti consente di spaziare in condizioni diversificate, ma è fondamentale che non vi siano ristagni idrici, né pH molto acidi o alcalini.
La vite ha un ciclo biologico pluriennale e non mancano esempi di viti secolari; la sua produzione si mantiene costante fino a 25-30 anni, per poi calare lentamente. Non è infrequente però che vigne vecchie forniscano ancora uve con caratteristiche qualitative ottime.

Esigenze nutrizionali

Di seguito sono elencati i principali problemi legati all'eventuale eccesso o alla carenza dei principali elementi necessari alla vita della pianta e le asportazioni stimate in base al contenuto medio percentuale dei diversi elementi nell'uva per produzioni variabili da 75 a 150 q/ha. Normalmente il legno di potatura non viene asportato dal vigneto e quindi il calcolo delle quantità di concime da somministrare va calibrato sulla base delle effettive asportazioni, cioè dell'uva raccolta.

Elemento: Azoto.
Note: La vite ha elevati fabbisogni in azoto soprattutto durante la fase di allevamento e in età avanzata.
Eccesso: Eccessiva produzione di foglie e femminelle. Colatura dei fiori, lignificazione dei tralci incompleta o ritardata. Ritardo di maturazione dei grappoli. Predisposizione all'attacco di malattie fungine.
Carenza: Clorosi (ingiallimento) internervale delle foglie, internodi raccorciati e scarso sviluppo vegetativo. Scarsa fruttificazione e maturazione difforme degli acini.
Quantità asportata: 8-20 g/Kg di uva.

Elemento: Fosforo.
Note: Migliora l'accrescimento degli apici vegetativi e l'assorbimento da parte delle radici. Influenza le caratteristiche organolettiche dei vini.
Eccesso: I casi di eccesso sono rari e provocano clorosi per l'antagonismo con il ferro.
Carenza: Scarsa differenziazione delle gemme, scarsa produzione e basso titolo zuccherino. Foglie giovani di colore rosso-violetto, disseccamenti in quelle adulte.
Quantità asportata: 3-8 g/Kg di uva.

Elemento: Potassio.
Note: Influenza la maturazione dei grappoli e le caratteristiche qualitative delle uve.
Eccesso: Riduce il contenuto in acidi dell'uva per via del processo di salificazione. L'eccesso compromette l'assorbimento del magnesio, con comparsa del *disseccamento del rachide* su varietà sensibili.
Carenza: Ingiallimenti (vitigni bianchi) o arrossamenti (vitigni rossi) delle foglie, curvatura del lembo fogliare verso l'alto. Gli acini rimangono acidi, duri, verdi e piccoli.
Quantità asportata: 15-30 g/Kg di uva.

Elemento: Calcio.
Note: In terreni in cui questo elemento abbonda, solitamente si ottengono vini particolarmente aromatici.
Eccesso: Determina la clorosi ferrica ovvero la carenza di ferro per antagonismo del calcio.
Carenza: Foglie giovani: clorosi internervale e marginale. Foglie adulte: necrosi puntiformi, arrotolamenti, bollosità, colore giallo o plumbeo.
Quantità asportata: 0,5-3 g/Kg di uva.

Elemento: Magnesio.
Note: Favorisce l'assorbimento del ferro.
Eccesso: Provoca carenza di potassio.
Carenza: Foglie giovani: clorosi puntiforme. Foglie adulte: clorosi internervale, caduta anticipata.
Quantità asportata: 1-3 g/Kg di uva.

Esigenze irrigue

Le esigenze irrigue della vite variano in relazione alla zona di coltivazione e quindi alle precipitazioni, all'insolazione e alle caratteristiche del terreno, inoltre variano anche in relazione al vitigno, alla produzione pendente e alla densità d'impianto adottata. Si ricorre comunemente all'irrigazione in vigneti atti alla produzione di uva da tavola, ma in ambienti caldi e siccitosi (Italia meridionale e insulare) questa pratica è effettuata anche per la produzione di uva da vino. Ultimamente, a causa della diminuzione della piovosità estiva e del concomitante aumento delle temperature, l'irrigazione viene praticata anche in vigneti ubicati in zone in cui solitamente non era necessario irrigare. La vite viene considerata infatti una specie parca in termini di consumi idrici e può essere coltivata in ambienti in cui la piovosità annua sia superiore a 600 mm, almeno la metà dei quali distribuita nel periodo primaverile-estivo.

Indubbiamente la vite, in certe zone e in certi periodi, può giovarsi dell'irrigazione, in quanto stress idrici prolungati e intensi bloccano i processi fotosintetici, interferendo sui processi di accrescimento e maturazione degli acini. D'altro canto uno stress idrico moderato, dalla fase di invaiatura in avanti, limita eccessi di sviluppo vegetativo e influenza positivamente le caratteristiche qualitative delle uve.
Nel tempo sono stati utilizzati diversi metodi per l'irrigazione del vigneto. Oggi il sistema più razionale sembra essere il sistema a goccia che garantisce piccole, ma continue portate, permettendo di risparmiare ed ottimizzare l'uso dell'acqua
Di seguito vengono riportati, a titolo di esempio, i volumi medi di acqua distribuiti per ettaro in diversi ambienti e con diversi sistemi di allevamento, considerando un consumo medio di 500 l/kg di sostanza secca prodotta. I volumi distribuiti dipendono fortemente dal clima, dal terreno e dalla produzione che si prevede di ottenere.

Esigenze idriche della vite nei periodi critici

Sistema di allevamento	Aree	Periodo critico	Volumi utilizzati
Tendone (uva da tavola)	Italia meridionale (Puglia)	Allegagione-invaiatura	2000-3000 m^3/ha
Tendone (uva da vino)	Italia meridionale	Allegagione-inizio maturazione	1000-1500 m^3/ha
Alberello (uva da vino)	Italia meridionale	Allegagione-inizio maturazione	700-900 m^3/ha
Guyot, Cordone speronato (uva da vino)	Italia centro-settentrionale	Invaiatura-inizio maturazione	600-700 m^3/ha

Patogeni e parassiti chiave

Di seguito sono illustrate le principali avversità fungine e parassitarie che colpiscono la vite, i periodi di insorgenza e alcune note relative alle pratiche colturali che influiscono in varia misura sullo sviluppo e sul controllo di tali avversità. Per la difesa, ovvero per la trattazione relativa a principi attivi da utilizzare, dosi e modalità di intervento, si rimanda ad altri testi specifici.

Peronospora *(Plasmopara viticola)*

Periodo critico: Tutta la fase vegetativa.

Accorgimenti: *Evitare eccessi di concimazioni azotate per limitare la vigoria. Eseguire correttamente la potatura verde, limitando l'affastellamento dei germogli. Scegliere sistemi di allevamento idonei alla zona di coltivazione. I trattamenti chimici per il controllo di questo patogeno si rendono sempre necessari, almeno in certi momenti critici del ciclo vegetativo, e devono garantire la copertura necessaria a contrastare l'insorgenza dell'infezione fungina.*

Oidio *(Erysiphe necator - Oidium tuckeri)*

Periodo critico: Dal germogliamento fino all'invaiatura.

Accorgimenti: *Garantire l'arieggiamento del grappolo praticando opportune sfogliature. Scegliere sistemi di allevamento idonei alla zona di coltivazione. Per il controllo di questo patogeno i trattamenti si rendono sempre necessari, almeno in certi momenti critici del ciclo vegetativo, se non si vuole rischiare di compromettere la produzione.*

Muffa grigia *(Botrytis cinerea)*

Periodo critico: Fase di maturazione del grappolo.

Accorgimenti: *Garantire l'arieggiamento del grappolo praticando opportune sfogliature. Prima della raccolta scoprire completamente il grappolo. Evitare eccessi di azoto. La sensibilità alla botrite dipende dalla varietà: le più sensibili sono quelle caratterizzate da grappolo compatto e buccia dell'acino sottile. È necessario fare trattamenti nel caso di ambienti umidi e vendemmie tardive. Occorre prestare attenzione al tempo di carenza dei principi attivi utilizzati prima di procedere alla raccolta dell'uva.*

Specie differenti di funghi possono causare il **mal dell'esca**. Può colpire la vite sia durante il periodo vegetativo che durante il periodo di riposo e non è ancora nota una cura per questa patologia che è mortale.

L'unico rimedio è asportare la parte di tronco invasa dal fungo applicando mastici cicatrizzanti sulla ferita. Vanno successivamente allevati i germogli nati dal legno sano. Gli attrezzi di potatura utilizzati su piante malate vanno disinfettati.

La **tignoletta dell'uva** (*Lobesia botrana*) può colpire dalla chiusura del grappolo fino alla maturazione. Si inizia limitando le concimazioni azotate; sfogliare la fascia produttiva. Si interviene con trattamenti solo se vengono superate soglie ben definite riguardo la presenza di insetti adulti nelle trappole sparse nel vigneto.

Le **cicaline** (*Empoasca vitis* e *Zygina rhamni*) sono attive durante tutta la fase vegetiva (rischio di trasmissione di virosi). Mantenere un buon equilibrio vegetativo, limitando gli apporti azotati. Si interviene con trattamenti alla prima comparsa delle forme giovanili sulle foglie o quando vengano superate soglie di presenza ben definite, ma la soglia d'intervento varia in relazione alla zona viticola e alle specie considerate.

Il **ragnetto giallo** (*Eotetranychus carpini*) e rosso (*Panonychus ulmi*) possono colpire dalla fase successiva al germogliamento fino all'invaiatura. Non vi sono accorgimenti utili. Si eseguono trattamenti molto raramente e solo in caso di effettiva necessità.

I piccoli frutti sono anche chiamati comunemente "frutti di bosco", in quanto comprendono specie che crescono spontaneamente nei boschi dei climi temperati.

Lampone/Rovo/Mirtillo/Ribes

PICCOLI FRUTTI

Negli anni sono state selezionate varietà specifiche per la coltivazione, caratterizzate da frutti più grossi rispetto alle varietà spontanee e (nel caso del rovo) dall'assenza di spine, con notevoli vantaggi nella gestione della pianta.

In Italia vengono coltivati soprattutto nelle zone pedemontane delle regioni settentrionali, ma la loro coltivazione può essere svolta in modo ottimale anche in altre regioni e in aree di pianura. Tra le specie principali ci sono il lampone, il rovo, il ribes e il mirtillo. Tutti questi frutti sono sempre più ricercati non solo per la loro bontà, ma anche perché sono molto ricchi in vitamine e soprattutto in antiossidanti, e quindi possono migliorare l'alimentazione e svolgere una positiva funzione antitumorale.
Possono essere destinati al consumo fresco, in cui vengono esaltati gli aromi caratteristici, ma anche alla trasformazione in confetture, composte, succhi, sciroppi, mousse ecc., e usati anche come ingredienti di gelati e yogurt. Le piante da cui si originano questi frutti così ricercati hanno forma di arbusti e sono molto indicate per la coltivazione in giardini domestici per lo spazio ridotto che occupano. La loro coltivazione richiede una notevole esperienza per ottenere buone produzioni in impianti specializzati, ma in condizioni amatoriali si possono raggiungere risultati soddisfacenti anche con un impegno piuttosto ridotto.

Lampone e Rovo *(R. idaeus L.; R. fruticosus L.)*

Lampone e rovo appartengono alla famiglia delle Rosaceae e allo stesso genere Rubus e vengono di seguito trattati insieme per le notevoli somiglianze nelle tecniche di coltivazione e potatura.

Il Lampone è originario dell'Europa continentale e dell'Asia Minore e viene coltivato principalmente in Nord America, Italia (Nord), Svizzera, Germania, Francia e Scozia. Il Rovo è una specie molto diffusa in Europa ed in Italia.

In America del nord è invece molto diffuso il *Rubus canadiensis*, la specie portatrice del carattere "senza spine". Gli incroci del R. *fruticosus* con questa specie hanno permesso di sviluppare nuove varietà senza spine con notevoli vantaggi di gestione della pianta.
In Italia il rovo è molto frequente ai margini dei campi coltivati o nella zona abbondante prima dell'insediamento del bosco.
Esistono anche specie spontanee dello stesso genere con frutti eduli molto apprezzati dai raccoglitori amanti delle passeggiate in montagna.

Filari di Rubus in Trentino.

Lampone unifero e rifiorente

Esistono due principali tipologie di lampone: unifero e rifiorente. Il primo fiorisce in primavera e fruttifica in estate unicamente su germogli originatisi da gemme miste presenti su rami di un anno (ciclo di due anni). Il secondo è rifiorente perché produce in parte su questo tipo di rami in estate e in parte in autunno sui nuovi germogli. Questi si formano in primavera estate da meristemi avventizi che subiscono la differenziazione a fiore durante la stagione di crescita (ciclo di un anno). Il rovo si comporta come il lampone unifero (tranne alcune recenti cultivar rifiorenti).

Descrizione fenomorfologica

Arbusto: Il lampone e il rovo sono piante perenni cespugliose, formate da numerosi rami di durata biennale che si sviluppano dalla ceppaia e dalle radici, per cui si ha un continuo rinnovo del cespuglio, il quale si espande facilmente in larghezza. I rami di un anno hanno la corteccia verde-chiara ricoperta da piccole spine (nel caso del rovo la maggior parte delle varietà coltivate sono inermi) e possono allungarsi fino a 2-3 m, la corteccia acquista un colore marrone al secondo anno.

Arbusto.

Gemme a frutto: Le gemme a frutto del lampone e del rovo sono gemme miste e si trovano all'ascella della foglia. Nel lampone unifero e nel rovo le gemme producono un germoglio fruttifero il secondo anno, mentre nel lampone rifiorente i meristemi ascellari posizionati nella zona apicale germogliano e producono fiori e frutti nell'autunno del primo anno (i germogli produttivi sono anticipati, e hanno un ciclo costituito da un'unica stagione), mentre nella primavera successiva (secondo anno) le gemme mediano-basali producono i germogli fruttiferi come nel lampone unifero.

Gemma a frutto.

Fiori: I fiori sono riuniti in racemi portati da germogli fioriferi che sorgono, nelle varietà di lampone unifero e nel rovo, all'apice e sui nodi laterali dei rami di due anni, mentre nelle cultivar rifiorenti del lampone anche sui rami dell'anno.
Presentano un grosso calice, 5 sepali, 5 piccoli petali bianchi/rosa e numerosi pistilli; la fioritura avviene scalarmente nel periodo da metà maggio a metà giugno.

Fiori rosa di rovo.

Foglie: Le foglie sono caduche, composte da 3-5 foglioline ovali, di colore verde scuro e con margine seghettato.

Foglie.

Frutti: Dopo la fecondazione, da ciascun pistillo si origina una drupeola che, assieme a tutte le altre presenti sul ricetta-

Frutti di rovo e di lampone.

Lampone e rovo: il frutto

La maggior differenza tra lampone e rovo è nel frutto. Infatti nel lampone (nel disegno a sinistra), al momento del distacco del frutto, il ricettacolo (la parte interna a cui sono fissate le bacche) rimane attaccato alla pianta. Nel rovo invece (a destra nel disegno), il ricettacolo è parte dell'infruttescenza. Quindi il frutto di lampone presenta una cavità al suo interno mentre la mora di rovo risulta piena.

colo, costituirà il frutto aggregato detto mora. Ciascuna drupeola è provvista di un minuscolo seme, che può essere fastidioso al momento del consumo, soprattutto in cultivar con poca polpa.
La forma della mora varia da tonda a conica, più o meno allungata. Nel lampone sono presenti dei peli e il colore varia dal rosa pallido, al rubino, fino al rosso carico quasi violaceo; ma esistono anche frutti di colore giallo ambrato, generalmente di sapore scialbo. Il frutto del rovo ha invece una colorazione viola scuro brillante ed è glabro.

Come potare

Tralcio di un anno (pollone): Si origina da meristemi avventizi radicali e nel lampone unifero porta gemme che differenziano a fiore il primo anno per germogliare a primavera del secondo, quando producono germogli fruttiferi. Nel rovo e nel lampone, piante molto vigorose possono originare tralci con rami anticipati.

Potatura: *I tralci di un anno vanno raccorciati in potatura verde a circa 180-200 cm per favorire la formazione di germogli fruttiferi laterali nella parte mediana del tralcio per la produzione di frutti nella primavera-estate successiva.*
In questo modo si concentra la produzione. Inoltre si indurisce il tralcio che sarà più adatto per sopportare il peso della produzione. Se sono presenti rami anticipati vanno raccorciati a due gemme.
Ogni anno vanno lasciati 4-5 tralci per pianta (3-4 per metro lineare di filare); quelli in soprannumero vanno rimossi alla base.

Tralcio rifiorente (pollone): Si origina da meristemi avventizi radicali nel lampone rifiorente. Le gemme apicali differenziano a fiore in estate, germogliano, fioriscono e producono frutti in autunno nell'anno stesso di formazione (primo anno). Le gemme basali si comportano come sul normale tralcio di un anno.

Potatura: *I tralci devono essere tagliati alla base dopo la caduta delle foglie se si vuole beneficiare solo delle produzioni tardive in autunno oppure in inverno, possibili negli ambienti idonei.*
Oltre alla produzione invernale è anche possibile la produzione estiva a partire dalle gemme basali del tralcio. In tal caso i tralci vanno diradati e raccorciati.

Tralcio di due anni: È un tralcio di due anni le cui gemme laterali hanno originato germogli fruttiferi in primavera; hanno quindi già fiorito e fruttificato e generalmente disseccano.

Potatura: *Dopo la raccolta i tralci di due anni vanno rimossi alla base.*

Germoglio fruttifero: È il germoglio che si origina dalle gemme laterali dei tralci. Ha lunghezza variabile in funzione della varietà e porta infiorescenze composte da 1 a 7 fiori all'altezza dei nodi.

Potatura: *Nel caso di rami anticipati laterali si lasciano speroni di 2 gemme che produrranno germogli fruttiferi.*

Quanto e quando potare

L'intensità di potatura nel lampone e nel rovo dipende dalla vigoria della pianta. Vanno lasciati ogni anno circa 4-5 tralci di un anno per pianta. Questi di solito vengono raccorciati a fine stagione vegetativa ad un'altezza di 200 cm.
I tralci di due anni vanno invece eliminati alla base dopo la raccolta.
Nelle varietà rifiorenti viene eliminata solo la parte apicale del tralcio le cui gemme hanno prodotto frutti.

Propagazione e impianto

Il lampone e il rovo vengono propagati per via vegetativa, utilizzando i tralci naturalmente prodotti da queste piante a partire da meristemi avventizi radicali o dalla ceppaia. Questi tralci sono separati e trapiantati avendo cura di asportare anche una porzione di apparato radicale per produrre nuove piante.
Per il lampone la tecnica più utilizzata è la propagazione da talee vegetative derivanti da radici.
Il lampone e il rovo vanno piantati in filari, ad una distanza che può variare dai 50 ai 100 cm tra le piante, a seconda della vigoria della varietà utilizzata. Tra i filari è consigliabile lasciare uno spazio di 2-3 metri per facilitare il passaggio e soprattutto per permettere alla luce di penetrare e all'aria di circolare, in modo da evitare lo sviluppo delle muffe.

Lungo il filare le piante hanno bisogno di sostegni, solitamente costituiti da due, quattro o cinque fili zincati orizzontali, sostenuti da pali. I pali devono essere lunghi almeno 2 metri e piantati nel suolo a circa 40-50 cm di profondità, ad una distanza minima di 5-6 metri uno dall'altro (fino a 10 metri).

Nel sistema con due fili, questi devono essere posti a due altezze, il primo a 70 cm e il secondo a 150. I tralci dovranno essere legati ai fili.

Negli impianti moderni è consigliabile creare una intelaiatura di sostegno con fili posizionati in doppia parete a 30 cm dal filare (distanti 30 cm tra di loro con altezza complessiva di 1,5 m).

In questo modo il germoglio fruttifero lungo 30-40 cm verrà appoggiato sui fili laterali in modo da sostenere i frutti. Si aumenta così la qualità dei frutti e si riducono l'incidenza delle malattie e i tempi di raccolta.

La durata media di un impianto di lampone e rovo può variare da 8 a 12 anni, in funzione della varietà, dell'ambiente e della tecnica colturale.

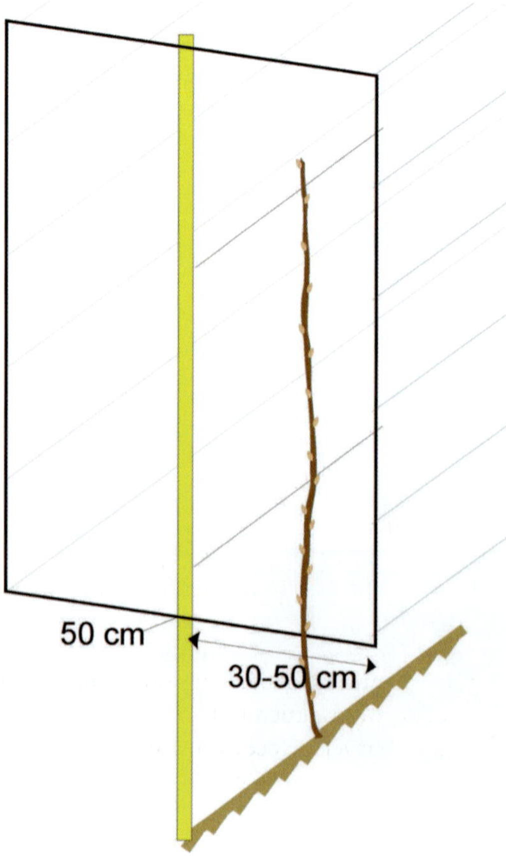

Impianto in filare con intelaiatura di sostegno.

Filari di lampone in impianto coperto.

Potatura di allevamento

Impianto

Le piante di rovo e lampone vengono trapiantate in autunno o a fine inverno, sotto forma di un unico tralcio dopo la caduta delle foglie.
La primavera successiva le gemme laterali produrranno germogli fruttiferi lungo i quali si svilupperanno i frutti.

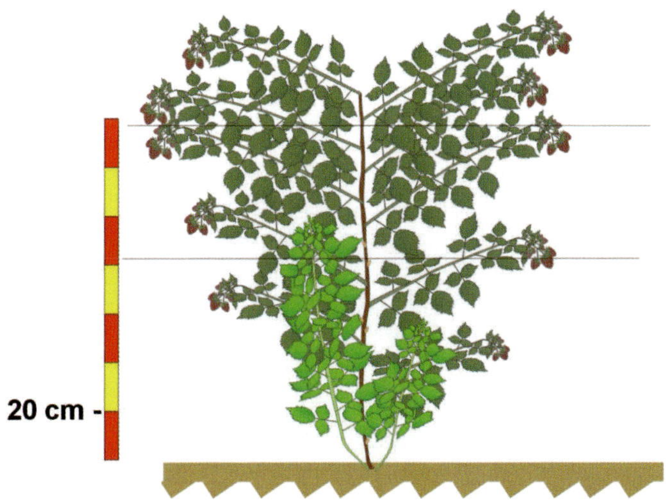

Primo anno

Durante la stagione primaverile-estiva, da meristemi avventizi che si formano sulle radici, sviluppano i nuovi tralci di un anno. Questi non vanno tagliati perché saranno i tralci produttivi dell'anno successivo.

Potatura di produzione

Potatura di produzione

Dopo la raccolta dei frutti, i tralci di due anni su cui era presente la produzione vanno eliminati alla base. I tralci di un anno vanno invece lasciati in numero non superiore a 4-5 per pianta. Quelli in soprannumero vanno tagliati alla base, a partire dai più piccoli, con un diametro del fusto minore, in quanto meno adatti a portare i frutti l'anno successivo.

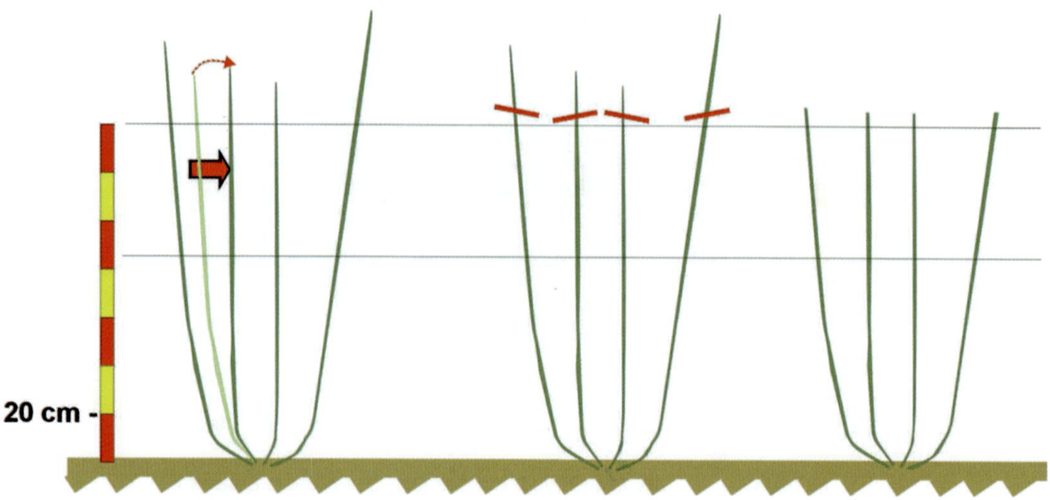

I tralci rimanenti vanno allargati, in modo da ottenere una buona occupazione dello spazio, e legati ai fili. Infine i tralci vanno raccorciati fino a 200 cm, se molto vigorosi, altrimenti appena sopra il secondo filo come riportato nei disegni.

Lampone rifiorente (o bifero)

Il lampone rifiorente produce sui tralci con ciclo biennale e anche su quelli formatisi nel corso dell'anno. È possibile effettuare due diversi tipi di potatura:

1. **Potatura per ottenere due produzioni l'anno, una ad inizio estate sui tralci al secondo anno e una a fine estate sui tralci dell'anno.**

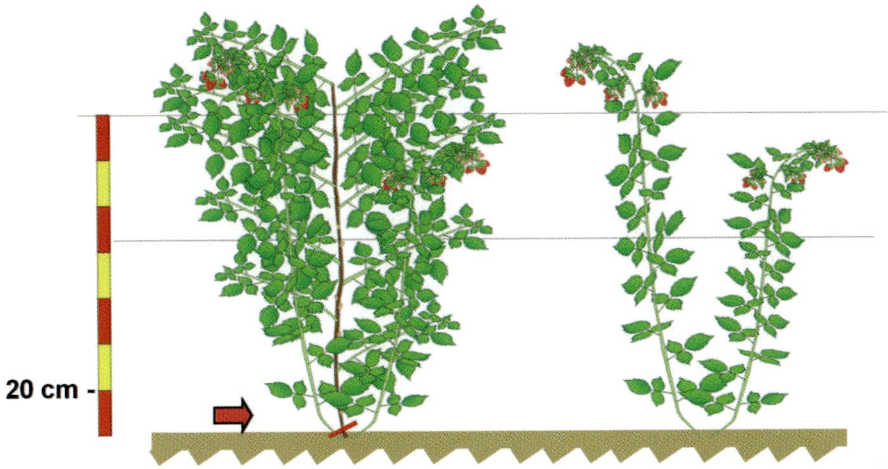

Dopo la raccolta i tralci del secondo anno che hanno prodotto vanno asportati alla base, in modo da lasciare spazio per lo sviluppo di tralci dell'anno che a fine estate producono nella parte apicale.

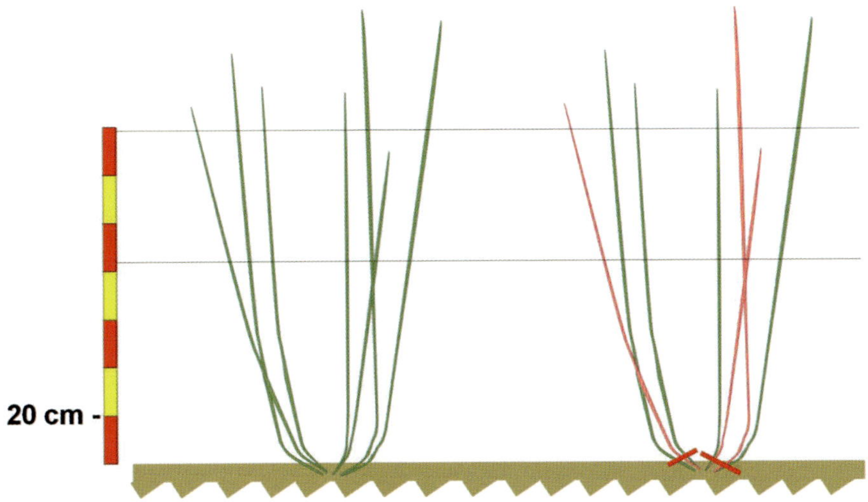

Dopo la caduta delle foglie si procede con il diradamento dei tralci dell'anno in modo da lasciarne solo 4-5.

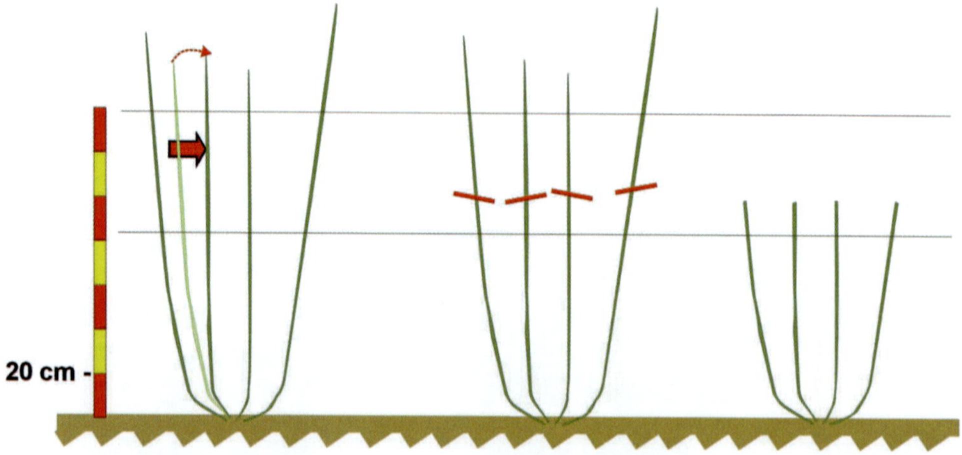

I tralci rimanenti vanno allargati in modo da ottenere una buona occupazione dello spazio, e legati ai fili.
Infine i tralci vanno raccorciati in modo da eliminare la parte che ha già prodotto i frutti (circa a 60-80 cm).

2. Potatura per ottenere una sola produzione l'anno sui tralci dell'anno.

All'impianto si deve tagliare il tralcio alla base, in modo da stimolare la crescita di nuovi tralci dalle radici alla ripresa vegetativa in primavera.

A fine estate, i nuovi tralci cresciuti a primavera daranno una produzione più abbondante per l'assenza dei tralci di due anni che competono per le risorse.
Alla caduta delle foglie si tagliano alla base tutti i tralci per stimolare in primavera la crescita di nuovi tralci.

Questa seconda tecnica di potatura del lampone rifiorente è utilizzata soprattutto nel caso di grosse aziende in quanto permette di meccanizzare le operazioni di potatura e concentrare la raccolta in un periodo limitato. Con questo tipo di potatura si ha solo la raccolta a fine estate. I frutti sono di migliore qualità perché non subiscono la competizione di quelli cresciuti sui tralci di due anni. Altro vantaggio è quello di limitare la diffusione di patogeni, in quanto la vegetazione viene eliminata completamente ogni anno. Nel caso dei frutteti amatoriali, invece, la prima tecnica di potatura presenta i maggiori vantaggi, infatti si ha una doppia produzione che si estende dall'estate fino all'autunno, mantenendo più a lungo i frutti nel giardino.

Notizie tecniche

Il rovo è una specie abbastanza rustica che si adatta a crescere in terreni di diversa tessitura, anche se sono da evitare i ristagni idrici. Il lampone è invece più esigente, non ama i terreni compatti e soprattutto quelli poco drenati. Il ristagno idrico infatti potrebbe causare asfissie radicali e il propagarsi di malattie fungine nelle radici. Il lampone necessita inoltre di terreni privi di calcare attivo e con pH compresi tra 5 e 6,5.
Per quanto riguarda le temperature, rovo e lampone sono piuttosto resistenti al freddo, temono comunque i ritorni di freddo primaverili. Gli inverni troppo miti non sono invece ottimali in quanto non permettono di completare la fase di riposo invernale (ovvero il soddisfacimento del fabbisogno di freddo).

Esigenze nutrizionali

Sono consigliate concimazioni a primavera, alla ripresa vegetativa, e durante la fase di maturazione dei frutti.

Elemento: Azoto.
Note: Somministrare 3-4 volte dalla ripresa vegetativa alla fine di giugno per favorire lo sviluppo dei rami misti.
Eccesso: Elevato sviluppo vegetativo a discapito della produzione. I tralci si allungano oltre i 3 m di altezza con diametri piccoli e internodi lunghi. Sono quindi meno resistenti per portare il peso dei frutti. Ombreggiamento e umidità favoriscono le malattie.
Carenza: Colorazione pallida delle foglie. Bassa produttività, piccola pezzatura e ridotto accrescimento.

Elemento: Fosforo.
Note: Distribuire saltuariamente per migliorare la produttività.
Carenza: Scarso agostamento dei polloni soprattutto in terreni calcarei.

Elemento: Potassio.
Note: Importante per la fruttificazione e la dimensione dei frutti.
Eccesso: Carenza di magnesio.
Carenza: In terreni leggeri. Clorosi fogliare.

Elemento: Magnesio.
Carenza: In suoli acidi o con alto contenuto di calcare attivo. Clorosi fogliare.

Esigenze idriche

Il lampone e il rovo sono specie esigenti per quanto riguarda l'irrigazione; questa è consigliata in zone poco piovose soprattutto nel periodo estivo che coincide con il periodo di distensione e maturazione dei frutti.
È da evitare l'irrigazione a pioggia, soprattutto nei mesi estivi, in quanto aumenta l'umidità all'interno della chioma favorendo lo sviluppo di muffe (*Botritis*) sui frutti e sul fusto.

Periodo critico: Distensione dei frutti (giugno-settembre).
Eccesso: Evitare i ristagni idrici, specialmente in terreni poco drenanti.
Carenza: Maturazione stentata e pezzatura dei frutti piccola, ridotta crescita dei tralci dell'anno (compromessa anche la produzione dell'anno successivo).
Quantità: 15-30 mm alla settimana.

Patogeni e parassiti chiave

Di seguito sono illustrate alcune delle principali avversità del lampone e del rovo, per la cui difesa si rimanda ad altri testi specifici.

Celidonia dei fusti e celidonia delle foglie

Periodo critico: Da fine aprile.

Accorgimenti: Eliminare i polloni nuovi (attaccati) fino a metà/fine maggio.

Lampone e rovo possono essere danneggiate da alcune **micosi** (*Didimella*, Ruggine, Muffa grigia, Septoriosi).
Il periodo critico va dalla pre-fioritura a post-raccolta. Per la lotta occorre diradare i tralci a circa 4-5 per pianta e distanziarli tramite legature ai fili. Questo serve per impedire una vegetazione troppo fitta che favorisce lo sviluppo dei funghi. Evitare l'irrigazione a pioggia ed eliminare le parti colpite.

Mirtillo *(Vaccinium spp L.)*

Con il nome comune di mirtillo indichiamo un gruppo di specie, tutte appartenenti alla famiglia delle Ericaceae e al genere *Vaccinium.*

I mirtilli sono piante spontanee nell'emisfero boreale e comprendono 130 specie diverse.

Le più diffuse e soprattutto le più coltivate sono principalmente tre:

- *Vaccinium myrtillus* o mirtillo nero, si trova spontaneo in Europa, nelle Alpi e negli Appennini fino all'Abruzzo, fino a circa 2.000 metri;
- *Vaccinium vitis idaea* o mirtillo rosso, anch'esso diffuso spontaneamente in Europa nelle Alpi e sull'Appennino settentrionale;
- *Vaccinium corymbosum* o mirtillo gigante americano, spontaneo in Nord America.

Fruti di mirtillo in diversi stadi di maturazione.

Le varietà di mirtillo coltivate oggi derivano quasi esclusivamente dal mirtillo gigante.

Descrizione fenomorfologica

Arbusto: I mirtilli sono piccoli arbusti, di dimensioni variabili a seconda delle specie. Il mirtillo nero è alto 20-40 cm, con fusti angolosi e ramosi; il mirtillo rosso è un arbusto sempreverde alto 10-40 cm; il mirtillo gigante, come dice il nome è il più grande, può raggiungere anche i 4 metri.

Gemme: Le gemme del mirtillo possono essere a fiore o vegetative. Le gemme a fiore

Arbusto di mirtillo.

più grosse e rotonde, si trovano nella parte apicale dei rami di un anno (1), mentre quelle vegetative sono nella parte basale (2).

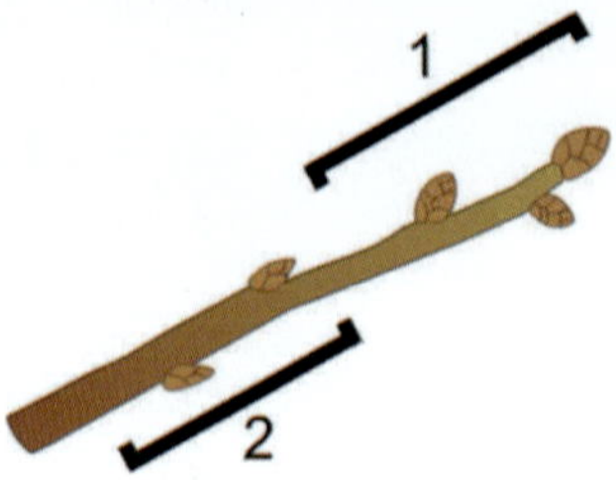

Gemma a fiore e vegetativa.

Fiori: I fiori del mirtillo hanno una forma tipica a orcio rovesciato, con petali saldati tra loro. Questa forma è comune a tutte le Ericaceae. Possono avere una colorazione che va dal bianco al rosato e si trovano in infiorescenze a grappolo nella parte terminale dei rametti di due anni.

Fiori bianchi di mirtillo.

Foglie: Le foglie sono piccole e ovali con apice appuntito. La pagina superiore è glabra e lucida.

Foglie di mirtillo.

Frutti: I frutti hanno l'aspetto di bacche, ma in realtà sono false bacche, perché si originano da sepali, petali e stami, oltre che dall'ovario.
Hanno colorazione variabile a seconda delle specie. Nero, rosso o nero-azzurro nel caso del mirtillo gigante. I frutti sono ricoperti da uno strato protettivo di pruina.

Frutti a maturazione.

Come potare

Pollone: Si origina da meristemi avventizi radicali, è un ramo molto vigoroso. I polloni sono molto importanti nella coltura del mirtillo poiché servono da ricambio per le branche fruttifere che dopo 5-6 anni riducono il loro potenziale produttivo e devono essere sostituite.

Potatura: *I polloni più deboli vanno eliminati, lasciandone uno o due se ben disposti per sostituire in futuro le branche più vecchie. Questi vanno raccorciati in modo che rimangano 10-15 cm all'interno del cespuglio, per stimolare la produzione di germogli laterali che si trasformeranno in rami fruttiferi l'anno seguente.*

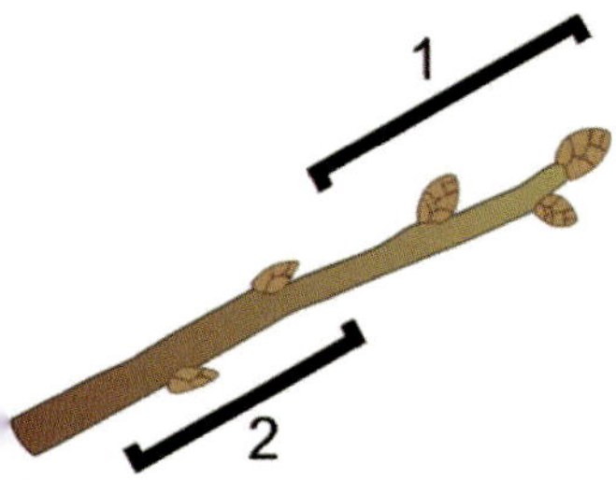

Ramo fruttifero: È un ramo che porta gemme a fiore nella parte terminale (1) e gemme vegetative in quella basale (2).

Potatura: *Nei primi 2 anni dopo l'impianto vanno raccorciati in modo da eliminare le gemme a fiore poiché la produzione di frutti non permette un buon sviluppo della pianta. Altra tecnica consigliabile è l'eliminazione dei fiori con la "mungitura" delle branchette.*
In una pianta in piena produzione i rami fruttiferi più deboli (corti e con piccolo diametro) e quelli in posizione non favorevole (ombreggiati, nella parte interna del cespuglio) vanno eliminati per ottenere una produzione di migliore qualità.

Branca: Ramificazione di due o più anni su cui sono inseriti i rami fruttiferi o branche che a loro volta portano i rami fruttiferi.

Potatura: *Le ramificazioni nella parte basale delle branche vanno rimosse perché la loro produzione non sarebbe soddisfacente a causa dell'ombreggiamento dei rami sovrastanti ed inoltre i rami troppo bassi potrebbero toccare il suolo con la produzione.*
Le branche più vecchie vanno ogni anno eliminate, in modo da ottenere in 4-5 anni il completo rinnovo.

Propagazione e impianto

Il mirtillo viene propagato per talea legnosa o erbacea (recentemente anche per micropropagazione). L'impianto viene fatto con piante di due o tre anni, durante il periodo invernale o in primavera.
I sesti d'impianto consigliati sono di 2-3 metri fra le file e 1 metro tra le piante lungo la fila. È consigliabile piantare più di una varietà per permettere l'impollinazione incrociata e migliorare così la fecondazione dei fiori. I mirtilleti hanno una lunga durata, fino a 20-30 anni.

Operazioni di potatura

All'impianto le piante di mirtillo sono formate da branche di due o più anni, con inseriti lateralmente rami fruttiferi. Tutti i rami fruttiferi vanno eliminati o raccorciati in modo da evitare che ci siano frutti nella stagione estiva oppure si ricorre all'eliminazione ("mungitura") dei fiori. I frutti presenti sulla pianta quando questa non è ancora ben adattata al terreno provocano una competizione per le poche risorse disponibili e quindi un arresto della crescita, con il risultato che per alcuni anni la pianta è stentata e produce pochi frutti. Nei primi 1-2 anni dopo l'impianto bisogna quindi lasciare che la pianta formi un buon apparato radicale ed una buona struttura aerea, evitando la produzione.

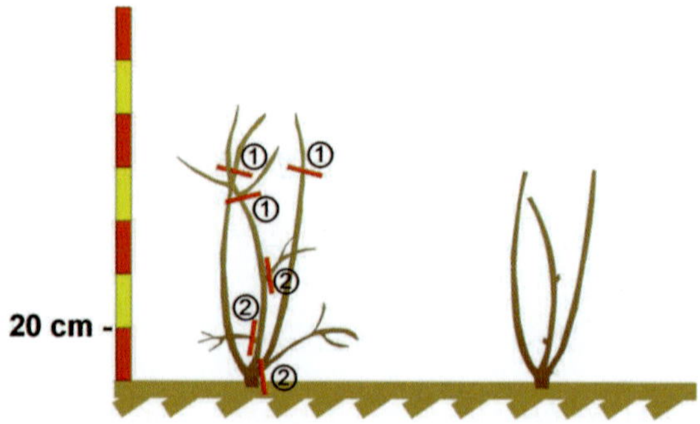

All'impianto i rami laterali nella parte basale delle branche va eliminata (2). Tutti i rami vanno raccorciati in modo da eliminare le gemme a fiore (1).

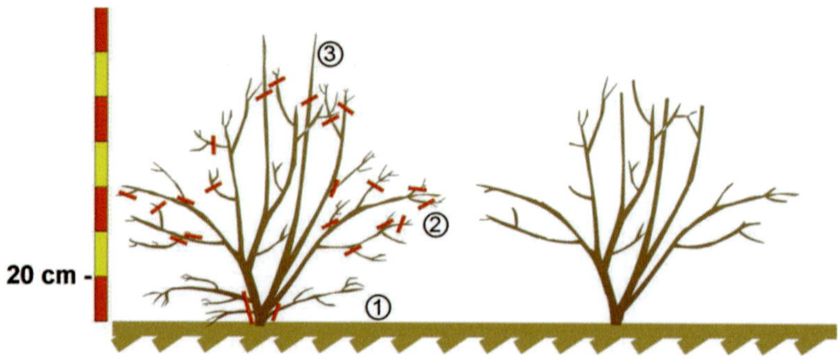

Negli anni successivi quattro sono le principali operazioni di potatura da effettuare sul mirtillo:

1. eliminare i rami troppo bassi, alla base delle branche principali;
2. raccorciare i rami a frutto eliminando le gemme a fiore (solo nei primi 2-3 anni dopo l'impianto);
3. scegliere 1-2 polloni ben disposti e vigorosi e raccorciarli 10-15 cm al disotto della chioma del cespuglio. Eliminare i polloni in eccesso;
4. a partire dal 3-4 anno dall'impianto eliminare ogni anno 1-2 branche principali scegliendo quelle più invecchiate (branche con molte ramificazioni che portano rametti fruttiferi molto sottili e corti). Queste branche saranno sostituite dai nuovi polloni che nel frattempo saranno cresciuti. È quindi importante la scelta dei polloni da mantenere, in modo che questi si trovino nella posizione giusta per sostituire le vecchie branche.

Notizie tecniche

Il mirtillo è una pianta che non richiede particolari cure quando si è ben adattato all'ambiente. Ma necessita di alcune accortezze all'impianto e per i primi anni successivi.
La prima cosa da considerare sono le esigenze podologiche di questa pianta. È assolutamente da evitare l'impianto in terreni troppo argillosi e pesanti, con ristagni idrici. Ma soprattutto sono da evitare i terreni calcarei con pH superiore a 6. Il mirtillo è infatti una pianta acidofila che predilige pH di 4,5-5. Nel caso in cui il pH del terreno sia troppo elevato si può pensare di correggerlo con zolfo (60 g per m^2) o aggiungendo della torba acida nella buca d'impianto. Altrimenti è possibile anche effettuare la coltura del mirtillo in vaso (ovvero fuori terra), ma bisogna considerare che essendo una pianta perenne necessita di vasi con capacità di almeno 10-15 litri.
Le temperature basse non sono un problema per la coltura del mirtillo in quanto è una specie con buona resistenza al freddo.

Esigenze nutrizionali

Si consiglia di effettuare una concimazione a primavera, alla ripresa vegetativa, e una durante la fase di maturazione dei frutti. È importante la concimazione con sostanze di natura organica che favoriscono l'abbassamento del pH del terreno. In terreno acidi, migliori per la coltivazione del mirtillo, la capacità di assorbimento degli elementi nutritivi è minore, modificando quindi la risposta alla concimazione. L'apparato radicale è molto sensibile a sbalzi di conducibilità elettrica ed è consigliabile apportare dosi ridotte di concime distribuito durante tutta la stagione vegetativa.

Elemento: Azoto.
Note: Sono da preferire i formulati fisiologicamente acidi (solfati).
Eccesso: Eccesso di vegetazione con rami poco lignificati di piccolo diametro. Facilita l'attacco di malattie fungine (botrite).
Carenza: Limitato accrescimento, foglie piccole e pallide con possibili necrosi, frutti piccoli e di scarsa qualità.
Quantità asportata: 10-15 g per pianta.

Elemento: Fosforo.
Note: Basse necessità.
Carenza: Imbrunimento, arrossamento e precoce caduta delle foglie.

Elemento: Potassio.
Eccesso: Carenza di magnesio e boro.
Carenza: Piccole decolorazioni e necrosi fogliari.

Elemento: Ferro.
Carenza: Clorosi ferrica, ridotto sviluppo vegetativo.

Elemento: Boro.
Carenza: Possibile in terreni acidi o sabbiosi. Colorazione bluastra e disseccamento dei germogli.

Elemento: Magnesio.
Carenza: In terreni leggeri permeabili. Foglie clorotiche.

Esigenze idriche

Il mirtillo necessita di irrigazioni costanti durante il periodo estivo, ha infatti un apparato radicale molto superficiale ed è poco resistente alla carenza idrica, in quanto i primi strati di terreno sono i primi a perdere l'umidità. È consigliabile evitare acque troppo calcaree e preferire l'acqua piovana.

Periodo critico: Distensione dei frutti (giugno-settembre).
Eccesso: Evitare i ristagni idrici, specialmente in terreni poco drenanti, poiché favoriscono i marciumi radicali.
Carenza: Maturazione stentata dei frutti, ridotta crescita dei rami dell'anno (compromessa anche la produzione dell'anno successivo).
Quantità: 25 mm a settimana, fino a 50 durante l'accrescimento dei frutti.

Patogeni e parassiti chiave

Di seguito è illustrata una delle principali avversità del mirtillo, per la cui difesa si rimanda ad altri testi specifici.

La *Botritis* (muffa grigia) colpisce il mirtillo alla caduta dei petali e nel post-raccolta. Le piante vanno potate annualmente per diradare la vegetazione e permettere l'arieggiamento del cespuglio. Eliminare i rami colpiti e bruciarli per evitare la diffusione della malattia.

Ribes *(Ribes spp L.)*

Al genere Ribes (Saxifragaceae) appartengono numerose specie (150 circa) e alcune di esse, originarie dell'Eurasia, vengono coltivate.

Si distinguono in particolare il ribes nero (Ribes nigrum L.), destinato principalmente all'industria di trasformazione; il ribes rosso (Ribes rubrum L., R. vulgare Jancz., R. multiflorum Kit., R. petraeum Wulf.) e il ribes bianco (cultivar derivate da ribes rosso), utilizzati sia per il consumo fresco che trasformati. Anche l'uva spina (R. grossularia) fa parte di questo genere.

Sono specie diffuse in ambienti diversi soprattutto nelle zone montuose, dal nord Africa al nord Europa, con più o meno marcato adattamento delle varietà a caratteristiche climatiche particolari.
Sono piante spontanee anche negli areali boschivi umidi e freschi dell'Italia settentrionale ma la loro coltivazione è concentrata soprattutto nell'Europa del Centro Nord (Germania e Polonia in particolare).
Il frutto ha un sapore tipicamente acidulo e nel ribes nero presenta un forte aroma caratteristico, definito "volpino", che lo rende spesso poco gradito per il consumo fresco.
È ricco di fibre, vitamina C e antiossidanti, e ha numerose proprietà medicinali.

Ribes rosso.

Coltivazione di ribes.

Descrizione fenomorfologica

Albero: Arbusto perenne cespuglioso di altezza variabile tra 1 e 3 m a seconda della specie, costituito da ramificazioni a portamento assurgente, espanso o ricadente. Il *R. nigrum* e il *R. petraeum* sono i più vigorosi. L'apparato radicale è molto superficiale, sviluppato soprattutto nei primi 20-30 cm di terreno.

Ribes rosso.

Gemme: Le gemme produttive sono gemme a fiore esternamente difficili da distinguere dalle gemme vegetative, poiché entrambe hanno forma globosa conica. In genere la gemma terminale dei rami è vegetativa.

Gemma di ribes.

Le gemme di ribes nero vengono utilizzate per estrarre oli essenziali destinati alla produzione di profumi e cosmetici.

Fiori: Raccolti in infiorescenze a grappoli penduli o semieretti di 15-40 fiori (meno nel ribes nero). I fiori sono ermafroditi, di forma campanulacea o piatta con petali esigui, poco appariscenti di colore giallo-verdastro, ma anche rossastro pallido o violetto. Variano molto tra varietà permettendone il riconoscimento. Il ribes nero è per lo più autosterile perciò è necessario utilizzare più di una varietà per permettere l'impollinazione, il ribes rosso e il bianco sono invece autofertili. In alcune cultivar è comunque preferibile l'impollinazione incrociata perché migliora l'allegagione e la pezzatura dei frutti. Il nettare è molto apprezzato dalle api, la cui azione risulta molto importante per l'impollinazione.

Foglie: Caduche, semplici, palmate con 3-5 lobi, a margini seghettati, glabre o pelose nella pagina inferiore. L'aspetto e il colore (verde chiaro, verde-grigio, verde scuro, verde metallico) variano molto tra

Foglie.

varietà risultando utili per il riconoscimento.

Frutti: Bacche di 0,6-1,5 g, derivate dallo sviluppo di ovario e ricettacolo (sono perciò falsi frutti) con buccia liscia, opaca o trasparente, di colore nero, rosso o bianco, di forma sferica o globosa appiattita ai poli. Sono riunite in numero di 7-20 in grappoli di lunghezza variabile (corti nel *R. nero*). Nella polpa sono dispersi diversi semi. Le varietà presentano maggiore o minore facilità di distacco delle bacche alla raccolta. La maturazione può non essere contemporanea all'interno del grappolo, che comunque viene raccolto intero.

Frutti di ribes rosso e di ribes nero.

Una considerazione a parte è riservata al *Ribes grossularia* L., vale a dire l'uva spina, che morfologicamente si distingue in modo molto marcato dalle altre specie di Ribes, per la presenza di spine sviluppate in corrispondenza dei nodi e per il frutto per lo più solitario e di dimensioni molto maggiori spesso ricoperto di peluria e dal sapore molto particolare. La Josta (*R. nidrigolaria*) è un ibrido tra uva spina e ribes nero, privo di spine. Esistono specie di ribes coltivate anche per uso ornamentale, come il R. *aureum* Pursh. e il *R. odoratum*, che producono fiori gialli, e il *R. sanguineum* Pursh., a fiori rossi.

Come potare

Pollone: Ramo vigoroso che si origina alla base del cespuglio. Può presentare anche una ridotta fruttificazione.

Potatura: *Possono essere utilizzati per rinnovare le branche. In potatura verde si eliminano quelli che ombreggiano i frutti.*

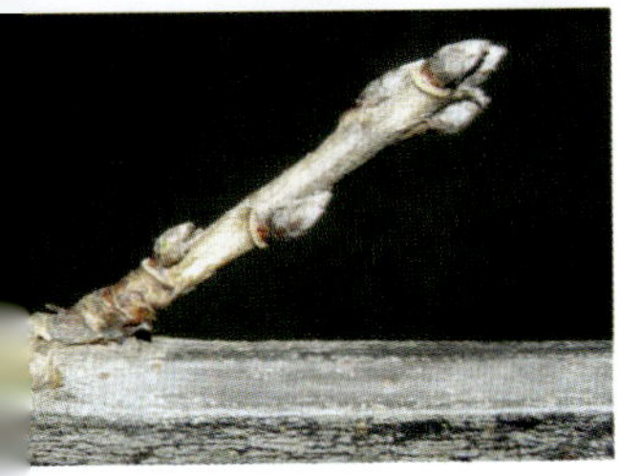

Ramo corto (Dardo): Ramificazione di 1 o più anni, lunga 1-3 cm con internodi brevi. Soprattutto nel ribes rosso e bianco è sede della produzione, ma di qualità inferiore rispetto a quella di rami più lunghi.

Potatura: *Possono essere eliminati o diradati per favorire la produzione sui rami più lunghi.*

Ramo misto - brindillo: Ramo di 1 anno lungo 20-60 cm, provvisto di gemme a fiore e gemme vegetative, inserito su branche di 2 o più anni. È il ramo prevalente per la produzione del ribes nero.

Potatura: *Vanno mantenuti in buon numero per la produzione, ma è anche necessario stimolarne il rinnovo per l'anno successivo, eseguendo tagli di raccorciamento. Si diradano quelli nella parte interna della pianta e nel ribes rosso si raccorciano quelli troppo lunghi.*

Branca: Ramificazione di 2 o più anni su cui sono inseriti i rami. Le branche originate dalla corona basale formano la struttura del cespuglio. Le branche inclinate portano a fioritura un minor numero di gemme rispetto a quelle erette.

Potatura: *Devono essere eliminate quelle secche o mal disposte. Le altre vanno rinnovate dopo 3-4 anni, sostituendole con nuovi polloni. Possono essere raccorciate le più lunghe e vecchie.*

Quanto e quando potare

I cespugli dovrebbero essere formati per 1/3 da rami di un anno, 1/3 da branche di 2 anni e 1/3 da branche di 3 anni, eliminando ogni anno 3-4 branche di 4 anni.
La potatura può essere eseguita dalla tarda estate fino alla successiva primavera, ad eccezione dei periodi più freddi. In particolare dopo la raccolta, migliorando l'illuminazione, si favorisce la differenziazione a fiore delle gemme per l'anno successivo. Per migliorare la qualità dei grappoli si eliminano le gemme a fiore inserite su legno vecchio.

Propagazione e impianto

Il ribes viene propagato per talea legnosa che dà origine a barbatelle dotate di buon apparato radicale, pronte dopo 1 o 2 anni in vivaio per l'impianto autunnale o primaverile. A livello amatoriale le piante possono essere propagate con successo ricorrendo alla propaggine. Per le forme a controspalliera, le piante idonee per l'impianto hanno 2-3 rami di 40-50 cm e presentano radici ben sviluppate. In mancanza di tali caratteristiche, le piante vanno speronate in primavera per stimolare la formazione di nuove branche. I sesti d'impianto sono di almeno 2,5 metri fra le file e 1-2 m tra le piante lungo la fila a seconda della forma di allevamento adottata. Gli impianti vengono rinnovati dopo circa 10 anni. È possibile anche effettuare la coltivazione protetta sotto tunnel con piante allevate in terra o in vaso. L'impianto si fa in autunno o presto in primavera, ponendo parte delle gemme al di sotto del livello del suolo.

Forme di allevamento

Il ribes può essere allevato a cespuglio (adatto per la raccolta meccanica), a spalliera (più pratica per la raccolta manuale), a ventaglio o a V trasversale (con branche allargate su 2 fili paralleli distanziati di 60-80 cm) o ad alberello. La forma più adottata è il cespuglio irregolare formato da 6-10 branche basali con piante di 1,5-1,8 m di altezza, avendo cura di mantenere vuoti i cespugli al centro, per una buona e contemporanea maturazione dei frutti.

Potatura di allevamento del cespuglio irregolare

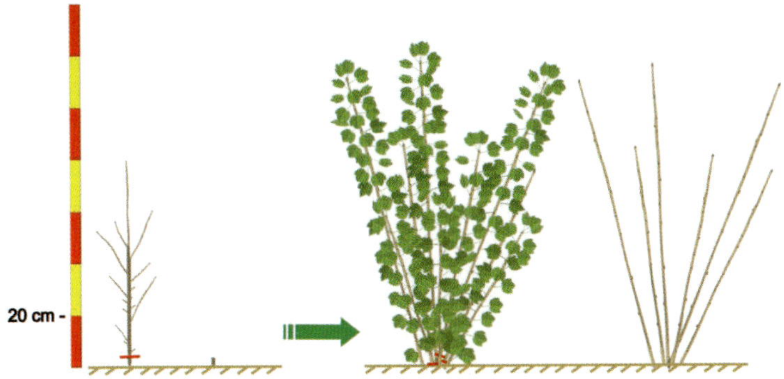

Impianto - Primo anno

All'impianto le piante devono essere speronate a poche gemme per favorire l'emissione di germogli vigorosi tra i quali scegliere l'anno successivo quelli adatti a formare il cespuglio. Nella prima stagione di crescita le piante non producono frutti.

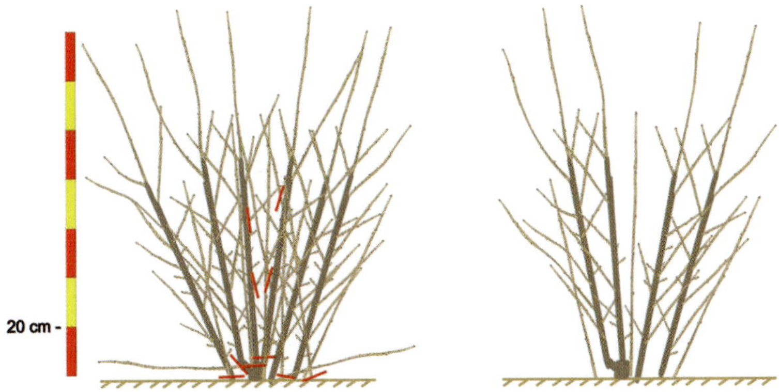

Potatura di produzione

Di anno in anno bisogna asportare 3-4 branche più vecchie e lasciare 3-4 nuovi polloni per sostituirle. È utile inoltre eliminare i rami o le branche che protendono verso terra e sfoltire la parte centrale del cespuglio per migliorare la penetrazione della luce.

Notizie tecniche

Il ribes predilige suoli di medio impasto, profondi, freschi, subacidi e ricchi di sostanza organica, ma si adatta bene a terreni diversi, anche compatti o leggermente calcarei, meno a quelli sabbiosi poiché trattengono minore umidità.
Presenta anche una buona adattabilità ambientale, pur preferendo climi a inverno freddo e estati umide e non troppo calde.
Predilige esposizioni soleggiate o a mezz'ombra e posizioni riparate dai venti; è in ogni caso molto resistente al freddo, in particolare il ribes rosso tollera fino a -35 °C, ma in aree fredde è bene evitare i versanti esposti a sud che anticipano il germogliamento esponendo le piante al rischio di ritorni di freddo.
Gelate tardive e basse temperature in fioritura riducono l'impollinazione e favoriscono perciò la cascola di fiori e frutticini.

Esigenze nutrizionali

Elemento: Azoto.
Periodo critico: Marzo-giugno.
Note: Frazionare in 3 interventi a inizio marzo, in post fioritura e prima della caduta delle foglie.
Eccesso: Eccesso di vegetazione con rami poco lignificati.
Carenza: Limitato accrescimento, foglie piccole e pallide.
Quantità asportata: 12 g/m^2.

Elemento: Fosforo.
Note: Maggiormente richiesto dal ribes rosso.
Carenza: Foglie piccole e con necrosi.

Elemento: Potassio.
Note: Non impiegare cloruri. Maggiormente richiesto dal ribes nero.
Carenza: Decolorazioni e necrosi fogliari; frutti piccoli e scarsa maturazione.
Quantità asportata: 15 g/m^2.

Il ribes necessita in particolare anche di magnesio e ferro.

Esigenze idriche

Periodo critico: Primavera e estate (crescita e maturazione dei frutti).
Eccesso: Può favorire marciumi radicali.
Carenza: Minore produzione.
Quantità: 10-15 mm a settimana, 25 durante lo sviluppo dei frutti.

Patogeni e parassiti chiave

Di seguito sono illustrate le tecniche di potatura che influiscono in varia misura sulle principali avversità del ribes, per la cui difesa si rimanda ad altri testi specifici.

Sesia

Periodo critico: Metà giugno - metà luglio.

Accorgimenti: Eliminare e bruciare le branche colpite, tagliandole al di sotto delle gallerie scavate dalle larve.

Mal bianco

Periodo critico: Ripresa vegetativa.

Accorgimenti: Eliminare e bruciare i rami attaccati. Con la potatura mantenere un buon arieggiamento nelle piante, contenere le concimazioni azotate. È consigliabile usare zolfo.

Cocciniglie e acari sono pericolosi a fine inverno e in primavera. Occorre eliminare e bruciare le parti colpite.

Le specie coltivate delle actinidiaceae sono relativamente poche: la più importante è l'*A. deliciosa.*

Kiwi

ACTINIDIACEE

Sono piante lianiformi che non si sostengono da sole ma devono arrampicarsi su di un supporto, in natura sui tronchi di altre specie, in giardino su pergole appositamente predisposte.

Le specie appartenenti a questa famiglia sono numerose, ma quelle coltivate sono relativamente poche. La specie più piantata è *A. deliciosa*, di origine asiatica in climi temperati con inverno mite e piogge estive frequenti. Essa ha dato origine alla varietà Hayward, il classico kiwi verde, oggi il più diffuso nel mondo. È arrivato in Italia a partire da piante coltivate in Nuova Zelanda (dove ha preso il nome di kiwi dall'uccello simbolo del paese) e poi in California negli anni '80. Sono disponibili anche varietà di altre specie a frutto rosso, giallo, o arancio. In particolare oggi è in espansione il kiwi "giallo" con diverse varietà della specie *A. chinensis*.
Il kiwi richiede una buona fertilità del terreno, fresco ed areato, senza ristagni idrici, per cui si consiglia di piantare dopo aver baulato e ben ammendato con sostanza organica la superficie, per evitare il fenomeno della carenza di ferro tipico dei terreni argillosi ricchi di calcare. Nei terreni di riporto o di scarsa qualità il kiwi soffre e stenta a crescere. Si deve sempre mettere un impianto di irrigazione a goccia o a spruzzo che consenta frequenti interventi di bagnatura. Per il momento pochi sono i nemici naturali e quindi la difesa risulta di facile gestione anche in giardino.
I frutti sono di grande valore nutrizionale, ricchi in vitamina C e sali minerali, facili da conservare anche fuori frigo per lunghi periodi. Si può consumare maturo al cucchiaio oppure a pezzi in macedonia, o a fette nelle torte di frutta. Sono ottimi anche i succhi di frutta e alcune bevande dissetanti. Per il giardino va infine sottolineato il valore ornamentale delle grandi foglie rotondeggianti e lucide, in grado di creare angoli e pergolati molto suggestivi e ombreggiati.

Kiwi *(Actinidia chinensis Pl. e Actinidia deliciosa A. Chev.)*

Il kiwi è una pianta originaria della Cina. Il nome kiwi è stato dato alla pianta in Nuova Zelanda (dal nome dell'uccello simbolo di questa nazione), dove ebbe inizio la sua coltivazione intensiva, oggi diffusa in molte altre nazioni. Attualmente l'Italia è il maggior produttore mondiale di kiwi (300.000 tonnellate su 800.000 globali).

Al genere Actinidia (Famiglia delle Actinidiaceae), oltre alle due specie oggi coltivate (Actinidia chinensis e A. deliciosa) appartiene anche l'Actinidia arguta (Sieb. e Zucc.) Pl. ex Miq, utilizzata solo per scopi ornamentali. Questa è una pianta che resiste al freddo e che produce frutti buoni ma di piccole dimensioni.

Il kiwi nostrano è reperibile sul mercato da novembre a giugno; i frutti venduti negli altri mesi provengono dall'emisfero australe. Le specie coltivate sono di clima temperato con inverni miti, non sopportano infatti gelate invernali molto forti. Necessitano comunque di un elevato numero di ore di freddo invernale e anche per questo motivo non si adattano a climi caldi. La pianta del kiwi mal sopporta il ristagno idrico e i terreni fortemente calcarei. Richiede terreni ben dotati di sostanza organica con irrigazioni frequenti per via dell'apparato radicale molto superficiale.

Frutti in maturazione.

Descrizione fenomorfologica

Albero: Ha un modo di vegetare analogo a quello di una liana legnosa rampicante che, se non opportunamente guidata con la potatura, dà origine a una pianta policaule, cespugliosa. Il tronco non è in grado di sostenere il peso della vegetazione e quindi, analogamente alla vite, richiede l'impiego di una solida struttura portante. Non ha viticci per ancorarsi e si sostiene grazie ai germogli che ruotano attorno al sostegno.

Kiwi a spalliera.

Gemme: Le gemme fertili sono gemme miste che danno origine ad un germoglio in grado di crescere e contemporaneamente di produrre fiori. Sono presenti lungo il ramo. Le gemme vegetative danno origine ad un germoglio provvisto unicamente di foglie. Sono presenti dei rami nella porzione basale. Sui tralci e sul tronco si formano frequentemente gemme latenti.

Gemma.

Fiori: L'actinidia è una specie dioica in cui esistono piante con fiori unicamente femminili e piante con fiori maschili. È indispensabile piantare un maschio ogni 6-8 femmine per ottenere una buona impollinazione (in zone vocate e in impianti ben tenuti si può scendere a uno su dieci). I fiori sono singoli o riuniti in gruppi di 2-3. Le infiorescenze triple possono richiedere il diradamento dei bottoni fiorali prima della fioritura, con l'eliminazione di quelli più piccoli e deformi (di solito i laterali).

Fiore maschile (sinistra) e femminile (destra).

Foglie: Sono semplici, di grandi dimensioni, decidue, cuoriformi con picciolo molto lungo, lucide nella pagina superiore con un piacevole aspetto che rende la pianta utile anche a scopo ornamentale. Se soggette a sfregamenti dovuti ai venti forti, si arrotano e necrotizzano ai margini.

Foglia.

Frutti: Il kiwi è una bacca di forma ovoidale più o meno allungata, di colore bruno-verdastro, con la superficie ricoperta di peli ispidi e persistenti di colore giallo-marrone. La polpa è verde in Hayward (la varietà di *A. deliciosa* più coltivata), gialla in alcune varietà di *A. chinensis*, con tonalità variabili e colori diversi in altre varietà. È ricca di piccoli semi neri (oltre 1200), importanti per ottenere una buona pezzatura del frutto, disposti intorno alla parte centrale, detta columella, di colore più chiaro, tendente al bianco. Nella fase di maturazione è possibile osservare la presenza di alcuni frutti di dimensioni ridotte (ad esempio originati da fiori laterali) o di forma anomala. Questi vanno eliminati precocemente, per ottenere una produzione uniforme e di qualità.

Kiwi a maturazione.

Le principali **fasi fenologiche** del kiwi sono: la **gemma invernale**, l'**ingrossamento** e la **rottura delle gemme**, le **foglie affioranti**, le **foglie emericate**, **infiorescenze affioranti**, **bottoni**, **fioritura**, **allegagione**, **accrescimento** dei frutti e **maturazione**.

Nelle foto sono riportate in sequenza: gemma invernale (1), ingrossamento (2) e rottura gemme (3), foglie affioranti (4), bottoni fiorali (5), fioritura (6), allegagione (7), accrescimento dei frutti (8) e maturazione (9).

Come potare

Succhione: È un ramo con sviluppo indeterminato, che può allungarsi ben oltre i 2 metri. Il succhione del kiwi può produrre frutti.

Potatura: *I succhioni vanno diradati in verde. Si tengono solo quelli utili al rinnovo delle strutture produttive.*

Ramo o tralcio: È un ramo con sviluppo indeterminato, che può allungarsi oltre 2 metri. A differenza di altre specie fruttifere il ramo vigoroso del kiwi produce frutti.

Potatura: *I tralci vanno diradati e distanziati legandoli sui fili laterali a 30-40 cm uno dall'altro. Nella pergoletta si rinnovano ogni anno.*

Ramo corto: È un ramo con accrescimento determinato: la sua crescita viene arrestata dalla formazione, all'apice, di due gemme ravvicinate.

Potatura: *Sono i rami che, con una buona gestione della chioma e dello stato nutrizionale, portano la migliore produzione. Vanno però diradati i frutti più piccoli o malformati. La loro presenza è indice di invecchiamento della pianta e di scarso vigore. Possono essere utilizzati al posto dei rami lunghi nella potatura Peyracchia.*

Cordone permanente: Sono le due ramificazioni in cui si divide l'asse centrale nella forma a doppia pergoletta. Sono strutture che rimangono per diversi anni o anche per tutta la vita della pianta. Lungo i cordoni sono inserite le branchette produttive.

Potatura: *Vanno formati durante la potatura di allevamento e mantenuti durante tutta la vita della pianta, avendo cura di eliminare i succhioni che eventualmente sorgono nella zona di piegatura.*

Branchetta produttiva: Sono strutture di due anni che partono dal cordone permanente e portano i tralci produttivi.

Potatura: *Alla fine del secondo anno, dopo la produzione, vanno eliminate, preservando un ramo vigoroso scelto fra quelli basali, che va a sostituire la branchetta asportata.*

Germoglio: È molto suscettibile alla rottura dovuta al vento. Può mostrare sintomi di clorosi (ingiallimento) in presenza di primavere fredde oppure se il terreno è calcareo.

Potatura: *Si può raccorciare se troppo vigoroso per indebolire la crescita dei succhioni.*

Quanto e quando potare

Nel kiwi lo scopo della potatura di produzione non è, come in altre specie da frutto (pero, melo), quello di aumentare il numero di frutti. Infatti il kiwi produce naturalmente molti frutti, persino troppi se l'obiettivo è quello di ottenere frutti di grandi dimensioni e di qualità. La potatura di produzione deve servire per limitare il numero di frutti prodotti. Per fare questo è necessario effettuare una potatura povera, che elimina tutte le branchette produttive (che hanno cioè prodotto nella precedente stagione). Ciascuna branchetta va sostituita con un germoglio vigoroso posizionato il più vicino possibile al cordone permanente (vedi schema di potatura). Questa tecnica di grande rinnovo della parte aerea ha come risultato lo sviluppo di grossi succhioni vegetativi, poiché la pianta tende a ricreare la parte che subisce un danno o viene eliminata. Questo nel kiwi non è un problema, poiché, a differenza della maggior parte delle specie fruttifere, i succhioni, anche quelli con grande forza vegetativa, possono dare produzione. Sugli impollinatori è necessaria una potatura ricca che lascia un 30-40 % di rami in più rispetto alle piante femminili.

Propagazione e impianto

Le piante di kiwi sono ottenute per via vegetativa, per talea, innesto o per micropropagazione. Vanno impiantate in autunno con un sesto di 4,5-5 m tra le file e 3-4 m fra le piante. Essendo liane legnose, per ottenere la forma di allevamento a doppia pergoletta, è necessario predisporre dei pali e dei fili di sostegno (vedi paragrafo successivo). La presenza di pali e tutori è necessaria per contrastare la naturale forma della pianta che, se non trova idonei supporti (in natura, un'altra specie arborea), assume una forma a cespuglio, non ideale per produrre frutti di qualità e soprattutto difficile da gestire.

Forme di allevamento

Doppia pergoletta: Lo scheletro della pianta presenta il tronco ramificato all'altezza di 1,6-1,7 m in due cordoni permanenti, allevati lungo il filare; da questi si originano ogni anno i rami destinati a garantire la produzione nella successiva stagione vegetativa. I rami fruttiferi, dopo la potatura, vengono legati a due fili laterali. La struttura portante è costituita da pali di legno o cemento, collocati sulla fila alla distanza di 5-6 m, e da una traversa di 1,60-2 m, che è fissata su ciascun palo a 1,80-1,90 m da terra. Sulla traversa sono collocati tre fili di ferro: uno centrale, che ha lo scopo di sostenere i cordoni permanenti, e due laterali fissati alle estremità. La disposizione tipica del ramo produttivo, orizzontale o leggermente inclinata verso il basso, favorisce l'emissione di germogli nella porzione basale, assicurando così il rinnovo vegetativo vicino al cordone permanente.

Kiwi a doppia pergoletta.

Potatura di allevamento

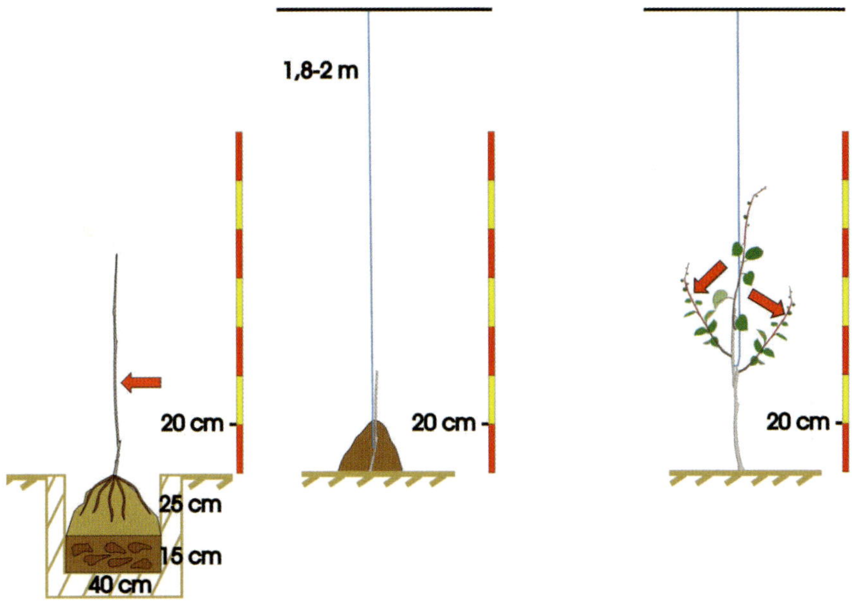

Impianto

In autunno, all'impianto l'astone va raccorciato a 60-70 cm da terra. La base dell'astone va inoltre rincalzata (formando un piccolo cumulo di terra), per proteggere la giovane piantina dal freddo invernale (disegno a sinistra).
L'astone va legato con un filo di plastica che va poi fissato al filo centrale della struttura portante. Questo filo servirà da sostegno alla pianta finchè l'asse centrale non sarà abbastanza robusto per mantenere il peso della chioma.
A primavera (disegno a destra) le gemme lungo l'astone germogliano dando vita a 3-4 germogli di lunghezze diverse. Il germoglio più vigoroso va scelto come asse centrale e legato al filo (non troppo stretto!). Gli altri germogli vanno cimati perché non entrino in competizione con il centrale.

Nei primi due anni dopo l'impianto è necessario evitare la produzione, che entrerebbe in competizione con la crescita vegetativa, non permettendo un veloce raggiungimento della forma, di allevamento desiderata e dando vita a frutti stentati perché non ancora supportati da un'adeguata struttura vegetativa.
Per far questo bisogna eliminare manualmente i bottoni fiorali che possono comparire sui nuovi germogli.

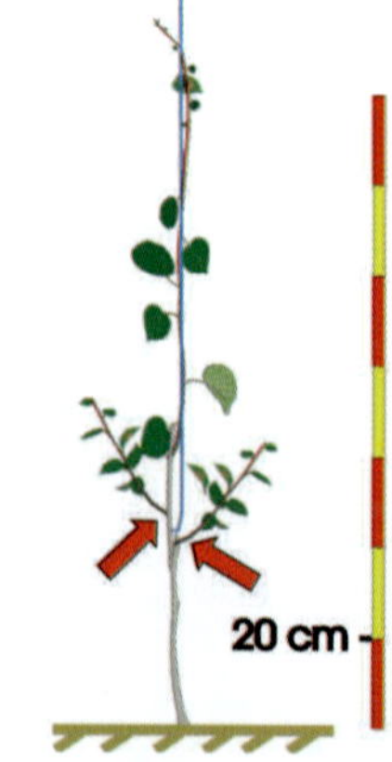

Dopo 7-8 giorni, constatato il buono sviluppo del germoglio centrale prescelto, si può procedere all'eliminazione dei germogli laterali, con un taglio alla base.
Il germoglio centrale, quando oltrepassa di 15-20 cm il filo centrale della struttura portante, è pronto per essere cimato. La cimatura ha lo scopo di favorire l'emissione dei germogli destinati a formare i due cordoni permanenti ed è eseguita 15-20 cm al di sotto del filo portante, considerando che gli internodi sono ancora in fase di distensione.

Dopo la cimatura del centrale si noterà lo sviluppo nella parte apicale vicino al taglio di alcuni germogli vigorosi. Quando hanno raggiunto una lunghezza di 30 cm, è necessario scegliere i due che andranno a formare i cordoni permanenti.
Questi due germogli devono quindi essere legati al filo centrale della struttura portante, gli altri devono essere cimati.

Il successivo accrescimento dei germogli richiede frequenti interventi con tempestive legature al filo di sostegno, in modo che i futuri cordoni permanenti siano i più regolari possibile. I germogli emessi nella zona di curvatura devono essere eliminati.

Quando i germogli superano lo spazio destinato ad essere occupato da ciascun cordone permanente (Cioè quando raggiungono il germoglio della pianta vicina) devono essere cimati ad 1,5-2 m di lunghezza. Nella zona in cui i germogli sono stati curvati è frequente l'emissione di nuovi germogli che vanno tempestivamente eliminati in quanto il loro rapido sviluppo, favorito dalla posizione, avviene in competizione con i rami già scelti per la formazione del cordone permanente. A questo punto, alla fine della stagione vegetativa la forma a pergoletta è completata.

I germogli emessi nella porzione distale in seguito alla cimatura sono importanti per la formazione dei cordoni permanenti in quanto la loro presenza favorisce l'ingrossamento armonico della parte terminale, premessa indispensabile per assicurarne la vitalità futura. Nell'inverno successivo al primo anno di vegetazione questi germogli, ormai lignificati e quindi divenuti rami, vengono spuntati, eliminando la porzione più sottile e mal lignificata.

Nella primavera successiva, vengono emessi dei germogli lungo il tronco e nelle porzioni in cui sono state eseguite le curvature per la formazione dei cordoni permanenti. Solo i germogli lungo i cordoni vanno mantenuti. Tutti gli altri sono da tagliare alla base. La mancata esecuzione di interventi di potatura verde può favorire lo sviluppo, al di sotto della curvatura, di rami vigorosi che raggiungono, nell'arco di una sola stagione vegetativa, una considerevole dimensione e sottraggono nutrienti ai cordoni permanenti. Durante la stagione vegetativa ricordarsi anche di eliminare i bottoni fiorali, in quanto la pianta non è ancora pronta per portare frutti.

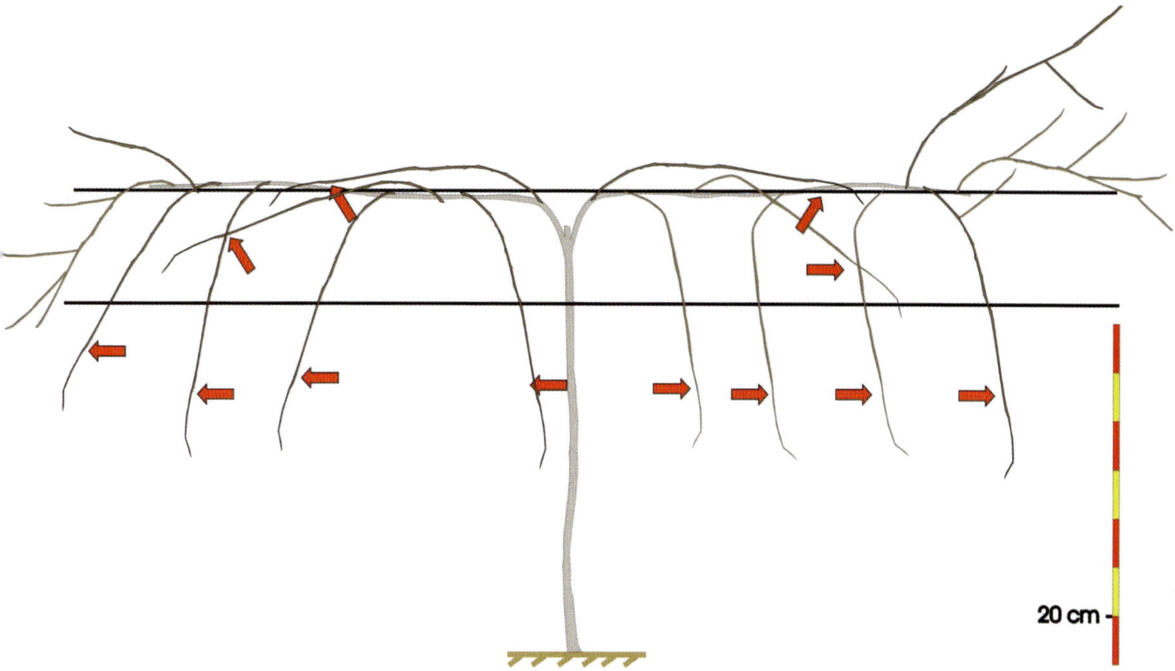

Nell'inverno, con la potatura si provvede ad eliminare le branchette presenti (cioè i rami di due anni e ramificati), a diradare i rami produttivi e ad assicurarli sui due fili laterali con appropriate legature, alla distanza di 30-40 cm gli uni dagli altri. I rami di buon calibro vanno spuntati a circa 1,8 m; la porzione di ramo di diametro inferiore a 8 mm va eliminata, perché non è in grado di garantire la produzione di frutti di buona pezzatura.

I rami produttivi cimati, alla ripresa vegetativa presentano alla base germogli ad accrescimento indeterminato e nella restante parte germogli ad accrescimento determinato.
Si tratta di condizioni ottimali perché viene favorito lo sviluppo di rami ad accrescimento indeterminato nella porzione di branchetta destinata ad assicurare il rinnovo vegetativo e nei restanti germogli l'accrescimento determinato evita la competizione con i frutti , mentre le foglie presenti sono sufficienti a garantire il loro ottimale accrescimento.

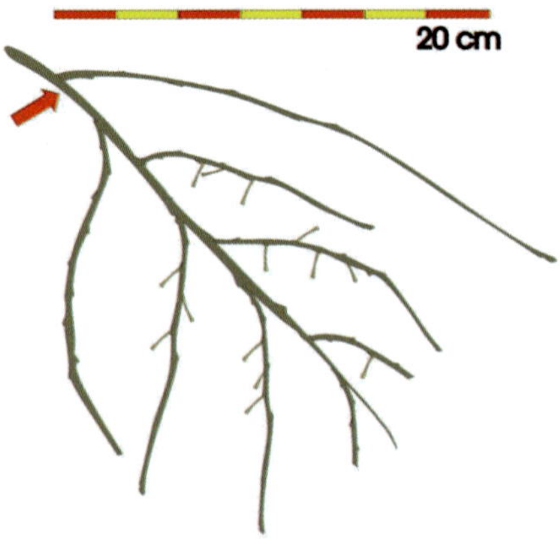

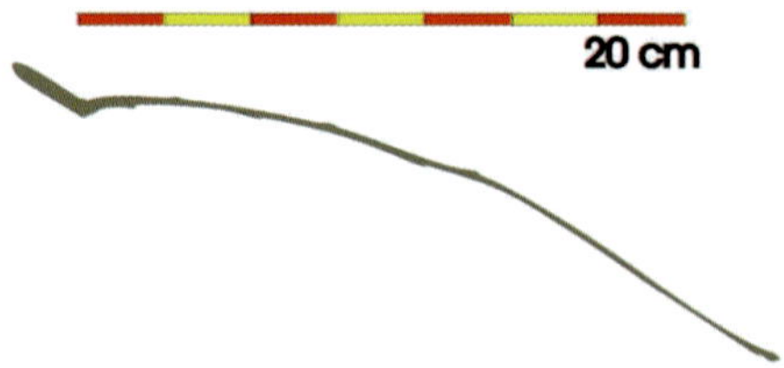

Potatura di produzione

Con la raccolta dei frutti la branchetta ha esaurito il suo ciclo. Con la potatura invernale essa viene asportata e sostituita con il ramo di rinnovo, un tralcio vegetativo in posizione basale. Questa potatura tende a ricreare la situazione di partenza evitando l'allontanamento delle strutture produttive dal cordone: ove possibile si favorisce il tralcio originato sul legno più vecchio per ritornare ciclicamente vicino al cordone.

Notizie tecniche

In linea generale, vanno evitati gli ambienti con frequenti abbassamenti di temperatura che non consentono di produrre costantemente tutti gli anni, così come sono sconsigliate le zone troppo calde, dove le temperature elevate e gli inverni miti non permettono di soddisfare il fabbisogno di freddo della specie.
Il kiwi teme i danni da freddo, vanno evitati quindi gli ambienti ventosi (utilizzare frangivento) e le aree soggette a gelate precoci autunnali in corrispondenza del momento della raccolta. È necessario inoltre evitare i ristagni idrici per cui si rende indispensabile il drenaggio. La coltivazione del kiwi può presentare problemi con terreni ad elevato calcare attivo e pH>8.

Esigenze nutrizionali

Si fa riferimento a una tecnica di concimazione frazionata con restituzione degli elementi asportati con i frutti. Se viene asportato anche il legno di potatura, le restituzioni devono essere aumentate del 50%.

Elemento: Azoto.
Periodo critico: Primavera, alla ripresa vegetativa.
Note: Distribuzione frazionata dal pre-germogliamento ogni 20 giorni con arresto della distribuzione a metà giugno.

Eccesso: Minore qualità dei frutti e suscettibilità a botrite. Minori lignificazione e differenziazione a fiore.
Carenza: Decolorazione e ridotta dimensione delle foglie; minore lunghezza dei germogli. Frutti di pezzatura minore e maturazione anticipata.
Quantità asportata: 1,46 g/Kg di frutti.

Elemento: Fosforo.
Quantità asportata: 0,22 g/Kg di frutti.
Carenza ed eccessi: sono molto rari.

Elemento: Potassio.
Periodo critico: Maturazione dei frutti.
Note: Può essere fornito in qualsiasi momento dell'anno in quanto è poco mobile e resta quindi a disposizione della pianta.
Eccesso: Minore assorbimento di elementi nutritivi e ridotta conservabilità dei frutti.
Quantità asportata: 2,57 g/Kg di frutti.

Elemento: Calcio.
Periodo critico: A partire dall'ingrossamento dei frutti fino alla fase di pre-raccolta, somministrato ripetutamente, ogni 15-20 giorni.
Note: Concorre in modo determinante a migliorare la consistenza dei frutti e quindi la conservabilità, aumenta la resistenza ai marciumi, incrementa la pezzatura e i valori organolettici. Può essere somministrato per via fogliare o con la fertirrigazione.
Eccesso: L'eccesso nel terreno di carbonato di calcio limita l'assorbimento di altri elementi, soprattutto del ferro. Carenze di ferro causano decolorazioni delle foglie e stentato sviluppo dei frutti.
Quantità asportata: 0,47 g/Kg di frutti

Esigenze idriche

Il metodo irriguo più adatto per l'actinidia è quello localizzato ed in particolare a spruzzo o a goccia.
L'acqua di irrigazione va analizzata in quanto contenuti di cloro o di sodio superiori a 70 mg/l non permettono all'actinidia di sviluppare normalmente. Eccessi di cloruri causano una decolorazione delle foglie più vecchie che diventano color bronzo e si arrotolano verso l'alto. Con eccessi di sodio le foglie vecchie diventano bluastre, si arrotolano e necrotizzano sui bordi fino a cadere.

Periodo critico: Metà maggio-fine luglio.
Eccesso: Eccesso di vegetazione, con rischi di propagazione della muffa grigia.
Carenza: Crescita stentata e produzione compromessa.
Quantità: 5.000-6.000m^3/ha/anno da cui sottrarre le piogge utili primaverili estive.
Si consiglia una restituzione giornaliera di 2 mm nel mese di maggio da incrementare fino a 3-3,5 mm nei mesi di giugno, luglio e agosto per poi ridurre nuovamente.

Patogeni e parassiti chiave

Di seguito sono illustrati gli accorgimenti di potatura che influiscono in varia misura sulle principali avversità del kiwi, per la cui difesa si rimanda ad altri testi specifici.

Muffa grigia *(Botritis)*

Periodo critico: È un patogeno che attacca principalmente i frutti, penetrando dal punto di distacco del frutto e sviluppandosi poi nel giro di 2-3 giorni.

Accorgimenti: *Favorire una buona circolazione dell'aria all'interno delle chiome, nonché un'adeguata penetrazione della luce, eseguendo idonei interventi di potatura sia "sul bruno", sia "sul verde".*
Contenere il rigoglio vegetativo, eseguendo concimazioni ed irrigazioni bilanciate.
Non ricorrere all'irrigazione soprachioma, bensì, adottare il metodo a goccia, posizionando i gocciolatori ad una certa distanza dai fusti delle piante.
Evitare, per quanto possibile, lesioni ai frutti.

Metcalfa pruinosa

Periodo critico: I danni sono per lo più indiretti, dovuti alla grande quantità di melata zuccherina e secrezioni cerose biancastre che questi insetti producono, imbrattando la vegetazione e la frutta. La frutta imbrattata perde in qualità.

Accorgimenti: *Evitare la formazione di microclimi particolarmente freschi ed ombrosi all'interno delle chioma e, a tal fine, eseguire appropriate e tempestive operazioni di potatura verde.*
Proteggere gli insetti utili mediante la creazione di siepi e frangiventi naturali.
Realizzare l'inerbimento controllato del frutteto, possibilmente permanente, se vi è sufficiente disponibilità di acqua.

Carie del legno

Periodo critico: Disseccamenti della chioma e del tronco.

Accorgimenti: *Ricorrere a potature di riforma con capitozzatura del tronco e allevamento di nuove branche a partire dai polloni in numero di 4, poi ridotto a 2 per sostituire il tronco e le branche.*

L'actinidia può essere colpita anche da **tumore radicale** (*Agrobacterium tumefaciens*). Il batterio attacca la pianta attraverso ferite dell'apparato radicale causate da lavorazioni, da roditori o da insetti.
Gli accorgimenti consistono nell'impiegare esclusivamente materiale di propagazione sano e certificato, verificando comunque visivamente la presenza di eventuali formazioni anomale sulle radici all'atto della messa a dimora. Occorre estirpare e distruggere le piante sulle quali si dovesse riscontrare la presenza di questa fitopatia.
Infine, anche la **cocciniglia bianca** (*Pseudaulacaspis pentagona*) può attaccare le piante troppo fitte e mal gestite. I danni consistono nella sottrazione della linfa che nelle piante più giovani può portare al disseccamento. I frutti attaccati sono deprezzati. Occorre eseguire un'idonea potatura invernale che riduca il numero di nuovi germogli prodotti proporzionalmente alle dimensioni della pianta ed evitare che all'interno delle chiome si creino microclimi troppo umidi ed ombrosi, eseguendo adeguate e tempestive operazioni di potatura verde.
Effettuare concimazioni ed irrigazioni equilibrate per evitare un eccessivo sviluppo vegetativo delle piante.
Preferire l'inerbimento controllato, permanente del frutteto per favorire e proteggere gli insetti antagonisti.

Si intendono le piante appartenenti alla famiglia delle Ebenacee.

Kaki

EBENACEE

Sono piante arboree diffuse in tutto il mondo ma con poche specie. Il genere Diospyros, *cui appartiene il kaki, rappresenta il 90% della diversità e il frutto più conosciuto. Per il legno si fa riferimento a diversi tipi di ebano in Africa e in Asia.*

Le specie appartenenti al genere *Diospyros*, il principale della famiglia, sono numerose ma quelle coltivate sono relativamente poche, e solo il kaki è effettivamente conosciuto in tutto il mondo. Di origine asiatica in climi temperati con inverno mite e piogge frequenti in estate, la specie più piantata è il *D. kaki* che ha dato origine al "kaki tipo", il classico kaki arancione che diventa rosso e deliquescente dopo la raccolta e la post maturazione etilenica.
In effetti la bizzarra biologia fiorale e della maturazione del kaki è forse l'elemento più caratteristico di questa specie. Il frutto del "kaki tipo" coltivato in Italia cresce partenocarpico (ovvero senza semi perché non c'è auto-impollinazione in monocoltura) ed è astringente fino alla raccolta in ottobre. Dopo post maturazione, favorita dall'etilene (ad esempio quella prodotta dalle mele) il frutto diventa deliquescente dolce e molto apprezzato. Se il frutto è impollinato (per la presenza di un'altra varietà) ha la polpa marrone e diventa dolce anche prima della raccolta. Altri gruppi di kaki invece sono sempre eduli senza astringenza, indipendentemente dalla presenza dei semi e possono essere mangiati duri come una mela.
Il kaki richiede una buona fertilità del terreno, fresco ed areato, senza ristagni idrici, ma è abbastanza rustico e produttivo anche in terreni poveri. Non serve l'impianto di irrigazione. Per il momento pochi sono i nemici naturali e quindi la difesa risulta facile anche in giardino.
Il frutto è di grande valore nutrizionale, facile da conservare anche fuori frigo per lunghi

periodi prima della post maturazione che va programmata con qualche giorno di anticipo rispetto all'uso. Si può consumare al cucchiaio dopo la post maturazione oppure a fette se è sempre edule (comunque queste varietà sono poco diffuse in Italia perché la pianta è sensibile ai freddi invernali).
Per il giardino va infine sottolineato il valore ornamentale delle foglie di colore verde intenso e lucide, in grado di creare angoli molto suggestivi. In autunno le foglie diventano di colore giallo o rosso e sono molto decorative e dopo la loro caduta i frutti, di un bel-l'arancione vivo, sono essi stessi elementi di decoro. Si deve avere cura di raccogliere i frutti ancora duri per impedire che cadano a terra dopo la maturazione.

Kaki *(Diospyros kaki L.f.)*

Il kaki appartiene alla famiglia delle Ebenaceae, ed è originario delle regioni calde della Cina dalle quali, più di un millennio fa, è passato in Giappone dove ha trovato la più ampia diffusione colturale.

Attualmente la coltura sta incontrando un certo interesse nei paesi dell'area mediterranea, in America meridionale e Oceania; in Giappone, al contrario, ha subito un notevole ridimensionamento.

Il kaki è considerato una specie subtropicale anche se esistono varietà che ben si adattano a climi diversi e sopportano bene anche diversi gradi sotto zero nel periodo del riposo invernale. Si adatta bene a qualsiasi tipo di terreno, compresi quelli argillosi, purché ben drenati e profondi. Può essere coltivato nelle principali regioni frutticole dell'Italia meridionale (anche le varietà sempre eduli poco resistenti al freddo) e in Emilia Romagna (kaki tipo). Nelle varietà coltivate quasi sempre si riscontrano solo fiori femminili essendo gli stami abortiti, e la fruttificazione avviene per via partenocarpica (frutti senza semi) o in seguito ad impollinazione da parte di alberi con fiori maschili della stessa specie. La fioritura avviene verso metà di maggio ed è seguita da una cascola dei frutticini non allegati, che raggiunge l'intensità massima nel mese di luglio. La biologia della maturazione del kaki è molto complessa. Il kaki comune (kaki tipo) è duro e astringente alla raccolta quando è parte-

Frutti di kaki sull'albero.

nocarpico, e diventa deliquescente ed edule solo dopo post maturazione (etilenica). Quando i fiori vengono impollinati e i frutti contengono semi (cuoiosi, marroni a forma di mandorla) il kaki tipo è edule alla raccolta, con polpa bruna, soda, non astringente. Esistono anche kaki che producono frutti partenocarpici non astringenti, quindi già pronti per il consumo fresco al momento della raccolta (sempre eduli o kaki mela).
Oltre che per produrre il tipico frutto per l'alimentazione, il kaki viene spesso utilizzato come pianta ornamentale per la bella colorazione verde lucido delle foglie durante il periodo estivo e per i frutti di colore rosso aranciato persistenti sull'albero spoglio nel tardo autunno. Va però detto che è buona norma non lasciare i frutti sulla pianta oltre la fase di maturazione, per evitare screpolature e annerimenti della buccia. Anche la colorazione delle foglie in autunno è molto bella, con variazioni dal giallo al rosso.

Descrizione fenomorfologica

Albero: È un albero di lento accrescimento, molto longevo, in grado di raggiungere e talvolta superare i 10 m di altezza nelle varietà più vigorose. Il tronco si presenta dritto con corteccia di colore grigio scuro, solcato da numerose screpolature irregolari. Le branche sono generalmente erette con andamento sinuoso, piuttosto fragili. I rami sono di colore marrone o grigio, con numerose lenticelle chiare, ed hanno portamento eretto o ricurvo. Essi si sviluppano dalle gemme miste ed i giovani germogli portano i fiori all'ascella delle foglie, per cui il kaki fruttifica sui rami dell'anno. La chioma a maturità è globosa.

Gemme: Le gemme fertili sono gemme miste di forma conica arrotondata, danno origine ad un germoglio in grado di crescere e di produrre contemporaneamente fiori.

Gemma mista (sinistra) e gemma vegetativa (destra).

Le gemme vegetative sono di forma appuntita e danno origine ad un germoglio provvisto unicamente di foglie.
Le prime sono presenti nella porzione distale del ramo, le seconde nella sua porzione basale.

Fiori: Le piante di kaki possono essere monoiche, dioiche o intermedie. Infatti i fiori possono essere solo femminili, solo maschili, oppure ermafroditi (completi).
Le varietà da frutto più diffuse in Italia comprendono piante che producono soltanto, o in prevalenza, fiori femminili per aborto dell'androceo. I fiori si formano all'ascella delle prime foglie del germoglio originato dalla gemma mista ibernante. I fiori femminili sono più grandi e sempre singoli.

Fiore del kaki.

Foglie: Sono caduche, di forma ellittica od obovata, lucide e di colore verde intenso sulla pagina superiore, verde chiaro talvolta argenteo sulla pagina inferiore. Il lembo è generalmente ondulato ed il margine è intero.

Foglia ellittica.

Frutti: Sono bacche la cui forma rappresenta un carattere importante di classificazione delle varietà e varia da sferica ("kaki tipo") ad appiattita o conica.
Nelle varietà coltivate in Italia i frutti si originano da fiori femminili non fecondati (partenocarpici) e sono quindi privi di semi.
Il colore a maturazione di raccolta è giallo più o meno aranciato, rossastro in alcune cultivar. La polpa, dal giallo-aranciato al rosso-marrone, in molte cultivar alla raccolta è astringente (non edule, a causa dell'elevato contenuto di tannini) ed è necessario attendere l'ammezzimento prima di poterla consumare.

Frutti maturi.

Le principali **fasi fenologiche** del kaki sono: la **gemma invernale**, il **rigonfiamento delle gemme**, le **punte verdi**, l'**apertura delle gemme**, la **fioritura**, la **scamiciatura**, **l'invaiatura**, la **piena maturazione** e la **caduta foglie**.

Nelle foto sono riportate in sequenza: gemme invernali (1), punte verdi (2), apertura delle gemme (3), fioritura (4), scamiciatura (5), invaiatura (6) e caduta foglie (7).

Partenocarpia

Il "kaki tipo" è coltivato in assenza di piante impollinatrici e quindi i frutti arrivano a maturazione senza l'apporto della fecondazione.
Questo aspetto ha dei risvolti importanti nella gestione delle piante, infatti, qualora il "kaki tipo" venisse fecondato, si originerebbero notevoli cambiamenti delle caratteristiche qualitative dei frutti, e ciò renderebbe necessario modificare la potatura e introdurre la pratica del diradamento dei frutti.
Il frutto partenocarpico è più soggetto a cascola rispetto a quello fecondato e quindi le diverse cascole che avvengono nel corso della stagione vegetativa generalmente permettono di mantenere un numero di frutti adeguato alle potenzialità produttive della pianta.
Tra i diversi fattori che influiscono sulla cascola è necessario sottolineare l'importanza della luce: le parti della chioma in ombra producono fiori, ma i frutti sono soggetti a intense cascole che rendono improduttive queste porzioni della pianta.
Il criterio di riferimento nella definizione dei sesti di impianto e nella realizzazione della forma di allevamento è quindi legato ad una buona illuminazione della pianta.

Le varietà

I caratteri distintivi delle diverse varietà riguardano la biologia fiorale e le caratteristiche del frutto a maturazione. Ci sono infatti varietà i cui frutti cambiano le proprie caratteristiche a seconda che siano partenocarpici o no (derivanti da fiori fecondati o no), altre invece danno frutti con caratteristiche che non dipendono dal tipo di fecondazione.
Si riconoscono 4 gruppi principali:

- **Costanti alla Fecondazione Non Astringenti (CFNA)** - varietà con frutti non astringenti alla raccolta (frutti sodi), indipendentemente dalla fecondazione e dalla presenza di semi (kaki dolce o kaki mela). La polpa è chiara.
- **Costanti alla Fecondazione Astringenti (CFA)** - varietà con frutti astringenti, eduli soltanto dopo l'ammezzimento, indipendentemente dalla presenza di semi. La polpa è chiara.
- **Variabili alla Fecondazione Non Astringenti (PVNA)** - varietà non astringenti, se fecondati; se partenocarpici non sono commestibili alla raccolta e richiedendo in tal caso l'ammezzimento del frutto ("Kaki Tipo"). La polpa è scura e provvista di uno o più semi. Il Kaki Tipo è la varietà più utilizzata in Italia.
- **Variabili alla Fecondazione Astringenti (VFA)** - varietà con frutti astringenti, anche se fecondati. Non astringenti solo attorno ai semi. Il numero dei semi, anche se elevato, non determina mai la completa edulità della polpa.

Sulla base della classificazione ci sono varietà che producono frutti costantemente astringenti, non eduli alla raccolta (Yokono, Sajo); varietà costantemente non astringenti con frutti eduli alla raccolta (Hana fuyu, Jiro, Izu, Suruga); cultivar variabili all'impollinazione, con frutti gamici eduli alla raccolta e frutti partenocarpici non eduli alla raccolta (Wase, Triumph, Tipo).
Le varietà non astringenti richiedono una maggiore esposizione alla luce; le astringenti sono più resistenti al freddo.

L'ammezzimento

L'ammezzimento è un procedimento di maturazione dei frutti, dopo la raccolta, che determina un cambiamento di consistenza, colore e sapore dei frutti stessi rendendoli appetibili.
I frutti acerbi, riposti ben distanziati l'uno dall'altro su un vassoio di cartone o una cassetta di legno, devono essere conservati in un luogo asciutto e senza luce, fino a che non avranno raggiunto la giusta maturazione. Una tecnica per accelerare la maturazione consiste nel conservare i kaki in celle con atmosfera ricca di ossigeno ed etilene a temperature intorno ai 30 °C. In casa si può ottenere un risultato analogo mettendo i kaki in contenitori arieggiati con frutti che producono etilene (mele). In Giappone i frutti astringenti sono conservati per alcuni giorni in contenitori chiusi con paglia e alcool etilico.

Tipi di ramo

I polloni del kaki sono molto rari. Sono rami vigorosi che spesso emergono dalle radici superficiali molto lunghe vengono asportati alla base.

Succhioni: Rami vigorosi.

Potatura: *Asportare alla base, quando fanno competizione ai rami produttivi. In zone vuote della chioma vanno lasciati per formare nuove branche.*

Ramo lungo: Oltre 50 cm.

Potatura: *Può essere raccorciato per rivestire zone prive di ramificazioni. Viene asportato in zone troppo dense.*

Ramo medio: 30-50 cm (ramo misto).

Potatura: *È utile per la produzione. Va diradato in zone troppo dense.*

Ramo corto: 10-30 cm (brindillo).

Potatura: *Si lascia intero per produrre frutti.*

Ramo molto corto: 5-10 cm (spur).

Potatura: *Si possono asportare se troppo numerosi.*

Nella pianta adulta tutti i rami indicati presentano gemme miste, ma per la fruttificazione è opportuno orientare la scelta su rami corti e molto corti in quanto di più facile gestione. Il kaki fruttifica sui rami dell'anno.

Quanto e quando potare

La coltivazione di piante femminili di "kaki tipo" senza impollinatori è la norma. Tuttavia in questa condizione si ha una serie di cascole, dalla colatura dei fiori alla cascola del frutto noce, che riduce di molto il potenziale di frutti ottenibili a favore di una pezzatura elevata. Di conseguenza la potatura deve lasciare un carico di gemme elevato ma al tempo stesso non eccessivo, per evitare scadimenti qualitativi e scarso rinnovo vegetativo.
Non è possibile una potatura basata sul conteggio delle gemme, o dei rami, ma è necessaria una scelta accurata delle distanze fra rami e del vigore degli stessi. Sono preferiti quelli medio-corti, ben posizionati ed esposti alla luce, con maggiori probabilità di allegare e di fare crescere frutti di grosse dimensioni. Sopporta grossi tagli di riforma, perchè il legno è particolarmente resistente agli attacchi fungini.

Propagazione e impianto

Il kaki viene propagato per innesto (generalmente a marza: spacco diametrale, corona) impiegando portinnesti da seme, in quanto la produzione di piante da talea è difficile per la scarsissima capacità rizogena del kaki e delle specie ad esso affini. In Italia il kaki viene innestato sul loto (*D. lotus* L., resistente a freddo e siccità), data la sua resistenza al freddo, ma ciò comporta talvolta dei problemi di non totale affinità (soprattutto con varietà non astringenti).
L'innesto su franco (*D. kaki*) è poco diffuso perché non molto resistente al freddo e agli eccessi d'acqua, ma è adottato negli ambienti meridionali per le varietà non astringenti (sempre eduli). I semi estratti dai frutti possono essere conservati in sabbia o in apposite celle con temperatura e umidità controllate, per essere posti in semenzaio a fine inverno. Le piantine sono trapiantate dopo un anno in vivaio, dove vengono innestate nella seguente annata vegetativa. Gli innesti a gemma mostrano scarso attecchimento, soprattutto quelli a T, per la difficoltà di distacco della corteccia a livello del cambio.
La preparazione del terreno per l'impianto è analoga a quella necessaria per gli altri fruttiferi ma bisogna fare attenzione al drenaggio e alla presenza di nematodi (la pianta è molto sensibile). Non tollera il reimpianto. La messa a dimora avviene in autunno-inverno usando astoni, che poi sono allevati a vaso, piramide, palmetta (quest'ultima forma avvantaggia l'ingresso in campo di carri a piattaforme laterali per la raccolta e la potatura). La presenza di impollinatori è consigliata non solo per ottenere i kaki-mela (non astringenti) dalle varietà che producono frutti gamici eduli al momento della raccolta, ma anche, in generale, per aumentare l'allegagione.
La raccolta rappresenta l'operazione più onerosa nella coltivazione; i frutti staccati manualmente sono posti in cassette basse a uno strato dove vengono mantenuti sia per la conservazione che per la commercializzazione. Il migliore indice di maturazione in grado di indicare il momento idoneo per la raccolta è tuttora il colore del frutto, ovvero quando diventa giallo brillante e la clorofilla è completamente sparita.

Forme di allevamento

Vaso: Il kaki a maturità raggiunge notevoli dimensioni. Il vaso costituisce una forma di allevamento che essendo meno sviluppata in altezza, agevola le operazioni di potatura e di raccolta da terra o con l'ausilio di scale.

Questa forma è caratterizzata da un tronco centrale, di circa 70-80 cm, da cui si dipartono le branche principali, in numero di 3-4. Queste portano a loro volta le branche secondarie, uniformemente distanziate e di lunghezza decrescente dalla base delle branche principali all'apice. Dalle branchette secondarie crescono i rami a frutto. Sono idonei sesti d'impianto di 5,5 x 5,5 m.

Vaso.

Potatura di allevamento del vaso

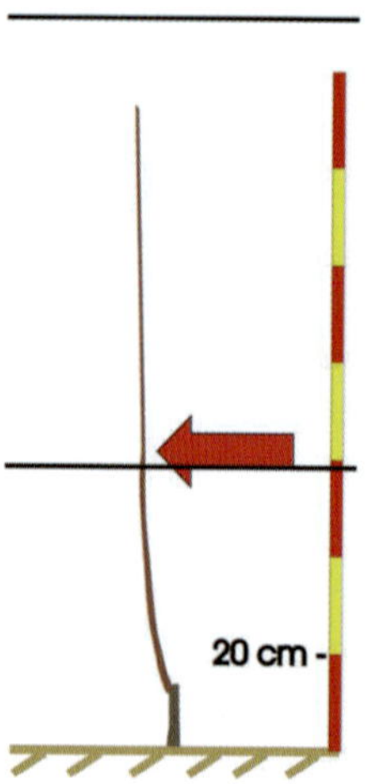

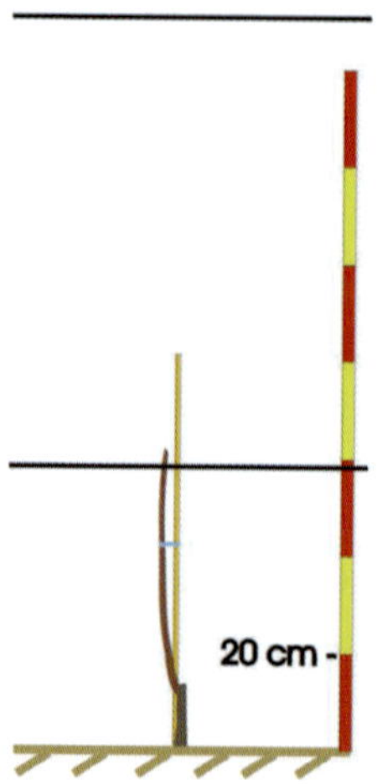

Impianto

All'impianto dell'astone in autunno, questo va raccorciato a 70-90 cm da terra per indurre la formazione di germogli laterali nel punto in cui devono inserirsi le branche principali. L'astone va legato ad un tutore per mantenere la posizione eretta e creare così un tronco centrale senza curvature.

Primo anno

A primavera le gemme germogliano dando vita a vari germogli nella parte apicale e lungo l'astone. Tra i germogli apicali 3-4 vanno selezionati per formare le branche, scegliendo quelli che si sviluppano in direzioni diverse nello spazio. Gli altri germogli, sull'astone o all'apice se in numero maggiore di 4, vanno eliminati.

Nell'inverno successivo all'impianto i rami prescelti per formare le branche principali si sono sviluppati in lunghezza, ma con angoli probabilmente troppo stretti. Se necessario, bisogna quindi allargarli con divaricatori o legature.

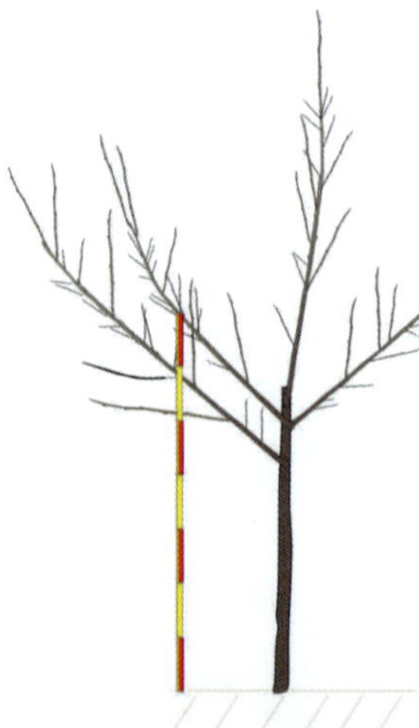

Secondo anno

L'anno successivo i rami diventati branche saranno rivestiti da germogli. Durante l'inverno è necessario eliminare i succhioni e sfoltire i rami laterali, in modo che non si sovrappongano. Si lasciano nella parte basale della branca rami più lunghi e nella parte apicale rami più corti. Queste operazioni sono indispensabili per mantenere una buona illuminazione di tutte le parti della chioma e quindi per avere negli anni successivi una produzione uniformemente distribuita, anche nei rami più bassi.

Potatura di produzione

Lungo il ramo la dimensione e la forma delle gemme sono differenti: nella porzione basale le gemme hanno una forma appuntita, mentre nella porzione distale sono rotondeggianti. Le prime nella successiva stagione vegetativa producono germogli vegetativi privi di fiori, le seconde sono invece gemme fertili.

Nella potatura invernale, se è necessario incentivare l'attività vegetativa, si asporta la porzione di ramo dotata di gemme fertili. I germogli che si originano sono stimolati a vegetare senza la concorrenza dei frutti. Essi, evoluti poi in rami, differenziano gemme fertili e nella successiva stagione vegetativa sono in grado di fruttificare.

Notizie tecniche

È una pianta mediamente resistente alle minime invernali, sopporta anche -15 °C, ma è suscettibile ai forti venti soprattutto in estate ed autunno quando il peso dei frutti può provocare scosciature dei rami e lesioni ai frutti stessi. I terreni più idonei alla coltura sono quelli di medio impasto, profondi e ben drenati anche se può adattarsi a quelli argillosi. In relazione alle caratteristiche chimiche del suolo, il kaki si adatta a terreni sub-acidi e sub-alcalini, tollerando alti contenuti di calcio, mentre rifugge gli eccessi di sali di sodio e di boro. Risente dei ristagni idrici che favoriscono giallumi e defogliazioni.

Esigenze nutrizionali

Il kaki non è particolarmente esigente in termini di elementi nutritivi. Si consiglia di intervenire con apporti di sostanza organica (compost, letame maturo) a fine inverno e con un intervento a base di azoto (10-20% del totale) per un totale di 100-200 g di azoto per pianta. Concimazioni e potature razionali aiutano a prevenire la formazione di screpolature sui frutti e a raggiungere un buon equilibrio vegetativo.

Esigenze idriche

Il kaki è una specie rustica, che sopporta bene periodi di siccità. Comunque in zone con forti siccità estive è opportuno prevedere l'irrigazione per migliorare la pezzatura dei frutti che altrimenti rimangono di piccole dimensioni. La disponibilità idrica è importante soprattutto durante la fioritura e l'allegagione per evitare la colatura dei fiori e la cascola dei frutticini e poi durante l'accrescimento dei frutti per ottenere una buona pezzatura.

Patogeni e parassiti chiave

Il kaki è una pianta difficilmente interessata da malattie. Può essere attaccato da tumore batterico, dalla sesia (*Synanthedon tipuliformis,* per la quale è utile rimuovere le parti corticali alterate dove sono annidate le larve e chiudere la ferita con paste cicatrizzanti). Sul frutto è pericolosa, in alcuni ambienti, la mosca della frutta (*Ceratitis capitata*). Si consiglia di non lasciare i frutti sulla pianta dopo il periodo normale di maturazione per ridurre i siti di attacco per la mosca.

In caso di attacchi si consiglia di rivolgersi a personale esperto.

Glossario

La potatura delle piante da frutto raggruppa un insieme di pratiche la cui origine è molto antica, ma che sono in continua evoluzione grazie all'attività dei tecnici che vi operano materialmente e alla ricerca specifica del settore; si basa perciò su concetti derivati dall'essenzialità della pratica operativa ma anche dalla complessità dei fondamenti scientifici. Da ciò scaturisce la necessità di un glossario quale strumento di supporto per la comprensione dei termini usati nel libro per esprimere tali concetti. Le parole evidenziate in **neretto** all'interno delle definizioni costituiscono a loro volta delle voci presenti nel glossario.

A

ACCRESCIMENTO DETERMINATO • Accrescimento del **ramo** che termina con la formazione di una **gemma a fiore** terminale, impedendo un ulteriore allungamento. Nella successiva fase di crescita il ramo germoglia da **meristemi** laterali.

ACCRESCIMENTO INDETERMINATO • Accrescimento del **ramo** che permette l'allungamento apicale senza la formazione di una **gemma a fiore** terminale. La crescita nel ciclo successivo può continuare dall'apice (monopodiale) oppure da una **gemma** laterale (simpodiale).

ACROTONIA • Sviluppo preferenziale dei germogli terminali di una giovane **branca**, rispetto a quello dei laterali prossimali (molto spesso le **gemme** in posizione **basale** non germogliano o danno luogo a corti rametti).

ALLEGAGIONE • Fase in cui, a seguito dell'**impollinazione** e della **fecondazione** o per **partenocarpia**, ha inizio la formazione del **frutto**.
Vedi: **Fecondazione**, **fiore** e **frutto**.

ALLEGGERIMENTO DELLA CIMA • Consiste nel ridurre il numero di **rami** nella parte distale della **branca** o dell'asse centrale con operazioni di **diradamento**, salvaguardandone però l'integrità del prolungamento terminale, con la finalità di rendere la **cima** meno competitiva pur mantenendo la sua funzione di controllo della crescita.

ALTERNANZA DI PRODUZIONE • Fenomeno ciclico per il quale in una pianta ar-

borea perenne (specialmente da frutto) ad annate di fruttificazione abbondante (anno di carica) seguono una o più annate di fruttificazione scarsa o nulla (anno di scarica). Sono soggetti ad alternanza soprattutto melo e olivo.
Vedi: **Equilibrio vegeto-riproduttivo**.

ANGOLO D'INSERZIONE • Angolo formato dalla parte **basale** di un **ramo** con la direzione della **branca** su cui si trova inserito, misurato nel punto d'inserzione.

ANTICIPATO (RAMO) • Vedi: **Ramo anticipato**.

ANULATURA • Vedi: **Decorticazione anulare**.

APICE • Breve porzione terminale di un **germoglio**. In potatura il termine viene usato anche per indicare la parte terminale lunga pochi centimetri del ramo (punta).
Vedi: **Funzione di cima, Cimatura, Controllo apicale, cima**.

APICE MERISTEMATICO • Rappresenta la regione d'intensa divisione cellulare dell'**apice**, ovvero la porzione di cellule meristematiche situata al di sopra del più giovane abbozzo fogliare.

APPARATO AEREO • L'insieme delle ramificazioni di una pianta. Comprende il **tronco**, il **fusto**, le **branche**, i **rami**, la **chioma** e presenta funzioni diverse: assimilare carbonio, immagazzinare riserve, effettuare sintesi e trasporto di sostanze complesse, produrre **frutti**, assumere una forma e una struttura ottimale per un determinato ambiente.

APPARATO RADICALE • L'insieme delle radici della pianta. Presenta diversi ordini di ramificazione. Assolve numerose funzioni: assorbire e trasportare dal terreno acqua e sali minerali, immagazzinare sostanze di riserva, ancorare la pianta al suolo, effettuare sintesi di sostanze complesse, riconoscere e gestire segnali chimici.

ASSE CENTRALE • Parte della struttura scheletrica di un **albero** costituito dal **fusto**. Sull'asse centrale si possono inserire **branche** primarie di dimensioni e ordine tali da costituire vere e proprie forme di allevamento.

ASSURGENTE • Tendenza ad avere uno sviluppo verso l'alto; riferito a un ramo, ad una branca o ad una pianta.
Vedi anche: **Portamento**, **habitus**.

ASTONE • Termine usato generalmente per indicare una pianta innestata di uno o due anni, proveniente da vivaio. In alcuni contesti si intende l'**asse centrale**.

ATTECCHIMENTO • Processo che porta alla **saldatura** dei due individui che costituiscono la pianta innestata e, in un secondo tempo, alla crescita del germoglio partendo dalla **gemma** o dalla **marza** innestata.
Il termine indica anche la fase in cui le piante emettono nuove radici e riprendono correttamente il loro sviluppo dopo il trapianto.

AUTORADICATO • Albero moltiplicato per via vegetativa da **talea**, **margotta**, **propaggine**, o da coltura *in vitro*, non innestato, che cresce sulle proprie radici con il **vigore** tipico della **varietà**.

B

BARBATELLA • Nuova piantina dotata di radici e di un esile fusticino, ottenuta per via vegetativa.

Basale • Relativo alla parte più bassa della pianta o di un organo assiale. Sinonimo di **prossimale**, ovvero vicino alla congiunzione con l'organo di origine.

Basitonia • Sviluppo preferenziale dei germogli basali della **branca** rispetto a quello dei distali e del terminale.
Vedi: **Acrotonia.**

Boccio • **Gemma** in cui è racchiuso il **fiore**, prima di aprirsi.

Borse • Ingrossamenti della porzione **basale** dell'asse dell'infiorescenza in alcune **pomacee** dovuti ad accumulo di sostanze di riserva; si formano durante l'ultima fase di accrescimento del **frutto** o dei frutti che da quell'infiorescenza sono derivati. Le borse sono **formazioni legnose** persistenti e possono portare **gemme** che facilmente originano **lamburde** (vegetative e fiorifere) o **brindilli.**

Bottone • **Gemma** a frutto ingrossata (termine usato più propriamente per le **pomacee**).

Branca • Ramificazione legnosa di due o più anni di età, con funzione prevalente di trasporto, sostegno e riserva che, assieme al **tronco**, costituisce lo **scheletro** dell'**albero**. Le branche sono in genere strutture permanenti, tranne quelle di sfruttamento.
Vedi: **Branche di sfruttamento**, **Impalcatura** e **palco**.

Branche di sfruttamento • Branche non permanenti, di vigore limitato e forte attitudine riproduttiva (sottobranche). Vengono eliminate nel momento in cui cessa la loro funzione di **rivestimento** o diminuisce la loro efficienza produttiva.
Vedi: **Branca.**

Branche esaurite • Branche che hanno prodotto molto e non sono state in grado di mantenere un adeguato rinnovo vegetativo.

Brindilli • **Rami** sottili e poco sviluppati in lunghezza (10-20 cm circa), presenti sulle **pomacee** e sulle **drupacee**, e che, a seconda delle **varietà**, rivestono una certa importanza ai fini produttivi.

C

Cacchio • **Germoglio** erbaceo o semilegnoso infruttifero, che si sviluppa in posizione sbagliata oppure in numero troppo elevato.
Vedi: **Scacchiatura.**

Callo • Complesso di tessuti scarsamente differenziati che si forma durante il processo di **cicatrizzazione** per reazione a lesioni locali; in particolare a seguito dei tagli di **potatura**.

Cambio • Sottile strato di tessuto meristematico secondario localizzato tra la **corteccia** e il **legno**, in grado di suddividersi per formare nuove cellule che si differenziano verso l'esterno degli assi a formare il **floema**, e verso l'interno il **legno** (o **xilema**).

Capitozzatura • Asportazione di gran parte dello **scheletro** mediante energici tagli di **raccorciamento** praticati sulle grandi **branche** principali o sul **fusto** in **potature** straordinarie.

Cascola • Caduta spontanea di **gemme**, **fiori** (colatura) e soprattutto **frutti** dall'**albero**.

Cascola di giugno • Dopo l'**allegagione** dei **fiori**, i giovani frutticini pos-

sono subire un arresto di crescita e cascola (entro 4-5 settimane dalla fioritura) per diversi motivi (competizione per le riserve e i prodotti della fotosintesi, danni da stress, traumi, attacchi di patogeni e parassiti, mancato sviluppo di **semi**, ridotto sviluppo dei semi).
Vedi: **Cascola**.

CASCOLA PRERACCOLTA • Vicino alla raccolta i **frutti** più maturi, con peduncolo corto e raggruppati nella stessa **lamburda** o **dardo**, attaccati da parassiti e sottoposti a colpi di vento, possono cadere.
Vedi: **Cascola**.

CESPUGLIO • Pianta legnosa provvista di più **rami** o **branche** inseriti su di una **ceppaia** a formare diversi fusti che partono dal suolo e il cui sviluppo è, per natura, limitato (arbusto).

CHIOMA • Parte **epigea** di una pianta legnosa ad esclusione dello **scheletro**. Costituita da **rami foglie** e **frutti**, è di fondamentale importanza per lo svolgimento dell'attività **fotosintetica** e del processo di fruttificazione.

CICATRIZZAZIONE • Reazione tendente alla riparazione di una lesione, caratterizzata da proliferazione indifferenziata di cellule con formazione di **callo**. Le strutture legnose vengono ricoperte dal callo in una sorta di compartimentazione che isola i tessuti necrotici.

CIMA • Parte terminale di una struttura complessa. In frutticoltura assume il significato di **apice** del **germoglio**, e anche di parte terminale dell'**asse centrale** o della **branca**, comprensiva di più organi fra cui la **freccia** (germoglio o ramo terminale) e i rami immediatamente sottostanti.
Vedi: **funzione di cima, cimatura, controllo apicale**.

CIMATURA • Asportazione della parte terminale (**cima** di un organo). In senso stretto la cimatura si riferisce all'asportazione in verde della cima del **germoglio** in crescita.
L'asportazione della cima di un **ramo** o di una **branca** viene chiamata **spuntatura**.

CLONE • Progenie ottenuta per **moltiplicazione** vegetativa (agamica) a partire da un unico individuo. I membri di un clone hanno lo stesso **genotipo**, a meno che non intervengano mutazioni.

CODA DI TOPO • Tipo di **potatura a tutta cima** che elimina in parte o in toto i rami anticipati o i laterali terminali di un succhione o di una branca; porta alla riduzione della **funzione di cima** senza il **raccorciamento** della stessa.
Vedi: **Alleggerimento**.

COLATURA DEI FIORI • Vedi **Cascola**.

COLLARE • Zona di **corteccia** con ingrossamento situata alla base della **branca**; collega ogni branca alla branca di ordine superiore o al **tronco** su cui è inserita. In esso la pianta concentra i sistemi di difesa e di **cicatrizzazione**. È opportuno che il **taglio di asportazione** della branca non lo danneggi.

COLLETTO • Zona di transizione tra il **tronco** e le radici. Particolarmente sensibile a patogeni e parassiti; deve essere posizionato fuori terra all'impianto.

COMPATIBILITÀ • Termine che indica la possibilità che il polline fecondi l'ovulo. Può essere riferito a gameti delle stessa cultivar (autocompatibile) o di **cultivar** diverse (intercompatibili).

Controllo apicale • Gerarchia tra **gemme** e **germogli** lungo il **ramo**. Impone il gradiente di schiusura delle **gemme** e i diversi ritmi di crescita ai germogli in primavera, in funzione della posizione relativa rispetto alla parte apicale della **branca**. Da non confondere con la **dominanza apicale** nel germoglio in crescita.
Vedi: **Cima**, **epinastia**, **funzione di cima**.

Cordone • Branca di due o più anni in piante lianacee (vite, actinidia).

Corteccia • Parte più esterna del **tronco, delle branche** e dei **rami**, con funzione essenzialmente di protezione e generalmente di spessore ridotto. Nel linguaggio comune comprende in pratica tutti i tessuti esterni al **cambio,** ovvero il **libro** (floema) e la corteccia vera e propria.
Vedi: **Floema**.

Cultivar • Termine internazionale indeclinabile, derivato dall'inglese *cultivated variety* (**varietà** coltivata), vale a dire originata e mantenuta nella coltivazione.

Curvatura • Operazione consistente nel piegare ad arco una branca, un **ramo** o un **germoglio**.

D

Dardi • **Rami** corti pochi centimetri, di uno o più anni d'età, caratteristici delle **drupacee**.

Decorticazione anulare • Asportazione, con taglio condotto sino al **cambio**, di un anello di **corteccia** e **libro** di limitato spessore, dal **tronco**, dalle **branche** o dai **rami** eccessivamente vigorosi.

Differenziazione a fiore • Trasformazione di un **apice meristematico** in struttura riproduttiva. Processo irreversibile che si manifesta con organi fiorali ben visibili. Segue la fase di **induzione a fiore**.

Dioica • Di pianta che ha **fiori** unisessuali, maschili e femminili, su individui diversi (es. actinidia).
Vedi: **Monoica**.

Diradamento • Riduzione del numero di **branche**, **rami**, **getti**, o **germogli** in una ramificazione troppo folta. Molto importante ai fini produttivi è il **diradamento dei frutti** quando risultano troppo numerosi per le potenzialità produttive della pianta o della singola branca.

Disaffinità • Sindrome che porta al fallimento di piante bimembri ottenute con l'**innesto**.

Distale • La parte più lontana di una ramificazione rispetto al suo punto di attacco (al **tronco** o a una **branca**).

Divaricatori • Porzioni di canne o di legno di diverse lunghezze, collocati temporaneamente per contrasto tra le strutture per aumentare l'angolo di **inclinazione** e la **distanza tra rami** o branche posizionandoli nel modo voluto.

Dominanza apicale • Gerarchia tra **meristemi** primari nel **germoglio** in crescita. L'**apice** di un germoglio in crescita inibisce la levata dei meristemi laterali da lui stesso formati, crescendo più velocemente e dirottando le risorse verso di sé.
Vedi: **Cima**, **Funzione di cima**.

Dormienza • Incapacità di germogliare in modo corretto da parte di **gemme** in stasi in presenza di condizioni ambientali

ottimali e in assenza di inibizioni correlative.
Vedi: **Fabbisogno in freddo**.

DORSALE • Lato di una ramificazione rivolto verso l'esterno della **chioma** o verso il basso.
Vedi: **Ventrale**.

DRUPACEE • Specie arboree da frutto della famiglia delle rosacee il cui **frutto** è una drupa (es. pesco, susino, ciliegio, albicocco).

E

EFFICIENZA PRODUTTIVA • Termine utilizzato per esprimere l'attitudine produttiva di un **albero** (o di una **cultivar**), tenendo conto del suo **vigore**.

EPIGEO • Che sta sopra terra.
Vedi: **Ipogeo**.

EPINASTIA • Controllo esercitato su germogli e rami da organi sovrastanti. Il risultato è un angolo di crescita progressivamente più aperto.

EQUILIBRIO VEGETATIVO-RIPRODUTTIVO • Sindrome della pianta arborea matura coltivata in cui, ad un'elevata e costante capacità riproduttiva, si contrappone una riduzione della fase espansiva della **chioma** (**pianta ferma**). Rappresenta la seconda fase dello stadio di **maturità** nel **ciclo vitale** di un **albero**, seguente la vegetatività della pianta giovane.

F

FABBISOGNO IN FREDDO • Numero di ore a temperature relativamente basse con ottimo a 7 °C necessario alle gemme per superare lo stato di **dormienza** in cui esse si trovano all'inizio del periodo invernale.

FASE VEGETATIVA • Fase di forte espansione di una pianta matura.

FECONDAZIONE • Fusione tra le cellule riproduttive maschili e femminili che dà origine a un nuovo individuo. Nelle piante da frutto, la fecondazione segue l'**impollinazione** e porta alla formazione di **embrioni**, **semi** e **frutti**.
Vedi: **Colatura, partenocarpia, allegagione**.

FEMMINELLE • Termine di uso pratico con cui si intendono i **rami anticipati** della vite e dei fruttiferi.

FENOTIPO • Complesso dei caratteri presentati da un individuo cresciuto in un determinato ambiente che derivano dall'interazione tra il suo corredo genico e le condizioni ambientali che su tale corredo hanno influito.

FERTILITÀ • Termine riferito all'**albero** (o alla **cultivar**), può assumere significati diversi; in senso stretto indica l'attitudine a **differenziare** molte **gemme** a fiore; in senso lato indica l'attitudine ad **allegare** e quindi a produrre molti **frutti**. Riferito al terreno il termine indica la capacità del suolo di supportare la crescita e la produzione delle colture agrarie.

FIORE • Nelle angiosperme è l'organo adibito alla riproduzione, che dà origine al **frutto**. Il calice è la parte esterna basale del fiore; è formato dai sepali, organi fogliacei di colore verde. La corolla, posizionata internamente al calice, è costituita dai petali, con funzione di richiamo degli insetti pronubi. Gli stami rappresentano

l'apparato riproduttivo maschile, quello femminile è formato da uno o più pistilli. Ogni pistillo è a sua volta formato da una porzione basale rigonfia (l'ovario) sovrastata da un segmento filamentoso (lo stilo) e da una porzione terminale dilatata (lo stimma). Nella maggior parte delle piante da frutto coltivate i fiori sono ermafroditi in quanto contengono organi sessuali sia maschili che femminili (ad esempio i fiori delle pomacee e delle drupacee). In alcune specie invece i fiori sono unisessuali: solo maschili, in quanto privi dei pistilli, o solo femminili, perché privi degli stami. In entrambi i casi i fiori si dicono unisessuali.
Vedi: **Dioico**, **monoico**.

FITOREGOLATORI • Termine con cui si intendono gli ormoni prodotti dalle piante e quelli di sintesi utilizzati nella pratica corrente del vivaismo e della frutticoltura. Partecipano a una molteplicità di processi, con diverse funzioni al servizio della regolazione.

FITTONE • Radice primaria originatasi dal **seme**, verticale, geotropica e con carattere esplorativo.
Vedi: **Apparato radicale**.

FLOEMA • Vedi: **Libro**.

FOGLIA • Organo in cui avviene la parte più consistente della **fotosintesi** clorofilliana. Negli alberi da frutto, particolarmente evoluti, le foglie sono rappresentate da organi appiattiti composti essenzialmente da due parti: il picciolo e la lamina. In questa si distinguono una pagina superiore (normalmente più scura, glabra, piana o solchettata in corrispondenza delle nervature) ed una pagina inferiore, per lo più tomentosa, ruvida e con le nervature in rilievo. Le foglie sono inserite sui **germogli** in corrispondenza dei **nodi**, secondo una disposizione (fillostassi) non casuale bensì tipica di ciascuna specie.
Vedi: **Apparato aereo**.

FORMA DI ALLEVAMENTO • Struttura scheletrica artificialmente imposta ad una pianta legnosa con la **potatura di allevamento**.
Forma appiattita: con **chioma** distribuita tendenzialmente su di un piano verticale, corrispondente al filare (**controspalliera**) ha un'espansione limitata nell'interfilare, con l'asse maggiore della struttura orientato sulla fila. Forma in volume: con **chioma** sviluppata pressoché uniformemente nelle tre dimensioni (**vaso**): le ramificazioni si allargano a 360° intorno al **tronco**. Forma franca: non richiede applicazione di sostegni permanenti. Forma obbligata: richiede sostegni permanenti. Forma libera: segue una crescita naturale. Forma guidata: richiede interventi per indirizzare e selezionare le **branche**.

FORMAZIONI FRUTTIFERE • Ramificazioni di vario genere degli alberi da frutto, che recano **gemme** a **fiore** o miste, ad esempio **brindilli**, **lamburde**, **dardi** fioriferi, **rami** misti.

FORMAZIONI LEGNOSE • Tutte le ramificazioni non erbacee e non riproduttive degli alberi.

FOTOSINTESI CLOROFILLIANA • Processo di organicazione del carbonio, che nelle piante verdi (dotate di clorofilla) comincia con la trasformazione dell'energia luminosa in energia chimica di legame poi utilizzata per formare zuccheri più o meno complessi a partire dall'anidride carbonica presente nell'aria e dall'acqua assorbita dalle radici.
Vedi: **Foglie**.

Franco • **Portinnesto** derivato da **seme** della stessa specie cui appartiene il nesto. Impropriamente, ma comunemente, detto anche **selvatico**.

Frutto • Struttura della pianta che si forma dopo l'**impollinazione** e la **fecondazione**. Deriva dall'ingrossamento dell'ovario (es. pesca, ciliegia, albicocca). Di regola i frutti sono costituiti, dall'esterno verso l'interno, da epicarpo, mesocarpo ed endocarpo che contiene il seme.
In talune specie, alla costituzione del frutto possono partecipare anche strutture non pistillifere quali, ad esempio, il ricettacolo, il peduncolo e i sepali. In tal caso i frutti vengono definiti falsi frutti (es. mela, pera, zucca).

Funzione di cima • Funzione di controllo esercitata dalla **cima** sui laterali. Il comportamento è comune a tutte le cime presenti sulla pianta.
Vedi: **Cima**.

Fusto • Parte della pianta che collega le radici alla chioma con funzione di trasporto e sostegno. Nelle piante arboree è legnoso e concorre a formare lo scheletro. È detto tronco nelle forme a vaso, prive di asse centrale dopo la prima impalcatura.
Vedi: **Tronco**.

G

Gemme • Strutture complesse che contengono l'abbozzo meristematico delle nuove parti aeree della pianta. Si formano prevalentemente all'ascella delle **foglie** disposte lungo l'asse dei **germogli**. All'inizio la loro **struttura** è molto semplice ed indifferenziata e comprende un **apice** (o cono vegetativo), gli abbozzi fogliari ed i primordi dei **rami**. La gemma completa è protetta da squame dette perule. Le gemme possono assumere una differenziazione in senso vegetativo (gemme a legno) o riproduttivo (gemme a frutto). In alcune specie da frutto (es. kaki, vite) le gemme sono affiancate da **sottogemme.** Sul **fusto** o sulle **branche** possono essere presenti **gemme latenti**.

Gemma a fiore • **Gemma** dalla quale hanno origine i **frutti**. Essa stessa può essere a fiore e dare origine solamente ad uno o più **fiori** e non a germogli; oppure (**pomacee**, actinidia, kaki, vite) mista in quanto, al suo interno, contiene sia abbozzi fiorali che vegetativi e pertanto, con lo sviluppo, darà origine ad uno o più germogli e ad uno o più fiori.

Gemma a frutto • Vedi: **Gemma a fiore**.

Gemma a legno • Le **gemme** a legno sono in genere più piccole e di forma più appuntita, meno globosa, rispetto a quelle a fiore. Esse racchiudono al loro interno i primordi di un asse vegetativo e, schiudendo, danno origine ad un germoglio senza **fiori**. (1, 3).

Gemme avventizie • Vedi: **Meristemi avventizi**.

Gemma dormiente • Gemma affetta da sindrome della **dormienza**, ovvero con incapacità di germogliare pur in presenza di condizioni ottimali di temperatura e umidità. Soddisfatto il **fabbisogno in freddo** la gemma riacquista la capacità di germogliare (gemma sveglia).

Gemma ibernante • Sinonimo di **gemma** a fine estate ovvero in grado di superare l'inverno.

Gemma latente • Gemma priva di perule di più anni di età, il cui meristema primario continua lentamente a crescere senza levare, mantenendosi appena al disotto della corteccia. Deriva da una **gemma** ibernante o da una **sottogemma** che non si è sviluppata; essa rimane vitale per diversi anni e origina un **germoglio**, simile a quello **avventizio**, solo in particolari condizioni, soprattutto dopo gravi eventi che ledono l'integrità scheletrica o dopo drastici interventi di potatura.

Gemma mista • Vedi: **Gemma a fiore**.

Genotipo • Complesso dei geni che caratterizzano un individuo.
Vedi: **Fenotipo**.

Gentile • **Nesto**. Varietà coltivata che si innesta per moltiplicarla.
Vedi: **Innesto**.

Germogli • Si definiscono **germogli** gli assi vegetativi in accrescimento non ancora lignificati. Portano lateralmente le **foglie**, inserite in corrispondenza dei **nodi**.

Germogli avventizi • A differenza dei germogli originatisi da **gemme latenti**, i germogli avventizi (provenienti da **meristemi avventizi**) non sono inizialmente collegati al sistema conduttore linfatico degli organi su cui sono inseriti. In genere questi germogli sono vigorosi, inizialmente sterili, ed in grado di ricostituire rapidamente la struttura scheletrica offesa o asportata.

Germogliamento • Fase del ciclo vegetativo annuale in cui una pianta perenne, terminato il periodo invernale, emette nuovi **germogli**.

Germoglio anticipato • **Germoglio** (sillettico) originato da un **meristema** pronto (ascellare non dominato) e sviluppato contemporaneamente all'apice che lo ha generato senza formare una gemma e senza aspettare la prossima primavera.
Vedi: **Femminella**.

Giovanilità • Primo stadio del **ciclo vitale** dell'**albero**. È tipico delle piante da **seme** e, in rari casi, delle piante ottenute *in vitro*, è caratterizzato da spinescenza, dimorfismo fogliare e fisiologico, elevata attitudine rizogena ed esplorazione radicale, **vigore**, irregolarità vegetativa e assenza di fruttificazione.

Grondacci • **Branche** pendule dell'olivo, dotate di corte ramificazioni (pendaglie).

H

Habitus • Portamento di una pianta. In senso stretto, negli **alberi** rappresenta l'aspetto complessivo della **chioma** nel suo naturale modo di vegetare. Include l'insieme delle caratteristiche vegetative (ritmo dei flussi di crescita dei **rami**) e strutturali (tipologia dei rami a frutto e loro distribuzione all'interno della chioma, **angolo di inserzione**, lunghezza degli **internodi**) di un **albero**, che ne determinano la forma naturale e il comportamento riproduttivo.

I

Ibridazione • **Impollinazione** e conseguente **fecondazione** tra due specie differenti compatibili. Nel gergo comune si intende la fecondazione tra due **varietà** diverse della stessa specie.

IMPALCATURA • Punto di inserzione delle **branche** primarie sul **tronco**. Si distingue in: impalcatura bassa, quando le branche inferiori sono inserite ad una distanza dal suolo minore di 50 cm. Impalcatura media, quando la distanza dal suolo è compresa tra 50 e 100 cm. Impalcatura alta, quando la distanza dal suolo è maggiore di 100 cm.

IMPIANTO • Complesso delle operazioni necessarie per collocare a dimora le piante.
Vedi: **Sesto d'impianto**.

IMPOLLINAZIONE • Processo per cui il polline viene trasportato dalla parte maschile del **fiore** (antera) alla parte terminale di quella femminile (stigma). Essa rappresenta pertanto la premessa indispensabile per la **fecondazione**.

IN SUCCHIO • Pianta con forte attività cambiale che presenta facilità di distacco del libro (in gergo **corteccia)**.

INCISIONE • Taglio eseguito nella **corteccia** e nel libro senza intaccare il **legno**. Si distingue in: trasversale, quando è eseguita trasversalmente ma solo per un settore del **ramo**, sotto o sopra una **gemma** in primavera, poco prima del **germogliamento**; longitudinale, eseguita generalmente sul **tronco** o sulle **branche** principali appena prima del risveglio vegetativo, deve essere superficiale, non deve raggiungere il **legno**.
Vedi: **Intaccatura**.

INCLINAZIONE • L'inclinazione di un asse definisce l'angolo medio, indipendentemente dall'**angolo di inserzione**. L'inclinazione ottimale risulta variabile a seconda della posizione, del ruolo, della gerarchia dell'organo.
Operazione consistente nell'inclinare un **ramo** od una **branca** fin dall'inserzione, senza provocare curvature.

INDUZIONE A FIORE • Processo che porta il sistema vegetativo a diventare riproduttivo. Avviene senza modifiche morfologiche e si conclude con la **differenziazione a fiore**.

INNESTO • Operazione consistente nell'inserire su una pianta, che fornisce l'**apparato radicale** (**soggetto**, ipobionte o **portinnesto**), un frammento contenente una o più **gemme** di un'altra pianta di specie o **varietà** affine (oggetto, nesto, marza, domestico, epibionte o gentile), che fornisce l'**apparato aereo**. In tal modo le due parti (**bionti**) vivono come se fossero un solo individuo. È usato come metodo di **moltiplicazione**.

INSENILIMENTO • Ultima fase dello stadio di **maturità**. S'instaura dopo un intervallo discreto durante il quale la pianta si riproduce. È caratterizzato dalla mancanza di rinnovo vegetativo, riduzione della capacità di esplorazione radicale, contrazione delle masse della pianta, minore trasporto.

INTACCATURA • Sinonimo di taglio del caporale. Si esegue asportando una porzione di **corteccia** con tagli a forma di v rovesciata (due tagli inclinati in modo opposto) al di sopra di una gemma per favorirne il germogliamento.

INTERNODO • Segmento di **germoglio** o di **ramo** compreso tra un **nodo** e quello successivo.
Vedi: **Nodi**.

IPOGEO • Che cresce sotto terra.
Vedi: **Epigeo**.

L

LAMBURDE • Corti **rami** tipici delle **pomacee**, di uno o più anni di età, simili ai **dardi** delle **drupacee**.

LEGNO • o xilema. È il tessuto più interno del **tronco** e dei **rami**, con prevalenti funzioni meccaniche e di trasporto dalle radici alla **chioma**, costituito da vasi con una funzionalità limitata a 1-3 anni. Viene prodotto annualmente dal **cambio** verso l'interno della pianta.

LIBRO • o floema. Tessuto conduttore prodotto dal **cambio** verso l'esterno, costituito dall'insieme dei piccolissimi tubi attraverso i quali avviene il trasporto della **linfa elaborata**.

LINFA ELABORATA • Soluzione costituita principalmente dagli elaborati fotosintetici e del metabolismo secondario prodotti dalla **chioma** (sostanze organiche, tra le quali gli zuccheri sono maggiormente rappresentati) e trasportata agli altri organi mediante i vasi **floematici**.

LINFA GREZZA • Soluzione costituita principalmente da acqua e sali minerali, assorbiti dal terreno mediante le radici, e trasportata agli altri organi tramite i vasi **xilematici**.

M

MARGOTTA • Tecnica di **propagazione** vegetativa con cui viene indotta la **radicazione** di un organo aereo (**ramo**, **branca**) tramite **decorticazione anulare,** o **incisione**, e copertura con terra o torba umida. Quando la radicazione è avvenuta, la porzione di pianta radicata viene tagliata e messa in vaso o a dimora.

MARZA • Porzione di **ramo** di un anno asportata dalla **pianta madre** e destinata a fornire le **gemme** per l'esecuzione dell'**innesto.** Negli innesti invernali si usano generalmente porzioni di ramo con più gemme; a fine estate scudetti con una gemma.

MATURITÀ • Secondo stadio del **ciclo vitale** di un **albero**. Rappresenta lo stadio della riproduzione ed è generalmente irreversibile. La maturità può essere divisa in tre fasi: **vegetativa**, **equilibrio vegetativo-riproduttivo** e **insenilimento**.

MAZZETTO DI MAGGIO • Vedi: **Dardi**.

MERISTEMA • Tessuto vegetale costituito da cellule di piccole dimensioni con parete cellulare sottile, capaci di dare luogo a processi organizzati di divisione cellulare, produrre altri tessuti aggiungendo quindi nuove cellule al corpo della pianta. I meristemi primari sono localizzati nelle **gemme**; i meristemi secondari nelle zone di **accrescimento** radiale (**cambio** e fellogeno) in modo da consentire la crescita in larghezza. All'apice delle radici al disotto della cuffia c'è il meristema radicale che consente la crescita in lunghezza della radice e la formazione di nuove cellule della cuffia.

MERISTEMI AVVENTIZI • Chiamati **gemme** avventizie, si formano *ex novo* e senza una precisa posizione. Non attraversano la fase di gemma vera e propria e originano i germogli avventizi.

MESOTONIA • Tendenza dei **germogli** mediani a svilupparsi più di quelli terminali e basali di uno stesso **ramo**. Gradiente di vegetazione intermedio tra **acrotonia** e **basitonia**. L'aggettivo mesotono può essere riferito anche all'intera **chioma**.

MESSA A DIMORA • **Trapianto** di giovani piante nella posizione definitiva che occuperanno nel frutteto.

MICROPROPAGAZIONE • Tecnica di **propagazione in vitro** basata sulla **moltiplicazione** intensiva, in condizioni di sterilità, di materiale vegetale posto su un substrato nutritivo.
Vedi: **Propagazione**.

MIGNOLA • Infiorescenza dell'olivo, simile a un piccolo grappolo.

MONOICA • Pianta che ha, sullo stesso individuo, **fiori** maschili e femminili separati (unisessuali) risultando, nel complesso, bisessuale (es. castagno, nocciolo, noce).

N

NESTO • Parte di pianta utilizzata per fornire l'apparato aereo nella propagazione per **innesto**.
Vedi: **Innesto.**

NODO • Punto di inserimento delle **foglie** lungo il **germoglio**. In corrispondenza del nodo, all'ascella delle foglie, sono ubicate anche una o più **gemme** ascellari.
Vedi: **Internodi**.

O

OVULI • Rigonfiamenti a forma di mammelloni presenti alla base delle piante di olivo, costituiti da tessuti giovani, ricchi di **gemme latenti**, **meristemi avventizi** e di sostanze di riserva. Sono fonte di conservazione e moltiplicazione della pianta. In senso stretto, cellule riproduttive femminili.

P

PALCO • È costituito dal complesso di due o più **branche** primarie inserite a verticillo sul **tronco**. A seconda dell'ordine sul fusto, si distingue un primo palco basale, un secondo palco, un terzo palco, ecc.

PANE DI TERRA • Porzione di terriccio che contiene le radici di una pianta e che, nelle operazioni di **trapianto**, rimane aderente ad esse.

PARTENOCARPIA • Processo in base al quale l'ovario si trasforma in **frutto** senza **fecondazione**. Tale frutto, detto partenocarpico, risulta senza **semi** e molto spesso cade prima dello sviluppo (**cascola**).

PIANO DI CAMPAGNA • Quota, livello del terreno, in cui è posizionato il colletto della pianta.

PIANTA FERMA • Pianta che ha terminato la fase di espansione e di forte accrescimento vegetativo e ha raggiunto la **maturità** riproduttiva. Caratterizzata da **equilibrio produttivo-vegetativo**. A pianta ferma si conclude la **potatura** di formazione.

PIANTA MADRE • Pianta da cui viene prelevato il materiale di propagazione.

PIANTO • **Linfa grezza** che sgorga da un **ramo** tagliato all'inizio della ripresa vegetativa primaverile (nella vite, nell'actinidia), per via della pressione radicale (necessaria per far salire la linfa in una fase in cui la traspirazione è poco attiva per mancanza di foglie).

PIEGATURA • Operazione consistente nell'inclinare in orizzontale oppure verso il basso un **ramo** o una **branca** fin dalla loro inserzione.

Pollone radicato • **Barbatella** costituita da un **pollone** che ha emesso radici alla sua base.

Polloni • **Rami** particolarmente vigorosi emessi dalle radici o dal pedale.

Pomacee • Specie arboree da frutto della famiglia delle rosacee il cui **frutto** è un pomo (melo, pero, sorbo, cotogno).

Portamento • Vedi: **Habitus**.

Portinnesto • Pianta che nella propagazione per **innesto** fornisce l'**apparato radicale** alla **cultivar** innestata (**nesto**). Se proveniente da **seme** viene chiamato **franco**, se da **moltiplicazione** vegetativa è clonale.
Vedi: **Innesto**.

Potatura • Insieme di operazioni, molteplici e differenziate, intese a plasmare o guidare la pianta, regolandone il modo naturale di vegetare e di fruttificare al fine di ottenere il massimo rendimento. È volta ad accelerare lo sviluppo della pianta, concludere rapidamente la fase improduttiva e la formazione dello **scheletro**, e ottenere costanti ed elevate rese con buona qualità del prodotto massimizzando il rendimento economico.

Produttività • Attitudine a produrre **frutti**; carattere influenzato a sua volta dalla capacità di differenziare **gemme a frutto** e dalla successiva **allegagione**.

Propagazione agamica • Propagazione non derivante da **fecondazione**. È sinonimo di moltiplicazione vegetativa o clonale.

Propagazione gamica • Propagazione derivante da **fecondazione**. Da seme.

Prossimale • Parte più vicina di una ramificazione rispetto al suo punto di attacco al **tronco** o a una **branca**.

Pulitura delle cime • Vedi: **Alleggerimento della cima**.

Punto di innesto • Punto di unione tra **portinnesto** (piede) e **nesto** (**varietà**).

Q

Quiescenza • Lo stato di stasi per cui le **gemme** non schiudono in presenza di condizioni ambientali sfavorevoli al **germogliamento**.

R

Raccorciamento • Sul **ramo** di un anno rappresenta il taglio nella parte centrale che consente di richiamare vegetazione. Sulla **branca**, consente il **ritorno** (**taglio di**) a posizioni più ravvicinate e al tempo stesso il richiamo di vegetazione.

Radice avventizia • Radice che si origina in condizioni particolari e in sede diversa da quella normale su organi differenti della pianta (**rami**, **foglie**, ecc.).

Radici fascicolate • Radici tipiche dei **portinnesti** deboli o nanizzanti (M9, M26, M106 per il melo, e cotogno per il pero), con andamento superficiale e poco esplorativo.
Vedi: **Fittone**.

Rami • Assi vegetativi completamente lignificati e provvisti di **gemme**. Si accrescono in senso radiale ed evolvono in **branche**.

Rami anticipati • Rami derivanti da **germogli anticipati**. Su alcune specie (pesco e albicocco) portano anche **gemme** a fiore.

Rami misti • Sono **rami** in genere di discreto **vigore**, in cui sono presenti contemporaneamente **gemme** vegetative e a fiore (o miste).

Ringiovanimento • In natura rappresenta il ritorno del **ciclo vitale** da uno **stadio maturo** a uno **giovanile**, non riproduttivo. Nella tecnica frutticola si riferisce alla ripresa di **vigore** dovuta a **potature** eccessive o a pratiche agronomiche che stimolano la **vegetatività** dopo periodi di affaticamento riproduttivo.

S

Sarmentoso • Portamento di pianta con ramificazioni lunghe e flessibili (es. vite e actinidia).

Scacchiatura • Operazione che consiste nell'asportare a mano giovanissimi **germogli** in soprannumero (**cacchi**) o anche inseriti in posizione non adatta alla forma o al rispetto dell'**equilibrio vegeto-produttivo**. Si interviene distaccando i germogli nel punto di inserzione quando sono lunghi 10-20 cm.

Scheletro • Si intende l'insieme degli organi legnosi permanenti nella parte **epigea** della pianta (**tronco**, **branche**). Rappresenta il supporto necessario a sostenere la superficie fotosintetizzante e l'attività riproduttiva della **chioma**.

Scoppio vegetativo • Risveglio vegetativo, caratterizzato dall'emissione di uno o più **succhioni** in seguito ad un taglio.

Scosciatura • Spaccatura, per cause accidentali, di una **branca** o di un **ramo** in corrispondenza del punto di inserzione.

Selvatico • Termine utilizzato nella pratica vivaistica per indicare il **portinnesto**, in particolare se ottenuto da seme.

Seme • I semi derivano dalla trasformazione degli ovuli a seguito della **fecondazione**. Nelle principali piante da frutto, tutte appartenenti alle angiosperme, il seme è costituito essenzialmente da tre parti: l'embrione, gli organi di riserva ed i tessuti di protezione. È costituito dalla **plantula** che dovrà svilupparsi (**embrione**) e dalle sostanze di riserva necessarie per la **germinazione**; è circondato da strati più consistenti (tegumenti) o dalla parte più interna del **frutto**, nocciolo (endocarpo legnoso), che servono a proteggerlo.

Senescenza • Ultimo stadio del **ciclo vitale** di una pianta arborea.

Sesto d'impianto • Disposizione relativa delle piante sul campo. Si riassume con la distanza tra le file e sulla fila.

Sfemminellatura • Operazione che consiste nell'eliminare le **femminelle** (o **rami anticipati**). È un'operazione di **potatura verde** molto comune sulla vite.

Sfogliatura • Asportazione delle **foglie** per favorire l'insolazione (per accelerare la colorazione della buccia) e l'arieggiamento dei **frutti**.

Sgolatura • Taglio di deviazione, eseguito in verde o in inverno con lo scopo di allargare lateralmente le **branche** trasferendo la funzione di **freccia** su un laterale forte particolarmente sviluppato in direzione esterna, con ampio angolo di crescita, ben disposto alla luce.

SLUPATURA • Asportazione con speciali attrezzi del **legno** marcio, affetto da carie, sino a raggiungere i tessuti sani. La superficie dei tagli va lisciata e disinfettata. Tipica operazione effettuata su olivi di grandi dimensioni.

SOGGETTO • Vedi: **Innesto**.

SOPPRESSIONE DELLE BRANCHE • Asportazione delle **branche** esaurite e **diradamento** delle branche troppo fitte, per aumentare la penetrazione della luce e la qualità dei **frutti**.

SOTTOBRANCA • Vedi: **Branca**.

SPERONATURA • Energico raccorciamento sul **ramo** di un anno che lascia intatta solo la parte **basale** a formare uno **sperone** con poche **gemme** superstiti.

SPERONE • Breve residuo **basale** di un **ramo** energicamente accorciato, provvisto di qualche gemma. Nella sua traduzione inglese (spur) è sinonimo di lamburda.

SPEZZATURA • Vedi: **Infrangimento**.

SPOLLONATURA • Asportazione dei **polloni**.

SPUNTATURA • Asportazione della parte terminale di un **ramo,** a pochi centimetri dall'**apice.**
Vedi: **Potatura**.

STERILITÀ • Condizioni (fisiologiche, morfologiche, genetiche e biochimiche) in cui la **differenziazione a fiore** o la **fecondazione** dei **fiori** è impedita o ostacolata.

STRAPPO • Asportazione manuale di un **ramo** con tutto il cono di crescita (scudo) inserito nella **corteccia**. Tale operazione limita la formazione di **succhioni**, in quanto lo strappo asporta i meristemi latenti presenti alla base del ramo.

STROZZATURA • Costrizione del **tronco** o delle **branche** attuata per mezzo di una stretta legatura. Avviene anche in modo naturale nel punto di inserzione di branche troppo vicine che concrescendo limitano lo sviluppo dell'asse centrale.

SUCCHIONI • Col termine pratico di **succhioni** si intendono **germogli** o **rami** particolarmente vigorosi che derivano da **gemme** latenti o da meristemi avventizi sul **tronco** o sulle **branche**. I succhioni sono per lo più molto robusti, a **portamento** eretto, con **internodi** lunghi, con elevata attività vegetativa ed in genere portano solo gemme a legno (ad eccezione del pesco, del susino e dell'albicocco).

SVETTATURA • Asportazione della parte terminale del **fusto**, ha lo scopo di frenare la crescita di un albero e provocarne l'allargamento. Termine oggi usato nel gergo della **potatura** di piante ornamentali e da giardino.

T

TAGLIA • Sinonimo di dimensione, riferito alla mole complessiva dell'**albero**, in particolare rispetto all'altezza: molto elevata, elevata, normale, ridotta, seminana, nana. Attributo indipendente dal **portamento**.

TAGLIO DEL CAPORALE • Vedi: **Intaccatura.**

TAGLIO DI RINNOVO • Con questo taglio si vuole stimolare la pianta a produrre nuovi **rami**. Si speronano i rami a frutto esauriti, di conseguenza la pianta produce nuove formazioni potenzialmente in grado di fruttificare in futuro.

TAGLIO DI RITORNO • Taglio di **raccorciamento** eseguito su legno di due o più anni ovvero su una **branca** o sul fusto in corrispondenza di una ramificazione che salvaguarda la **funzione di cima**. Sostanzialmente, viene sostituita la **cima**, lasciandone una più in basso.

TAGLIO DI SFOLTIMENTO • Vedi: **Diradamento**.

TALEA • Porzione di **ramo**, di **branca** o di un altro organo vegetativo utilizzata per la **moltiplicazione vegetativa**. Nella pratica del taleaggio viene stimolata la rigenerazione dell'apparato radicale prima che la talea perda la propria vitalità.

TERMINALE • Posizione apicale di un organo. Opposto alla base in un organo assiale.

TESTA DI SALICE • Aspetto affastellato della vegetazione in posizione **distale** di una **branca** o del **fusto**. Deriva da rami e branche di diversa età erroneamente lasciati in soprannumero a seguito di potature errate (ad esempio **capitozzatura** delle branche).

TORSIONE • Operazione che consiste nel sottoporre un **germoglio** in forte crescita a flessione ed a parziale rotazione intorno al suo asse longitudinale. Se si hanno rotture evidenti si definisce **infrangimento**.

TRALCIO • **Ramo** di piante lianacee (vite, actinidia), caratterizzato da una crescita apicale prolungata.

TRAPIANTO • Operazione consistente nel cambiare dimora a una pianta.

TRONCO • È l'**asse centrale epigeo** di un **albero**, che si eleva verticalmente in direzione opposta a quella delle radici ed è compreso tra il **colletto** e l'inserzione delle **branche** primarie; il suo prolungamento è chiamato **fusto**. Il diametro del tronco dipende dal **vigore** della pianta e la sua altezza dalla **forma di allevamento** scelta.

TUTORE • Supporto collocato vicino ad una pianta per sostenerla; si distinguono: tutori vivi (se costituiti da altri alberi in vegetazione) e tutori inerti o morti (se costituiti da paletti in legno, cemento, ecc.)

U

UNITÀ DI FREDDO • Equivale ad un'ora trascorsa ad una temperatura prossima a 7 °C.
Vedi: **Fabbisogno in freddo**.

V

VARIETÀ • Entità botanica, appartenente ad una determinata specie, che vive in condizioni naturali.
Vedi: **Cultivar**.

VENTRALE • Lato di una ramificazione rivolto verso l'interno della **chioma** o verso l'alto.
Vedi: **Dorsale**

VIGORE • Attitudine dell'**albero** a produrre sostanza secca; può influenzare il numero dei **rami**, la loro lunghezza (influenzando però più il numero degli **internodi** che la loro lunghezza) e diametro;

può essere determinato, con buona approssimazione, tramite la misura del diametro del **tronco** nei primi anni d'impianto. Trattasi in ogni caso di un attributo relativo, che va valutato per confronto all'interno di ogni specie.

Vivaio • Luogo dove si effettua la **propagazione** delle piante e dove le giovani piante vengono coltivate in attesa di essere poi **trapiantate** a dimora.

X

Xilema • Vedi: **legno**.

Z

Zampe di gallo • Complesso di **borse** e di **lamburde**, tipico delle **pomacee**, riunite in una caratteristica formazione che ne giustifica il nome.

Bibliografia

AA. VV. (1982) - *Frutticoltura anni '80*. Collana diretta da E. Baldini e F. Scaramuzzi. Reda. Roma.

AA. VV. (1991) - *Frutticoltura generale*. REDA. Roma.

AA. VV. (1991) - *Frutticoltura speciale*. REDA. Roma.

AA. VV. (2005) - *La potatura degli alberi da frutto. Ipertesto potatura*. Responsabile Scientifico D. Neri (Ed.). CRPV. Cesena.

AA. VV. (2005) - *Frutticoltura integrata. Linee tecniche 2005*. Creso. Manta (CN).

AA. VV. (2006) - Speciale melo. Phytomagazine n.17. Phytoline. Rivoli Veronese (VR).

AA. VV. (2007) - *Il pero*. Bayer Cropscience e Art Servizi editoriali. Bologna.

AA. VV. (2007) - *La vite e il vino*. Bayer Cropscience e Art Servizi editoriali. Bologna.

Asirelli A., Bazzocchi C., Tellarini S. (2005) - *La coltivazione biologica del pero. Linee tecniche per la coltivazione in pianura padana*. Phytomagazine n. 43. Phytoline. Rivoli Veronese.

Baldini E. (1986) - *Arboricoltura generale*. Editrice Clueb. Bologna.

Baldini E., Scaramuzzi F. (1965) - *Glossario dei termini usati nella propagazione degli alberi da frutto a foglia caduca*. Edagricole. Bologna.

Bassi. D. (2003) - *Le tipologie di albero nelle drupacee*. Centro Divulgazione Agricola. Bologna.

Bellini E. (1993) - *La coltivazione del pero*. Edizioni L'Informatore Agrario. Verona.

Bellini E. (2002) - *I fruttiferi minori in Europa*. Edizioni L'Informatore Agrario. Verona.

BOUNOUS G. (1989) - *Arbusti da frutto in collina e montagna.* Quaderni di monti e boschi. Edagricole. Bologna.

CIESIELSKA J., MALUSÀ E. (2000) - *La coltivazione dei piccoli frutti.* Calderini Edagricole. Bologna.

CORELLI GRAPPADELLI L., TAGLIAVINI M., TONON G. (2007) - "Fisiologia dell'albero e dell'ecosistema frutteto". In: Sansavini S. (ed.) *Nuove frontiere dell'arboricoltura italiana.* Pp. 443-460. Gruppo Perdisa Editore.

CORNELL UNIVERSITY COOPERATIVE EXTENSION (2003) - *Cornell Guide to Growing Fruit at Home.* Cornell University.

COZZOLINO E., A CURA DI (2004) - *Viticoltura ed enologia biologica.* Edagricole. Bologna.

CRPV (1998) - *Linee guida per l'agricoltura biologica.* Edagricole. Bologna.

CRPV, a cura di (2008) - *Disciplinari di produzione integrata per il settore vegetale della Regione Emilia Romagna.* Bologna.

FIDEGHELLI C. (1983) - *La moderna potatura.* Reda. Roma.

FIDEGHELLI C., SANSAVINI S. (2005) - *Il pesco.* Edagricole. Bologna.

FORTE V. (2005) - *La potatura degli alberi da frutto e dell'olivo.* Edagricole. Bologna.

GUCCI R. (2006) - "Una pratica a costo predeterminato". *Olivo e olio*, 3, 38-42.

GUCCI R., CANTINI C. (2000) - *Pruning and training systems for modern olive growing.* Csiro Publishing. Australia.

GUERRIERO (1975) - *Problemi e prospettive della coltura dell'albicocco.*

EYNARD I., DALMASSO G. (2005) - *Viticoltura moderna.* Hoepli. Milano.

LALATTA F. (1985) - *La coltivazione moderna e redditizia del pesco.* De Vecchi editore. Milano.

LALATTA F. (1986) - *La coltivazione moderna e redditizia del melo.* De Vecchi editore. Milano.

LAURI, P. É. (2002) - "From tree architecture to tree training - an overview of recent concepts developed in apple in France". *J. Korean Soc. Hort. Sci.* 43, 782-788.

LESPINASSE J. M. (1977) - *La conduite du pommier - Types de fructification, incidence sur la conduite de l'arbre.* INVUFLEC. Parigi.

LESPINASSE J. M., LAURI P. E. (1999) - "Intégration des nouveaux concepts de conduite dans le système Solaxe". *Revue suisse viticulture, arboriculture et horticulture,* n. 31, 167-171.

LIND K., LAFER G., SCHLOFFER K., INNERHOFER G., MEISTER H. (2001) - *Frutticoltura biologica*. Edizioni L'Informatore Agrario. Verona.

LOCKWOOD D. W. (1999) - *Pruning Raspberries and Blackberries in Home Gardens*. Agricultural Extension Service The University of Tennessee.

LOCKWOOD D. W. (1999) - *Pruning Blueberries in Home Gardens*. Agricultural Extension Service The University of Tennessee.

LODOLINI E. M. (2006) - "Per una potatura razionale, economica e secondo natura". *Olivo e Olio* 5, 12-19.

LODOLINI E. M., NERI D., CAPOGROSSI F., CAPOGROSSI C. (2006) - "Potatura meccanica dell'olivo: meno costi, più produzione". *L'Informatore Agrario* 38, 50-53.

LODOLINI E. M., NERI D., CAPOGROSSI F., CAPOGROSSI C. (2006) - "Preliminary results on Olive (*Olea europaea* L.) - Mechanical hedging". Pp. 165-168. *Atti del convegno II International Olivebioteq*, Marsala - Mazara del Vallo.

LODOLINI E. M., NERI D., MASSETANI F., ZUCCONI F. (2006) - "Modello architetturale della branca produttiva in quattro varietà di olivo (*Olea europaea* L.)". *Atti del convegno nazionale "Maturazione e raccolta delle olive: strategie e tecnologie per aumentare la competitività in olivicoltura*". Alanno (PE).

LODOLINI E. M., NERI D. (2008) - "How Growth and Reproduction Cycles Affect Alternate Bearing in Olive". *Atti del VI International symposium on olive growing*. Evora, Portogallo. (In press).

MANZELLA S. (1997) - *La coltivazione degli agrumi*. Collana Guide illustrate. Edizioni L'Informatore Agrario. Verona.

MARENGHI M. (2005) - *Manuale di viticoltura*. Edagricole. Bologna.

MARINI R. P. (2003) - *Physiology of Pruning Fruit Trees*. Virginia Cooperative Extension.

MASSETANI F., D. NERI, R. COLOMBO (2006) - "Forme di allevamento e sistemi d'impianto del meleto". *Phytomagazine*, 39-48, Phytoline. Rivoli Veronese.

MUSACCHI S. (2007) - "Tecnica colturale". In: *Il pero*. Pp. 92-137. Art Servizi Editoriali S.p.A. Bologna.

NERI D. (2009) - "Potatura degli alberi da frutto". In: *Nuovo manuale dell'agronomo*. (In stampa).

NERI D., COCCI GRIFONI R. (1998) - *Quadro sinottico: fioritura e produzione nelle specie da frutto*.

NERI D., LODOLINI E. M., SAVINI G., GIORGI V., LETIZI H. C. (2006) - "Forme di allevamento dell'olivo in Italia". In: *Produzione di olio*. Pp. 132-138. Ed. Euripos. (In greco).

NERI D., MASSETANI F., DALMONTE C. (2008) - "Più razionale la produzione degli astoni con il ciclo breve di vivaio". *Frutticoltura* n. 7/8, 30-34.

PALARA U. (2004) - *L'impianto del frutteto*. Edagricole. Bologna.

POLLINI A. (2002) - *La difesa delle piante da frutto*. Edagricole. Bologna.

RAKOW D. A., WEIR R. (1989) - *Pruning*. Cornell University Cooperative Extension.

REICH L. (1994) - *Frutti non comuni degni di attenzione*. Collana Frutticoltura moderna. Edagricole.

SANSAVINI S. (1995) - *Frutticoltura alternativa con le specie minori*. Collana Gli speciali di frutticoltura. Edagricole. Bologna.

SANSAVINI S., NERI D., ANCARANI V. (2008) - "Innovazioni tecniche per migliorare l'efficienza produttiva e la qualità dei frutti nelle coltivazioni intensive". *Frutticoltura* n. 10, 10-26.

SARACCO C., GAY EYNARD G., CASTINO M., GOZZELINO A. (2004) - *Manuale pratico del viticoltore e del cantiniere*. Edagricole. Bologna.

SERINI G., ZUCCOLI G. (1993) - *Potatura del piccolo frutteto*. Edagricole. Bologna.

SETTI G. (1992) - *La potatura invernale di produzione*. Collana tecnica in campo - Gli speciali di Terra e Vita. Edagricole. Bologna.

SOMERVILLE W. (1996) - *Pruning and training fruit trees*. Inkata press. Port Melbourne.

SPERRY W. J. (1998) - *Blackberries and Raspberries in Home Garden*. Agricultural Extension Service The University of Tennessee.

SPERRY W. J. (1998) - *Blueberries in Home Gardens*. Agricultural Extension Service The University of Tennessee.

STRIK B. C. (1993) - *Growing Blackberries in your Home Garden*. Oregon State university Extension Service.

STRIK B. C. (1998) - *Growing Raspberries in your Home Garden*. Oregon State university Extension Service.

WILLAUME M., LAURI P. É., SINOQUET H. (2004) - "Light interception in apple trees influenced by canopy architecture manipulation". *Trees - Structure and Function* 18, 705-713.

ZUCCHERELLI G., ZUCCHERELLI G. (1983) - *L'actinidia pianta da frutto e da giardino*. Edagricole. Bologna.

ZUCCONI F. (2003) - *Nuove tecniche per i fruttiferi*. Edagricole. Bologna.

Riferimenti generali e siti Internet

AA. VV. *Consigli e note di coltivazione per hobbisti. Fragole e piccoli frutti.* Pubblicazione realizzata dall'azienda Vivai Giacomelli. Vigolo Vattaro (TN).

AA. VV. *Frutticoltura.* Numeri speciali. Edagricole, Bologna.

AA. VV. *Mandarina: Cultivo y Manejo de la Mandarina.* http://infoagro.com

AA. VV. *Limonero: Cultivo y Manejo del Limonero.* http://infoagro.com

AA. VV. *Naranja: Cultivo y Manejo de la Naranja.* http://infoagro.com

Riferimenti iconografici

I disegni sono tutti di Francesca Massetani salvo quelli dedicati agli agrumi alle pagine 225 e 226 e ai piccoli frutti alle pagine 281, 284, 285, 286, 287, 288, 289 e 296 che sono di Veronica Giorgi e quelli alle pagine 264, 265, 267 dedicati alla vite a firma di Elisa Manni.
Ove non diversamente specificato, il verso di attribuzione è dall'alto a sinistra e nelle pagine dove ci sono più immagini ma un riferimento unico si è scelto di nominare l'autore una sola volta.
Le foto degli occhielli di parte sono state scelte dall'interno del volume stesso.

pag. 3: CRPV
pag. 4: in alto M. Falk; in basso D. Neri
pag. 5: D. Neri
pag. 6: D. Neri
pag. 8: D. Neri
pag. 10: E. M. Lodolini
pag. 11: D. Neri
pag. 12: CRPV
pag. 14: in alto D. Neri; in basso F. Massetani
pag. 15: V. Pallotti
pag. 16: M. Fornaciari
pag. 18: D. Neri
pag. 22: F. Massetani
pag. 24: F. Massetani
pag. 28: a sinistra D. Neri; a destra CRPV
pag. 30: F. Massetani
pag. 32: CRPV
pag. 33: D. Neri
pag. 34: F. Massetani
pag. 37: F. Massetani
pag. 38: F. Massetani

pag. 39: F. Massetani
pag. 41: D. Neri
pag. 42: D. Neri
pag. 44: D. Neri
pag. 46: (a dest.) D. Neri; (a sin.) CRPV
pag. 47: in alto (da sin.) CRPV; in basso (da sin.) M. Falk, F. Massetani
pag. 48: D. Neri
pag. 51: CRPV
pag. 52: D. Neri
pag. 56: E. M. Lodolini
pag. 61: in alto D. Neri; in basso CRPV
pag. 62: in alto CRPV; in basso F. Massetani
pag. 63: D. Neri
pag. 64: F. Massetani
pag. 66: F. Massetani
pag. 67: in alto F. Massetani; in basso CRPV
pag. 68: M. Fornaciari
pag. 69: G. Savini
pag. 70: CRPV
pag. 71: in alto (da sin.) F. Massetani; M. Fornaciari; CRPV
pag. 72: in alto F. Massetani; in basso M. Fornaciari (tranne foto 7, F. Massetani)
pag. 73: F. Massetani
pag. 74: F. Massetani
pag. 75: in alto F. Massetani; al centro A. Belleggia; in basso D. Neri
pag. 76: dall' alto A. Belleggia; D. Neri; F. Sportelli; A. Belleggia
pag. 77: CRPV
pag. 79: CRPV
pag. 80: CRPV
pag. 81: CRPV
pag. 87: dall'alto F. Massetani; C. Lugaresi; Regione Emilia-Romagna; Regione Emilia-Romagna
pag. 88: dall'alto Regione Emilia-Romagna; C. Lugaresi; M. Casagrandi; F. Massetani; F. Massetani
pag. 89: F. Massetani
pag. 90: D. Neri
pag. 91: M. Falk
pag. 92: da sin. CRPV; M. Fornaciari
pag. 93: da sin. M. Fornaciari; F. Massetani; G. Savini
pag. 94: dall'alto M. Fornaciari (da 1 a 11); in basso D. Neri
pag. 95: dall'alto F. Massetani; CRPV; D. Neri; CRPV; D. Neri
pag. 96: dall'alto CRPV; M. Falk; D. Neri
pag. 99: da sin. CRPV; F. Massetani
pag. 106: dall'alto D. Neri; Regione Emilia-Romagna; F. Massetani; D. Neri
pag. 107: A. Belleggia
pag. 108: M. Fornaciari

pag. 109: CRPV
pag. 110: CRPV
pag. 111: dall'alto M. Fornaciari; CRPV; CRPV
pag. 112: M. Fornaciari (tranne foto 8 F. Massetani)
pag. 113: dall'alto CRPV; CRPV; F. Massetani; D. Neri, D. Neri
pag. 114: dall'alto CRPV; D. Neri; F. Massetani; D. Neri; CRPV
pag. 118: CRPV
pag. 119: F. Massetani
pag. 125: dall'alto F. Massetani; D. Neri; Regione Emilia-Romagna
pag. 126: CRPV
pag. 127: CRPV
pag. 128: da sin. CRPV; M. Fornaciari
pag. 129: dall'alto (da sin.) M. Fornaciari, F. Massetani, F. Massetani, A. Belleggia
pag. 130: M. Fornaciari
pag. 131: dall'alto F. Massetani, F. Massetani, F. Massetani, CRPV, F. Massetani, CRPV
pag. 132: dall'alto CRPV; CRPV; CRPV; F. Massetani
pag. 133: dall'alto D. Neri, CRPV
pag. 134: M. Falk; D. Neri
pag. 135: D. Neri
pag. 137: CRPV
pag. 138: D. Neri
pag. 144: dall'alto F. Massetani; C. Lugaresi (Archivio Edagricole); Luca Marzocchi (Archivio Edagricole); C. Lugaresi (Archivio Edagricole); F. Massetani
pag. 146: D. Neri
pag. 147: F. Massetani
pag. 148: F. Massetani
pag. 149: F. Massetani
pag. 150: F. Massetani
pag. 151: D. Neri
pag. 157: in alto F. Massetani; D. Neri al centro e in basso
pag. 158: D. Neri
pag. 159: F. Massetani
pag. 160: F. Massetani
pag. 161: F. Massetani
pag. 162: M. Falk
pag. 163: dall'alto F. Massetani (sin.), M. Fornaciari (dest.); F. Massetani; F. Massetani; F. Massetani
pag. 164: dall' alto V. Pallotti; M. Fornaciari (salvo foto 2 V. Pallotti)
pag. 165: D. Neri; F. Massetani; CRPV; F. Massetani; F. Massetani
pag. 166: F. Massetani; F. Massetani
pag. 170: D. Neri; F. Massetani
pag. 176: F. Massetani; C. Lugaresi (Archivio Edagricole)
pag. 177: Regione Emilia-Romagna; F. Massetani; F. Massetani; V. Pallotti; V. Pallotti
pag. 178: D. Neri
pag. 179: D. Neri

pag. 180: G. Savini; CRPV; D. Neri
pag. 181: F. Massetani; CRPV
pag. 182: M. Fornaciari (fasi fenologiche); F. Massetani; CRPV
pag. 183: dall'alto F. Massetani; G. Savini; F. Massetani; G. Savini; G. Savini
pag. 184: CRPV; D. Neri
pag. 188: CRPV
pag. 189: dall'alto CRPV; G. Savini
pag. 196: dall'alto L. Marzocchi (Archivio Edagricole)
pag. 197: Regione Emilia-Romagna; L. Marzocchi (Archivio Edagricole); C. Lugaresi (Archivio Edagricole)
pag. 198: L. Marzocchi (Archivio Edagricole); C. Lugaresi (Archivio Edagricole)
pag. 199: Panza (Archivio Edagricole)
pag. 200: M. Falk
pag. 201: F. Massetani
pag. 202: F. Massetani
pag. 203: in alto F. Massetani; D. Neri
pag. 204: F. Massetani
pag. 215: M. Falk
pag. 216: D. Neri
pag. 217: D. Neri
pag. 218: dall'alto (da sin.) Amantea (Archivio Edagricole); D. Neri; Archivio Edagricole; D. Neri
pag. 219: Archivio Edagricole; M. Falk; D. Neri; M. Falk
pag. 220: D. Neri; Archivio Edagricole; M. Falk
pag. 221: F. Massetani; D. Neri; M. Falk; D. Neri
pag. 222: D. Neri; D. Neri; M. Falk
pag. 223: D. Neri
pag. 224: Archivio Edagricole
pag. 228: V. Lo Giudice (Archivio Edagricole);
pag. 229: V. Lo Giudice (Archivio Edagricole); F. Sportelli (Archivio Edagricole); Archivio Edagricole
pag. 231: M. Falk
pag. 233: D. Neri
pag. 234: U. Marconi (foto FATA)
pag. 235: D. Neri
pag. 236: E. M. Lodolini
pag. 237: E. M. Lodolini
pag. 238: in alto (da sin.)D. Neri; F. Massetani; F. Massetani; D. Neri; D. Neri
pag. 239: E. M. Lodolini
pag. 240: E. M. Lodolini
pag. 242: E. M. Lodolini
pag. 243: E. M. Lodolini
pag, 245: dall'alto L. Flamini (Archivio Edagricole); F. Massetani; F. Corvi (Archivio Edagricole)

pag. 246: dall'alto S. Nardi (Archivio Edagricole); D. Neri; E. M. Lodolini; D. Neri; F. Massetani
pag. 247: Archivio Edagricole
pag. 249: E. Manni
pag. 250: E. Manni
pag. 251: M. Falk
pag. 252: E. Manni
pag. 253: a sin. F. Massetani: E. Manni
pag. 254: E. Manni
pag. 255: M. Fornaciari
pag. 256: dall'alto E. Manni; L. Mercadante; E. Manni
pag. 258: L. Mercadante
pag. 260: L. Mercadante
pag. 261: L. Mercadante
pag. 262: L. Mercadante
pag. 264: L. Mercadante
pag. 266: L. Mercadante
pag. 268: E. Manni
pag. 273: E. Manni;
pag. 274: G. Romanazzi; G. Romanazzi
pag. 277: P. Zucchi
pag. 278: P. Zucchi
pag. 279: G. Savini
pag. 280: G. Savini; F. Massetani
pag. 281: G. Savini; G. Savini; F. Massetani (a sin.), L. Mercadante (a dest.)
pag. 283: D. Neri
pag. 284: P. Zucchi
pag. 291: P. Zucchi
pag. 292: L. Mercadante
pag. 293: P. Zucchi
pag. 294: G. Cantamessa (Archivio Edagricole); R. Paglietta (Archivio Edagricole); L. Mercadante; F. Massetani
pag. 295: P. Zucchi
pag. 299: G. Cantamessa (Archivio Edagricole)
pag. 300: M. Falk
pag. 301: G. Cantamessa (Archivio Edagricole)
pag. 302: M. Falk; F. Massetani; M. Falk
pag. 303: in alto M. Falk; in basso P. Zucchi; F. Massetani
pag. 304: F. Massetani
pag. 307: P. Zucchi
pag. 309: CRPV
pag. 310: F. Massetani
pag. 311: M. Fornaciari
pag. 312: dall'alto (a sinistra) CRPV; CRPV; D. Neri; F. Massetani
pag. 313: in alto a destra F. Massetani; in basso M. Fornaciari

pag. 314: dall'alto F. Massetani; CRPV; CRPV; CRPV
pag. 315: CRPV; F. Massetani
pag. 316: CRPV
pag. 324: Regione Emilia-Romagna; F. Massetani
pag. 325: CRPV
pag. 326: F. Massetani
pag. 327: M. Fornaciari
pag. 328: F. Massetani
pag. 329: CRPV
pag. 330: da sinistra CRPV; F. Massetani
pag. 331: da sinistra M. Fornaciari; CRPV; F, Massetani
pag. 332: M. Fornaciari
pag. 334: F. Massetani; CRPV; F. Massetani; CRPV; CRPV
pag. 336: CRPV